TEXTES CLÉS

EST
CONTE

Art, représentation et fiction

Textes réunis par
Jean-Pierre COMETTI, Jacques MORIZOT
et Roger POUIVET

PARIS
LIBRAIRIE PHILOSOPHIQUE J. VRIN
6, place de la Sorbonne, V^e
2005

TEXTES CLÉS

ESTHÉTIQUE
CONTEMPORAINE

Textes réunis par

Jean-Pierre COMETTI, Jacques MORIZOT
et Roger POUIVET

PARIS
LIBRAIRIE PHILOSOPHIQUE J. VRIN
6, place de la Sorbonne, Vᵉ
2005

M. C. BEARDSLEY, Post-scriptum de *Aesthetics : Problems in the Philosophy of Criticism*, 1981 © Hackett Publishing Compagny Inc., 1981

N. CARROLL, « Four Concepts of Aesthetic Experience », in *Beyond Aesthetics*, 2001 © Cambridge University Press, 2001

N. GOODMAN, « L'art en action », *Les Cahiers du Musée National d'Art Moderne*, 41, 1992 © Éditions du Centre Pompidou

J. HYMAN, « Pictorial Art and Visual Experience », *The British Journal of Aesthetics*, vol. 40, 2000 © Oxford University Press, 2000

P. LAMARQUE, « Fear and Pity » © *The British Journal of Aesthetics*, vol. 21, 1981

J. LEVINSON, « Le contextualisme esthétique », article inédit © J. Levinson

D. LOPES, « Pictorial Realism », *The Journal of Aesthetics and Art Criticism*, vol. 53, 1995 © Blackwell Publishing, 1995

J. MARGOLIS, « A Closer Look at Danto's Account of Art and Perception », *The British Journal of Aesthetics*, vol. 40, 2000 © Oxford University Press, 2000

A. NEILL, « Fiction and the Emotions », *American Philosophical Quarterly*, vol. 30, 1993 © American Philosophical Quarterly, 1993

D. NOVITZ, « The Anaesthetics of Emotion », in M. Hjort & S. Laver (eds.), *Emotion and the Arts*, 1997 © Oxford University Press, 1997

C. RADFORD, « How Can We Be Moved by the Fate of Anna Karenina ? », *The Proceedings of Aristotelian Society*, supp. vol. 49, 1975 © Aristotelian Society, 1975

J. ROBINSON, « Two Theories of Representation », *Erkenntnis*, vol. 12, n° 1, 1978 © Springer Science and Business Media, 1978

R. WOLLHEIM, « On Pictorial Representation », *The Journal of Aesthetics and Art Criticism*, vol. 56, 1998 © Blackwell Publishing, 1998

L'éditeur s'est employé à identifier tous les détenteurs de droits. Il s'efforcera de rectifier, dès que possible, toute omission qu'il aurait involontairement commise.

© *Librairie Philosophique J. VRIN*, 2005

Imprimé en France

ISBN 2-7116-1626-6

www.vrin.fr

PRÉFACE

L'esthétique est à l'image d'une tour de Babel. On y trouve aujourd'hui des projets philosophiques variés et, pour certains d'entre eux, peu compatibles. Ils recouvrent la diversité des options propres à la philosophie contemporaine – philosophie analytique multiforme, phénoménologies diverses, structuralismes et post-modernismes éclatés, histoire de la philosophie selon des méthodes contrastées.

L'enseignement de l'esthétique et de la philosophie de l'art en fournit une illustration. Il peut y être question de tel ou tel courant artistique, d'histoire des idées ou de la philosophie, de l'« invention » même de l'esthétique et de ses développements ou des différentes incursions qu'on y pratique à partir de la psychologie, de la sociologie ou de la psychanalyse. Même au sein des tendances susceptibles de fournir une orientation déterminée à la réflexion, la variété des inspirations ou des doctrines n'est pas moindre. Dans le seul cadre du courant « analytique », les années quatre-vingt ont souvent privilégié un ensemble d'approches portant sur les termes utilisés dans les jugements esthétiques[1]. À côté de cela, dans une œuvre aussi considérable que celle de Monroe C. Beardsley, *Aesthetics : Problems in the Philosophy of Criticism*, paru

---

1. Voir D. Lories (dir.), *Philosophie analytique et esthétique*, Paris, Méridiens Klincksieck, 1988.

en 1958[1], l'attention se portait davantage vers l'*expérience esthétique* comme telle, en un sens qui conduisait à s'interroger sur la part de subjectivité et d'objectivité que renferment les jugements esthétiques, la nature de la représentation picturale, la dimension cognitive des œuvres d'art, etc. Puis, près de vingt ans plus tard, avec la parution des *Langages de l'art* de Nelson Goodman[2], c'est vers une étude du fonctionnement symbolique que la philosophie analytique de l'art s'est orientée. La critique de Goodman a été immédiatement très vive : elle a souvent conduit à améliorer l'argumentation en faveur de thèses qu'il rejetait, par exemple celle de la représentation comme *mimesis* ou imitation, défendue à nouveaux frais[3]. Toute la deuxième partie de ce volume, consacrée à la question de la représentation, en témoigne directement.

À considérer ces années et la diversité des approches qui s'y sont manifestées, on pourrait avoir le sentiment que les idées de plaisir esthétique, de beauté et de profondeur ont disparu du paysage conceptuel. Elles n'en sont pas moins revenues en force à partir des années 1980, avec les travaux de Richard Wollheim, George Dickie, Jerrold Levinson, Noël Carroll[4], et bien d'autres.

En fait, ces grandes lignes sont celles d'une évolution qui, sous la bigarrure apparente des orientations, laisse clairement

---

1. *Aesthetics : Problems in the Philosophy of Criticism*, 2e éd., Indianapolis, Hackett, 1981.

2. N. Goodman, *Langages de l'art*, trad. fr. J. Morizot, Nîmes, J. Chambon, 1990.

3. Voir, tout particulièrement, F. Schier, *Deeper into Pictures*, Cambridge, Cambridge U.P., 1986; D. McIver Lopes, *Understanding Pictures*, Oxford, Oxford U.P., 1996.

4. Par exemple, R. Wollheim, *Painting as An Art*, Londres, Thames and Hudson, 1987; G. Dickie, *Art and the Aesthetic*, Ithaca, Cornell U.P., 1974; J. Levinson, *L'art, la musique et l'histoire*, trad. fr. J.-P. Cometti et R. Pouivet, Paris, L'Éclat, 1998; *La musique de film : fiction et narration*, trad. fr. R. Pouivet et J.-P. Cometti, Pau, Presses Universitaires de Pau, 1999; N. Carroll, *Beyond Aesthetics : Philosophical Essays*, Cambridge, Cambridge U.P., 2001.

entrevoir un accord plus profond sur la nature des problèmes et la méthode à mettre en œuvre pour les examiner. La lecture du *Journal of Aesthetics and Art Criticism* (fondé en 1941) ou du *British Journal of Aesthetics* (fondé en 1960), en porte témoignage. Comme dans la philosophie analytique en général, l'esthétique analytique présente trois caractéristiques principales : elle est argumentative, directe et claire [1].

Argumentative. L'esthétique analytique est étrangère aux formes de pensée oraculaire qui, que ce soit au sujet de choses naturelles ou des œuvres d'art, en se fondant sur des expériences *sui generis*, prétendent accéder à un savoir hors du commun. Les réponses qu'elle apporte, dans les thèses qu'elle défend, sont autant de réponses à des questions déterminées, et soumises comme telles à la discussion et à la révision. On s'y demandera, par exemple, si l'attribution de caractéristiques esthétiques peut ou non être objective, si la représentation picturale repose sur la relation de ressemblance, et si oui comment, s'il est vraiment paradoxal de ressentir des émotions à l'égard de personnages ou de situations dont nous savons qu'ils sont fictionnels, etc. Ces thèses sont explicitées et soutenues par des arguments. Bien sûr, une démarche argumentative peut aussi se révéler stérile, ne se nourrir que d'elle-même et être dépourvue de toute valeur explicative. La philosophie analytique n'est pas sans en fournir des exemples. Mais elle met en principe toute sa confiance dans la discussion argumentée plutôt que dans la génialité d'un auteur parvenu à rompre avec les modes de pensée communs.

Directe. À défaut d'être directe, l'esthétique peut être oblique de deux façons : 1) Quand elle se cantonne dans le commentaire des œuvres. Rien n'est alors dit directement sur

---

1. Voir F. Nef, « Éloge de la clarté », *in* J.-M. Vienne (éd.), *Philosophie analytique et histoire de la philosophie*, Paris, Vrin, 1997 ; P. Engel, *La dispute, une introduction à la philosophie analytique*, Paris, Minuit, 1997.

ce que sont la beauté, la nature de la fiction ou de la représentation, si ce n'est avec toute l'indétermination de formules lapidaires, parfois suggestives, mais à la signification immanquablement vague ou arbitraire. 2) Quand les questions traitées ne semblent pouvoir l'être qu'à la lumière de l'histoire de l'art et à travers son développement supposé, dans une inlassable reprise d'un schéma hégélien souvent vidé de son contenu spéculatif. L'esthétique analytique, elle, s'attaque directement aux problèmes. En cela, elle ne va évidemment pas sans soulever des objections. N'ignore-t-elle pas les œuvres ? Ne sous-estime-t-elle pas, de façon constitutive, l'historicité substantielle de l'art ? Au-delà des réponses qui pourraient être données à ces questions, une large fraction de l'esthétique analytique contemporaine rejette la méthode du commentaire et celle que la plupart des philosophes « continentaux » ont hérité de Hegel, même quand ils contestaient sa doctrine, l'idée que l'esthétique ne peut se penser qu'en termes de développement de son propre concept.

Claire. Clarté et obscurité semblent être des termes relatifs. Quels critères en donner ? Un texte philosophique est clair quand il n'en appelle pas tant à un commentaire qu'à une discussion des arguments qu'il contient, ainsi qu'à une interrogation sur ses prémisses et ses conséquences – des conséquences parfois lointaines. L'esthétique analytique vise cette clarté qui privilégie la valeur des arguments plus que l'hypothèse d'un sens latent, nécessairement caché. L'écriture n'y est pas supposée manifester le contenu d'expériences esthétiques inouïes, profondes ou habitées. S'il existe une expérience « esthétique », rien ne prouve qu'on puisse lui attribuer une plus grande intensité ou profondeur que d'autres types d'expériences. Et quand bien même on le devrait, il n'en résulte en rien que le fait de s'attacher à cette expérience hors du commun exige une écriture spécifique, ni que l'obscurité en soit une exigence inévitable.

Les textes que nous avons choisis présentent ces trois caractères : ils sont argumentatifs, directs et clairs. Au moins s'efforcent-ils de l'être. Aussi sont-ils ouverts à la discussion, raison pour laquelle, dans certains cas, ils s'opposent, se contredisent, voire se réfutent les uns les autres. Ils portent sur des problèmes et non pas, à proprement parler, sur des visions de l'art. Ils ne proposent aucune fresque historique destinée à suivre le développement du concept d'art, ses métamorphoses ou à s'interroger sur notre époque pour en déceler le sens.

Les remarques qui précèdent ne visent à fournir qu'un ensemble d'indications aptes à caractériser l'inspiration – ou les inspirations – qui distinguent les philosophies concernées des courants qui ont dominé la réflexion sur l'art dans le contexte plus spécifiquement européen. Les textes que nous avons choisis, afin d'offrir une présentation qui en intègre les évolutions récentes, ne seraient peut-être pas tout à fait compréhensibles si l'on devait les dissocier d'une histoire sensiblement plus ancienne, avec laquelle ils entrent en rapport, et d'un contexte philosophique plus général vers lequel il convient de se tourner rapidement.

Il va sans dire que l'esthétique ne constitue pas un domaine séparé, entièrement autonome, qui n'entrerait en aucun rapport avec les grandes orientations qui se font jour dans le champ philosophique, dans d'autres secteurs de celui-ci ou sur un plan plus général. Nous savons à quel point l'idéalisme allemand, la phénoménologie et l'herméneutique, pour ne citer que ces exemples, ont profondément marqué la réflexion sur l'art dans le contexte européen et au-delà. L'esthétique analytique, telle qu'elle s'est développée dans le monde anglo-américain, n'a pas subi les mêmes influences ; mais elle en a connu d'autres, de manière plus ou moins explicite ou directe. Elles en ont également infléchi les orientations.

De ce point de vue, les conditions à partir desquelles le courant analytique s'est constitué sont loin d'être indifférentes. Rappelons en effet que la philosophie à laquelle on donne désormais ce nom est née au confluent d'un développement de la logique et d'un intérêt pour les sciences qui, issus des travaux de Gottlob Frege, de Bertrand Russell et du *Tractatus logico-philosophicus* de Ludwig Wittgenstein, se sont d'abord conjugués dans les thèses du Cercle de Vienne et dans les prolongements sur lesquels elles ont débouché après l'émigration d'une partie de ses fondateurs aux États-Unis. L'empirisme logique, qui, pour une part, la plus voyante peut-être, constitue le noyau primitif de la philosophie analytique, est resté étranger à toute préoccupation esthétique. Comme pour l'éthique, ses adeptes pensaient que l'on y avait affaire à des phénomènes de type émotionnel ne pouvant entrer dans la sphère d'effectuation du langage de la science. À cet égard, Carnap ou le grand promoteur anglais de l'empirisme logique, A.J. Ayer, restaient marqués par une forme simplifiée et appauvrie de kantisme (dont certains néo-kantiens, il est savoureux de le remarquer, s'étaient dégagés, comme Rickert par exemple). À la même époque, en Europe centrale, les philosophes de l'école de Brentano et plus particulièrement encore ceux de l'école de Twardowski (à Lvov et à Varsovie) n'eurent pas à faire le même effort pour dépasser ce préjugé contre une étude rationnelle en éthique et en esthétique. Lors de l'émigration vers les États-Unis, pour les raisons historiques que l'on sait, ils influencèrent aussi, et même en profondeur, le devenir de la philosophie analytique, dont ils constituent une autre source.

L'esthétique analytique est d'origine beaucoup plus récente que la philosophie de ce nom. Nous verrons tout ce que cela engage, mais les circonstances historiques et intellectuelles qui entrent ici en ligne de compte ne se limitent pas à cela. Dans le contexte de discussion proprement américain, l'empirisme logique a rencontré le pragmatisme, dont les origines plongeaient dans une tradition différente et autochtone. Le premier a largement éclipsé le second pendant plusieurs décennies, mais le courant qui avait vu le jour avec Peirce pour se populariser avec James et Dewey n'en est pas moins demeuré présent, parfois en filigrane, dans plus d'une philosophie de source apparemment différente. Bien des choses ne pourraient trouver une explication sans cela, précisément en esthétique, domaine que le pragmatisme, à la différence de la première philosophie analytique, n'a jamais totalement délaissé. La notion d'expérience, au cœur de l'esthétique de Beardsley, voire le fonctionnalisme de Goodman, en dépit de ce qui l'associe à une philosophie des symboles, lui doivent plus qu'on ne serait spontanément tenté de le croire. Sur toutes ces questions, il faudrait tenir compte d'une inspiration qu'on pourrait appeler « américaine », pour désigner un corps d'idées et d'orientations spécifiques, antérieures à la philosophie analytique et au pragmatisme, et autour duquel gravitent des doctrines ou des inspirations variées, tant en philosophie qu'en art, en poésie ou en littérature.

Les noms de Beardsley et de Goodman en constituent deux composantes, d'inclination pragmatiste pour l'une, logique pour l'autre, et que l'on pourrait articuler à une troisième, au regard de laquelle le « tournant linguistique » en philosophie a constitué un apport majeur. Là encore, nous n'avons pas affaire à une inspiration unique et exclusive, mais elle n'en a pas moins fortement contribué à la constitution d'une esthétique plus spécifiquement analytique, et ce sous deux rapports. La philosophie du langage ordinaire et certaines idées de Wittgenstein ont tracé une première voie. Les problèmes et les démarches sur lesquels a débouché l'héritage de Carnap et de Quine en ont tracé une seconde. Mais le point le plus important réside en ceci que ce qui paraissait initialement exclu, la possibilité même d'une réflexion sur l'art susceptible de prolonger dans ce domaine les préceptes et les méthodes mis en œuvre dans l'étude de la logique et du langage, devenait envisageable et allait donner naissance à un style d'approche aussi différent des modes plus particulièrement européens que la philosophie de Carnap ou de Quine pouvait l'être de l'ontologie heidegge-rienne ou de la philosophie de Bergson.

À vouloir en donner un exemple, c'est certainement l'esthétique de Goodman qui vient immédiatement à l'esprit. *Langages de l'art* aura sans nul doute marqué un véritable tournant en étendant à l'esthétique une approche nominaliste qui s'était d'abord illustrée et pour ainsi dire forgée en s'atta-quant à des problèmes comme la « construction logique du monde » ou les conditions de l'induction. Mais une fois que le ton en fut ainsi donné, comme on le verra plus loin, une fois surmonté l'obstacle que constituait aux yeux des premiers philosophes analytiques le caractère émotionnel présumé des phénomènes esthétiques, une esthétique se laissait concevoir qui, tout en s'engageant alors dans des voies diverses, héritait des exigences qui avaient d'abord semblé l'exclure, et qui avaient fait leur preuve ailleurs.

L'esthétique analytique d'aujourd'hui s'est considérable-ment éloignée des options et des réserves qui étaient celles de Goodman. Mais en cela aussi, elle a épousé quelques-unes des orientations qui se sont imposées après la période du tournant linguistique. Il serait aussi important de tenir compte de l'influ-ence qu'a pu avoir, dans le cadre de la philosophie analytique aux États-Unis, l'acclimatation du courant phénoménologi-que issu de Brentano, particulièrement dans les travaux de Roderick Chisholm. Son influence sur certains esthéticiens et philosophes de l'art n'est pas négligeable et, certainement, il les a fait sortir du « tout linguistique ». Le renouveau de l'ontologie – un intérêt affirmé pour les questions méta-physiques auprès d'un certain nombre de philosophes analy-tiques – trouve en cela leur source. Le développement d'une philosophie de l'esprit et des sciences cognitives a également beaucoup contribué au retour de questions qui, comme celles d'une définition de l'art, de la réalité des propriétés esthétiques ou de la nature des émotions, semblaient avoir été abandonnées, voire écartées en raison de ce qui les apparentait à un type d'enquête avec lequel la philosophie analytique avait voulu rompre au début de son histoire. Comme on le verra, une bonne partie de ce qui s'est écrit récemment dans le champ de l'esthétique analytique ne peut être dissocié de ces préoccupations plus générales.

Dans le monde britannique, lui-même en relation constante avec les États-Unis, la période de l'analyse linguistique inspirée de John L. Austin a eu un certain retentissement en esthétique, mais d'une façon critique et subtile dans les travaux de Frank Sibley[1]. À partir de lui, les discussions se sont enrichies avec des personnalités philosophiques aussi diverses que Roger Scruton, lui-même très fortement marqué par l'idéalisme allemand, Peter Lamarque ou Malcolm Budd[2]. De nouveau, l'esthétique analytique s'est nourrie des débats à l'œuvre dans l'horizon plus vaste de la philosophie. Par exemple, elle a été marquée par la querelle entre le réalisme (nous avons accès à la réalité telle qu'elle est) et l'anti-réalisme (la réalité est une construction). Toute la réflexion actuelle sur le statut des propriétés esthétiques en sort. Mais, également, les travaux sur le paradoxe de la fiction, dont la troisième partie de ce volume témoigne. Comment est-il possible d'être ému par ce que nous savons n'être pas vrai ? La réponse à cette question, dont on sait qu'elle remonte à Platon et à Aristote, est renouvelée dans la philosophie des croyances et des émotions

1. F. Sibley, *Approach to Aesthetics, Collected Papers on Philosophical Aesthetics*, Oxford, Clarendon Press, 2001.

2. Par exemple, R. Scruton, *The Aesthetic Understanding*, Londres, Methuen, 1983; P. Lamarque and S. Haugom Olsen, *Truth, Fiction, and Literature*, Oxford, Clarendon Press, 1994; M. Budd, *Values of Art*, Londres, Penguin, 1995.

qui se développe depuis une vingtaine d'années dans la philosophie anglaise et la philosophie américaine et dans les
sciences cognitives.

On aurait cependant tort de croire que les rapports qui se
manifestent ainsi entre les options qui l'ont emporté en esthétique et celles qui ont marqué l'évolution de la philosophie
analytique, ainsi que les questions autour desquelles elles s'est
développée, concernent essentiellement ou *ne* concernent *que*
leurs démarches caractéristiques. Dans la mesure où ces choix
déterminent la nature des *problèmes* vers lesquels ils se portent,
ils s'expriment inévitablement dans un type de rapport à l'art,
pour ne pas dire dans une conception de l'art, qui se démarque
singulièrement des conceptions avec lesquelles nous sommes
familiarisés.

Comme on l'a vu, quelle que soit la diversité des doctrines
– on en aura ici un aperçu – dans l'esthétique analytique, l'art
est rarement considéré comme un domaine ou un ensemble de
pratiques qui, sans que l'on sache spontanément pourquoi,
réclamerait un langage ou des outils spéciaux, et qui n'auraient
cours nulle part ailleurs. Bien au contraire, les approches développées – et une large part de leur succès – sont dues à une extension des concepts et des méthodes, en tout cas à un type d'analyse, s'étant imposés dans d'autres domaines et pour d'autres
questions. Cela ne veut pas dire qu'une telle extension ne se soit
pas accompagnée de divers réaménagements ; mais ces réaménagements eux-mêmes sont liés à la conviction qu'aucun outil
ne peut être fétichisé et soustrait à la moindre révision. Au reste,
cette attitude qui concerne d'abord la philosophie elle-même,
concerne également l'art ou l'idée qu'on s'en fait. Que les
œuvres d'art soient riches de sens et qu'elles soient destinées à
notre compréhension autant qu'à notre plaisir n'implique en
rien que nous ayons à en attendre une révélation qui réclamerait
de notre part des facultés spéciales et nous ferait transcender

les frontières du langage ou de l'entendement communs. La philosophie n'est pas destinée à s'achever dans l'ineffable, ni à en faire l'apologie. Ce n'est évidemment pas un hasard si la nature émotionnelle des phénomènes esthétiques – dans l'optique de l'empirisme logique des fondateurs du Cercle de Vienne – a primitivement entravé les voies d'une réflexion sur l'art. Ces obstacles ont été surmontés grâce à des détours et à des instruments nouveaux d'analyse, mais ils ont peut-être aussi contribué à engager la réflexion dans d'autres voies que celles de la philosophie continentale, avec les privilèges qu'elle a accordés à l'intuition, au sensible ou à la subjectivité. Et si, de manière significative, une partie de l'esthétique analytique se tourne à nouveau vers des questions qui font intervenir les émotions, c'est dans un tout autre sens, non pas pour en célébrer le mystère ou les résonances existentielles, mais pour essayer tout simplement de parvenir à un minimum d'intelligibilité dans un domaine où cela paraissait exclu. À cet égard, les apports des sciences cognitives, et la discussion de ses limites explicatives, est un élément décisif, en général et dans l'esthétique analytique en particulier.

D'une certaine manière, tout cela engage un rapport à l'art qui ne peut pas conférer à la philosophie une priorité telle qu'elle en fixe les attendus, les attentes ou la destination. Deux points retiennent l'attention à cet égard. Ce défaut de priorité se conjugue d'abord à une reconnaissance du rôle de la critique; il s'exprime également dans une absence de présupposition normative qui tend à considérer le champ artistique comme ouvert, et qui ne privilégie pas, par principe, un courant, une époque ou une doctrine.

La philosophie ne détient pas le privilège d'un rapport à l'art qui lui permettrait d'accéder à sa signification ou à ses enjeux essentiels, indépendamment de ce que les hommes y investissent dans des conditions et à un moment donnés. À cet égard, l'insistance sur le contextualisme, dans l'essai qui clôt ce volume, est significatif de la dimension relationnelle de l'art – une dimension sur laquelle un accord assez général se fait. En ce sens, la philosophie ne bénéficie d'aucune priorité, à la différence de la critique qui, bien qu'elle ne puisse non plus prétendre à rien de tel, se situe en quelque sorte en ce point où toute œuvre est appelée à rencontrer les conditions de sa reconnaissance. Comme le suggérait Beardsley, il n'y aurait pas d'art si le langage n'existait pas ou s'il n'existait personne pour en parler. Il y a, dans le concept même d'une œuvre d'art, le principe d'une inscription publique qui donne à la critique d'art tout son sens, et qui lui confère une priorité à l'endroit de la philosophie, même si cela ne veut pas dire qu'il lui appartient de prendre en charge les prétentions dont la philosophie tend à s'accorder le privilège. Tel est le lien qui associe l'art à la critique et la philosophie elle-même à celle-ci, alors même qu'elle s'en distingue clairement par sa nature et sa fonction et que leur confusion risque de les rendre, l'une et l'autre, bien médiocre. On observera du moins que l'esthétique analytique, à la différence de beaucoup d'autres inspirations, enveloppe cette reconnaissance mutuelle, dans une répartition des tâches. C'est aussi pourquoi ses analyses sont – ou devraient être – dépourvues de signification ou d'ambition évaluatives. Et c'est peut-être aussi ce qui permet de comprendre que les travaux qui en sont issus sont la plupart du temps mieux à même d'accueillir les œuvres et les démarches nouvelles, ainsi que les problèmes qu'elles font surgir dans le champ de la réflexion[1]. Son histoire, quoique récente, permet de s'en convaincre, comme nous allons le voir maintenant.

Jean-Pierre COMETTI, Jacques MORIZOT et Roger POUIVET

---

1. Il est à remarquer aussi que certains philosophes analytiques s'intéressent – sans dénigrement systématique – aux arts de masse; voir N. Carroll, *A Philosophy of Mass Art*, Oxford, Oxford U.P., 1998.

ÉVOLUTIONS ET PERSPECTIVES

INTRODUCTION

Les réflexions contenues dans l'introduction générale de ce volume devraient permettre de mesurer ce qui sépare l'esthétique analytique et/ou anglo-américaine des tendances qui se sont plus particulièrement illustrées en Europe continentale, en particulier en France et en Allemagne. Ces différences ne sont toutefois pas celles de deux univers de pensée que rien ne ferait communiquer, et qui s'excluraient par nature, pour ne pas dire par essence. La réalité est beaucoup plus contrastée, y compris au sein des tendances ou des traditions concernées. Les philosophes qui se rangent délibérément dans l'une ou dans l'autre sont parfois enclins à revendiquer une identité propre, voire exclusive, mais il n'y a pas lieu de sous-estimer les différences qui les opposent au sein même de ce qu'ils se représentent comme leur propre camp[1]. Nous n'avons pas à réellement entrer ici dans le détail des discussions ou des problèmes que

---

1. Ces différences s'illustrent d'abord dans des thèses concurrentes, comme le montre, par exemple, la variété des réponses apportées à la question d'une définition de l'art. Mais elles se manifestent aussi dans les divergences qui opposent le choix d'une philosophie réaliste, orientée vers l'ontologie, à des choix qui ont initialement privilégié l'analyse du langage ou des symboles, comme chez Goodman, en s'engageant dans une voie irréaliste ou anti-réaliste. De même, sur le terrain de la fiction – pour prendre un autre exemple –, entre les positions de Goodman et celles de David Lewis, il y a tout ce qui sépare la prudence nominaliste du premier et l'audace logique et ontologique du second, et non pas une simple divergence de vues autour d'un problème particulier.

cette situation recouvre. On observera seulement que les frontières qu'on est tenté d'établir spontanément ne sont pas forcément aussi nettes qu'on pourrait croire. On verra par exemple, à propos de l'expérience esthétique, comment des philosophies d'inspiration très différente peuvent se révéler liées à des présuppositions semblables. La conviction que l'art et l'expérience esthétique échappent aux intérêts qui gouvernent les objets et les pratiques ordinaires, ceux qui entrent dans la large sphère de l'instrumentalité, est au cœur des conceptions qui ont la plupart du temps prévalu. Comme le montre Noël Carroll, « la valeur accordée à l'expérience esthétique et la tendance qui a consisté à en faire un paradigme de notre rapport à l'art, en dépendent de manière très étroite. Mais l'expérience esthétique n'est ni la seule réponse appropriée à une œuvre d'art, ni la plus centrale, ni forcément la meilleure. La notion d'expérience esthétique n'a rien à voir avec un usage honorifique, elle est seulement descriptive d'un ensemble de transactions pouvant exister entre les œuvres d'art et leur public »[1].

Les contrastes qui divisent la réflexion contemporaine sur l'art ne se limitent toutefois pas, loin s'en faut, à ce qui oppose les différentes conceptions de l'expérience esthétique. Cette notion a été abandonnée par les philosophies qui ont restauré la voie plus directe d'une définition de l'art[2]. Les évolutions auxquelles cet abandon est dû dessinent en fait, pour une large part, le paysage actuel de l'esthétique analytique. À leur manière, les textes de Monroe C. Beardsley et de Nelson Goodman sur lesquels s'ouvre ce volume permettent d'en comprendre la nature. Le livre de Beardsley, *Aesthetics : Problems in the Philosophy of Criticism*, publié en 1958, est probablement l'une des tentatives les plus ambitieuses qui ait vu le jour

---

1. Voir *infra*, N. Carroll, « Quatre concepts de l'expérience esthétique ».

2. Voir l'exposé que R. Stecker donne de cette situation *ArtWorks : Definition, Meaning, Value*, University Park, PA, The Pennsylvania U.P., 1997. Voir aussi, *infra*, les réflexions de Monroe Beardsley.

dans le contexte américain ; du point de vue de l'esthétique analytique, il a la valeur d'un commencement[1]. L'entreprise de Beardsley se caractérise en ce qu'elle se détourne d'une approche immédiatement substantielle ou définitionnelle de l'art, au bénéfice d'une enquête sur les problèmes posés par les jugements que nous inspirent les œuvres littéraires, musicales ou picturales. Bien sûr, ces problèmes posent la question de savoir ce que *sont* de tels objets, ce qu'est une « œuvre d'art ». Pour Beardsley, ces questions peuvent être abordées dans une perspective qu'il définit ainsi : « Il se peut que nous ne puissions pas donner une définition complète de ce qu'est un "objet esthétique", mais il se peut que nous n'en ayons pas besoin »[2]. Il suffit de savoir à quel genre de chose renvoie la critique quand elle parle d'un tel objet. La tentative de Beardsley relève d'une philosophie de la critique ; elle place la critique au point de départ de la réflexion sur l'art, et c'est pourquoi elle porte son attention sur l'*expérience* dont elle enveloppe la présupposition : « car ce que semblent bien présupposer les critiques, autant que nous-mêmes, lorsque nous parlons de poèmes, de pièces ou de statues, c'est qu'il y a quelque chose [...] qui peut faire l'objet d'une expérience, être étudié, apprécié et jugé »[3].

En cela, bien que les concepts mobilisés soient différents, l'approche de Beardsley participe d'une orientation et d'un type de choix qui avait été celui de John Dewey, dans *Art as*

---

1. Dans leur préface à *Aesthetics and the Philosophy of Art*, P. Lamarque et S. Haugom Olsen placent certes l'œuvre de Beardsley au point de départ de la tradition analytique en esthétique (Oxford, Basil Blackwell, 2004, p. 2), bien que cette parenté ne soit pas revendiquée par Beardsley lui-même. Son entreprise s'inscrit en tout cas dans le contexte de la philosophie américaine des années cinquante et ses références renvoient explicitement, sur tel ou tel point, à des textes fondateurs de la tradition analytique.

2. Beardsley, *op. cit.*

3. *Ibid.*, p. 17.

Experience, et qui fut peut-être celui de Nelson Goodman dans *Languages of Art*[1]. Dewey est le premier, au sein de la philosophie américaine de l'art, à avoir orienté l'attention vers l'expérience, en un sens particulier qu'il définit ainsi :

> L'expérience est le résultat, le signe et la récompense de cette interaction de l'organisme et de son environnement qui, lorsqu'elle est portée à son accomplissement, transforme l'interaction en une participation et une communication. Dans la mesure où les organes des sens, avec le dispositif moteur qui leur est associé, sont les moyens de cette participation, tout ce qui en déroge, que ce soit d'un point de vue théorique ou pratique, est à la fois l'effet et la cause d'une expérience vitale diminuée et affaiblie. Les oppositions de l'esprit et du corps, de l'âme et de la matière, de l'esprit et de la chair ont toutes leur origine, fondamentalement, dans la crainte de ce que la vie pourrait réserver. Elles sont la marque d'une contraction et d'un retrait[2].

Par là, Dewey se démarquait d'une tradition dont la conséquence est de soustraire l'art et l'expérience esthétique à la sphère ordinaire de la vie. En même temps, il communiquait avec un esprit qui trouve son inspiration dans l'œuvre de

---

1. J. Dewey, *Art as Experience*, New York, A Preigee Book, 1980, trad. fr., PUP/Farrago, 2006 ; N. Goodman, *Languages of Art*, Hackett Publishing Company, 1968, trad. fr. *op. cit.* Bien sûr le concept d'expérience de Beardsley n'est pas celui de Dewey, de même que le choix d'une réflexion centrée sur les problèmes de la critique ne se confond pas avec le fonctionnalisme goodmanien. Dans les trois cas, toutefois, les problèmes d'une définition de l'art ne bénéficient d'aucune priorité ; il s'efface devant une approche qui s'en tient aux conditions d'une expérience en retenant des objets ce qui entre dans la relation qu'enveloppe l'idée même d'*expérience* dans un cas, celle d'un *jugement critique* dans l'autre, et celle du *fonctionnement* des œuvres dans le troisième. L'idée d'expérience comme telle est étrangère à Goodman, mais l'importance qu'il accorde à l'*implémentation* ou à l'*activation* des œuvres dit à elle seule tout le prix qu'il accorde à la relation qui place les objets dans des conditions déterminées de perception et d'appréciation, conditions sous lesquelles ils *fonctionnent* comme œuvres d'art, précisément. Voir *infra*, « L'art en action ».

2. *Art as Experience*, *op. cit.*, p. 22.

Whitman et de Thoreau, et qui s'est diversement perpétuée dans l'art américain, jusqu'à l'époque de l'expressionnisme abstrait et au-delà [1].

L'idée d'expérience à laquelle Beardsley fit appel pour sa part n'est pas exactement de même nature ; il lui manque la dimension par laquelle le concept deweyien s'inscrit dans une naturalisation de l'expérience esthétique. Elle ne se confond toutefois pas davantage avec le concept d'expérience vécue (*Erlebnis*) qui s'est imposé dans la phénoménologie husserlienne ; et elle n'est pas non plus destinée à construire une ontologie régionale ou à circonscrire quelque essence que ce soit. De plus, la tentative de Beardsley se conjugue à une réflexion sur la critique d'art qui peut être triplement caractérisée : 1) elle associe l'art et l'expérience esthétique à un espace de reconnaissance public dont la critique d'art est partie prenante ; 2) elle s'attaque frontalement à des questions comme celles de l'évaluation, largement ignorées de la plupart des philosophies qui ont monopolisé l'attention dans l'aire européenne [2] ; 3) elle ne s'accorde aucune position privilégiée autorisant la philosophie à passer par-dessus la tête des conditions qui assurent aux œuvres une reconnaissance [3].

1. Voir S. Buettner, « John Dewey and the Arts », *Journal of Aesthetics and Art Criticism*, 1975, n°33 ; trad. fr. C. Domino, *in* J. Dewey, *L'art comme expérience, op. cit.* ; R. Shusterman, « Emerson's Pragmatist Aesthetics », *Revue Internationale de Philosophie*, « Le Pragmatisme », n°1, 1999.

2. Il est très remarquable que dans la plupart des cas, le discours philosophique sur l'art porte son attention sur des œuvres dont la valeur est préalablement reconnue, mais exactement comme si les conditions préalables d'évaluation et de reconnaissance que ce choix présuppose n'avaient aucune incidence sur ce qui les qualifie comme telles et autorise par là les attributions dont elles sont l'objet. À moins que ce ne soit l'inverse, comme cela se produit également, je veux dire lorsque le mauvais accueil fait à une œuvre devient l'indice de sa valeur, toute création véritable étant supposée rebelle ou révolutionnaire, et par conséquent vouée à l'incompréhension.

3. L'accès privilégié aux œuvres dont la philosophie, si souvent, s'arroge spontanément le droit est lié à son ignorance des conditions de reconnaissance

On observera en passant que les orientations de Beardsley, bien qu'elles n'aient rien de spécifiquement analytique et bien qu'elles communiquent avec une inspiration pragmatiste, s'accordent – fût-ce à leur insu – avec l'un des dogmes de l'empirisme logique, celui qui frappe d'interdit la possibilité même d'une connaissance qui rapatrierait sur le terrain de la science ou d'une philosophie de la science le sens que nous attribuons aux œuvres et à l'expérience émotionnelle. Beardsley souligne bien, à cet égard, tout ce qui distingue une problématique scientifique de l'objet des besoins et des possibilités propres à l'esthétique[1]. Dans la mesure où l'enquête de Beardsley porte sur les réquisits de la critique et de l'expérience esthétique, elle ne transgresse pas les interdits auxquels devait faire face, selon les positivistes logiques, une esthétique philosophique[2]. En outre, en déplaçant la question sur ce terrain, elle ouvre une voie inédite à une approche des ressources et conditions cognitives qui semblaient destinées à lui demeurer étrangères. Par là aussi, elle communique à la fois

---

auxquelles elles sont subordonnées, autant qu'à sa sous-estimation de la critique, de son rôle, et de la priorité qui la situe dans un rapport direct aux œuvres. Cette priorité est intrinsèquement liée aux conditions mêmes de la reconnaissance des œuvres et à l'impossibilité où nous serions de parler d'œuvre ou d'en concevoir jusqu'à l'idée en l'absence de toute insertion dans un contexte public.

1. Cf. *Aesthetics, op. cit.*, I, p. 15-17. «Comme champ de connaissance, écrit aussi Beardsley significativement, l'esthétique consiste en un ensemble de principes requis pour clarifier et confirmer les jugements critiques. L'esthétique peut être considérée comme la philosophie de la critique ou comme une métacritique» (*ibid.*, p. 3-4).

2. Pour des raisons qui tenaient à leur «conception scientifique du monde», les positivistes logiques ont primitivement exclu la possibilité de propositions douées de sens en esthétique, tout comme en éthique d'ailleurs. Pour eux, comme pour le Wittgenstein du *Tractatus*, l'art était étranger à la sphère du «dire». D'une certaine manière, l'entreprise de Beardsley passe au-dessus de cette difficulté en adoptant une position liée aux implications de nos discours et non pas à ce qu'une attention directe aux œuvres est ou serait susceptible de nous révéler.

avec l'option pragmatiste de Dewey et avec le pari ultérieur de Goodman[1].

L'ouvrage majeur que celui-ci fit paraître en 1968 sous le titre *Languages of Art* s'inscrit dans une démarche qui met en relief – dans le cadre d'une philosophie des symboles –, la dimension cognitive de l'expérience esthétique en dépassant à sa manière l'interdit positiviste. À la différence de Beardsley, Goodman prolonge sur le terrain de l'esthétique la contestation des « dogmes de l'empirisme » initiée par Quine, dans la ligne particulière de ce premier tournant que constituait *The Structure of Appearance*[2].

Au reste, s'il est une chose qui caractérise plus générale-ment les orientations respectives de Beardsley et de Goodman, à presque vingt ans d'intervalle, c'est la conviction que les approches directement tournées vers l'art comme tel ou vers une définition proprement dite ne répondent à aucune néces-sité. Aussi présentent-elles un côté pragmatiste qu'elles doivent peut-être à leur ancrage américain; c'est aussi pourquoi elles se démarquent profondément des tentatives qui ont vu le jour après elles, et qui s'illustrent aujourd'hui dans des approches plus ontologiquement marquées.

On s'en convaincra en lisant le texte de Beardsley dont nous publions une traduction. À l'occasion de la réédition de l'ouvrage, en 1981, celui-ci a été amené à préciser les positions qui avaient été primitivement les siennes à la lumière des évo-

1. Les vertus cognitives que Nelson Goodman attribue à l'art et aux œuvres sont la plus claire expression de ce qui distingue sa philosophie de ses prédé-cesseurs positivistes. Voir N. Goodman, *Ways of Worldmaking*, Indianapolis, Hackett Publishing Company, 1978, trad. fr. M.-D. Popelard, *Manières de faire des mondes*, Nîmes, J. Chambon, 1992.

2. *The Structure of Appearance*, D. Reidel, trad. fr. J.-B. Rauzy (dir.), Paris, Vrin, 2005. Le livre de Goodman reprend à nouveau frais l'entreprise qui fut primitivement celle de Rudolf Carnap dans l'*Aufbau* (trad. fr., *La construc-tion logique du monde*, Paris, Vrin, 2003). Son choix d'une base différente de celle de Carnap, est présenté comme une option qui ne se recommande d'aucune nécessité, et qui n'exclut nullement la possibilité d'autres choix.

lutions qui se sont produites au cours des vingt-deux années qui séparent la première édition du livre, parue en 1958, et la deuxième, parue en 1981. Cette distance se dessine clairement dans le propos de Beardsely, à la fois par ce qu'il refuse et par la manière dont il nuance ou justifie ses positions. Entre celles-ci et celles qu'il conteste, dans des circonstances pourtant très différentes de celles de 1958, il y a une distance assez comparable à celle qui se laisse entrevoir entre le Goodman de « L'art en action » (dans ce volume) et les voies dans lesquelles se sont engagées, après *Langages de l'art*, une majorité de philosophes analytiques. Ce texte : « L'art en action », est l'un des derniers que Nelson Goodman a publiés avant sa disparition, en 1990. Outre le témoignage qu'il offre d'une attitude dans laquelle on peut voir la marque propre de son esthétique, il présente un double intérêt. En insistant une fois de plus sur l'*activation* des œuvres et les conditions de cette activation, Goodman ne se contente pas de réaffirmer l'opportunité d'une option fonctionnaliste ; il laisse également entrevoir toute l'importance des conditions pragmatiques qui président à ce fonctionnement[1].

Il s'agit probablement de l'une des choses qui caractérise le mieux sa philosophie, et qui permet en même temps de la situer en retrait, sinon en arrière, des évolutions qui se sont fait jour au cours des vingt dernières années. De ces évolutions et des débats sur lesquels elles ont débouché, on se fera une idée plus précise dans les textes des autres sections. On y prendra la mesure de ce qui sépare l'esthétique d'aujourd'hui, telle qu'elle se pratique dans les pays anglo-saxons, de l'inspiration goodmanienne. Je ne crois pas, pour ma part, qu'elle ait perdu de son intérêt, mais le silence qui l'entoure est significatif des

---

1. Voir L. Handjaras, « Entre logique et littérature : Goodman, Calvino et la construction des mondes », *Les Cahiers du Musée National d'Art Moderne*, « Nelson Goodman et les langages de l'art », *op. cit.*, ainsi que J.-P. Cometti, « Activating Art », *Journal of Aesthetics and Art Criticism*, n°58, été 2000.

options autour desquelles la discussion tend à se développer aujourd'hui. Il est possible que les évolutions en cours confirment l'emprise que la philosophie de l'esprit et les sciences cognitives tendent à exercer, désormais, sur la philosophie analytique. Bien que cette emprise se soit déjà traduite par l'usage de quelques notions, l'esthétique lui est restée relativement étrangère jusqu'à présent, de sorte qu'il serait bien aventureux de risquer un pronostic. Tout dépendra que de ce que la philosophie de l'esprit deviendra elle-même, car l'esthétique ne saurait être considérée comme une province à part, séparée du reste de la philosophie [1].

Il ne s'agit certes pas d'un trait singulier, propre à l'esthétique analytique. Dans ce qu'on préférerait ne pas appeler l'esthétique « continentale », la réflexion sur l'art a également emprunté des voies épousant les principales orientations qui se sont imposées dans les autres secteurs de la pensée philosophique. Il s'agit pourtant d'un trait sensiblement plus marqué pour la première que pour la seconde. On peut y voir l'expression d'une conviction commune à la plupart des philosophes analytiques : chez eux, le statut autonome de l'art, propre à nos sociétés, n'a pas eu pour effet – comme cela a été le cas en Europe depuis le romantisme – de soustraire l'art et la réflexion sur l'art à la juridiction des concepts et des méthodes qui ont fait leur preuve dans d'autres domaines de la pensée. Les textes que nous présentons en offrent le témoignage.

La philosophie d'Arthur Danto, l'auteur américain le plus connu et le plus traduit dans l'ère européenne, pourrait aussi en offrir une illustration. L'inspiration et les méthodes qui furent primitivement les siennes ont leur source dans une pensée

---

1. P. Lamarque et S. Haugom Olsen soulignent opportunément ce trait dans leur préface à *Aesthetics and the Philosophy of Art*, *op. cit.*, p. 4 : « L'esthétique analytique a tendu à donner une priorité à des questions issus d'intérêts appartenant à d'autres secteurs de la pensée philosophique ».

à laquelle l'esthétique était restée jusque-là étrangère[1]. De Danto, nous n'avons pourtant pas jugé utile de proposer un texte. Nous avons préféré nous tourner vers Joseph Margolis, afin d'entrouvrir un débat que les thèses de Danto n'ont cessé de susciter, et dont nous n'avons souvent qu'une connaissance limitée. Margolis, qui refuse l'essentialisme historiciste de Danto, reprend ici la question des indiscernables, dont Danto, depuis *La transfiguration du banal*, a fait la pièce angulaire de son esthétique. L'analyse qu'il en propose se concentre en une interrogation qui met clairement en évidence les attendus de la position de Danto et les ambiguïtés qu'elle enveloppe.

Sur ce point, le débat ouvert par Margolis affecte en profondeur la démarche de Danto et les principes dont elle se recommande. Car l'indiscernabilité sensorielle, si du moins elle doit revêtir le sens que lui donne Danto, trouve sa condition dans un contexte artistique préalable qui détermine ce qui vaut ou non comme art, et qui rend lui-même possible plusieurs types d'indiscernabilité. Mais la façon dont l'inspiration de Danto se démarque des philosophies de l'expérience esthétique et du fonctionnalisme goodmanien n'est pas moins significative des options propres à l'esthétique post-goodmanienne et post-wittgensteinienne[2]. À cet égard, bien que les préoccupations qui se dégagent des textes regroupés dans cette section ne puissent en refléter tous les aspects, ils permettent néanmoins de dessiner la ligne le long de laquelle l'esthétique analytique des deux dernières décennies a établi ses positions.

1. Le problème des indiscernables en constitue la source majeure. C'est la question même à laquelle s'attaque Joseph Margolis dans le texte dont nous proposons une traduction.

2. Voir N. Carroll. Au total, quitte à schématiser, on pourrait dire que l'esthétique d'inspiration analytique s'est aujourd'hui désolidarisée à la fois des préventions que le positivisme logique faisait primitivement peser sur l'esthétique, et des réserves qui inspiraient à ce sujet le courant wittgensteinien autant que le courant goodmanien. Dans un cas comme dans l'autre, le développement d'une métaphysique analytique est un élément significatif du débat.

Ils offrent ainsi un éclairage historique et théorique significatif sur les options majeures autour desquelles elle s'est constituée en recherchant une alternative à l'expérience esthétique, au sens de Dewey, à la philosophie de la critique de Beardsley, aux perspectives initialement offertes par la philosophie du langage, ainsi qu'au fonctionnalisme goodmanien.

Jean-Pierre COMETTI

Monroe C. Beardsley

QUELQUES PROBLÈMES ANCIENS
DANS DE NOUVELLES PERSPECTIVES *

Deux décennies après la première édition de ce livre, une postface substantielle est devenue clairement nécessaire. D'abord pour en contrebalancer le côté unilatéral qui, avec les années, est devenu plus évident; pour tenir compte ensuite des importants développements qui ont eu lieu en philosophie de l'art depuis 1958, et enfin pour prendre acte du large spectre des critiques auxquelles mes arguments et mes conclusions ont donné lieu au cours des dernières années. Ainsi le lecteur aura-t-il la possibilité d'entendre un autre point de vue et de se faire une opinion personnelle sur ces questions controversées.

Quant au premier de ces points, au moment où je travaillais à la première édition, j'avais en vue la lutte continuelle en esthétique entre ceux qui attribuent aux arts un caractère et des privilèges propres et ceux qui leur assignent un rôle culturel et social subordonné. Pourtant, dans ce contexte, je n'en éprouvais pas moins vivement la nécessité de m'intéresser à l'indé-

---

*Ce texte est un post-scriptum contenu dans la seconde édition de *Aesthetics : Problems in the Philosophy of Criticism*, Cambridge, Indianapolis, Hackett, 1981, p. XVII-LXIV. Les références des nombreux ouvrages et articles cités par l'auteur au fil de cette préface sont données dans la bibliographie générale en fin de volume.

pendance et à l'autonomie des arts et d'en prendre le parti. J'accorde moins d'attention aux relations entre les activités artistiques et d'autres formes d'activité, entre les œuvres d'art comme productions sociales et d'autres intérêts et préoccupations élémentaires, entre les œuvres d'art et les conditions historiques, biographiques et sociales de leur apparition.

À ce stade de son développement, la théorie esthétique me semblait réclamer un sérieux effort pour déterminer quel argument pourrait raisonnablement plaider en faveur de la nature propre de l'art, du statut distinct de la critique d'art, en tant qu'elle repose moins qu'on ne le présume sur la psychologie et la sociologie, et d'un type unique de valeur que les œuvres d'arts offriraient pleinement – valeur indépendante de leurs aspects moraux, politiques, philosophiques ou religieux. La tentative la plus connue et la plus répandue pour étudier la dignité des arts de cette façon – celle de ceux qu'on appelle « les formalistes » comme Clive Bell et Roger Fry – me semblait pour l'essentiel avoir fait plus de mal que de bien pour cette cause, bien que leur critique fût historiquement très importante et que leurs idées esthétiques aient suscité une discussion constructive. La théorie sémiotique de l'art – alors défendue par Susanne Langer et Charles Morris – semblait prometteuse à beaucoup, mais (même si ses difficultés théoriques pourraient être résolues) elle me semblait correspondre à une vision de l'art limitée et peu fondée. La pensée marxiste sur l'art, en particulier celle qui existait dans le monde anglophone, en était largement à son premier stade stalinien, marquée par son indifférence à l'égard de ce que je tenais moi-même pour des aspects extrêmement importants. En revanche, l'école alors florissante de la nouvelle critique me paraissait représenter un sérieux effort pour concevoir la littérature comme un domaine propre et important par lui-même, pour comprendre quel en est le fonctionnement et développer une méthode vérifiable (dans certaines limites) et objective d'explication des œuvres littéraires. Je ne me considérais pas comme acquis à certaines des conceptions religieuses et politiques que plusieurs nouveaux critiques tenaient pour importantes et il ne me semblait pas que ces conceptions eussent une portée logique sur ce qu'ils faisaient comme critiques et théoriciens de la littérature. Mais je pensais que leur théorie plutôt minimale réclamait un soutien et un apport philosophique, et que le caractère partial – peut-être partisan – du livre provenait d'un effort soutenu pour rendre justice à la musique et aux arts visuels autant qu'à la littérature. Je regrettais, dans ces années-là, de ne pouvoir parvenir à une connaissance des autres arts – cinéma, architecture, danse – telle qu'il me fût possible d'en traiter aussi complètement, mais je pensais que la littérature, la musique et la peinture me permettraient d'illustrer et de tester mes concepts et mes principes, et il me fallait m'en contenter. Les vingt-deux dernières années ont constitué, à ma connaissance, une période admirablement créative pour l'esthétique philosophique et le travail qui est actuellement accompli est plus vivant et rigoureux que ce n'était le cas en 1958. Plusieurs essais et livres-clés, autant que les nombreuses réponses qu'ils ont suscitées méritent amplement le crédit dont cette évolution a elle-même bénéficié. Des questions plus anciennes ont été reformulées de manière beaucoup plus intéressante et propice à une solution, grâce à des idées provenant d'autres branches de la philosophie. Mais ces questions elles-mêmes, et *a fortiori* d'autres qui ne se sont pas encore prêtées à une reconsidération aussi étendue étaient déjà discutées en 1958 sous d'importants aspects (des conceptions raisonnables, des distinctions utiles, des arguments substantiels) et il faut encore compter avec elles. J'ai choisi d'examiner brièvement dix thèmes qui sont pour chacun d'entre eux, importants et très actuels; selon moi, ils fournissent en outre, considérés ensemble, une bonne image de ce qui s'est fait récemment en esthétique.

LA DÉFINITION DE L'ART

C'était sans nul doute faire preuve d'esprit de contradiction, dans la première édition de ce livre, que de traiter aussi
longuement des œuvres d'art sans me soucier d'en donner une
définition, que ce soit comme un talent particulier, une activité
ou une espèce d'objet. Je ne voulais pas me laisser prendre au
piège d'une question qui, en dépit du succès dont elle bénéfi-
ciait alors (bien moins qu'à présent) ne me semblait pas revêtir
une grande importance ni conduire à une résolution très satisfaisante et à laquelle on puisse consentir – comme cela semblait
être suggéré par les essais célèbres de Paul Ziff et Morris Weitz.
J'espérais m'en tirer au moyen d'un terme général de substitution : « objet esthétique », introduit de façon quelque peu
arbitraire pour désigner un objet d'appréciation et de critique,
en espérant apporter une explication suffisante de son inten-
sion et de sa portée, au regard des objectifs du livre. Dans
ma discussion trop rapide de ce terme (chap. I) il me semble
maintenant que j'ai exagéré les inconvénients d'une utilisation
consistant à en faire mon concept le plus général, tout en le
définissant (en partie) de manière intentionnelle (voir p. 59-
61)[1], et je crois que j'ai maintenant réussi à en obtenir une
vision plus juste – grâce aux critiques judicieuses qui m'ont été
faites depuis, mais aussi sous l'effet d'une élévation du niveau
de la discussion philosophique et de son élaboration en esthétique. Mais une partie de ma répugnance à commencer par une
définition de l'art provenait au départ de ma conviction qu'on
ne pourrait parvenir à rien de satisfaisant sans faire appel à des
concepts destinés à apparaître beaucoup plus tard dans le livre
– en l'occurrence dans les derniers chapitres –, si bien qu'une
définition adéquate pourrait seulement être obtenue à la fin,

---

1. Ces indications renvoient à la pagination de l'édition originale, en
anglais, de 1980 [N.d.T.].

alors qu'elle ne serait plus exigée pour développer l'argument substantiel. Je pense encore que c'est la bonne position.

J'accepterais maintenant volontiers de répondre à la question « Qu'est-ce que l'art ? », s'il s'agit de se demander ce qui distingue les œuvres d'art des autres choses. Ma réponse, sous une forme quelque peu simplifiée, consiste à dire qu'une œuvre d'art est un arrangement de conditions susceptibles de donner lieu à une expérience comportant un caractère esthétique marqué – c'est-à-dire un objet (approximativement parlant) dans la fabrication duquel l'intention à même de répondre à un intérêt esthétique joue un rôle causal significatif. Sans réellement prendre la défense de cette idée (voir « Redéfinir l'Art »), j'ajouterai quelques brefs commentaires à titre de clarification : évidemment la définition présuppose que l'on rende compte du caractère esthétique d'une expérience ou de son intérêt esthétique. Elle ne prétend pas correspondre à tous les usages effectifs ayant cours chez les artistes et les critiques, car ce serait impossible ; mais elle vise à marquer une distinction fondamentale et cruciale pour une approche théorique des problèmes esthétiques. Cette définition ne nous fait pas courir le risque du « sophisme intentionnel », contrairement à ce qu'on pourrait penser, risque auquel, tel que je le comprends, l'interprétation et l'évaluation des œuvres d'art ont toujours été exposées (voir « La philosophie de la littérature »). En dépit de ce que certains esthéticiens ont soutenu, je ne vois aucun inconvénient à limiter la classe des œuvres d'art aux choses qui ont été intentionnellement produites – ce qui naturellement ne veut pas dire que tout ce qu'il y a en elles était destiné à y être, ni que la définition exclut les objets pour lesquels des intentions autres, à côté des intentions esthétiques, ont aussi joué un rôle : religieuses, politiques, érotiques, magiques. Définir les œuvres d'art de cette manière n'implique 1) ni que leurs intentions esthétiques sont en fait satisfaites, ou du moins satisfaites à un degré notable, 2) ni que les choses qui ne sont pas des œuvres d'art (les objets naturels et techniques) ne puissent également être la source d'expériences comportant un caractère esthétique marqué, c'est-à-dire ne puissent répondre à un intérêt esthétique à quelque degré.

Dans la première édition, le terme « objet esthétique » se voyait attribuer une extension disjonctive indéfinie pouvant être appliquée aussi bien à une composition musicale, un tableau, un poème et ainsi de suite (voir « les définitions des arts »). Que nous puissions ou non avoir encore besoin d'un tel concept fourre-tout, la définition proposée des œuvres d'art ne comporte pas moins deux conséquences, à savoir 1) que les œuvres d'art n'ont pas besoin d'appartenir à un type, à un genre ou à un médium reconnu (bien que les œuvres nouvelles, si elles sont couronnées de succès, soient tout à fait à même de servir de précurseurs à d'autres qui constitueront une catégorie); 2) que les objets qui appartiennent à une catégorie d'œuvres d'art reconnues ne sont pas nécessairement des œuvres d'art (par exemple, une composition produite par un ordinateur peut bien être de la musique, mais pas de l'art). Mais généralement à moins que le cours de l'histoire de l'art ne devienne encore plus sauvagement erratique qu'il n'a été récemment, les œuvres d'art et les objets esthétiques considérés comme je le suggère, finiront par ne plus se distinguer. Pour répondre à la très bonne discussion critique que Michael Hancher a donné de certaines thèses dans la première édition (voir ses « Poèmes *versus* Arbres ») je dirais que je plaide coupable face à son accusation de « discrimination systématique des objets naturels en faveur des artificiels », tout particulièrement à la lumière de son intéressante référence à des livres comme *Walden*, considérés comme des exemples de « critique (esthétique) de la nature », entièrement comparables à la critique d'art. Mais je crois que nous nous accordons fondamentalement sur le fait 1) que la nature a une valeur esthétique parfois à un très haut degré ; et 2) que les œuvres d'art en général, du fait de leur fonction spécialisée, sont des sources de valeur esthétique plus riche et à un niveau plus élevé. Il attribue leur supériorité esthétique à une plus grande intensité de qualité humaine régionale qu'il considère comme une conséquence de leur origine humaine, bien que ce soit aussi nécessairement l'effet d'une action délibérée.

Comme un très grand nombre d'esthéticiens au cours des dernières années, j'ai été très intéressé par une autre manière de concevoir les œuvres d'art, celle qui a été proposée, affinée et bien défendue par George Dickie (voir *Art et Esthétique*). Mais en dernière analyse, je me suis révélé incapable de trouver dans cette hypothèse la substantialité que me semblait exiger un concept de l'art théoriquement significatif et empiriquement applicable. L'idée centrale, sous sa forme originale et la plus influente, consiste à dire que certains artefacts, dans une société, possèdent un certain nombre d'aspects auxquels une personne ou certaines personnes, agissant au nom d'une institution sociale connue comme le « monde de l'art » ont conféré le statut de « candidat à l'appréciation » ; ce sont alors les œuvres d'art telles qu'elles sont considérées dans cette société. Chacun des éléments de cette définition, soigneusement élaboré comme il l'est, a opposé des difficultés (voir « L'art est-il essentiellement institutionnel ? »). Pour moi, la difficulté la plus troublante réside dans l'impossibilité d'offrir une explication cohérente de ce qu'est le « monde de l'art » sans dire qu'il est constitué de personnes entrant dans un certain rapport avec les œuvres d'art – et cette circularité rend « la définition institutionnelle de l'art » parfaitement inutile pour les philosophes, les historiens, les anthropologues, et pour quiconque pourrait avoir besoin d'une définition de l'art. Il demeure vrai et important de souligner, comme Dickie l'a fait, que les pratiques artistiques sont institutionnalisées, et que ce qui est reconnu et apprécié en tant qu'art peut dépendre d'un tissu de facteurs sociaux. Mais comme plusieurs autres penseurs, Dickie est dans l'obligation de fournir une définition de l'art susceptible de s'accorder avec des énigmes notoires comme les « readymades » de Marcel Duchamp et les *objets trouvés* – bien que je considère qu'elles fonctionnent comme des énoncés sur l'art plutôt que comme des œuvres d'art en tant que telles. (Pour une discussion critique plus poussée des conceptions de Dickie voir, par exemple Anita Silvers, « The Artworld Discarded » et Colin Lyas, « Danto and Dickie on Art »).

Une conception proche, par l'esprit, de celle de Dickie, quoique plus radicale, est celle de Timothy Binkley (« Deciding about Art » et « Piece »), selon laquelle ce qui fait d'une chose – n'importe quelle chose à laquelle on puisse penser ou se référer – une œuvre d'art, c'est qu'elle est « indexée » comme telle : ce qui veut dire (en gros) étiquetée comme œuvre d'art par un artiste. Comment indexer des œuvres et comment peut-on, de ce seul fait, convertir, disons un tas d'ordures ou un cas de claustrophobie en art, voilà une chose qui n'a pas encore été entièrement expliquée, bien que Binkley semble avoir significativement formulé une hypothèse largement acceptée parmi l'avant-garde actuelle.

L'argument initial de Morris Weitz selon lequel aucune « définition réelle » de l'art ne peut être donnée (une définition qui fournirait les conditions essentielles, nécessaires et suffisantes pour qu'une chose soit une œuvre d'art), puisque le concept d'art est un concept de « ressemblance de famille », ne cesse de susciter épisodiquement des recherches sur le caractère logique de notre concept d'art présumé commun ou ordinaire – souvent en accord ou en opposition avec le point de vue de Weitz. Certains de ces essais ont été éclairants. Maurice Mandelbaum (« Family Resemblances and Generalization Concerning the Arts ») s'oppose en effet aux arguments selon lesquels il ne peut y avoir de conditions nécessaires de l'art, en suggérant d'admettre l'existence de propriétés relationnelles.

Il m'a adressé une invitation à laquelle je réponds ici, de rechercher de telles propriétés communes dans « l'activité et les intentions de ceux qui font » des œuvres d'art (p. 5). Haig Khatchadourian (*« Art » and The Concept of Art*, chap. 2) propose un « principe d'extension par ressemblance ou analogie », au moyen duquel le concept d'art, auquel on conserve sa flexibilité tout en le maintenant sous contrôle, peut être étendu à des objets d'un nouveau genre sur la base de similarités significatives et à des cas paradigmatiques reconnus. George Schlesinger (« Aesthetic Experience and Definition of Art ») défend l'idée qu'il y a un « dénominateur commun » à toutes les œuvres d'art, en ce que chacune constitue « un artefact qui, sous certaines conditions standard, est la source d'une expérience esthétique pour ceux qui le perçoivent » (p. 175). Je considère que telle est la bonne direction, bien que son concept d'expérience esthétique exige, je pense, d'être amendé. Dans un essai qui soulève également un certain nombre de points sur le problème de la définition de l'art et sur d'autres approches du problème (« The Essential Nature of Art »), E. J. Bond suggère que toute chose appartenant à une certaine forme d'art (musique, littérature) est une œuvre d'art ; et il offre une explication circonspecte de ce qu'est une forme d'art. Puisque cette dernière explication fait grand usage du concept d'« appréciation esthétique », le schème de Bond présente d'étroites affinités avec le mien – à ceci près que, comme on l'a observé précédemment, des instances d'une espèce d'art produites accidentellement ou mécaniquement ne seraient pas, d'après moi, des œuvres d'art. Dans un judicieux essai qui imite les idées de Dickie, mais en rejette quelques-uns de ses traits principaux (« Defining Art Historically »), Jerrold Levinson soutient que la meilleure définition d'une œuvre d'art est celle qui y voit une chose « destinée à être regardée de l'une des façons dont les œuvres d'art existant avant elles ont été correctement regardées ». Cette suggestion combine de

manière intéressante l'approche de Khatchadourian et la
mienne, et elle parvient à saisir quelques aspects de la manière
dont le terme « œuvre d'art » est fréquemment utilisé et étendu
à de nouvelles créations. Mais si « correct » signifie quelque
chose comme « de manière standard », comme il le suggère,
alors la phrase « de l'une des façons » peut s'avérer exagérément généreuse (compte tenu du nombre de nos mauvaises
habitudes esthétiques); et si « de manière standard » devait se
révéler utile, alors des restrictions devraient lui être imposées
– auquel cas, je pense qu'il serait nécessaire de faire appel à un
critère pour obtenir une expérience esthétique d'une certaine
forme. Mais dans ce cas, la référence historique devient inutile
et la définition est très près de rejoindre la mienne.

C'est Arthur Danto qui a soutenu de la façon la plus
complète et la plus influente que le concept d'art est essentiellement subordonné à des conditions historiques et à l'existence d'une théorie de l'art : ce n'est que par l'acceptation
propre au monde de l'art d'une théorie qu'une pelle à neige
peut-être constituée comme un readymade duchampien, c'est-
à-dire comme une œuvre d'art. Jusqu'ici, Danto n'a pas encore
réellement clarifié en quoi consiste une théorie ni le fait
d'accepter une théorie selon ses propres vues ; ou exactement
pourquoi, en chantant ou en peignant des masques, les peuples
antérieurs à la naissance de la philosophie n'auraient pas pu
créer des œuvres d'art sans savoir qu'ils le faisaient – tout
comme ils construisaient des maisons sans avoir étudié dans
une école d'ingénieur ou faisaient des lois sans aucune philosophie du droit. (Pour une discussion critique plus détaillée des
conceptions de Danto voir « Is Art Essentially Institutional ? »,
Anita Silvers, « The Artworld Discarded », Colin Lyas,
« Danto and Dickie on Art », et les questions de Richard
Sclafani dans « Artworks »). Bien sûr dans toute société ce qui
est créé ou approuvé comme étant du bon art ou encore exposé
et diffusé dépend largement de ce que permettent ceux qui en

ont le contrôle politique, commercial ou théologique; et leurs motifs ou leurs justifications peuvent être fort variés. Ainsi, l'art est inextricablement imbriqué dans des institutions. Mais pour extraire les problèmes sociaux de l'art il nous faut disposer, selon moi, d'une explication générale de l'activité artistique conçue dans un but esthétique, logiquement indépendante de la théorie de l'art, ainsi que des institutions sociales ou de la tradition.

L'ONTOLOGIE DE L'ART

Un autre problème fondamental que je n'ai traité que de façon partielle et provisoire dans la première édition a été beaucoup clarifié et exploré au cours des dernières années – même si persistent certains inconvénients et plusieurs difficultés. Il concerne le statut ontologique des œuvres d'art : à quel genre ou quels genres d'entités avons-nous affaire, métaphysiquement parlant ? Certaines, comme les sculptures, semblent appartenir à la classe des objets, en un sens étroit; d'autres, comme les danses improvisées, à la classe des événements; mais cette remarque n'est qu'un début, et même cela peut en appeler à une révision. Ma première idée était d'essayer de me limiter à ce qu'exigeait le dessein de délimiter la série des objets esthétiques et des jugements critiques qui étaient en discussion. À l'heure qu'il est, toutefois, certaines propositions très importantes ont été élaborées avec beaucoup de soin et de sophistication philosophique, et elles doivent être reconnues ici.

Dans le chapitre 1, je classais les objets esthétiques parmi les « objets perceptuels » (en un sens large qui comprenait les événements) – c'est-à-dire les entités dont certaines propriétés au moins peuvent être perçues par les sens – et cela impliquait à mes yeux que la même chose était vraie des œuvres d'art en général. Il se pourrait que des développements plus récents dans les arts visuels, en particulier l'apparition de ce qu'on appelle l'« art conceptuel », invalident cette proposition ontologique. Timothy Binkley (dans « Piece : Contra Aesthetics ») a avancé que 1) même lorsque l'œuvre d'art est un objet perceptuel (par exemple une carte postale envoyée par On Kawara et indiquant à quelle heure il s'est levé aujourd'hui), ses propriétés perceptuelles ne sont pas ses propriétés intéressantes ou importantes comme œuvre d'art ; et 2) l'œuvre d'art réelle n'est peut-être rien de plus qu'une idée ou une possibilité. La première thèse est intéressante, mais elle ne change rien à mon hypothèse. Quant à la seconde, Binkley semble admettre que l'idée (quelle que soit l'idée véhiculée par la carte postale de On Kawara) ne peut être une œuvre d'art qu'en vertu de sa documentation : il faut qu'il y ait une carte postale ou quelque inscription, qui est un objet perceptuel. Et quelle que puisse être exactement l'objet propre de l'attention du récepteur, je ne vois pas de raison valable pour dire que l'œuvre d'art, si œuvre d'art il y a, n'est que la carte postale ou la série de cartes postales – tout comme nous pouvons dire, je crois, qu'un poème est un texte, bien que les propriétés perceptuelles de ce texte puissent n'être d'aucun intérêt considérées en elles-mêmes. Quand l'œuvre d'art conceptuelle est exposée, vendue ou louée, c'est le document que l'on traite de la sorte, après tout, et non son « idée », pas plus que les événements ou les états de choses auxquels il réfère (par exemple, les réels de On Kawara).

En élaborant des distinctions entre les productions, les exécutions, les présentations d'objets esthétiques, et ainsi de suite, je fus amené à proposer une sorte de phénoménalisme, comme certains critiques l'ont observé et commenté : je suggérai, quoique sans produire pour cela beaucoup d'arguments, que les jugements critiques sur les œuvres d'art pourraient être (susceptibles d'être) traduits en jugements sur leurs présen-

tations, c'est-à-dire le fait d'apparaître à des personnes particulières à des moments particuliers. Dans un excellent essai
critique, Bruce Morton (« Beardsley's Conception of the
Aesthetic Object ») a montré que cela n'était pas envisageable,
et j'en suis venu à m'apercevoir que le phénoménalisme,
comme théorie générale de la perception, n'était pas praticable. Je me suis ainsi orienté dans la direction d'une forme de
matérialisme non réductionniste, consistant à voir jusqu'où il
est possible d'aller lorsqu'on traite les œuvres d'art comme
des objets physiques (dans un esprit tout à fait semblable à
celui de Nelson Goodman dans *Langages de l'art*).

Considérons, par exemple, un tableau. Nous avons affaire
à un objet physique, qui possède des propriétés physiques,
comme un emplacement et un poids. Il s'agit aussi d'un objet
perceptuel, qui possède des qualités sensibles, comme sa
couleur et sa forme. Lorsque nous nous y référons comme à
une œuvre d'art, il se peut que nous ayons à l'esprit certaines
de ces propriétés; lorsque nous nous y référons comme à un
morceau de toile recouvert de peinture, c'est à d'autres propriétés que nous pensons. Mais je ne vois pas de raison de dire
que c'est la même entité individuelle qui possède les deux
ensembles de propriétés. Cette identification a été rejetée avec
force par Joseph Margolis (« Works of Art as Physically
Embodied and Culturally Emergent Entities », et « The Ontological Peculiarity of Works of Art »). La question centrale,
me semble-t-il, concerne le statut de certaines qualités d'importance esthétique particulière, comme l'équilibre visuel et la
vigueur. Selon Margolis, une œuvre d'art visuelle (ou son
dessin) peut être vivace, mais pas un objet physique : par
conséquent, l'œuvre d'art n'est pas numériquement identique
à l'objet physique. Il insiste sur le fait que nous avons affaire
ici à trois choses distinctes : l'objet physique, l'œuvre d'art
qui l'incorpore et le type (un abstrait particulier) dont l'œuvre

est un *token*. Richard Wollheim (*Art and its Objets*)[1], note beaucoup de choses que nous voulons dire sur une œuvre d'art qui ne peuvent être véritablement dites sur des objets physiques comme des partitions musicales et des exemplaires de livres. Il soutient aussi, à l'instar de Margolis, qu'il y a une « incompatibilité de propriété entre les œuvres d'art et les objets physiques » (p. 10), bien que cela ne soit pas établi. À quoi s'ajoute une longue argumentation qui commence par suggérer que les objets physiques (à la différence des œuvres d'art) ne peuvent pas représenter ou exprimer, et qui s'achève en concédant qu'il n'y a pas d'incompatibilité. L'hypothèse propre à Wollheim, selon laquelle les œuvres d'art sont des types, et les objets physiques leurs *tokens* (p. 64-72), est présentée de façon intéressante, mais elle semble ouverte aux mêmes sortes de contre exemples qu'il oppose à la théorie de l'objet physique : peut-on accrocher un type à un mur, peut-on le transporter, le détruire ?

Il est sans nul doute vrai, comme Margolis le souligne, qu'une sculpture est un objet culturel, et qu'elle acquiert ses propriétés esthétiques intéressantes grâce au travail d'un artiste ; mais une fois que la pierre a été travaillée et transformée, il n'y a pas d'erreur à dire qu'elle possède maintenant ces propriétés. Une œuvre d'art est plus qu'un objet physique ; c'est un objet physique avec quelque chose de plus : de nouvelles formes et des qualités (voir « Is Art Institutional ? »). Richard Sclafani (« The Logical Primitiveness of the Concept of a Work of Art ») a fourni une belle défense d'une conception très semblable, par analogie avec le concept de personne selon Strawson.

Même si une telle explication (ici seulement esquissée) peut valoir pour ce qu'on pourrait appeler des œuvres d'art « singulières », comme des tableaux – et peut-être pour des

---

1. Trad. fr., *L'art et ses objets*, Paris, Aubier, 1994 [N.d.T.].

danses particulières improvisées, comme événements physiques possédant des qualités spécifiques – on rencontre des
problèmes lorsqu'on se propose de l'appliquer à ce qu'on
pourrait appeler des œuvres d'art « multiples », comme des
œuvres musicales ayant de nombreuses exécutions, des gravures tirées de la même plaque ou des romans imprimés à des
millions d'exemplaires. Nicolas Wolterstoff (« Toward an
Ontology of Art Works ») a plaidé de façon convaincante pour
une division élémentaire des œuvres d'art en deux catégories
ontologiques, et il a fourni une explication soigneusement
élaborée de l'ontologie des œuvres d'art multiples. Il se sert du
concept d'« espèce » : pour dire les choses brièvement, une
œuvre musicale est une espèce d'exécution (même si une
exécution réelle peut lui faire défaut). Les espèces ne sont pas
des objets physiques, bien que leurs instances le soient.

La subtilité et la précision de cette explication ne peut être
saisie, ni son pouvoir mis en évidence dans un bref résumé.
Par exemple, elle autorise des divergences entre l'œuvre et
ses instances : une exécution particulière du *Premier concerto
brandebourgeois* peut avoir de nombreuses propriétés qui ne
sont pas parmi celles qui appartiennent à l'espèce. La principale objection que rencontre cette explication (par exemple,
celle que lui adresse Margolis), est que les espèces sont des
entités abstraites, de sorte que, à la différences des œuvres
d'art, elles ne sont ni créées ni détruites. Mais en vérité,
l'explication nous demande d'assigner des interprétations
spéciales aux termes « créées » et « détruites » : nous pourrions
dire, par exemple, que créer une œuvre d'art multiple revient
soit à faire soit à donner des instructions suffisantes pour faire
un arrangement qui est le premier d'une espèce, et que détruire
une œuvre d'art multiple revient à faire qu'il n'y ait plus
d'instances de ce genre et aucune façon de produire d'autres
instances de ce genre. Lorsque nous considérons l'extraor-
dinaire variété des choses que nous sommes capables de dire

sur une œuvre d'art ou une autre – qu'elle est créée, vendue, citée, restaurée, appréciée, forgée, envoyée à New York – il semble qu'il n'y ait pas de statut ontologique unique que nous puissions assigner de manière à rendre tous ces énoncés directement vrais. Mais nous n'avons pas besoin de nous sentir embarrassés si nous pouvons en donner une interprétation raisonnable en termes de notre explication ontologique. Par exemple, selon Wolterstorff, l'énoncé : « J'ai écouté le *Premier concerto brandebourgeois* » est une formulation elliptique pour « j'ai écouté une exécution du premier concerto brandebourgeois ». Au fond, cette formulation me semble être la meilleure actuellement disponible (mais pour des précisions et des modifications proposées, voir Jerrold Levinson, « What a Musical Work is », et Kendall L. Walton : « The Presentation and Portrayal of Sound Patterns »).

Une autre question pourrait être considérée, car nous disposons maintenant d'une division nette entre les œuvres d'art qui sont des objets physiques (avec des qualités perceptuelles) et celles qui sont des *espèces* d'objets physiques. Nous avons affaire à un défi qui impose aux philosophes enclins au monisme de se passer de ce dualisme (d'une manière semblable à celle des hypothèses de Margolis) en étendant également les hypothèses de Wolterstorff aux œuvres d'art singulières. Selon une conception plausible de la création artistique comme celle qui a été développée par Jack Glickman (« Creativity in the Arts »), ce qu'un artiste *crée* n'est pas un objet physique (qu'il *fabrique*), mais une espèce d'objet physique. Même *La Joconde*, devrait être considérée, non pas comme le tableau physique, mais comme une espèce de tableau ayant une seule instance ; lorsque le restaurateur entreprend de faire tout ce qu'il peut pour rendre son état initial à l'œuvre endommagée ou détériorée, il vise (et ici il suit l'artiste original, pourrait-on dire) à rendre à l'œuvre son aspect, ses formes et qualités spéciales. Une difficulté avec cette hypothèse, comme de nombreux esthéticiens le diraient, est qu'il semble ne pas être simplement vrai, mais nécessairement vrai qu'il y a une seule *Joconde* et que toute copie, quoique exacte, est de trop. Si *La Joconde* est une espèce plutôt qu'un objet physique individuel, il devient difficile d'expliquer pourquoi il ne pourrait pas y avoir en principe plus d'une seule instance de cette espèce; aussi devons-nous peut-être accepter comme irréductible la différence entre les œuvres d'art multiples et singulières. D'un autre côté, nous pourrions dire que c'est une bizarrerie historique et culturelle que nous en soyons venus à attacher une telle importance particulière, non pas à *La Joconde* (considérée comme une espèce), mais au premier, le plus ancien, objet de ce genre. Et qu'une contrefaçon de *La Joconde*, disons, n'est pas source d'illusion parce qu'elle prétend être le seul de cette espèce, mais parce qu'elle prétend être le premier.

LES QUALITÉS ESTHÉTIQUES

Une année après la première édition de ce livre, Franck Sibley publia le premier de trois essais (« Les concepts esthétiques »)[1] qui inaugura un style de discussion nouveau et fécond et suscita un grand nombre d'essais en anglais répondant aux mêmes orientations. Sans tenir compte de l'histoire compliquée de ces questions j'en choisirai quelques-unes – les plus centrales et les plus fondamentales – à titre de commentaire.

Sibley suggérait que les qualités d'une œuvre d'art (mais pas seulement des œuvres d'art) peuvent être significativement divisées en deux genres, marqués par deux sortes de termes leur correspondant en certains de leurs sens, lorsqu'elles sont appliquées à deux sortes de choses. Ainsi

1. Voir F. Sibley, « Les concepts esthétiques », trad. fr. D. Lories, *Philosophie analytique et esthétique*, *op. cit.* [N.d.T.].

« agité » et « rêveur », lorsqu'on les applique à la musique ou à des tableaux sont des termes *esthétiques* ; dire que la musique contient des passages *en fugato* à six voix ou bien qu'un tableau contient des taches ovales de bleu ciel revient à appliquer des termes non esthétiques. Les nombreux exemples de Sibley ont convaincu un grand nombre de lecteurs qu'il s'agissait ici d'une distinction importante, mais elle s'avéra difficile à exprimer clairement. L'idée de Sibley était que l'application correcte des termes esthétiques (ou la discrimination des qualités esthétiques) exige l'exercice du « goût » – non pas au sens d'une évaluation mais de discriminations fines et sensibles. Cette idée fut sérieusement mise en question par un certain nombre de critiques (Voir « What is an Aesthetic Quality ? ») – en particulier par Ted Cohen dans une analyse critique précise (« Aesthetic/Non-aesthetic and the Concept of Taste »). Cohen soutenait que Sibley était incapable d'établir une telle distinction, et que personne en esthétique n'en avait l'usage. Selon lui, il n'existait même pas une intuition claire et stable partagée par les esthéticiens, aussi bien que par les critiques, et sur la base de laquelle on pourrait attendre des gens qu'ils s'accordent dans la classification des termes proposés. Il présentait une longue liste de termes (p. 139) en mettant le lecteur au défi de dire s'il s'agissait de termes esthétiques ou non esthétiques. Mais cette partie de son argument tout particulièrement semble ouverte à la discussion, puisque nous ne sommes pas en mesure de distinguer les divers sens d'un terme, y compris ses sens métaphoriques qui, inévitablement, varient dès qu'ils sont appliqués à différentes catégories de choses. Par exemple « reposant », l'un de ses exemples, est entièrement non esthétique dans une phrase comme « j'ai eu des vacances reposantes », mais esthétique dans « le tableau de Kandinsky "Au repos" possède un caractère reposant ».

Cela ne nous donne toutefois pas de principe permettant de faire cette distinction, et si le fait d'en appeler au goût devait s'avérer insuffisant, quelles alternatives aurions-nous ? Il me semble que deux distinctions peuvent être très clairement faites, et qui le méritent grandement ; la distinction esthétique /non esthétique leur est étroitement liée, et peut-être faut-il y voir une sorte de composé des deux. Il y a, en premier lieu, la distinction entre les qualités régionales et locales qui, par rapport à la première édition, chapitre 2, demande à être reformulée en un sens légèrement plus faible, comme Robert Mathers et George Dickie l'ont montré il y a quelques années (voir « The Definition of "Regional Quality" »). Une qualité régionale est une qualité qu'un complexe possède, en tant qu'elle résulte des caractères de ses parties et des relations qu'elles entretiennent. Sibley remarquait (dans « Aesthetics and Nonaesthetics ») que presque toutes ses qualités esthétiques pouvaient être considérées comme un sous-ensemble de qualités régionales, et que si nous leur substituons le terme « qualités humaines régionales », alors ces deux classes tendent à devenir coextensives. Ce concept a probablement besoin d'être approfondi. Approximativement, une qualité humaine régionale d'une œuvre d'art est, disons, une qualité désignée (peut-être métaphoriquement) par un terme qui s'applique aussi véritablement (en un sens apparenté, bien que non nécessairement identique) à certains êtres humains : « agité », « reposant » et « rêveur », par exemple. En second lieu, il y a la distinction entre les qualités qui, au regard du jugement de valeur esthétique, et dès lors qu'elles sont suffisamment manifestes, comptent directement, et celles qui ne comptent pas directement. C'est, entre autres choses, la sérénité marquée ou prononcée à laquelle Kandinsky est parvenu dans son tableau qui en fait la valeur, bien que dans une autre œuvre, par exemple « L'activité du port », de Paul Klee, c'est l'intense agitation qui contribue à sa valeur (voir « What is an Aesthetic Quality ? »), ainsi que les réserves de Göran

Hermeren sur ce point dans « Aesthetic Quality, Value, and Emotive Meaning ».

Sibley présente deux thèses centrales dans son essai original : 1) La présence d'une qualité esthétique dans un objet dépend de la présence de certaines qualités non esthétiques (de même que des qualités régionales dépendent de qualités locales), et 2) des termes esthétiques ou des termes utilisés en un sens esthétique n'ont pas de conditions d'application et ne sont pas appliqués selon un critère subordonné à une règle. La seconde thèse était sa thèse majeure, et elle a été beaucoup discutée. Peter Kivy (dans *Speaking of Art* et dans d'autres essais, plus récemment : « Aesthetic Concepts ») a défendu avec beaucoup d'ingéniosité et de vigueur la conception selon laquelle les termes esthétiques sont analysables en termes non esthétiques – percevoir l'unité du menuet de Mozart (le quatuor à cordes en La, K. 464) revient à percevoir les deux motifs dans leurs relations et transformations mélodiques, harmoniques et contrapunctiques. Mais il me semble toujours aussi clair que l'unité est une qualité émergente, quelque chose que possède le menuet dans sa totalité ou l'une de ses parties complexes, et qui est due aux nombreuses combinaisons et ressemblances internes, bien qu'elle ne leur soit pas réductible.

Sibley n'a pas alors jugé utile de défendre sa thèse subordonnée, bien qu'il s'y soit employé dans des essais ultérieurs (voir « Objectivity and Aesthetics »). Dans la première édition, j'ai soutenu l'objectivité des qualités humaines régionales, mais je ne suis pas allé jusqu'à relever le genre de défi auquel leur objectivité a ultérieurement donné lieu. Il n'est pas difficile de prouver, je pense, que l'agitation, à propos d'une peinture par exemple, dépend de ses relations et qualités locales ; si nous en venons à altérer ces qualités et relations en effaçant, ajoutant, substituant, l'intensité de cette agitation peut en être affectée, voire disparaître. C'est la méthode de la différence de Mill. La question, cependant, est de savoir si la présence d'une qualité régionale est *également* fonction d'autres facteurs externes à l'œuvre d'art. S'il en est ainsi, nous sommes apparemment conduits à relativiser nos descriptions « esthétiques » des œuvres d'art à ces conditions. Pour commencer par un exemple rudimentaire, on prétend parfois que le fait de percevoir de l'agitation dans un tableau ou le fait d'en percevoir un certain degré, peut dépendre de notre état d'esprit ; si vous vous sentez très détendu, un tableau qui n'est que modérément ou très légèrement agité peut vous frapper d'autant plus fort. Donc, l'agitation ne doit pas être considérée comme une simple qualité de la peinture, mais comme une qualité qui dépend de la condition émotionnelle de celui qui perçoit. Naturellement, cet argument particulier est plutôt de nature à être écarté, car nous pourrions dire que si la perception de la qualité peut être affectée par des facteurs subjectifs, en revanche, sa présence n'en est pas affectée.

D'autres défis sophistiqués à propos de l'objectivité des qualités esthétiques, ont été relevés au moyen d'arguments intéressants. Kendall Walton a soutenu (dans « Categories of Art ») que chaque œuvre d'art doit être appréhendée comme appartenant à une catégorie définie sur la base de propriétés standard variables. La présence et l'intensité de ces qualités sont partiellement fonction de la catégorie à laquelle elle appartient ou à laquelle elle est assignée. Aucun relativisme n'en résulte nécessairement, puisque généralement il y a une catégorie à laquelle il est *correct* d'assigner l'œuvre, de sorte qu'elle puisse être dite avoir les qualités que la perception lui attribue quand elle fait l'objet d'une telle assignation. Un critère important pour décider quelle est la catégorie correcte réside dans l'intention de l'artiste. La structure de cet argument est complexe ; bien qu'il contienne des exemples éclairants des modes selon lesquels des attentes et des croyances peuvent influencer la perception, je pense que le concept de catégorie qui semble recouvrir une grande variété de formes différentes de classification, souffre d'imperfections.

Dans une autre direction, Joseph Margolis («Robust Relativism») a soutenu que les énoncés qui visent à attribuer les qualités esthétiques aux œuvres d'art n'ont pas de valeur de vérité, bien qu'ils puissent avoir certaines «autres valeurs», comme celles d'être possibles, plausibles ou appropriées (un point de vue semblable a été exprimé par Karl Aschenbrenner, dans *The concepts of criticism*, qui utilise le terme «caractérisme» pour l'attribution de qualités esthétiques). Margolis n'a pas fourni d'explication de ces «valeurs» alternatives, pas plus qu'il n'a expliqué de quel genre de valeur il s'agit. Son argument majeur en faveur de cette forme de non cognitivisme semble consister en ceci que si les qualités non esthétiques nous permettent de distinguer entre le fait d'avoir et celui de paraître avoir («il est rouge» *versus* «il semble rouge»), on ne peut cependant pas en faire autant au moyen des qualités esthétiques. Mais je pense qu'il n'en va pas ainsi. Je connais de nombreux exemples de critiques qui révisent le jugement qu'ils portent sur les qualités esthétiques («Lorsque j'ai vu la pièce pour la première fois elle m'a frappé par son caractère cynique et désinvolte, mais la deuxième fois, je l'ai trouvée plus profondément ironique et authentiquement comique»). En tout cas, les critiques admettraient difficilement, je crois, d'assumer leur fonction si leur description des œuvres d'art n'étaient ni vraies ni fausses; par exemple, dans ce cas de telles descriptions ne pourraient pas être présentées comme des raisons à l'appui des évaluations critiques, ce qu'elles sont pourtant très fréquemment.

Isabel Hungerland («Once Again, Aesthetic and Non Aesthetic») résout le problème de l'objectivité en définissant les « A-attributions » (attribution des qualités esthétiques) comme « non vérifiables intersubjectivement, en tout cas de manière directe à la différence des N-attributions ». Dans la mesure où l'opposition « est/paraît » ne s'applique pas « littéralement » aux termes esthétiques, prétend-elle, ils ne peuvent pas être utilisés dans des situations pratiques ou dans une cour de justice. C'est une chose que je conteste.

Jeffrey Olen (« Theories, Interpretations, and Aesthetic Qualities ») soutient que 1) le fait de savoir quelle qualité esthétique spécifique est présente dans une partie d'une œuvre d'art dépend de notre interprétation de l'œuvre dans sa totalité (une interprétation dans ce sens large étant alors une théorie unifiant le mode de la cohésion de l'œuvre); et 2) une œuvre d'art admet toujours plus d'une interprétation. Ainsi, les attributions d'une qualité esthétique sont intrinsèquement relatives. Je pense qu'une analyse précise de cas particuliers montrera toutefois que la série possible de qualités esthétiques qu'une figure peut avoir impose des limites à sa détermination contextuelle, si bien que la perception de qualités esthétiques et le choix d'une interprétation globale peuvent être décidés grâce à un processus d'ajustement mutuel dans lequel les qualités potentielles des diverses parties sont prises en considération.

On a également discuté de la question de savoir s'il y *a* des qualités esthétiques, si leur mode d'appréhension est celui de la perception ordinaire ou quelque chose d'épistémologiquement distinct ou qui leur serait particulier – comme Virgil Aldrich (dans *Philosophy of Art*, chap. I) l'a soutenu en prétendant que nous « saisissons » les qualités des œuvres d'art en les « activant ». Il ne me semble pas que cette hypothèse ait été destinée à introduire un mode particulier d'appréhension; comme l'observe Sibley, nous *voyons* l'agitation de la peinture, nous *entendons* la tranquillité de la musique.

SIGNIFICATION ET MÉTAPHORE

Une explication de la signification supérieure à celle de
la première édition a été rendue possible par les importants
développements auxquels la théorie de la signification a donné
lieu au cours des deux dernières décennies – bien que les
distinctions qui y étaient établies et utilisées, ainsi que dans le
chapitre sur le style littéraire, demandent à être encore maintenues. Non pas qu'un accord universel ait été jamais obtenu
jusqu'à présent ; la question de la relation entre signification et
intention (ce que signifie un texte, parlé ou écrit et ce que le
locuteur ou l'écrivain entend en le produisant) reste profond-
dément controversée. Selon les visées, comme pour certains
usages scientifiques du langage, la signification peut, sans
doute, être adéquatement expliquée en termes de conditions
de vérité : les propriétés qu'une personne doit posséder pour
être légitimement appelé « un vieux bonhomme » constitue la
signification de l'expression « vieux bonhomme ». Mais des
difficultés naissent lorsque la signification se voit attribuer une
portée sensiblement plus large exigée par la théorie de la littérature. Ainsi, par exemple, lorsque nous devons tenir compte
du sens particulier et atypique des mots dans leur usage métaphorique (ce que signifie « placide » dans le contexte type
d'une « sculpture placide », mais non pas dans le contexte type
littéral « une disposition placide »).

Différents philosophes du langage ont contribué à
l'élaboration d'une théorie de la signification intentionnaliste
(comme on peut l'appeler) hautement sophistiquée, plus particulièrement parmi eux H. P. Grice (voir « Utterer's Meaning
and Intentions » ainsi que les essais antérieurs qui y sont
mentionnés). Très approximativement, il s'agit de montrer
que la signification d'un texte en tant qu'elle est produite dans
des circonstances particulières (c'est-à-dire une « expression »
(*utterance*) est ce que le locuteur attend des autres qu'ils

comprennent. Cette théorie de la signification textuelle, avec les raffinements et les complications qu'elle a connus, est considérée par certains comme la forme la plus prometteuse. Selon moi, elle se heurte à des contre-exemples de toutes sortes (les lapsus, par exemple, me semblent impliquer que les mots prononcés par le locuteur signifient ce qu'il n'avait pas l'intention de signifier), et dans certaines formes le concept d'intention propre à cette théorie conduit à une régression sans fin. Mais il est encore très vivant et mérite une étude attentive. (Pour une discussion complémentaire voir John Biro, « Intentionalism in the Theory of Meaning »).

Je tendrais personnellement à rechercher une explication de la signification dans une direction différente, ouverte par le développement d'une doctrine très féconde en philosophie du langage initialement due à John Austin (*How to do Things with Words*) mais aussi à beaucoup d'autres, en particulier William P. Alstol (*Philosophy of Language*) et John R. Searle (*Speech Acts*). Les nouveaux concepts produits par cette théorie des actes de langage ont été appliqués de différentes façons à des problèmes de théorie littéraire avec des résultats extrêmement intéressants (voir par exemple « Verbal Style and Illocutionary Action » et « Aesthetic Intentions and Fictive Illocutions » et les textes auxquels ils référent). Le concept central est celui d'acte illocutoire, c'est à dire un acte accompli en exprimant une suite intelligible de mots (un texte). Dans ma version de cette théorie (qui est proche de celle d'Austin, tel que je le comprends, mais s'écarte d'une manière significative de versions produites par d'autres), exprimer la phrase « s'il vous plait apportez-moi certaines des provisions » dans certaines conditions (le fait qu'il y ait des provisions et que quelqu'un soit apparemment capable de les transporter et ainsi de suite) *engendre* (c'est-à-dire, également devient) l'acte de *demander de l'aide pour transporter les provisions* – un genre d'acte illocutoire, et un cas particulier de demande qui correspond à un type général. D'autres types sont ceux de prier, d'applaudir (comme pour une équipe), de menacer, de refuser, de railler, d'encourager, de promettre, d'établir, de demander etc. La plupart des actes illocutoires sont accomplis intentionnellement (c'est-à-dire, dans l'intention de les accomplir et, en général, dans l'intention également d'obtenir des résultats en les accomplissant – par exemple le fait d'obtenir de l'aide pour les provisions ; et pour certains actes illocutoires, le fait d'avoir une sorte particulière d'intention est l'une des conditions d'engendrement qui doit être satisfaite pour que l'action se produise. Très souvent quelqu'un entend accomplir un acte illocutoire mais échoue (les enfants ont déjà décampé et ne sont plus en mesure d'entendre lorsque la demande d'aide est exprimée, si bien qu'ils ne peuvent pas la comprendre).

La théorie de la signification que permet la théorie des actes illocutoires (proposée par Alston) concerne la signification d'une phrase, et indirectement celle des mots qui la composent en tant qu'ils constituent son « potentiel d'actes illocutoires » c'est-à-dire sa capacité (conformément aux règles sémantiques et syntaxiques de la langue) à être utilisée dans l'accomplissement des actes illocutoires. Cette conception, aussi, exige une bonne part d'élaboration, mais elle semble fournir une base satisfaisante pour aborder les genres de signification – comme les connotations des mots – qui jouent un rôle crucial dans l'explication littéraire (voir *The possibility of criticism*, chap. II).

Depuis la première édition, de nombreuses études ont apporté d'importants éclairages sur les problèmes rencontrés en fournissant une explication des expressions métaphoriques et de leur rôle dans le discours courant ou poétique. Une divergence de vues fondamentale persiste. Ceux qui défendent une théorie « évolutive » de la métaphore soutiennent que les mots acquièrent des sens nouveaux, voire inédits, lorsqu'ils sont mis en position métaphorique (voir « Metaphorical

Senses »). De ce point de vue, il y *a* des sens métaphoriques qui ne sont pas standardisés, mais liés à des contextes types verbaux particuliers. Ce n'est que de cette façon, j'en suis convaincu, qu'il est possible d'expliquer que la métaphore soit l'une des plus importantes manières de produire des changements de signification dans nos standards lexicaux : ainsi, un mot comme « largo » peut être appliqué métaphoriquement à la musique d'un certain genre, dans divers contextes verbaux, et il peut arriver que son sens métaphorique se réduise et se stabilise, pour devenir une métaphore morte : son sens métaphorique devient un nouveau sens littéral. Mais contrairement à la position que j'ai proposée dans la première édition, je m'aperçois que la signification d'un terme métaphorique ne peut pas être limitée à ses connotations préexistantes : la métaphore transforme en significations les propriétés auparavant contingentes des choses auxquelles on se réfère – notre savoir et nos croyances sur les personnes placides et leurs dispositions (voir « The Metaphorical Twist »).

Ceux qui défendent une théorie « stable » de la métaphore tentent d'expliquer comment fonctionnent les métaphores, tout en soutenant que les mots conservent en eux leur sens littéral (voir J.J.A. Mooij, *A Study of Metaphor*). Une façon de le faire est de traiter les énoncés métaphoriques comme des comparaisons abrégées, nous invitant à comparer deux choses ou genres de chose. Donald Davidson a récemment défendu une version de cette théorie (« What Metaphors Mean »), mais au prix d'une réduction du contenu cognitif des métaphores – ce que j'ai du mal à admettre, compte tenu de la somme considérable d'informations, de perspectives, de jugements valables et d'aperçus dont les énoncés métaphoriques sont porteurs. Nelson Goodman (« Metaphor as Moonlighting ») a critiqué l'essai de Davidson d'une manière qui me semble solide et convaincante.

L'un des problèmes persistants que pose la métaphore consiste à identifier les traits qui confèrent à un mot ou à une phrase une position métaphorique et donnent ainsi naissance à un sens métaphorique. Dans la première édition, j'ai expliqué ceci en termes d'incompatibilité logique (et, dans certains cas, d'erreur absurde) : la placidité implique la faculté d'être sensible, ce que des sculptures ne sont pas, aussi la combinaison « une sculpture placide » est littéralement exclue. Comme Timothy Binkley (« On the Truth and Probity of Metaphor ») et Ted Cohen (« Notes on Metaphor ») l'ont démontré, entre autres choses, ces traits ne peuvent s'appliquer à toutes les métaphores. Les métaphores qui sont la négation de métaphores (« Le mariage n'est pas un lit de roses ») sont littéralement vraies, et elles le sont nécessairement. Bien que ce problème ne soit pas encore résolu, je pense qu'il montre le caractère secondaire des négations. L'incompatibilité logique impliquée dans le fait que le mariage ne soit pas un lit de roses doit jouer un rôle crucial jusqu'à exclure (en la rendant ainsi métaphorique) l'affirmation de la vérité logique.

REPRÉSENTATION

La discussion de la question de la représentation picturale dans la première édition, était une première tentative pour répondre, me semblait-il, à une question importante et embarrassante qui n'avait guère été reconnue comme telle et encore moins sérieusement discutée : Que signifie, pour une image, le fait de représenter quelque chose ? ou encore, quelles sont les conditions de vérité d'un énoncé tel que « la *Femme devant un miroir*, de Picasso, représente une femme » ? Bien qu'elle n'ait pas donné lieu à une approche précise et rigoureuse, cette discussion a débouché sur plusieurs distinctions qui sont encore nécessaires et utiles. Mais il devenait évident que l'analyse proposée du concept le plus important et le plus difficile, celui de dépiction, exigeait un émondage radical pour rendre compte d'une manière adéquate d'un certain nombre de points : par exemple, le fait de distinguer entre dépeindre une image et simplement la copier ; ou que deux impressions tirées successivement d'une même plaque gravée, en dépit de leurs similitudes, ne se dépeignent pas l'une l'autre ; ou que des objets et des états de choses qui n'ont jamais existé puissent être dépeints et même d'une façon très réaliste ; ou que des caricatures et des fantaisies cubistes puissent représenter, etc. Il y a quelques années en arrière, Paul Ziff suggéra ingénieusement, de manière indépendante (« On What a Painting Represents ») de faire du concept d'« aspect visuel » un usage essentiel qui s'appliquait aussi bien à un tableau qu'à l'objet qu'il dépeint ; ainsi pourraient-ils être traités de la même façon. Les difficultés impliquées par cette suggestion (il est difficile de penser que le tableau de Picasso contient quelque chose qui pourrait être appelé un aspect visuel d'une femme devant un miroir !) soulignaient encore plus clairement les déficiences de ma conception initiale. Au même moment (1960), le livre de E. H. Gombrich *Art et Illusion* produisit parmi nous un effet détonant qui nous incita à comprendre bien mieux qu'auparavant la part de convention que comporte une représentation picturale – nous devons apprendre à *lire* des images, à maîtriser le système des règles employées dans une représentation (par exemple, une ligne qui trace une aire fermée doit être vue comme représentant un solide, des hachures comme une ombre, ainsi de suite). (*Cf.* David Novitz, « Conventions and the Growth of Pictorial Style »).

Les problèmes liés à la représentation culminèrent lors de la publication du livre de Nelson Goodman *Langages de l'art* qui a vivement récusé l'hypothèse prédominante – je devrais dire, en fait, universelle – selon laquelle la représentation picturale implique nécessairement une ressemblance significative entre l'image et ce qu'elle dépeint; même avec l'exemple d'une *Femme devant un Miroir*, on pourrait reconnaître d'une manière caractéristique certaines des figures (formes) du tableau dans certaines des formes d'une jeune femme devant un miroir. Les arguments de Goodman visant à démontrer que la ressemblance n'est pas nécessaire pour qu'il y ait représentation ouvraient sur un grand nombre de discussions vives de ces problèmes.

Goodman affirme d'une manière radicale que tout ce que nous avons besoin de dire à propos de la représentation picturale (ou représentation dans la musique, etc.) peut être dit au moyen de deux concepts fondamentaux. Il y a, tout d'abord, la représentation *tout court*, qui est, soutient-il, une simple dénotation, dans son sens ordinaire : l'image d'une voiture dénote des voitures en général, comme également le terme « voiture » (ou plus précisément, le prédicat « est une voiture ») les dénotent. La différence entre l'image et le prédicat verbal vient du fait qu'ils appartiennent à différents types de systèmes symboliques (dans son système rigoureusement achevé, des systèmes de symboles picturaux, sont – à la différence des langages – aussi denses sémantiquement que syntaxiquement). Mais en second lieu, nous pouvons également classer une image parmi d'autres images en fonction de ses propriétés picturales – c'est-à-dire en termes de prédicats qui la dénotent – en distinguant, disons, des images-de-voitures, des images-de-machines-en-mouvement-perpétuel. Bien entendu, des images-de-voitures-en-mouvement-perpétuel ne dénotent rien, puisqu'il n'existe pas de telles machines ; et même il n'est pas nécessaire qu'une image-de-voiture dénote des voitures réelles (par exemple s'il s'agit d'une-image-de-voiture-à-treize-roues) ni qu'une image soit une image-de-voiture pour dénoter des voitures (par exemple, si c'est une minuscule tache en haut d'une photographie ou le dessin d'un immense terrain de parking où des voitures éloignées paraissent être des points).

Même les critiques de Goodman ont souvent reconnu l'habileté avec laquelle ces deux concepts fondamentaux, celui de dénotation dans un système symbolique dense et celui d'être une image-de, ont été développés et appliqués, et cette présentation a souvent été jugée convaincante. Je suis encore troublé par certains de ses traits fondamentaux, en particulier par le traitement de la représentation comme dénotation (voir « *Languages of Art* and Art Criticism »). Bien que Goodman ait dit qu'il n'avait rien à objecter contre le concept de dépiction comme une forme de référence indéfinie – la photographie dépeint *une voiture* – il considère que la représentation des choses existantes (comme dans les tableaux ou sculptures) possède les mêmes caractères sémantiques fondamentaux que des étiquettes verbales, tout en reconnaissant qu'il y a des différences frappantes entres elles (par exemple, que les prédicats peuvent être logiquement conjoints ou disjoints tandis que les images ne le peuvent pas – mais voir Robert Howell, « Ordinary Pictures »). Je pense que dépeindre est une fonction sémantique importante d'un grand nombre d'œuvres d'art visuelles et qu'elle implique des ressemblances sélectives : pour l'essentiel, je pense qu'une surface peinte a certains traits visuels qui permettent d'assortir les aspects caractéristiques d'objets d'un certain genre – une forme-de-voiture, quand bien même elle serait déformée, par exemple (quoique pour d'autres images, dans des systèmes stylistiques différents, le trait sélectif pourrait être la couleur, la masse ou la situation dans l'espace pictural ou des modèles de « clair-obscur », et ainsi de suite).

Deux autres possibilités, tout à fait remarquables, de cette approche ont été récemment présentées. Kendall Walton (voir « Pictures and Make-Believe » et ses essais ultérieurs…) a développé une théorie subtile et impressionnante « des vérités fictionnelles » selon laquelle par exemple la proposition « Dracula ne se reflétait pas dans un miroir » est «fictionnellement vraie» dans le roman de Bram Stoker, puisqu'elle devient vraie dans le monde du roman de par le texte, mais n'est pas vraie du monde réel (c'est une paraphrase grossière d'un *definiens* précis et compliqué). Une façon d'être fictionnellement vrai est de «feindre-que-c'est-vrai» (par opposition au fait d'être «imaginativement-vrai»): c'est à dire, d'être fictionnellement vrai en vertu d'un fait autre que celui d'être imaginé, présupposé, etc. par quelqu'un. Des images figuratives sont alors appelées à être des «supports» (*props*) dans les jeux de faire semblant: des vérités relatives aux objets, événements et personnes dans une peinture sont fictionnellement vraies en vertu des formes, lignes et couleurs de la toile qui nous permettent de réaliser les actions, (de faire semblant) de voir, de remarquer, de reconnaître et ainsi de suite (par exemple, Socrate et ses compagnons dans le célèbre tableau de David, *Phédon*). De plus, les règles socialement admises déterminent pour une société donnée ce qu'un tableau représente, en spécifiant quelles propositions on feint-de-tenir-pour-vraies dans le tableau eu égard à ses propriétés visuelles. Selon Walton, bien que la ressemblance à un objet ne soit pas nécessaire pour le dépeindre, puisque percevoir la dépiction d'un objet vaut comme la perception feinte de cet objet, le jeu en sera généralement facilité.

L'explication de Walton fait l'objet d'une élaboration précise qui prend en compte un grand nombre de problèmes embarrassants sur la représentation. Elle me semble cependant en poser d'autres: par exemple comment peut-on feindre de croire vrai, dans le tableau de David, que Socrate a bu la ciguë (puisque cela est historiquement vrai)? Pour la part, je n'ai jamais pu m'empêcher de penser que la perception de la dépiction d'une femme devant un miroir, chez Picasso, n'implique en rien que je feigne de croire que je perçois une femme devant un miroir (pour d'autres commentaires voir Eddy Zemach «Description and Depiction»). Une autre explication déve-

loppée avec soin et clarté par Göran Hermerén (voir
« Depiction » and *Representation and Meaning in the Visual
Arts*) fait appel au concept singulier, wittgensteinien, de « voir
comme ». Hermerén admet un grand nombre de sens possibles
de « dépeindre », mais au regard de celui qu'il tient pour
central (et qu'il privilégie), un tableau dépeint une pomme
lorsque ses propriétés visuelles sont ainsi agencées qu'elles
sont ou peuvent être vues comme une pomme. Lui et Walton
observent que cette hypothèse présente des affinités avec celle
de Walton, bien qu'elle soit développée par Hermerén dans
une direction différente. Pour Robert Howell, dont l'analyse
technique de « Logical Structure of Pictorial Representation »
mobilise la sémantique des mondes possibles pour expliquer
les énoncés sur les événements et les objets peints, le « voir
comme » est un élément essentiel du concept de représentation. Jenefer Robinson (« Some Remarks on Goodman's
Language Theory of Pictures ») plaide en faveur d'une explication en termes de « voir comme », pourvu que le terme
reçoive un sens suffisamment large pour inclure une saisie
cognitive aussi bien que visuelle. Tout cela va bien au-delà de
la position d'Hermerén, me semble-t-il, et affaiblit suffisamment la position pour qu'elle puisse s'accorder avec toutes les
explications adéquates. Ce qui me dérange est que ce terme
considéré en lui-même explique si peu de choses. Si nous définissons la dépiction en termes de « est vu comme » elle devient
inutilement relativisée ; si nous la définissons en termes de
« peut-être vu comme » elle est alors inutilement générale ; si
nous plaçons l'accent (là où il doit l'être) sur « doit être vu
comme, étant donné telle ou telle configuration de propriétés
visuelles », alors la véritable question revient à formuler les
règles ou les conventions qui permettent précisément à ces
propriétés d'identifier et de référer à des choses qui soient
précisément celles de cette espèce.

EXPRESSION

L'analyse hautement critique de la théorie artistique de l'expression proposée dans la première édition doit beaucoup à quelques philosophes (comme O.K. Bouwsma et John Hospers), mais elle va délibérément à l'encontre de la vision de l'art qui était alors largement répandue. Ce n'est pas que la théorie de l'expression ait eu une forme unique, ni même canonique, car ses principaux artisans (Bosanquet, Croce, Collingwood) en ont donné différentes formulations. Mais, il existait alors un présupposé général (en particulier chez les critiques, qui l'ont rarement examiné) selon lequel les œuvres d'art – ou les œuvres d'art réussies – sont le fruit d'un processus à la faveur duquel un artiste exprime ses émotions, et selon lequel ce qui caractérise et fait la valeur d'une œuvre d'art est le résultat du processus qui lui a donné naissance, précisément de cette manière.

Contre ce présupposé, il était nécessaire de soutenir, de différentes façons, qu'une telle conception ne pouvait pas être élaborée de manière cohérente; qu'elle n'offrait absolument pas une description vraie de la manière dont les œuvres d'art sont généralement produites; que la valeur et le caractère singuliers d'une œuvre d'art peuvent être expliqués tout à fait indépendamment des présupposés qui concernent son origine ou son mode de production, etc. On a remarqué qu'une œuvre d'art pouvait être expressive en déployant de manière égale des qualités régionales humaines intenses, comme la gaîté, le charme, la puissance, la tristesse, sans être une expression de quoi que ce soit, au sens de la théorie de l'expression – et pouvait en effet partager beaucoup d'autres qualités de ce genre avec des objets naturels pour lesquels la théorie de l'expression ne s'applique guère. Je pense qu'il est juste de dire qu'au cours des deux dernières décennies, cette vision générale des arts – selon laquelle ce qui était vrai et important dans la théorie de l'expression peut être établi en termes de qualités esthétiques par exemple – était devenue dominante. (Pour une critique systématique, voir Haig Khatchadourian, « The Expression Theory of Art : A Critical Evaluation »)

Non pas que cette vision anti-expressionniste ait été irrésistiblement adoptée, ni qu'elle ait été parfaitement comprise et que ses implications aient été prises en compte par ceux dont la fonction est de parler des arts. Nous avons eu affaire à des versions qui se proposaient de modifier la théorie de l'expression, et d'excellentes remarques ont été faites, bien qu'on puisse se demander si elles ont été désignées comme il convient. Par exemple, R.K. Elliott (« Aesthetic Theory and the Experience of Art ») a défendu de façon convaincante l'idée que notre expérience des œuvres d'art est spécifiquement tout à fait différente de notre expérience des autres objets, quelles que soient les qualités qu'elles puissent nous offrir : nous pouvons faire l'expérience de l'œuvre « de l'intérieur », c'est-à-dire « comme si l'on était le poète ou l'artiste », en faisant l'expérience de son « expression en l'imaginant comme nôtre ». Cette expérience est brillamment décrite : nous pouvons entendre un morceau de musique « comme si quelqu'un exprimait son émotion dans et au moyen des sons, comme une personne peut le faire au moyen de sa voix ». Cela revient à trouver dans la musique (ou la peinture ou ce qu'on voudra) quelque chose d'analogue à la diction d'un poème. Nous n'avons absolument pas besoin d'attribuer l'émotion exprimée au compositeur, pas plus qu'à une personne déterminée. Mais alors, il semble clair que cette phénoménologie de l'expérience esthétique n'est pas réellement, au sens traditionnel, une théorie de l'expression, mais quelque chose de mieux – et quelque chose qui s'accorde tout à fait avec la vision anti-expressionniste, telle que je la comprends et la défends.

La distinction-clé, me semble-t-il, n'est pas sans rapport avec la façon dont une théorie de l'art relie deux concepts : 1) ce qu'exprime l'œuvre d'art, et 2) ce qu'exprime l'artiste. Il est essentiel, pour une théorie de l'expression, d'expliquer (1), dans les termes de (2) ; c'est l'acte ou le processus d'expression qui est fondamental, et les énoncés sur l'expression dans l'œuvre comportent une référence implicite à l'agent de l'expression. Selon le point de vue opposé, il est encore permis de parler d'un artiste comme exprimant quelque chose (bien que cette façon de parler soit égarante et qu'elle mérite d'être évitée), mais l'acte d'expression sera considéré, approximativement, comme l'acte de créer une chose expressive. Ainsi (2) est expliqué dans les termes de (1) : il reste fondamental que l'œuvre a ses propres formes et qualités, et que notre relation à celles-ci ne dépend en aucune manière d'hypothèses concernant leur création ou le créateur.

C'est pourquoi dans sa très éclairante analyse de l'expression, *The Concept of Expression*, Alan Tormey examine les conditions de l'expression tout en rejetant la théorie de l'expression. Selon lui, le cœur de celle-ci réside dans la proposition selon laquelle si une œuvre d'art possède une propriété expressive Q alors l'artiste, en créant cette œuvre, a exprimé un état affectif F dont Q est l'« équivalent qualitatif » ; une musique tendre possède l'équivalent qualitatif de la tendresse éprouvée par l'artiste lorsqu'il l'a composée. Les propriétés expressives sont des propriétés dont le nom désigne également des états intentionnels des personnes comme l'anxiété, la nostalgie. Il me semble qu'il s'agit d'une définition passablement trop étroite des propriétés expressives, car je crois que nous souhaiterions y inclure des propriétés (métaphoriques) comme la splendeur, le charme, la majesté, la dignité, l'esprit – qui peuvent être (littéralement) des propriétés des êtres humains, bien qu'il ne s'agisse pas d'états intentionnels. Tormey fait également une très intéressante proposition sur les relations entre les propriétés expressives et non expressives. Puisque les états intentionnels des personnes s'expriment dans des comportements qui en sont partiellement constitutifs (un geste de colère ou un visage colérique font partie de ce qui constitue le fait d'être en colère) il existe une relation analogue entre les propriétés expressives de la musique, par exemple, et des propriétés comme le rythme, les intervalles mélodiques, la progression harmonique. Cette proposition n'est pas entièrement définie, puisque le degré de justesse de l'analogie n'est pas spécifié ; mais si elle implique que les propriétés non expressives de la musique sont en partie constitutives de ces propriétés expressives, je pense qu'elles se heurtent à la difficulté de comprendre comment les qualités locales peuvent servir d'ingrédients à des qualités régionales.

Dans son livre complexe et riche d'idées, *Mind and Art*, Guy Sircello a présenté et défendu une forme originale de la théorie de l'expression en corrigeant explicitement et en complétant ce qu'il appelle la « position canonique courante ». Le concept d'« acte artistique » constitue la clé de sa théorie. Un tel acte est celui que nous pourrions décrire en disant que « dans telle ou telle gravure (d'un nu du moyen âge) Rembrandt a traité (dépeint, regardé, considéré) son sujet de manière froide et sans passion. » L'acte est un acte de l'artiste, qui implique son attitude. On dit de l'acte qu'il est « dans l'œuvre », en ce que nous en découvrons la nature à partir de l'œuvre. Certaines qualités anthropomorphiques – la froideur, l'ironie, la compassion – appartiennent alors à une œuvre d'art « en vertu de ce que l'artiste *fait* dans cette œuvre » (p. 26). Ainsi Sircello a attiré l'attention sur un aspect important et négligé des œuvres d'art en fournissant un grand nombre d'exemples parlants. Le doute qui subsiste dans mon esprit concerne toutefois la notion encore énigmatique d'un acte *dans* une œuvre. À coup sûr, le fait de peindre l'œuvre et de lui donner une apparence de froideur est un acte, mais il me semble que la froideur n'est reliée que de façon contingente aux attitudes réelles de Rembrandt. Je me sens plutôt attiré par la conception de Jenefer Robinson (« The Eliminability of Artistic Act ») – qui présente des affinités avec celles de R. K. Elliott – selon laquelle l'attitude que nous découvrons dans l'œuvre doit plutôt être attribuée à un spectateur implicite, qui est une création de la fiction, parce que les rides sont clairement gravées et la chair affaissée exposée dans une lumière froide, etc.

L'analyse de l'expression proposée par Nelson Goodman (*Langages de l'Art*, chap. II) est réellement une analyse des qualités expressives et je dirais qu'elle appartient à une théorie sémiotique de l'art, plus qu'à une théorie de l'expression. Il rejette la vision canonique parce qu'il néglige ou ignore un élément essentiel, dont la présence est nécessaire pour une œuvre si elle doit exprimer la sérénité, je veux dire sa dimension sémantique. Lorsqu'un tableau exprime la sérénité, trois conditions sont remplies : 1) le prédicat « est serein » ou quelques prédicats coextensifs s'y appliquent (Goodman nous autorise avec beaucoup de réserve à dire improprement que le tableau possède *la propriété* de la sérénité) ; 2) le tableau *réfère* à ce prédicat (ou à cette propriété) ; et 3) le prédicat s'applique au tableau métaphoriquement (seuls des êtres sensibles peuvent être littéralement sereins). Les conditions (1) et (3) ne se heurteraient naturellement à aucune objection au regard de la position canonique, mais (2) s'en démarque. Goodman soutient avec force que les œuvres d'art sont des caractères dans des systèmes symboliques (aussi bien que d'une autre nature) exemplificationnels : elles refèrent à certaines de leurs propriétés.

Le mot « référence » doit être pris en un sens très large et on doit le comprendre comme constitué par une large variété de conditions, actions, résolutions, stipulations, etc. Mais si un tableau expose la sérénité à un degré significatif et si le tableau lui-même est exposé (en un autre sens) sur le mur d'une galerie d'art de manière à attirer l'attention sur ses qualités, il semble alors tout à fait défendable de dire que le tableau réfère (est utilisé pour référer) à la sérénité (voir « Understanding Music »). Je ne crois pas qu'on puisse s'en tirer en adhérant à l'idiome préféré de Goodman et en ne parlant que de *prédicats*. Il me semble que la notion de référence à des propriétés, une fois ces propriétés séparées des prédicats (voir « Semiotic Aesthetics ») reste énigmatique. Je ne pense pas que les propriétés significatives et intéressantes du point de vue esthétique des œuvres d'art soient jamais celles auxquelles on fait référence, même dans son sens faible. Néanmoins, le concept goodmanien d'exemplification s'est révélé d'une précieuse contribution à la recherche en esthétique.

FICTION

L'émergence et l'élaboration de la théorie des actes de langage a permis de résoudre de façon plus générale et plus fondamentale que cela n'avait été le cas dans la première édition (chap. IX) les vieux problèmes posés par la littérature fictionnelle ou d'imagination. Le point de vue initial n'est pas invalidé mais subsumé : le discours non assertorique (la fabrication d'un conte et le fait de le dire, par exemple) apparaît comme un cas particulier de discours où aucun acte illocutoire ne se produit ; et la poésie lyrique trouve sa place à côté de la prose narrative dans le domaine des textes de fiction.

Récemment, un certain nombre de chercheurs ont développé des versions de cette théorie de la fiction au moyen de concepts-clés quelque peu différents mais qui convergent vers certaines thèses centrales. Marcia Eaton (« Art, Artifacts, and Intentions » et « Liars, Ranters and Dramatic Speakers ») a proposé le terme spécifique d'« acte translocutoire » pour signifier que l'auteur transporte ou attribue à un locuteur fictif des actes illocutoires. Richard Ohmann («Speech Acts» et ses essais ultérieurs) soutient que la littérature est un discours privé de sa force illocutoire normale, au profit d'une force particulière qu'il nomme «mimétique». (Sa position est discutée de façon critique par Mary Louise Pratt dans *Toward a Speech-Act Theory of Literary Discourse*, chap. 3). Pour John Searle («The Logical Status of Fictional Discourse»), l'auteur «imite» des actes illocutoires. Kendall Walton («Fearing Fictions» et «How Remote are Fictional Worlds from the Real World?) défend l'idée que les énoncés fictionnels sont utilisés dans des jeux de faire semblant, d'une façon très comparable aux images. Ainsi les films d'horreur sont la source d'expériences qui ne sont pas des expériences de frayeur réelle, mais de frayeur feinte. De tels termes véhiculent des aspects importants de la vérité (auxquels leurs auteurs ont contribué considérablement), mais ils sont aussi, je pense, égarants de différentes façons (voir «The Concept of Literature»). À présent je crois que l'analyse la plus satisfaisante est celle qui utilise le concept de représentation (voir B. H. Smith, *On the Margins of Discourse*, première partie). La théorie, telle que je la conçois, fait de la composition d'un texte de fiction la représentation (c'est-à-dire la dépiction) d'un acte illocutoire ou d'une série d'actes illocutoires, fondamentalement au même sens où un peintre dépeint une vache, ou bien un acteur, sur la scène, l'acte de frapper (voir «Aesthetic Intentions and Fictive Illocution» et «Fiction as Representation»). Considérons un cas parfaitement clair, la fin du poème de A. E. Housman :

> Halt by the headstone naming
> The heart no longer stirred,
> And say the lad that loved you
> Is one that kept is word.

L'auteur est mort, aussi est-il évident qu'aucun acte illocutoire réel n'est ici accompli. Cela mis à part, ces mots s'adressent à un individu particulier, mais non pas réellement à quelqu'un, et c'est pourquoi il n'y a pas ici d'*uptake* au sens de J. L. Austin. Mais les mots tracent une série possible d'actes illocutoires fictifs : *demander* à une personne qu'on a aimé de s'arrêter devant la tombe, *rappeler* au destinataire la promesse du locuteur de l'oublier, *noter* ironiquement qu'il lui faut mourir pour l'honorer.

Un texte échoue à rapporter un acte illocutoire réel (mais pas au point où il ne pourrait pas être lu comme une représentation d'un tel acte) lorsqu'il ne parvient pas à se relier au monde réel d'une certaine manière. Les mariages racontés dans le roman n'ont jamais eu lieu; les noms des personnes n'appartiennent à aucune personne réelle, et ainsi de suite. Le problème de la caractérisation de cet aspect propre à la plupart (mais pas toutes) des œuvres de fiction a fait l'objet d'une grande attention, car le concept fondamental de référence s'y trouve impliqué, concept qui a donné lieu à de nombreuses controverses. Selon une conception familière, dont l'avocat le plus célèbre est John Searle, on ne peut référer qu'à des entités existantes, aussi le nom « James Bond » n'a-t-il aucune référence. Cela nous permet de faire des romans sur James Bond des œuvres de fiction, ce qui ne nous empêche pas d'y voir des représentations de quelqu'un qui nous raconte une histoire vraie (*factual*). Selon une conception moins répandue, mais selon moi plus satisfaisante, quand nous disons qu'un roman a pour héros James Bond, il nous faut comprendre par là que le nom réfère à James Bond qui, quoique non existant, a les remarquables qualités et les aventures qu'on lui attribue. Sinon, par exemple, nous ne serions pas capables de dire que deux occurrences (*token*) différentes du nom (*type*) « James Bond », dans le roman, réfèrent à la même personne (voir Gerald Vision « Refering to What Does Not Exist »). Mais que nous choisissions de traiter le nom comme référant ou comme simplement supposé référer, cela ne change apparemment rien à la théorie générale de la fiction comme représentation.

Quelques philosophes, cependant, ont soutenu à la fois que les noms réfèrent et qu'ils doivent référer à quelque chose – mais, puisque des noms fictionnels ne réfèrent pas aux entités du monde réel, ils doivent alors référer à des entités d'une autre sorte, des entités qui jouissent d'un « mode d'existence » ou d'un « mode d'être » particulier. Au cours des dernières années, cette ontologie meinongienne a été étudiée dans de nombreux essais techniques, en particulier par Terence Parsons (voir « A Meinongian Analysis of Fictional Objects »); mais la nécessité de multiplier les catégories ontologiques de base ne m'a jamais semblé évidente, puisqu'elle soulève un grand nombre de problèmes métaphysiques sur les relations, eu égard aux différents modes et problèmes épistémologiques relatifs à la connaissance que nous en avons. En un certain sens, nous trouvons tous utile de parler du « monde » d'un roman, et il semble évident que nous pouvons dire des choses importantes, voire faire des découvertes importantes d'un point de vue esthétique à propos de ces mondes – sur des événements cachés, des motifs mystérieux, et ainsi de suite. Les phrases *dans* le roman, tel que l'auteur l'a écrit, ne sont évidemment ni vraies ni fausses. Virginia Woolf ne rapporte rien qui, concernant le monde réel, ferait de ses phrases qu'elles sont vraies ou fausses; mais elle les utilise pour créer un nouveau monde (fictionnel). C'est une chose qui a été parfaitement établie par Laurent Stern (« Fictional Characters ») and J. O. Urmson (« Fiction »); et ceci en maintenant la proposition faite ci-dessus selon laquelle l'auteur, en écrivant ces phrases, dépeignait, mais ne produisait pas, d'actes illocutoires. Mais les phrases que nous prononçons *à propos* de l'œuvre – par exemple, quand en tant que critique, nous décrivons *Mrs*

Dalloway ou *Lolita* – peuvent en effet être vraies ou fausses. Mais, dans ce cas, à quoi doivent-elles d'être vraie ou fausses ?

Cette question invite – et a certainement conduit – à prendre en considération la sémantique des énoncés propres aux mondes fictionnels : qu'est-ce qui les rend vrais ou faux et, par conséquent, sur quelles sortes d'entités projetées par le texte littéraire ces énoncés portent-ils ? Quelques propositions intéressantes ont été produites et formulées d'une manière détaillée et précise. Selon Nicolas Wolterstorff (« Works and Worlds of Art »), le concept d'*état de choses* (y compris les événements), est fondamental ; il constitue un monde, qu'il soit fictionnel ou réel. Un auteur indique certains états de choses au moyen des phrases qu'il écrit, mais beaucoup d'autres sont également découverts par investigation ; Wolterstorff fournit un excellent exposé de deux principes généraux qui pourraient être appliqués lors de telles investigations. Tous les états de choses existent, mais ils ne se produisent pas tous réellement : *Huck Finn possède un radeau* est fictionnel dans le sens où ce n'est pas une partie du monde réel. Les mondes fictionnels sont également, dans un sens, incomplets car, par exemple, si *Huck Finn existe* devait être réalisé, il devrait avoir une hauteur déterminée ; mais comme cet état de choses appartient au roman et non au monde réel il n'y a pas d'état de choses tel que *Huck Finn mesurant tant de centimètres existe.*

Une analyse intéressante et analogue à celle de Wolterstorff, quoiqu'elle utilise d'autres concepts fondamentaux, a été proposée par David Lewis (« Truth in Fiction »). Il traite les descriptions des personnages de fiction comme des abréviations tacitement préfixées par l'opérateur « dans telle et telle fiction… » et admet certains principes plausibles afin d'assigner des conditions de vérité à des énoncés ainsi étendus. Un problème majeur – également traité par Wolterstorff – consiste à produire des énoncés qui, vrais du monde constitué par l'œuvre, ne sont cependant qu'implicites et doivent être élucidés : (prenons l'exemple choisi par Lewis), le fait que Holmes habitait plus près de Paddington Station que de Waterloo Station peut être légitimement inféré en consultant la carte de Londres, même si cela n'est pas établi dans les récits de Conan Doyle. En utilisant des concepts propres aux sémantiques des mondes possibles, David Lewis montre comment on peut établir rigoureusement deux autres principes, dont l'un repose (pour parler vite) sur ce qui se révèle être vrai du monde réel, et l'autre sur ce que l'on croit généralement de celui-ci, afin de compléter les énoncés explicites qui appartiennent au récit. D'après Lewis, c'est au théoricien littéraire qu'il revient de décider lequel des deux principes est le plus satisfaisant pour la critique.

La question du statut ontologique des personnages de fiction est résolue de manière très différente dans deux autres essais importants. Robert Howell (« Fictional Objects ») a produit une critique méticuleuse de quelques tentatives d'analyse des énoncés portant sur les personnages de fiction et a suggéré (quelque peu provisoirement, et sans donner à cela un plein développement) d'admettre avec lui que le nom « Anna Karenine », par exemple, réfère à un objet identifié et (quoique non-réel) parfaitement individué. Une des difficultés majeures d'une telle approche est que les personnes réelles reçoivent leur nom au cours d'un processus d'assignation (l'enregistrement d'un certificat de naissance, par exemple), que le nom reste relié à l'individu et qu'il l'identifie, pour autant que les autres en ont connaissance. Aucun processus causal semblable n'est à notre disposition lors de l'attribution du nom « Anna Karénine », nous disposons seulement des propriétés diverses qui lui sont concédées dans le roman ; et comme il importe peu de savoir combien il y en a qui seraient encore à même d'appartenir toutes à un nombre infini d'individus distincts, elles n'individuent et n'identifient pas une unique personne.

Howell croit qu'un substitut d'individuation résulte de l'activité créatrice de Tolstoï, lorsqu'il conçoit et distingue le personnage d'Anna afin d'y centrer l'attention et la situe uniquement dans le monde du roman.

Peter van Inwagen (« Creatures of Fiction ») soutient que les personnages fictionnels existent et que leurs noms réfèrent mais, prétend-il, ils sont une sous-classe de ce qu'il appelle « les entités théoriques de la critique littéraire », une catégorie qui inclut d'autres matériaux comme des intrigues, des mètres, des figures de l'imaginaire et des genres. Il fait une distinction cruciale entre 1) les propriétés de ces « créatures de fiction » au sens strict, par exemple le fait d'avoir été créées par Samuel L. Clemens, ou celui d'être un exemple d'un certain genre d'anti-héros littéraire ou encore celui d'avoir été mal interprété par Leslie Fiedler et ainsi de suite ; et 2) les propriétés que l'œuvre « attribue » au personnage (ce terme doit être pris dans son sens technique) : celle d'être un garçon, d'être illettré, d'avoir un radeau. Van Inwagen montre comment certaines énigmes persistantes sur des entités fictionnelles peuvent être résolues en adoptant cette distinction.

INTERPRÉTATION LITTÉRAIRE

Dans la première édition, j'ai suggéré de distinguer entre trois formes d'activité critique destinées à accroître notre compréhension des œuvres littéraires : l'explication (chap. 3), l'élucidation (chap. 5) et l'interprétation, au sens le plus étroit (chap. 9). J'ai été frappé par les différences de problèmes propres à ces activités, tout en étant cependant conscient des procédures et des problèmes qui leur sont communs. C'est pourquoi je ne vois aucun inconvénient à suivre un usage répandu, parmi les théoriciens de la littérature, celui qui consiste à étendre le terme « interprétation » à ces trois activités – tout en réservant les distinctions à des circonstances appropriées. Pris dans ce sens large d'une découverte et d'une exposition des significations implicites présentes dans les œuvres, l'interprétation a certainement une part considérable dans l'activité critique, et elle pose des problèmes difficiles en esthétique littéraire. Plus précisément, quel genre d'enquête l'interprétation implique-t-elle ? Et dans quelle mesure, si tel est le cas, peut-elle prétendre apporter une connaissance objective de la littérature ?

Bien que je sois prêt à aller jusque-là, ma tolérance envers l'assouplissement de ce terme comporte des limites, et je préférerais lui réserver, même dans son sens large, un statut distinct (à condition que cette distinction puisse être claire-ment faite et fermement préservée) des opérations plus impré-cises qui sont actuellement celles de la critique postmoderne sur les œuvres littéraires, et même sur des textes de toutes sortes. On la connaît aujourd'hui, sous sa forme la plus avancée, sous le nom de « déconstruction », mais de nombreux critiques célèbres qu'on ne pourrait désigner ainsi (en suppo-sant que cette étiquette ait un sens suffisamment déterminé) en partagent cependant l'esprit, celui d'une obstination et d'une cruauté envers les textes que Nietzsche fut le premier à vigoureusement encourager. Ces critiques parlent habituelle-ment de leurs œuvres comme d'« interprétations », lesquelles consistent toutefois à utiliser les textes afin de débiter des idées qui ne prétendent pas appartenir à leur signification, en quelque sens habituel que ce soit : spéculations psychanaly-tiques sur les motivations inconscientes des œuvres, sélection de calembours et de jeux de mots dans l'œuvre, de manière à ce qu'elle semble se contredire et se détruire elle-même, associa-tions libres de fragments arbitrairement choisis à des passages de Heidegger ou de Hegel qui n'ont véritablement aucun rapport. Cette forme de critique est devenue extrêmement active et elle mériterait d'être discutée de manière bien plus critique que cela n'a été le cas chez les philosophes (pour une introduction et des exemples, voir Hartman (éd.), *Deconstruction and Criticism*, et Harari, éd., *Textual Strategies*). Mais ici, je réserverai mon attention aux problèmes esthétiques de l'interprétation, considérés en un sens large mais limité.

Les deux questions qui sont au centre de la discussion sont celles de savoir 1) si les interprétations critiques peuvent être en général vérifiées ou confirmées – c'est à dire adéquatement soutenues par des preuves –, de manière à montrer qu'elles sont préférables à des interprétations rivales, et 2) si oui, comment. Une bonne part de la discussion a tourné d'une manière ou d'une autre autour d'un petit poème de Wordsworth, initialement introduit dans le débat par E.D. Hirsch (« Objective Interpretation », in *Validity in Interpretation*) et que je me suis approprié en vue d'une défense de l'objectivité (*vs* la relativité) des interprétations (*The Possibility of Criticism*, chap. 1 & 2).

> *A slumber did my spirit seal;*
> *I had no human fears:*
> *She seemed a thing that could not feel*
> *The touch of earthly years.*
>
> *No motion has she now, no force;*
> *She neither hears nor sees;*
> *Rolled round in earth's diurnal course,*
> *With rocks, and stones, and trees.*

Hirsch citait les interprétations divergentes de F.W. Bateson (il s'agit d'un poème panthéiste; Lucy fait maintenant partie de la vie de la nature) et de Cleanth Brooks (il s'agit d'un poème mécaniste; Lucy est horriblement réduite à la seule matière). Il existe aussi divers autres commentaires récents de ce poème; voir par exemple J. Hillis Miller (« On Edge ») et Norman N. Holland (« Literary Interpretation »). Une réponse affirmative à la question (1) a fait l'objet d'une défense vigoureuse et argumentée de la part de Hirsch (*Validity in Interpretation* et *The Aims of Interpretation*). Selon lui, la seule façon d'échapper au relativisme – c'est à dire la seule base offerte à un concept « cognitif » de l'interprétation – est celle qui assimile la signification du poème (ou de quelque autre œuvre littéraire) à la signification voulue par l'auteur. Dans ce cas, une dispute comme celle qui a opposé Bateson et Brooks, peut être tranchée au moyen d'une donnée biographique disponible : le fait qu'en 1798, lorsqu'il écrivit ce poème, Wordsworth avait une préférence pour le panthéisme et n'aurait pas conçu le monde comme Brooks le décrit. (Si nous considérons le poème comme la représentation d'actions illocutoires, la pertinence d'une donnée biographique devient plus problématique). J'ai critiqué la conception de Hirsch (*The Possibility of Criticism* chap. 1) en soutenant qu'il est impossible d'assimiler la signification (*meaning*) textuelle à l'intention (*meaning*) de l'auteur. William Tolhurst (« On What a Text Is ») a répondu qu'un poème est une expression (*utterance*) et que sa signification doit être comprise de la manière proposée par H. P. Grice, la compréhension du poème consistant « essentiellement à discerner correctement ce que [le poète] avait l'intention de dire par ce moyen ». L'argument de Tolhurst est trés élaboré et si la théorie de la signification de Grice était défendable, elle justifierait effectivement la conception de Tolhurst. Jack Meilland (« Interpretation as a Cognitive Discipline ») a réalisé une analyse soignée et une critique perspicace de la position de Hirsch en défendant l'indépendance de la signification du texte et de l'intention de l'auteur (*cf.* John Ellis, « Critical Interpretation »).

La thèse intentionnaliste – qui fait appel à une information sur l'intention de l'auteur et est indispensable pour établir la signification d'un texte – a été défendue de différentes manières intéressantes ces dernières années : P.D. Juhl (« The Appeal to the Text »), envisage les interprétations comme des

« explications fonctionnelles » qui réfèrent essentiellement aux raisons que le poète a d'écrire, par exemple : « la course diurne de la terre », plutôt qu'autre chose (Voir mon commentaire dans « Some Problems of Critical Interpretation »); Stein Olsen (« Interpretation and Intention »), semble soutenir que puisque le fait de classer les discours comme « littéraires » implique une référence à l'intention, alors cela s'applique aussi à leurs interprétations (*cf.* « The Philosophy of Literature »); Michael Steig (« The Intentional Phallus »), présente certains exemples littéraires frappants qui *semblent* exiger de recourir à ce que l'auteur avait dans l'esprit. John Reichert (*Making Sense of Literature*) a présenté une défense argumentée de la pertinence de l'intention pour l'interprétation, en traitant subtilement et judicieusement un certain nombre de problèmes comme l'ironie et la métaphore. Mais sa thèse repose sur ce que je tiens pour une version erronée de la théorie des actes de langage – celle selon laquelle saisir la nature d'un acte illocutoire revient à saisir l'intention avec laquelle il a été produit – et en dépit de nombreux arguments excellents, sa défense de base échoue. Il me semble encore que les données concernant ce que l'auteur avait en vue (*intended*), bien qu'elles puissent être utiles à la construction de ce qu'il écrivait, ne peuvent ni outrepasser ce que le texte nous dit ni s'y ajouter lorsqu'on l'aborde avec les règles et conventions appropriées (voir « Intentions and Interpretations »). Cela s'applique particulièrement à une forme d'argument qui circule fréquemment dans les études littéraires (voir Steig ci-dessous). Lorsque l'auteur modifie significativement ce qu'il écrit par rapport à sa première version, les significations sont projetées dans la version finale sous le prétexte qu'elles y étaient clairement présentes initialement, quoique désormais absentes. Ce n'est plus de l'exégèse, mais de l'idiogèse.

Mon opinion demeure que nous devons trancher de telles questions comme celle du poème de Wordsworth en recourant

aux possibilités de signification données par le lexique et la
syntaxe (à l'époque où le poème a été écrit, si du moins c'est
cela qui nous intéresse, comme cela doit être généralement le
cas). Là où nous ne parvenons pas à venir à bout de la pluralité
des significations, rien ne s'oppose à ce que nous les accep-
tions en bloc et c'est alors ce qu'il nous faut faire; là où elles
sont en conflit, nous devons nous accommoder de l'ambiguïté
(au sens strict) et il nous est simplement impossible de décider
entre elles. Je ne pense pas que l'interprétation de Bateson et
celle de Brooks soient également défendables; ce que Brooks
interprète correctement est le poème que Wordsworth aurait
écrit (jamais de la vie!) si la seconde strophe avait été :

> No motion has she now, no force ;
> She feels no thrills or shocks ;
> Whirled round in earth's erratic course,
> With trees, and stones, and rocks.

Dans mon premier commentaire de cette explication
(chap. 3), j'étais parfaitement conscient que pour qu'une
explication soit une procédure critique commune, susceptible
de produire des résultats objectifs, vérifiables (en un sens) et
raisonnablement discutables, un accord doit exister sur des
principes méthodologiques qui dépassent ceux de la linguistique. Cette idée a reçu des prolongements importants, et
admirables selon moi, chez Jonathan Culler (*Structuralist
Poetics*), pour qui la maîtrise de ces règles constitue une
« compétence littéraire » particulière (voir ma « Philosophy of
Literature »). Une bonne part de travail reste à faire dans cette
direction.

Les attaques menées contre la conception objective de
l'interprétation littéraire, intentionnaliste ou non intentionnaliste, ont connu des formes variées et ont été déclenchées
au moyen d'un certain nombre d'arguments provocants. Certaines défenses du « pluralisme » en un sens plutôt imprécis

semblent impliquer une acceptation charitable de diverses approches et méthodes critiques (voir Walter Davis, *The Act of Interpretation*); pour autant que ces méthodes répondent à différentes questions, je ne vois aucun problème ; mais lorsque des réponses incompatibles sont données à la même question (le poème de Wordsworth est-il ou non panthéiste ?) il m'est impossible de les considérer comme également acceptables. On a fait beaucoup de cas du « cercle herméneutique » de Schleiermacher remis à l'ordre du jour par des théoriciens récents pour montrer l'inévitable « subjectivité » des interprétations. Comme si nous ne pouvions par comprendre ce que signifie un mot particulier dans un poème tant que nous n'avons pas compris la signification générale du poème et vice versa. Mais il me semble clair que le poème est loin d'être un cercle fermé : les sens standard ainsi que l'ensemble des connotations disponibles de « rolled » et « diurnal » appartiennent au langage et il existe une règle générale de style ou de rhétorique qui accentue les termes « trees » par rapport à « rocks » dans l'original. Richard Lind (« Must the Critic Be Correct ? ») qui excelle dans son appel à la connotation et à la suggestion ne semble pas dénier la possibilité d'interprétations correctes, mais pour lui le critique doit préférer l'interprétation qui porte le poème à sa perfection, puisque la valeur d'une interprétation est son instrumentalité esthétique. Michael Hancher (« The Science of Interpretation ») partage ce point de vue.

D'autres auteurs ont défendu la « faiblesse logique » des énoncés d'interprétation (ainsi pour une élucidation comme : « dans *The Turn of the Screw* les fantômes corrompent la jeunesse »). Joseph Margolis (« Robust Relativism ») soutient apparemment que de tels énoncés ne sont ni vrais ni faux, bien qu'ils prennent d'autres prédicats comme « susceptible de » ou « plausible » (qui sont de nature apparemment épistémique plus que sémantique). Ainsi des interprétations formellement

incompatibles (*cf.* celle qui vient d'être donnée avec «dans
The Turn of The Screw il n'y a pas de fantômes; la gouver-
nante a des hallucinations») n'entrent pas logiquement en
conflit et peuvent être également acceptées par les critiques.
Mais comme moi, Margolis éprouve de grandes difficultés
à admettre ce refus de toute valeur de vérité aux interprétations: il fait valoir par exemple que le poème de Wordsworth
«se révèle tolérer (*support*) deux interprétations différentes»
(p. 43), mais si les interprétations n'ont pas de valeur de vérité,
comment les faits ou les données peuvent-ils les tolérer)?
Denis Dutton («Plausibility and Aesthetic Interpretation»)
admet avec Margolis que les critiques professionnels se
soucient davantage de la plausibilité que de la vérité, mais
puisque la plausibilité est l'apparence de vérité ou de la
croyance justifiée (ou quelque chose d'approchant), il me
semblerait irresponsable de s'intéresser à l'une et non à
l'autre. Robert Matthews («Describing and Interpreting
Works of Art») n'est pas loin d'admettre avec Margolis que
«les interprétations critiques en tant que règles générales sont
évidemment sous-déterminées et donc ni vraies ni fausses».
(Je m'interroge sur la pertinence de «donc» comme connec-
teur logique dans ce cas). Matthews prétend que l'interprétation (plutôt que la description) revient par définition à
accepter que nous ne sommes pas en mesure de savoir si ce
qui est dit est vrai. Ainsi si nous trouvions dans la nouvelle
de James des indications suffisantes pour décider, avec une
certaine assurance, si les fantômes sont ou non réels, alors
l'expression de cette décision cesserait (selon Matthews) d'être
une interprétation. Nous pourrions certes nous habituer à cet
usage, bien qu'il me choque comme quelque chose d'anormal
et d'incommode, et bien que le terme «interprétation» s'y
révèle plutôt inutile puisque réservé à des énoncés indéci-
dables (par exemple que Quint ait travaillé un jour dans une
brasserie); mais j'aimerais encore dire que pour un plus grand

nombre d'entre eux que Matthews n'est prêt à l'admettre, les énoncés sur les œuvres littéraires sont en fait décidables (grâce à une lecture raisonnable du texte) (*cf.* Colin Radford et Sally Minogue, « The Complexity of Criticism »).

RAISONS ET JUGEMENTS

Des différences d'opinion continuent de se manifester de manière féconde et éclairante à propos de la nature de nos jugements de valeur sur les œuvres d'art et de la pertinence (s'il y a lieu) des raisons que nous sommes enclins à donner à l'appui de ces jugements. Comme toutes choses, les œuvres d'art (et leurs auteurs) peuvent certainement être jugées de diverses manières, de différents points de vue et selon divers ensembles de critères. On peut toutefois faire valoir que l'une de ces formes de jugements ou de perspectives d'évaluation est centrale et primitive ; et il me semble encore que la principale ligne de pensée dans la première édition est valable – en dépit de la nécessité qu'il y aurait désormais à l'amender. L'acte de juger du critique consiste à *dire ce qui fait d'une œuvre d'art qu'elle est bonne (ou médiocre)* par rapport à un contexte dans lequel elle demande d'abord à être considérée *en tant* qu'œuvre d'art – quelles que soient les autres formes de considérations qui puissent aussi bien lui être appliquées à d'autres moments. Il s'agit d'un acte qui consiste à estimer la valeur esthétique de l'œuvre (voir *The Possibility of Criticism* chap. 3). (La valeur esthétique est aussi un concept problématique et nous nous y intéresserons dans la section suivante). De telles estimations doivent se fonder sur une appréhension exacte et adéquate des traits de l'œuvre ayant un effet sur son degré de valeur esthétique (en font partie, ses éléments, ses différentes parties, ses relations internes, ses qualités, ses significations et ses références). Or de tels traits, lorsqu'on les considère de cette façon, servent de critères de jugement, ce qui veut dire que la présence de l'un de ces traits vaut comme une raison de dire de l'œuvre qu'elle est bonne ou médiocre (voir « On The Generality of Critical Reasons » et « The Classification Of Critical Reasons »). Il existe une difficulté particulièrement aiguë qui surgit dans le cas de la littérature – et d'autres œuvres d'art qui possèdent une signification ou une référence externe –, et qui tient au fait qu'elles peuvent être jugées aussi bien d'un point de vue cognitif qu'esthétique, car la prise en compte de leur contribution potentielle à notre connaissance ou à notre compréhension intervient aussi sur leur valeur globale. Mais ces deux formes de valeur ne se confondent pas, et l'une des deux seulement s'applique à l'art en tant qu'art et systématiquement ; en outre un haut degré de valeur esthétique en elle-même (mais non pas un haut degré de valeur cognitive en l'absence de valeur esthétique) suffit à faire d'une œuvre d'art qu'elle soit bonne – aussi, semble-t-il clair que dans ce contexte la valeur esthétique est première et fondamentale pour le jugement du critique (voir « The Name and Nature of Criticism »).

Ce modèle d'évaluation critique, dans des versions quelque peu différentes, a fait l'objet d'une certaine approbation et d'une certaine acceptation, même parmi ceux qui, peut-être, auraient eu quelque doute sur sa capacité à traiter le jugement critique comme une activité rationnelle et cognitive. Je pense qu'il nous arrive souvent d'avoir de bonnes raisons de faire l'éloge ou la critique d'une œuvre d'art, particulièrement en la comparant à une autre – et de si bonnes raisons, parfois, que les croyances auxquelles elles contribuent peuvent même avoir une valeur de connaissance. Peter Kivy (« Aesthetics and Rationality ») a soutenu que des jugements esthétiques atypiques peuvent être tout aussi irrationnels que d'autres jugements atypiques. Michael Slote (« The Rationality of Aesthetic Value Judgments ») a traité de l'« unidirectionnalité » apparente des changements de préférence esthétique (le fait, par exemple, de passer de Tchaïkovsky à Mozart) comme l'indice d'une différence objective de valeur. Donald Crowford (« Causes, Reasons, and Aesthetic Objectivity ») rejette cet argument, et son examen des autres arguments montre la difficulté d'une réfutation du « subjectivisme » – quoiqu'il finisse par suggérer qu'une explication objective défendable de ce qui rend certaines raisons critiques acceptables, et par conséquent les jugements qu'ils soutiennent, puisse être fondée sur l'importance d'une « réponse affective commune » aux œuvres.

Certains philosophes ont fait état de difficultés diverses du modèle de la justification pour des raisons liées à l'évaluation critique (comme on peut l'appeler), et ces difficultés n'ont pas été toutes résolues de façon satisfaisante. Premièrement, on soutient par exemple que des raisons fournissent une justification de manière ou bien déductive ou bien inductive ; mais il ne semble pas que des raisons critiques puissent en quelque façon être associées à des jugements de valeur, et dans tous les cas, des propositions factuelles ne peuvent logiquement pas fonder des propositions normatives. C'est une affaire compliquée ; si toutefois j'ai raison en soutenant qu'un jugement critique contient un élément empirique essentiel – en attribuant un certain genre de capacité à une œuvre d'art – il n'y a pas d'inconvénient à dire que la raison donne une justification inductive au jugement. Deuxièmement, on soutient – par exemple Joel Kupperman (« Reasons in Support of Evaluations of Works of Art ») – que même si les raisons des critiques peuvent justifier leurs évaluations, une fois la décision prise, elles ne peuvent pas fournir une « logique de la découverte ». Mais je dirais que, même si l'impact d'une œuvre d'art, considérée dans son ensemble, peut raisonnablement donner naissance à une évaluation provisoire, une analyse de ses traits et l'application de critères sont de nature à rendre une évaluation correcte et acceptable. Troisièmement, on soutient

– comme Bruce Vermazen(« Comparing Evaluations of Works of Art ») – que les jugements comparatifs souffrent de sévères limites, puisque les traits évalués des œuvres d'art sont de différentes sortes, incomparables les uns aux autres, et qu'un jugement composite qui parviendrait à concilier les différentes façons « incommensurables » dont deux œuvres d'art diffèrent, est une chose difficile. J'admets qu'il y ait des difficultés et je ne maintiens pas que nous puissions raisonnablement produire des jugements comparatifs défendables entre n'importe quelle paire d'œuvres d'art ou même de tableaux. (Le tableau : « La Femme devant un miroir », de Picasso, est-il supérieur ou inférieur à votre tableau favori de Renoir : « La Baigneuse » ?). Mais je pense (et apparemment Vermazen aussi) que nous pouvons produire des jugements comparatifs raisonnables dans de très nombreux cas.

Quatrièmement, on prétend que les jugements critiques présentent ceci de particulier que seuls ceux qui ont une expérience de l'œuvre et qui l'ont appréciée sont proprement habilités à les énoncer. Ainsi, Guy Sircello (« Subjectivity and Justification in Aesthetic Judgments ») soutient que « personne n'est habilité à avancer un jugement visant à établir que l'œuvre A est réussie, par exemple, s'il ne l'a pas d'abord perçue et perçue comme réussie. » Bien qu'il ne me semble pas approprié de parler de la perception d'une œuvre d'art comme réussie – ou bonne ou médiocre ou quoi que ce soit – cet argument ne me convainc pas, excepté en ceci qu'il peut être vrai de dire que nul ne peut être ainsi habilité à moins que quelqu'un n'ait fait l'expérience de l'œuvre. La conception néo-kantienne a été développée de façon plus approfondie par Alan Tormey (« Critical Judgements ») qui partant d'une thèse comme celle de Sircello prétend que les jugements critiques sont « non-transmissibles » (le jugement du critique ne peut pas être communiqué à quelqu'un d'autre, puisque celui-ci, s'il n'a pas fait l'expérience de l'œuvre, ne remplit pas les conditions qui lui permettent d'en juger), de sorte que les jugements critiques ne peuvent pas constituer une authentique connaissance. Il me semble cependant qu'à supposer que Tormey ait raison et qu'on ne puisse pas dire qu'une personne *juge* une œuvre qu'il n'a jamais vue lorsqu'il soutient qu'elle est bonne, il se peut encore que son assertion soit vraie et qu'il puisse avoir (en se fondant par exemple sur l'autorité de critiques qu'il connaît et en qui il a confiance) une très bonne raison de le croire (voir «In Defence of Aesthetic Value»). Cinquièmement bien que le relativisme des valeurs, sous ses formes grossières, soit opportunément devenu rare sur la scène philosophique (elles sont loin d'avoir disparu, ailleurs) la relativisation du modèle de la justification par des raisons n'est pas sans justifications. Sascha Talmore («The Aesthetic Judgement and its Criteria of Value») soutient que les jugements critiques n'ont une valeur objective qu'à la condition de faire appel à certaines normes (ou critères); les normes elles-mêmes ne peuvent être justifiées qu'en disant qu'il s'agit de celles qui sont réellement en usage, qui sont habituelles et acceptées dans une société donnée à un moment donné. Il me semble toutefois que l'acceptabilité de certains critères, de préférence à d'autres, repose sur la conformité de ces derniers à une théorie philosophique de la valeur esthétique défendable, (et en partie) indépendante, si bien que nous ne sommes nullement obligés de rendre cette acceptabilité – ou les évaluations auxquelles les critères acceptables conduisent – relatives à des habitudes sociales ou institutionnelles.

L'essai de Joseph Margolis «Robust Relativism» a une portée plus fondamentale. Mais le fait d'admettre que les jugements critiques ne sont ni vrais ni faux et donc qu'ils ne peuvent pas du tout être strictement justifiés (au sens logique), ni être, eux-mêmes, à la base d'arguments pratiques pour établir des choix importants (comme par exemple, à quels peintres faut-il allouer une bourse? Quels tableaux exposer dans un

musée et ainsi de suite) entraîne des conséquences assez draco-
niennes et nous ne voyons absolument pas comment nous
pourrions les ajuster.

En dépit des aspects discutables du modèle de la justification par des raisons, de rares alternatives en ont été
proposées et aucune, je crois, n'a été menée avec une minutie
comparable. Selon Hans Eichner (« The Meaning of "Good"
in Aesthetic judgements »), dire d'une œuvre d'art qu'elle
est bonne revient à prédire que le destinataire (le lecteur ou
l'auditeur) aimera l'œuvre « s'il est sérieusement intéressé par
la forme d'art à laquelle X appartient, si son expérience de l'art
est suffisamment étendue et s'il est disposé à se donner du mal
pour X ». Eichner fonde sa proposition sur certaines présuppositions surprenantes et douteuses telles que si la luminosité,
dans un tableau, n'est pas une garantie de sa qualité (*goodness*), alors la luminosité ne peut pas être un critère de qualité
(*goodness*) dans un tableau. Et je n'arrive pas à croire qu'un
critique soit en général en position de prédire ce que son lecteur,
dont il n'a pas même connaissance, aimera ou n'aimera pas
– quoique s'il exprime assez de réserves en insérant des termes
restrictifs comme « assez », il puisse réussir à dire quelque
chose de très difficile à falsifier. À l'opposé, Brian Critten
(« From Description to Evaluation ») pense qu'une évaluation
exprime une attitude envers une œuvre, une manière de la voir,
et qu'elle exprime aussi les raisons censées justifier qu'une
telle attitude est appropriée. Je n'arrive pas à voir, de quelque
manière que ce soit, comment on peut montrer qu'une attitude
favorable est approprié sinon en montrant que cet objet mérite
d'être considéré favorablement – c'est-à-dire qu'il détient
une sorte de valeur distincte, en vertu de certains traits qu'il
possède et qui peuvent alors être invoqués comme des raisons.

S'il est bien vrai que nos évaluations répondent à des
raisons, il n'en demeure pas moins qu'une foule de questions
se pose lorsqu'il s'agit de savoir quels genres de questions sont

pertinentes et convaincantes. Ces perspectives ont donné lieu à des discussions. Nicolas Wolterstorff (*Art in Action*, troisième partie, chap. IV) a prolongé ma classification des raisons primaires (ou des canons généraux) et proposé d'améliorer leur formulation. Il développe une excellente discussion sur l'unité, « la richesse » et l'intensité, qu'il analyse comme « correspondant étroitement » à une qualité qui se situe de manière décisive à la gauche ou à la droite d'une échelle qui joue un rôle déterminant sur l'un ou plus des facteurs de puissance et d'activité d'Osgood (voir *The Measurement of Meaning*). Parmi les qualités d'une œuvre d'art, l'intensité est ce qui lui permet d'échapper à la « mièvrerie esthétique ». La proposition de Wolterstorff est de nature à fournir une solution à une explication de ce qui différencie les qualités humaines régionales dont la présence est désirable et accroît la valeur (la grâce, la dignité) et ses qualités « négatives » qu'on considère (à juste titre) comme des défauts (la maladresse, la rusticité) (voir *The Possibility of Criticism*, chap. IV). Ce problème est aussi abordé de façon intéressante par Guy Sircello dans son analyse finement articulée (*A New Theory of Beauty*). Dans cette explication, le concept de beauté est élargi de manière à inclure un vaste ensemble d'autres qualités esthétiques (voir section 3 ci-dessus) et apparemment à exclure les notions formelles – comme l'ordre et la proportion – qui ont été historiquement des ingrédients de ce concept (voir le compte rendu de Haig Khatchadourian, *Journal of Aesthetic and Art Criticism*, 35, 1977, p. 361-63).

LA VALEUR ESTHÉTIQUE

Il m'a semblé impossible (bien que ce ne soit pas faute d'avoir essayé) de parvenir à éviter tout engagement en faveur d'un concept de valeur esthétique. La théorie générale de la

valeur demeure dans un état insatisfaisant ; et la valeur esthétique en particulier pose diverses questions qui n'ont pas été
élucidées. Mais, comme dans la première édition, j'en reviens
toujours à l'idée que pour dire d'une œuvre d'art qu'elle est
bonne – ou d'un poème ou d'une chorégraphie – il nous faut lui
attribuer une forme de valeur (non morale), et qu'il doit s'agir
d'une forme particulière et distincte proprement nommée
« esthétique ». En outre, il semble évident, une fois ce pas
franchi, que cette valeur doit consister dans, ou essentiellement inclure, la capacité d'offrir des expériences d'un genre
particulièrement intéressant et désirable. Aussi, ai-je tenté, au
cours des années, différentes manières de formuler un concept
adéquat de valeur esthétique selon cette perspective. En
mettant de côté les problèmes les plus généraux et fondamentaux liés aux valeurs en tant que telles, en supposant que
de telles choses existent et qu'il nous est parfois possible de
savoir quand des objets, des événements ou des états de choses
possèdent une valeur, nous pouvons nous concentrer ici sur le
type de valeur qui nous intéresse. Nous pouvons dire que « la
valeur esthétique d'une chose est sa capacité – grâce à la
connaissance que nous en avons – à communiquer à l'expérience un caractère esthétique marqué » (« In Defense of Aesthetic Value ») – à la condition qu'un tel caractère le mérite en
lui-même, c'est-à-dire soit digne de valeur. « Et dire que X a
une plus grande valeur esthétique que Y revient à dire que X a
la capacité de produire une expérience de valeur supérieure, en
raison de son caractère esthétique plus marqué, à toute autre
expérience que Y aurait la capacité de produire – en supposant
à nouveau qu'un tel caractère est lui-même bon.

L'analyse de la valeur esthétique qui vient d'être esquissée
n'est pas non plus sans difficultés, dont certaines au moins
demandent qu'on en prenne conscience. Jerome Stolniz qui
soutient avec force ce qu'il appelle une explication « relativiste objective » de la valeur esthétique proche de la mienne

dans ses aspects les plus fondamentaux prend acte de certains de ces problèmes en vérifiant la présence d'une capacité. Je pense qu'en confondant les assertions de capacité (*capacity-assertions*) avec les prédictions, il rend la tâche plus difficile, et je préférerais ne pas appeler « relativiste » la position fondamentale qui nous est commune, puisqu'elle n'implique pas que la valeur esthétique d'une peinture soit relative au spectateur ou à une classe de spectateurs. Il suffit de distinguer la capacité esthétique d'une *peinture* (en prenant la mesure de ce qu'elle est à même d'offrir à ceux qui sauraient l'apprécier pleinement) des capacités des spectateurs (dont les capacités d'appréciation peuvent varier considérablement), pour éliminer de nombreuses confusions communes. Certains problèmes se posent dans les situations anormales où une personne peut paraître tirer d'une peinture plus qu'elle ne possède (voir « The Aesthetic Point of View »); mais je pense que cela peut être évité par une juste compréhension de la phrase insérée dans ma définition : « grâce à la connaissance que nous en avons », qui permet aussi bien d'exclure les cas où nous ne parvenons pas à appréhender une peinture que ses mauvaises appréhensions. Par exemple, parmi les problèmes dont fait état Joel Kupperman (« Aesthetic Value ») – bien que sa discussion porte sur la définition du beau de G.E. Moore –, il y a le fait que si nous souhaitons définir la valeur esthétique dans les termes d'une expérience qui serait celle du récepteur de l'œuvre, nous nous exposons à de grandes difficultés quant à la question de savoir ce qu'est une expérience « propre » de l'œuvre, car c'est à partir de ces expériences elles-mêmes que la valeur doit probablement être mesurée. Mon espoir est que de tels problèmes puissent trouver une solution en tenant compte de ce que le récepteur saisit du contenu réel de l'œuvre de manière cognitive.

Pour Michael Slote aussi (« The Rationality of Aesthetic Value Judgments »), la valeur esthétique est une propriété dispositionnelle (dont les capacités sont pour moi une espèce), mais il la traite comme une *tendance* (même la luminosité et la flexibilité, autant que ses autres exemples, peuvent être analysées ou bien comme des capacités ou bien comme des tendances, et ce sont les différentes fins ou les circonstances en fonction desquelles nous les considérons qui font la différence). Il observe que la valeur esthétique pourrait être définissable sans que nous ayons besoin de spécifier les conditions sous lesquelles la peinture (y compris les traits qui en font partie) offrira en fait une expérience d'un caractère esthétique marqué – mais la différence est seulement celle qui distingue une tendance d'une capacité : et il me semble que ce sont les capacités qu'un critique est à même d'estimer, et non pas les tendances (qui exigent une plus grande connaissance empirique). Lorsque le critique donne des raisons, en invoquant les aspects par lesquels un tableau mérite d'être apprécié esthétiquement, et qui lui confèrent une valeur esthétique, il n'a pas besoin de faire appel à des généralisations statistiques sur quelle proportion de quel échantillon de population appréciera en fait la peinture (afin d'en inférer une tendance). Il lui suffit de montrer comment dans certains genres de peintures, certains traits sont de nature à accroître l'unité, la complexité ou l'intensité de qualités régionales positives – à partir de l'hypothèse raisonnable selon laquelle un tel accroissement permettra à la peinture d'offrir davantage, esthétiquement, à ceux qui peuvent en tirer parti.

Le concept d'expérience esthétique qui était utilisé dans la première édition pour définir la valeur esthétique a connu différentes vicissitudes au cours des deux dernières décennies ; bien que certains débats aient permis de l'affiner et de le clarifier pour une large part, des doutes sceptiques en ont résulté conduisant à se demander si une telle chose existe bien (ou si un tel concept peut-être de quelque utilité dans la théorie esthétique). Par exemple, George Dickie (« Beardsley's Phantom

Aesthetic Experience ») soumet le concept à une vive critique à laquelle j'ai répondu (« Aesthetic Experience Regained »). Il a à son tour (dans *Art and the Aesthetic*, chap. 8) développé des arguments complémentaires.

La question la plus sérieuse concerne peut-être ma conception de l'expérience esthétique comme caractérisée par certaines propriétés d'expérience ou d'*une* expérience en tant que telle – en particulier l'unité incluant notamment une dimension de cohérence (aussi bien que de complétude). L'unité est quelque chose d'important pour ma théorie car j'y vois un mérite des œuvres d'art et par conséquent un critère positif de la critique, puisqu'elle permet à l'œuvre d'art d'apporter une expérience unifiée et ainsi d'avoir une valeur esthétique (l'unité dans une expérience faisant partie de ce qui en fait une expérience esthétique). Dickie m'oppose plusieurs critiques pénétrantes qui méritent amplement discussion. Par exemple, selon mon idée d'une expérience unifiée, les percepts sont intégrés avec des affects de différentes sortes, mais Dickie tend à penser que de nombreuses œuvres d'art n'éveillent absolument aucun affect : certaines peintures abstraites « peuvent être saisies pour ainsi dire du premier coup d'œil » ; les « attentes » et les émotions n'y ont aucune part. À cela je répondrai rapidement que tout modèle de perception implique une recherche et une demande actives, aussi rapides soient-elles, et dans le temps que réclame une pleine appréhension, même dans le cas d'une simple structure abstraite, les affects ont en effet leur place, ainsi que les comparaisons et les oppositions des parties, la découverte d'affinités internes, l'émergence de qualités humaines régionales.

Mais je vois à présent que l'expérience esthétique offre une base trop étroite pour la construction d'un concept de la valeur esthétique. Je ne m'oppose absolument pas à l'idée que des expériences d'une certaine durée, marquées de part en part ou traversées par des caractères esthétiques, constituent des expériences esthétiques. Mais j'admets aussi honnêtement l'existence d'expériences fugaces ou persistantes mais de faible qualité comme cela pourrait être le cas pour la vision d'une perspective urbaine ou naturelle – dans lesquelles on assiste à une élévation soudaine et prononcée du niveau de l'expérience sur un mode esthétique, et je pense que la cohérence est alors accrue, bien que cela ne soit pas le cas pour le genre de développements ou de demandes ni pour les accomplissements caractéristiques du phénomène que Dewey appelle « avoir *une* expérience ». Pour la plupart des desseins qui se rapportent aux œuvres d'art et à leur valeur esthétique nous pouvons encore parler d'expériences esthétiques.

Il est probablement utile de s'intéresser à la façon dont le concept d'expérience esthétique se rattache au concept d'attitude esthétique qui, en dépit des attaques continuelles de George Dickie (voir *Art and the Aesthetic* chap. 2-5), est encore parfois invoqué. Dickie fait grand cas de sa distinction entre les « théories du goût » et les « théories de l'attitude esthétique ». Celles-ci, prises au sens « fort », impliquent l'idée que toute chose peut être transformée en un objet esthétique (une source de satisfaction esthétique) en adoptant envers celle-ci une certaine attitude. Les arguments qu'il oppose à de telles conceptions m'ont tout a fait persuadé. Il arrive parfois, cependant, que l'expression « attitude esthétique » renvoie à un ingrédient de l'expérience esthétique, une relation psychologique (entre le récepteur et l'œuvre) qui caractérise cette expérience, et il peut alors s'agir d'une façon inoffensive de parler, pourvu que la confusion soit évitée. Dans ce contexte, on caractérise souvent l'attitude esthétique comme impliquant une « attention désintéressée » et une distance « psychique » – qui ont toutes deux été sévèrement et effectivement critiquées, bien que non totalement détruites, par Dickie. Je pense que la distance ou le détachement soustraits à l'engagement pratique, bien que difficile à décrire de façon exacte et sûre, est sous une certaine forme un facteur de caractère esthétique. Mais que faut-il entendre par caractère esthétique? À l'heure qu'il est, je suis enclin à y voir un ensemble de traits que nous jugeons caractéristiques d'une rencontre des œuvres (mais aussi de certains objets naturels ou technologiques) couronnées de succès. Ces aspects tiennent lieu de critères de l'expérience esthétique; ils sont de nature à susciter l'expérience esthétique (aussi brève soit-elle), et lorsque plusieurs d'entres eux sont combinés ils apportent la garantie que l'expérience est esthétique, bien que, même en l'absence d'un ou deux de ces éléments dans un cas particulier, cette expérience puisse encore être esthétique. Pour résumer ce qui sans aucun doute réclamerait une explication précise (voir le dernier essai dans *The Aesthetic Point of View*), une expérience possède un caractère esthétique marqué lorsqu'elle présente certains des traits suivants, y compris le premier : une attention fermement fixée sur un objet perceptuel ou intentionnel; un sentiment de liberté à l'égard de nos intérêts extérieurs à cet objet; un affect avéré, détaché de toute fin pratique; le sens d'un exercice de nos pouvoirs de découverte et l'intégration du soi et de ses expériences. Une telle description du caractère esthétique s'accorde avec d'autres conclusions, par exemple, l'analyse phénoménologique éclairante de M. J. Zenzen (« A Ground for Aesthetic Experience »).

Des critiques récents ont posé d'importantes questions. Kingsley Price (« What Makes an Experience Aesthetic? ») distingue l'expérience esthétique par la nature de son objet (comme j'ai moi-même essayé de le faire dans « The Discrimination of Aesthetic Enjoyment »). Mais il m'attribue à tort un effort pour isoler une expérience esthétique « pure » de son objet, là où je considère les aspects objectifs phénoménalement perçus de l'objet comme une partie, quoique une partie seulement, du contenu unifié dans l'expérience. Joel Kupperman (« Art and Aesthetic Experience ») cite l'une des

définitions de l'expérience esthétique que j'ai proposée
(« Aesthetic Experience Regained ») – qui implique que « la
plus grande partie de notre activité mentale [soit] unifiée et
devienne une source de plaisir en étant reliée à la forme et
aux qualités d'un objet présent à nos sens ou visé par notre
imagination, et sur lequel notre attention est primitivement
concentrée. » Il considère cette définition comme trop large
« puisqu'elle peut aussi bien s'appliquer à une expérience
sexuelle qu'à une expérience esthétique ». Ma référence à
« l'activité mentale » et à « l'attention » était peut-être insuffi-
samment mise en relief, ou alors elle paraissait trop cartésienne ; mais je pense que l'expérience esthétique (comme
dans le premier critère ci-dessus) exige une sorte d'absorption
dans la forme et la qualité, un abandon à leur force qui exclue
pour une grande part notre interaction physique déclarée avec
l'environnement.

Jerome Stolnitz (« The Artistic Values in Aesthetic
Experience ») a avancé une thèse forte de nature différente en
prétendant que l'expérience esthétique enveloppe (mais je
l'exclus) une reconnaissance et une appréciation des valeurs
esthétiques – par exemple, l'économie, l'adresse, le talent,
la virtuosité, l'habileté admirable de l'action. Son excellent argument – dirigé contre mon traitement du talent par
exemple, comme étant strictement une propriété de l'*artiste* et
non de son œuvre, et non apparenté par conséquent aux évaluations de l'œuvre – montre comment le talent peut-être considéré comme un aspect des œuvres susceptibles d'expériences
et peut ainsi « différencier l'expérience esthétique » de la valeur
esthétique. Lorsque les jugements portant sur le talent sont
attentivement considérés, à la manière de Stolnitz, ils ne nous
écartent pas de l'œuvre au profit de l'enquête biographique
mais deviennent une partie de l'expressivité de l'œuvre.

Finalement il faut observer que si les difficultés des
concepts de valeur esthétique et d'expérience esthétique

auxquels nous nous sommes intéressés dans cette section demeurent insolubles, il ne reste apparemment qu'à rejeter ces concepts et à construire une théorie esthétique qui en fasse l'économie. Bien qu'une telle tentative ait été inaugurée par Nelson Goodman (*Langages de l'art* chap. VI et *Manières de faire des mondes* chap. VI et VII), il est certainement trop tôt pour dire si elle sera couronnée de succès. Goodman se dispense de faire appel à la valeur esthétique au profit d'un concept très général de la valeur cognitive ou d'une contribution à la connaissance et à la compréhension; « un rendu correct » en art devient, chez lui, une catégorie cognitive générale dont la vérité dans certain champ d'activité est un cas particulier; les œuvres d'art tirent leur valeur de leur appartenance à des activités qui nous permettent de saisir et en même temps de refaire notre monde ou des mondes, et dans la mesure où il s'agit de leur « fonction primitive » on doit les juger en fonction de leur succès à y parvenir. Cette conception forte, attrayante et radicale ne semble pas à même de répondre de façon satisfaisante à la pratique des critiques d'art, aux raisons qu'ils donnent à l'appui de leur jugement (voir « *Languages of Art* and Art Criticism ») et on ne voit pas clairement comment toutes les œuvres d'art peuvent être traitées comme des symboles, comme cette théorie l'exige (voir « In Defense of Aesthetic Value »), mais il semble que nous ayons affaire pour l'instant à l'alternative la plus complètement développée à une théorie de l'art incluant une théorie de la valeur esthétique.

Traduit par Jean-Pierre COMETTI et Marjorie CAVERIBÈRE

NOËL CARROLL

QUATRE CONCEPTS DE L'EXPÉRIENCE ESTHÉTIQUE[*]

Un aspect saillant de la pratique critique durant les trois
dernières décennies aura été l'accent presque exclusivement
mis sur l'interprétation comme le premier mode d'analyse des
œuvres d'art[1]. Pour dire les choses grossièrement, le résultat
de ces analyses consiste en un message – un ensemble de
propositions que l'œuvre est supposée impliquer ou entretenir,
ou un schème conceptuel (par exemple une interprétation peut
montrer que dans le monde d'une fiction les femmes sont
toutes rangées dans les catégories des madones ou des putains).
Ces messages, alors, sont souvent ensuite évalués à partir de la
question de savoir s'ils sont politiquement progressistes ou
réactionnaires. Cette approche de la critique, en outre,
s'oppose à d'autres vues, comme celle qui consiste à admettre

[*] N. Caroll, « Four Concepts of Aesthetic Experience », in *Beyond
Aesthetics*, Cambridge, Cambridge U.P., 2001, p. 41-62.

[1]. Je dois souligner que tout au long de cet essai, je ne m'intéresse qu'à
l'expérience esthétique de l'art, et non pas à celle de la nature ou des artefacts
de la vie quotidienne. Lorsque l'expression « expérience esthétique » est ici
utilisée, elle doit être entendue comme une abréviation de l'« expérience
esthétique des œuvres d'art ». Cela n'exclut en rien qu'une partie de ce qui est
dit de l'expérience esthétique des œuvres d'art puisse aussi valoir pour d'autres
choses, mais le domaine de discours qui retient mon attention dans ce qui suit
est d'abord celui de l'expérience esthétique des œuvres d'art.

que la tâche d'un critique est de faire porter l'attention sur les aspects d'une œuvre d'art afin d'obtenir un certain type d'expérience du public.

Par exemple, le critique attire l'attention sur une partie d'un tableau, puis sur une autre, pour mettre en évidence les similarités, afin de permettre au spectateur de faire l'expérience de l'unité de l'œuvre. Ou bien le critique décrit les mouvements du danseur, de telle façon qu'à l'occasion des soirées suivantes, les spectateurs soient en mesure d'en percevoir les qualités de légèreté et de désinvolture. Tandis que le résultat de la critique interprétative réside dans un message, le résultat de ce que nous pourrions appeler la critique démonstrative est idéalement la promotion d'un certain genre d'expérience – ce qu'on appelle généralement une expérience esthétique – chez le public.

L'essentiel, pour la critique démonstrative, est d'attirer l'attention sur les variables qui rendent l'expérience esthétique possible. L'idée est qu'en incitant les spectateurs à prêter attention à certains aspects de l'œuvre d'une certaine façon, ceux-ci seront à même d'éprouver les expériences qui conviennent. Dans les études littéraires, certains exercices de la nouvelle critique sont des exemples de critique démonstrative destinés à permettre aux lecteurs de faire l'expérience de l'ambiguïté des poèmes auxquels elle se rapporte. Dans la critique cinématographique, l'insistance d'André Bazin sur la profondeur de champ (*deep focus*) invitait les spectateurs à faire l'expérience de la complexité de l'enchevêtrement des plans dans le cinéma de Welles et de Renoir.

Si la pratique récente de la critique a gravité autour de l'interprétation plus que de la démonstration – le déchiffrement des messages plus que l'encouragement à des expériences esthétiques –, alors il semble qu'il vaille la peine de noter qu'une insistance similaire sur le message est aussi une évidence dans une grande partie de l'art contemporain, en particulier celui des galeries. Les installations, par exemple, fonctionnent de manière typique comme des rebus, suggérant des messages de manière gnomique, à travers la juxtaposition d'éléments disparates. Les performances récentes, aussi bien, en sont arrivées à être dominées par une politique de l'identité, procédant par des voies rhétoriques, au nom d'un droit à l'émancipation, prétendant à un traitement égal des femmes, des homosexuels et des minorités ethniques et raciales qui en sont privés. Les opposants mécontents de telles tendances artistiques déplorent l'insistance contemporaine du monde de l'art sur ce qu'ils considèrent comme de la propagande politique, et ils demandent aux artistes de revenir à leur vocation de production de la beauté, la « production de la beauté » étant un raccourci pour « la promotion d'expériences esthétiques ».

Il est vrai que le *message* a été sous les feux de la rampe dans les pratiques artistiques et critiques contemporaines, ce qui fournit peut-être un indice du regain d'intérêt dont bénéficie actuellement l'expérience esthétique. J'ai dit qu'une préoccupation déclarée en faveur du message est quelque chose de récent. Il a été le plus souvent défendu comme un antidote à l'esthétisme, conception que l'on dit (sans aucun doute de façon hyperbolique) avoir joué un rôle dominant dans le passé, que l'art trouve sa valeur ou existe pour lui-même, et non pas dans les messages qu'il envoie au monde. Prise dans une lutte quasi œdipienne avec l'esthétisme, les artistes et les critiques contemporains se sont centrés de façon obsession-nelle sur la dimension sémiotique de l'art. Le résultat a été que l'expérience esthétique, le point d'appui même de l'esthé-tisme, a été mise de côté, pour ne pas dire au rancart.

Mais même si l'esthétisme représente une vision fausse de la nature compréhensive de l'art, comme tel me semble être le cas, il ne s'ensuit pas qu'il n'existe rien de tel que l'expérience esthétique. La promotion de celle-ci n'est peut-être pas la condition *sine qua non* de l'art, car les œuvres d'art, et même celles qui procèdent d'un esprit initialement sémiotique, peuvent souvent posséder une dimension esthétique. Et c'est mon hypothèse que la réalisation de ce fait est un important facteur motivant pour l'intérêt actuel pour l'esthétique. Si l'art et la critique qui sont plus précisément orientés vers la sémiotique peuvent être considérés comme un correctif à un esthétisme antérieur, l'intermède qui se produit encore actuellement en faveur du message appelle son propre correctif sous la forme d'un intérêt renouvelé pour l'expérience esthétique.

Dans le monde de l'art, le minimalisme, avec son primat sur l'expérience perceptuelle de l'œuvre, a été supplanté par le pastiche postmoderne, avec son penchant pour l'allusion et le discours sur la marchandisation du monde réel. Mais comme la postmodernité s'avère être devenue la norme établie, les artistes et les critiques sont en quête d'autres projets dont le retour de l'expérience esthétique fait probablement partie. Je ne dis pas cela pour approuver les sentiments des critiques conservateurs qui encouragent les artistes à abandonner la politique en faveur de l'esthétique, car je ne crois pas que les choix soient ici mutuellement exclusifs. Cependant de tels critiques témoignent du fait que quelque chose a été négligé dans les pratiques artistiques qui se sont récemment développées – quelque chose dont l'exil touche peut-être à sa fin.

De la même manière, la critique elle-même, après une période déclarée de perfectionnement de batteries sophistiquées de cadres interprétatifs, en arrive peut-être à la conscience d'avoir laissé quelque chose en dehors de sa portée. L'exégèse, ainsi que de nombreuses stratégies d'interprétation se sont développées, mais peu d'efforts ont été consentis pour élaborer des vocabulaires permettant de discuter et de conceptualiser l'expérience esthétique. Au strict minimum, cela place l'état critique académique à une certaine distance des publics, puisque l'expérience esthétique est probablement ce dont les publics – y compris nos étudiants – se soucient le plus. Mais il y a aussi le fait qu'aucune approche compréhensive des arts ne peut ignorer l'expérience esthétique. Ainsi le regain d'intérêt en faveur de l'esthétique peut seulement être considéré comme un correctif salutaire. Je ne regarde pas plus la recherche sur l'expérience esthétique comme un substitut de l'interprétation, y compris l'interprétation politique, mais je la considère au moins comme un complément. Il n'y a pas de raison de supposer que la critique interprétative et la critique esthétique ne puissent coexister ; au contraire elles sont mutuellement informatives et souvent complémentaires.

Jusqu'ici, l'expression « expérience esthétique » a été mobilisée de manière plutôt libre. Mais qu'est-ce que l'expérience esthétique ? Avant que de nouveaux mots soient inventés pour l'analyser, il nous faut une idée de ce que nous analysons. Cette question, naturellement, est une question trouble dans l'histoire de la philosophie, en particulier depuis le dix-huitième siècle. Dans ce qui suit, je considérerai quatre théories de l'expérience esthétique dans l'espoir de parvenir en fin de compte à une explication dont je pense qu'elle sera utile à la critique contemporaine. J'appelle ces explications, respectivement : l'explication traditionnelle, l'explication pragmatique, l'explication allégorique et l'explication déflationniste. Il se peut – ai-je besoin de le dire – que la dernière explication ait ma préférence et qu'elle s'avère la plus convaincante, si du moins cet essai a été correctement conduit.

L'EXPLICATION TRADITIONNELLE

Une façon modérée de présenter l'explication traditionnelle de l'expérience esthétique revient à dire qu'une expérience esthétique, lorsqu'elle a pour objet une œuvre d'art, implique que la contemplation de l'œuvre soit à elle-même sa propre fin. Autrement dit, l'expérience esthétique possède en elle-même sa propre valeur. Certaines variantes de cette idée, comme celles de Kant et de Hutcheson, sont conçues en termes de plaisir : pour eux, l'expérience esthétique d'une œuvre d'art est telle que le plaisir a sa source dans la contemplation d'une œuvre considérée pour elle-même ou, en d'autres termes, lorsque ce plaisir est désintéressé. Mais ces dernières formulations sont encore trop étroites, puisqu'on admet généralement que l'expérience esthétique peut ne pas être source de plaisir. Par exemple, elle peut s'accompagner d'horreur. Aussi faut-il préférer une formulation plus souple encore. Lorsque la contemplation d'une œuvre d'art s'accompagne d'horreur et que cette expérience se voit néanmoins reconnaître une valeur en elle-même, selon la conception traditionnelle, nous avons alors affaire à une expérience esthétique.

L'élément-clé, dans une telle explication, consiste en ce qu'une telle expérience est appréciée pour elle-même et non pour autre chose qu'elle-même. C'est ce qui, suppose-t-on, distingue l'expérience esthétique – outre quelques autres spécifications – des autres sortes d'expérience. *Ex hypothesi*, nous accordons un prix à l'expérience du vol aérien, parce qu'elle nous conduit à notre destination. De la même manière, nous étudions la physique afin d'accroître nos connaissances. Mais l'expérience esthétique est supposée n'avoir d'autre fin qu'elle-même, parce qu'on considère qu'elle possède une valeur intrinsèque et non pas instrumentale.

Lorsque nous portons à un objet une attention esthétique, on dit que cette attention est désintéressée – expression qui induit peut-être en erreur, ce qui signifie que notre attention est mobilisée sans aucune intention instrumentale ou ultérieure. Lorsque je prête une attention esthétique à un paysage, à la différence d'un géologue qui observe le paysage afin d'y trouver des signes de gisements intéressants, je n'ai aucune fin pratique en vue.

Si l'on me demande, après avoir lu un poème, pourquoi je l'ai lu, et que ma réponse consiste à considérer que cette expérience possède en elle-même et pour elle-même sa propre valeur – ou qu'elle est en elle-même source de plaisir – on peut alors dire que j'adhère à l'idiome de l'explication traditionnelle de l'expérience esthétique. Mon attention au poème était désintéressée, non pas au sens où je n'avais pas d'intérêt pour ce poème, mais au sens où mon vif intérêt n'était pas motivé par quelque considération instrumentale, comme le fait d'impressionner la personne que j'aime. Ce poème possédait en lui-même son prix. Fin de l'histoire.

L'explication traditionnelle de l'expérience esthétique a très mauvaise presse, le plus souvent à cause des doctrines auxquelles elle a été associée historiquement. La théorie esthétique de l'art, dont le formalisme est la variante la plus connue, est au nombre de celles-ci. Des théories comme celles-là font de l'expérience esthétique une notion centrale offrant une définition compréhensive de la nature de l'art. Leur forme générale est la suivante : une chose est une œuvre d'art si et seulement si elle est conçue avec l'intention de procurer une expérience esthétique. De telles théories admettent la nécessité d'une invention propre aux œuvres d'art pour distinguer entre celles-ci et d'autres choses comme les couchers de soleil qui, bien qu'elles puissent procurer une expérience esthétique, ne sont le produit d'aucune invention.

Le formalisme est l'exemple le plus célèbre d'une théorie esthétique de l'art. Pour un formaliste comme Clive Bell, par exemple, le centre de l'expérience esthétique, comme le nom le suggère, réside dans la forme. S'agissant de peinture, la forme artistique comprend les relations entre les lignes, les couleurs, les vecteurs, les espaces, etc. On les considère comme les objets propres de l'attention de la peinture en tant que peinture, et le fait de s'y concentrer – en comprenant leur articulation étudiée – procure une expérience qui a son prix en elle-même, et qui élimine de l'esprit tout but pratique au bénéfice d'une plongée dans la structure abstraite de l'œuvre.

Il ne fait aucun doute que les formalistes placent l'accent sur les structures abstraites, précisément pour cette raison qu'elles sont le moins à même de diriger la contemplation des œuvres vers des intérêts sous-jacents, comme les contenus politiques par exemple. C'est également pourquoi les formalistes comme Bell soutiennent que le contenu représentationnel d'une œuvre d'art ne présente pas la moindre pertinence s'il s'agit de juger de son statut d'œuvre d'art, puisque les éléments représentationnels sont toujours de nature à faire penser le spectateur au monde pratique des affaires, au lieu de contempler l'objet pour sa seule valeur. Est-il besoin de le dire, c'est probablement ce souci d'éliminer toute considération du monde pratique des affaires, y compris les relations sociales, qui a conduit les formalistes à jeter l'opprobre sur les intellectuels contemporains politiquement engagés.

Bien que le formalisme ait opportunément permis de justifier certains types d'appréciation artistique, il s'agit d'une théorie non convaincante, pour cette raison évidente qu'une grande partie de l'art n'a pas été produite avec l'intention de fournir des expériences appréciables de la structure. Historiquement, la plus grande partie de ce qui s'est fait en art a été conçu dans l'intention de répondre à des fins pratiques ou instrumentales, y compris des fins religieuses et politiques. Une grande partie a été produite pour consolider les identités nationales et culturelles, pour soutenir l'éthos du groupe, pour encourager la fierté et l'engagement, pour célébrer des événements importants dans la mémoire, pour gagner la sympathie, pour pleurer, commémorer, etc. Statistiquement, le formalisme échoue lamentablement à reconstruire le concept d'art tel que nous l'employons de manière caractéristique. Ainsi ceux que le formalisme a déçus en raison de son caractère apolitique peuvent ajouter au nombre de leurs reproches qu'il se révèle incapable de fournir empiriquement une théorie compréhensive de l'art.

Le fait, pour le formaliste, de faire valoir que les réponses patriotiques aux œuvres d'art destinées à susciter le nationalisme sont passablement hors de propos, n'a pas beaucoup plus de sens s'il s'agit précisément du genre auquel appartient l'œuvre en question. D'autant plus que le patriotisme semble être la réponse exactement adaptée à de telles œuvres. Et dans tous les cas, le formalisme propose une explication douteuse de l'intention artistique – dans la mesure où il suggère que le contenu représentationnel est fréquemment une condition indispensable de découverte des relations formelles. Comment saisir l'organisation formelle de *La Chute d'Icare* de Peter Brueghel sans se montrer également attentif à l'histoire ?

De manière analogue, la structure de nombreux romans (y compris la série des Harry Potter) ne peut pratiquement pas être discernée pour qui n'a pas accès au stock des émotions et des connaissances qui concernent le monde réel. Bien que la compréhension de la littérature, y compris la découverte de la structure, implique beaucoup d'autres choses, elle exige significativement la mobilisation de scripts et de schémas cognitifs et émotionnels qui sont issus de la vie quotidienne et qui s'appliquent de manière comparable aux personnages et aux situations. On peut difficilement imaginer, par exemple, comment des lecteurs ordinaires pourraient détecter la structure des conflits dramatiques d'une autre manière.

Bien sûr, le formalisme n'est pas la seule théorie esthétique de l'art. Et une présentation plus générique de la théorie peut porter remède aux défauts du formalisme. Par exemple, si nous disons qu'une chose est une œuvre d'art si et seulement si elle est destinée à fournir une expérience esthétique, et que nous ne stipulons pas que l'objet de l'expérience esthétique est une forme artistique, un certain nombre d'objections précédentes au formalisme tombent à côté, puisque le fait de contempler le contenu représentationnel des œuvres d'art, y compris leur contenu politique, peut valoir comme une expérience esthétique, dans la théorie esthétique générale, tant que cette expérience est appréciée pour elle-même. Alors que le fait d'avoir affaire à des observations morales dans un roman de Henry James ne compte pas pour une expérience esthétique pour le formaliste, un partisan de ce que j'appelle la théorie esthétique générale l'acceptera comme telle, aussi longtemps que le lecteur trouve l'expérience intrinsèquement appréciable. Il n'y a pas plus de problème du point de vue générique dans le fait de trouver le contenu représentationnel de l'œuvre pertinent de quelque façon, aussi longtemps qu'il favorise la culture d'une expérience qui est évaluée pour elle-même.

Bien que la théorie esthétique générique évite quelques-unes des difficultés du formalisme, comme théorie compréhensive de l'art, elle n'en est pas moins inadéquate. Elle est trop exclusive. Il y a des œuvres d'art qui ne sont pas conçues afin de fournir les espèces adéquates d'expériences esthétiques. De nombreuses cultures, par exemple, produisent des figures démoniaques conçues pour écarter les intrus. Il est impossible d'imaginer que ces figures étaient destinées à être contemplées pour elles-mêmes. De telles réponses contrediraient le dessein même de ces artefacts. Nous n'en comptons pas moins ces masques et ces figures comme des œuvres d'art.

Jusqu'ici, je n'ai pas dit grand chose de l'expérience esthétique. Je me suis concentré sur les théories de l'art qui mobilisent l'expérience esthétique comme élément central de leur définition de l'art. Je m'y suis employé parce qu'il me semblait que, pour une bonne part, le scepticisme qui frappe l'expérience esthétique est relié au discrédit des théories de l'art, au sein desquelles, comme pour le formalisme, la notion d'expérience esthétique joue un rôle crucial. Il est toutefois de la plus haute importance de souligner que la notion d'expérience esthétique peut être détachée ou séparée du formalisme et des théories esthétiques de l'art. Que ces théories échouent en tant que théories compréhensives de l'art n'implique pas qu'il y ait quelque chose de faux dans la notion d'expérience esthétique en elle-même – c'est-à-dire indépendamment de son rôle présumé dans une définition de l'art. Il se peut que l'expérience esthétique n'apporte aucune définition de l'art – et je soutiens que tel est bien le cas ; le concept d'expérience esthétique n'en renvoie pas moins à quelque chose.

La caractérisation traditionnelle de l'expérience esthétique voit en elle une expérience qui possède nécessairement sa valeur en elle-même. Par rapport aux œuvres d'art, mon expérience est esthétique lorsque, guidée et dirigée par l'œuvre d'art, l'expérience possède une valeur intrinsèque à mes yeux. Si l'on demande à un homme riche pourquoi il a assisté à un concert, et qu'il indique que c'est afin de montrer au monde qu'il est un philanthrope, son expérience de la musique n'est pas esthétique. Si l'on pose la même question à sa tante désargentée et qu'elle répond que c'est pour avoir une expérience de la musique de valeur intrinsèque, son expérience est esthétique. Pour elle, cette expérience contient en elle-même sa part de récompense ; elle ne vise aucun dessein extérieur.

Mais qu'est-ce qu'avoir une expérience intrinsèquement valable de la musique ? Faut-il admettre que certaines expériences sont seulement intrinsèquement pourvues de valeur, indépendamment des croyances que l'agent entretient à leur sujet, ou sont-ce les croyances d'une personne à ce sujet qui donnent à une expérience une valeur intrinsèque, à savoir le fait qu'elle la croie valable en elle-même et non pour autre chose ? Nous appellerons la première de ces deux options la conception objective de la valeur intrinsèque, et la seconde la conception subjective.

La conception objective de la valeur intrinsèque paraît assez peu convaincante. Comment pourrions-nous dire quelles sont les expériences qui possèdent une valeur pour elles-mêmes ? Elles impliquent des choses comme la reconnaissance des formes et des structures, d'une part, et celle des propriétés expressives d'autre part. Mais il est possible de supposer que ces activités possèdent, ignorées de nous, quelque valeur subtile et appropriée et ont par conséquent une valeur instrumentale d'un point de vue évolutionnaire.

Les expériences esthétiques relatives à des formes peuvent entraîner et accroître nos capacités de reconnaissance des régularités dans l'environnement, tandis que celles qui sont liées à des propriétés expressives des œuvres d'art peuvent nourrir et contribuer à notre capacité de percevoir les états émotionnels de nos congénères, ce qui constitue clairement un avantage pour des êtres sociaux comme nous.

Naturellement, je ne tiens pas pour assuré que les expériences esthétiques possèdent une valeur instrumentale dans ces sens-là, bien que l'idée d'une capacité apparemment quasi universelle de les posséder donnée à l'organisme soit difficile à accorder avec une vision scientifique du monde. Mais dans tout événement il y a d'abord ceci que personne n'a de connaissance psychologique suffisante pour savoir si l'expérience esthétique est instrumentalement ou intrinsèquement valable sans tenir compte de ce que les agents qui font l'expérience croient à ce propos. Car il se pourrait que les expériences esthétiques possèdent une valeur instrumentalement adaptative sans que les agents soient conscients de cette valeur [1].

1. Par exemple, on a récemment supposé que le cerveau pouvait engendrer de nouvelles cellules sous l'influence de stimulations appropriées. On peut en tirer des suggestions pour une explication évolutionniste de notre quête d'expériences esthétiques. L'art qui suscite des expériences esthétiques pourrait être une invention, ignorée de notre vie consciente, qui contribue de façon particulièrement efficace au développement de nouvelles cellules cérébrales impliquées dans la mémorisation et l'apprentissage. Il se pourrait alors que notre attrait pour les expériences esthétiques corresponde, quoique non consciem-

À cet endroit de la discussion, il est permis au partisan de la conception traditionnelle de l'expérience esthétique d'opter pour l'interprétation subjective de sa valeur intrinsèque. Selon cette interprétation, quand nous disons d'une expérience qu'elle possède une valeur en elle-même, ce que nous voulons dire c'est que les raisons qui expliquent la participation de l'agent à cette expérience consistent en ce qu'il ou elle croit qu'elle possède une valeur intrinsèque. Autrement dit, la croyance considérée constitue le mécanisme interne qui motive l'agent à s'engager dans certains comportements, comme celui d'aller au théâtre.

Demandons à l'amateur de théâtre pourquoi il perd son temps de cette façon. S'agit-il de gagner de l'argent ou d'impressionner ses amis ? Non. S'agit-il de montrer sa solidarité avec les opprimés ? Non. C'est parce que le fait de faire cette expérience comme telle – peut-être y verra-t-il une source de plaisir – possède sa valeur en et pour elle-même. Il va au théâtre afin de faire une telle expérience – en pensant à l'avance que ce sera une source de plaisir, d'émotion ou seulement une façon intéressante de passer ce genre de soirée. Nous achetons une tablette de chocolat parce que nous croyons que son goût, indépendamment de sa valeur nutritionnelle présumée, nous procure une expérience satisfaisante à elle seule. De manière analogue, nous prêtons attention à certaines œuvres d'art sur la base de notre croyance ou de nos attentes qu'elles nous apporteront une expérience satisfaisante en elle-même. Cette croyance est ce qui cause ou motive, pour une large part, notre commerce avec de nombreuses œuvres, et lorsque cela se confirme, sous l'effet d'une œuvre, notre expérience est considérée comme une expérience esthétique.

Une chose doit être notée à propos de la version subjective de l'expérience esthétique : elle ne conçoit pas les expériences

ment, à un apport nouveau de cellules du cerveau. Voir N. Wade, « Brain Cells Grow New Cells Daily », *New York Times*, 15 octobre 1999, p. 1.

esthétiques en termes d'aspects internes d'un état, mais en termes des conditions causales qui soutiennent cet état, à savoir la croyance de l'agent selon laquelle l'expérience possède une valeur intrinsèque. Aussi cette caractérisation de l'expérience esthétique ne dit-elle que peu de choses sur le contenu de l'expérience. Au contraire, elle tend à l'isoler en l'abordant à partir de la question de savoir si elle a sa cause dans le genre de croyances adéquates. Mais c'est ce qui me semble prouver que la conception traditionnelle de l'expérience esthétique procède d'une erreur.

Elle présuppose qu'une condition nécessaire de l'expérience esthétique réside dans le fait de croire qu'elle vaut par elle-même. Or, cela est faux. Accordons au moins au formaliste que l'appréciation de la forme d'une œuvre d'art est une sorte d'expérience esthétique. Et maintenant, imaginons deux amateurs d'art raisonnablement avertis : Oscar, lequel croit que l'expérience des œuvres d'art possède sa valeur en elle-même, et Charles, psychologue évolutionniste, qui croit que sa valeur réside dans sa capacité d'aiguiser nos ressources cognitives et perceptuelles.

Oscar et Charles écoutent le même morceau de musique, avec les mêmes structures musicales – ils suivent tous deux les mêmes motifs qui se répètent et notent combien ils sont habilement entrelacés. Ils prêtent tous deux à l'œuvre la même unité et ils sont émus par ses qualités expressives. Ils exécutent exactement les mêmes opérations correspondant au développement des aspects formels de l'œuvre. De manière préthéorique, il me semble pouvoir dire que leur expérience est esthétique. Après tout, le contenu de leur expérience est exactement le même ; l'état auquel correspondent les opérations de leur cerveau est de type identique. Si nous possédions un dispositif de science fiction, appelons-le un cérébroscope, nous permettant de pénétrer à l'intérieur de leurs expériences, nous ne pourrions déceler aucune différence de nature entre leurs activités mentales.

Néanmoins, la conception traditionnelle semble nous amener à conclure, contre toute intuition, qu'en dépit de l'identité de contenu de leurs états mentaux, seul Oscar, à la différence de Charles, fait une expérience esthétique, puisque ce dernier croit que son état possède la valeur d'un moyen – il développe ses capacités perceptuelles et cognitives –, alors qu'Oscar lui attribue une valeur en elle-même. Mais si nous nous accordons à penser que Charles et Oscar écoutent les mêmes choses, de la même façon, et de surcroît d'une façon appropriée, du fait de ce qui caractérise la musique en question, nous aurons scrupule à parler d'une différence radicale.

Imaginons en outre que les théories de Charles, vraies ou non, remportent un tel succès auprès des éducateurs du monde entier qu'à un certain moment, dans le futur, on en arrive à enseigner à tout le monde que notre rapport aux œuvres d'art, tel qu'il s'illustre chez Charles et chez Oscar, possède une valeur instrumentale pour les raisons invoquées par Charles. Autrement dit, supposons que tout le monde se mette à consommer avec avidité les œuvres d'art en pensant qu'elles développent les capacités perceptuelles et cognitives. Dans un tel monde, la conception traditionnelle serait désormais obligée de conclure à l'absence de toute expérience esthétique, bien qu'un plus grand nombre de personnes y consommerait une quantité d'art plus importante, avec une acuité et une sensibilité plus grande que jamais.

Naturellement, le partisan de la doctrine traditionnelle pourra toujours faire observer que même si des gens comme Charles *disent* ouvertement qu'à leurs yeux l'expérience des œuvres d'art contribue à leur développement, et que c'est la raison pour laquelle ils s'y livrent, en fait ce qu'ils croient réellement est que de telles expériences valent par elles-mêmes. La preuve pourrait en être donnée en ce que si leurs croyances dans la valeur de développement de soi de l'art devait s'avérer fausse, ils n'en continueraient pas moins de se tourner vers les œuvres d'art. Pourquoi? Parce que, par hypothèse, ils prêtent inconsciemment une valeur intrinsèque à leurs expériences. Mais dans la mesure où cette prédiction suppose, avec un excès d'assurance selon moi, que si de telles personnes croyaient vraiment que l'art n'offre aucune possibilité de développement, elles continueraient néanmoins de le consommer, la conception traditionnelle de l'expérience esthétique me semble encore reposer sur une conjecture hautement improbable. Car si leur foi dans la valeur de développement de l'art chancelait, des hommes comme Charles pourraient alors se comporter à l'image de Gragrind [1] – comme ce fut le cas pour d'autres, après tout – et ce comportement, en outre, n'altérerait en rien le fait que dans une période antérieure, ils faisaient encore des expériences esthétiques, en dépit du fait qu'ils leur prêtaient une valeur instrumentale.

Bref, pour l'explication traditionnelle une expérience ne peut être esthétique que si l'agent croit que cette expérience possède sa valeur en elle-même. Mais il n'en est pas moins sûr qu'un agent peut apprécier la forme ou le pouvoir expressif d'une œuvre tout en considérant ces expériences comme possédant de quelque manière une valeur instrumentale. Du point de vue de l'appréciation artistique, les activités mentales qui se déroulent et les qualités de l'expérience respective de Charles et d'Oscar qui leur correspondent peuvent être les mêmes de toutes les façons. Il semble arbitraire de dire que l'un a une expérience esthétique et l'autre non. Mais si le fait de posséder une valeur en soi-même n'est pas une condition nécessaire de l'expérience esthétique, alors cela signe l'échec de l'explication traditionnelle.

---

1. Le personnage de Dickens dans *Hard Times* [N.d.T.].

L'EXPLICATION PRAGMATIQUE

J'ai appelé l'explication suivante « explication pragmatique », parce que son principal avocat fut John Dewey. On aurait pu aussi bien l'appeler la conception structurale, puisqu'elle caractérise l'expérience esthétique à partir de la structure interne ou du rythme qui lui est attribué. La conception pragmatique s'oppose avec bonheur à l'explication traditionnelle. Alors que celle-ci tente de définir l'expérience esthétique à partir des croyances de l'agent sur cette expérience, la conception pragmatique s'attache strictement au contenu de l'expérience même et s'efforce d'en généraliser les aspects internes récurrents.

À la différence de nombreuses théories de l'expérience esthétique, celle de Dewey ne propose aucune distinction entre l'expérience esthétique et les autres sortes d'expérience. Pour Dewey, l'expérience esthétique exemplifie la structure fondamentale de tout ce que nous voudrions appeler « *une* expérience », comme dans des phrases telles que : « ce fut vraiment une expérience ». Dewey ne pense pas que les expériences esthétiques concernent exclusivement les œuvres d'art, mais que celles qui s'y rapportent peuvent nous servir de guide instructif pour modeler nos expériences quotidiennes et nos vies. Les expériences esthétiques peuvent fonctionner de cette façon parce que, selon Dewey, elles représentent d'une manière plus achevée la structure autour de laquelle toutes les expériences potentiellement vivantes gravitent naturellement. Ou, pour dire les choses autrement, pour Dewey, tout ce que nous sommes disposés à appeler *une* expérience dans le langage ordinaire possède toujours déjà un caractère esthétique latent que nous pouvons apprendre à mettre au premier plan en cultivant les expériences esthétiques que les œuvres d'art mettent à notre disposition.

Commentant la nature esthétique de l'expérience, Dewey écrit :

> Nous avons *une* expérience lorsque le matériel qui s'y rapporte va vers son accomplissement. C'est alors et seulement alors qu'il est intégré au flux général de l'expérience et qu'il s'y démarque des autres expériences. Un travail est achevé d'une façon qui est satisfaisante ; un problème reçoit sa solution ; un jeu est joué ; une situation, que ce soit celle qui consiste à manger quelque chose, à jouer une partie d'échec, à poursuivre une conversation, à écrire un livre ou à prendre part à une campagne politique, est achevée lorsqu'elle est consommée, non lorsqu'elle cesse. Une telle expérience constitue un tout et elle emporte avec elle ses propres qualités individualisantes et son auto-suffisance. C'est *une* expérience [1].

Dewey dit d'une telle expérience qu'« elle est une chose faite d'histoires, chacune ayant sa propre intrigue, son propre commencement et son mouvement orienté vers sa fin » [2] ; et que « dans de telles expériences, chaque partie qui succède à une autre s'écoule librement sans aucune couture et sans aucun blanc qui ne soit rempli, vers ce qui s'ensuit. En même temps aucune des parties ne sacrifie sa propre identité » [3]. Car « dans une expérience, tout ce qui s'écoule s'écoule de quelque chose vers quelque chose. Dans la mesure où chaque partie conduit à une autre et comme chacune prolonge ce qui la précédait, chacune contient en elle-même sa distinction. Le tout qui correspond à cela est diversifié par les phases successives que sont la mise en relief de ses couleurs variées » [4]. Et enfin, une telle expérience possède une unité « constituée d'une unique

---

1. J. Dewey, « Having an Experience », in *A Modern Book of Aesthetics*, M. Rader (éd.), New York, Holt RhineHart and Winston, 1966, p. 172.
2. *Ibid.*
3. *Ibid.*
4. *Ibid.*, p. 172-173.

qualité qui investit l'expérience tout entière en dépit des variations de ses parties constitutives »[1].

La description phénoménologique de l'expérience esthétique qui est offerte par Dewey, ici comme en d'autres endroits, ressemble à un scénario abstrait. Les moments s'écoulent en moments sous la direction sélective d'une qualité unique, jusqu'à ce qu'ils atteignent leur fin ou, comme il dit, jusqu'à ce qu'ils soient consommés. Les moments sont intégrés, à la manière d'une intrigue, et la congruence des moments intermédiaires fait que l'expérience se détache des arrière-plans d'une monotonie non décrite ou d'une trépidante confusion. Il y a des expériences comme celles-là, en particulier certaines expériences esthétiques se rapportant à des œuvres d'art. La question est de savoir si cette conception structurale de certaines expériences esthétiques peut être généralisée au-delà.

Dewey est un auteur insaisissable. On ne peut pas toujours être sûr de ce qu'il dit ou s'il est toujours en train de dire la même chose. Cependant, il semble vouloir soutenir que l'expérience esthétique doit posséder une dimension temporelle ; elle évolue dans le temps ; elle a une durée. Et surtout, structuralement considérée, elle a un terme ; elle ne fait pas que s'arrêter. C'est ce qui lui donne son unité, tout comme le fait qu'elle possède une qualité distinctive par opposition aux expériences souvent égales de la vie ordinaire. Dans la mesure où cela ne permet pas de différencier l'expérience esthétique de l'art de nombreuses autres sortes d'expérience, ces critères – la durée, l'unité qualitative et l'intégration temporelle et la clôture – ne fournissent pas de conditions suffisantes, comme Dewey aurait été le premier à l'admettre, pour identifier l'expérience pertinente, mais elles apparaissent tout de même comme des conditions nécessaires.

1. Dewey, p. 173.

Et pourtant, elles sont manifestement trop restrictives. Toutes les expériences esthétiques relatives à des œuvres d'art ne s'étendent pas sur une durée appréciable. Certains tableaux nous submergent en un seul instant. C'est le cas de certaines œuvres de Rothko. Leur sublimité nous enveloppe d'un seul coup. Bien sûr, de nombreux tableaux sont conçus de telle façon que leurs parties seront intégrées et reconstruits par l'imagination au long du temps. Mais cela ne suffit pas à justifier les généralisations de Dewey, parce qu'il existe de nombreux autres tableaux – par exemple les œuvres minimalistes dépourvues de parties – qui sont composés pour provoquer des expériences immédiates plutôt que celles qui ont une durée. Pourtant, nous n'en regardons pas moins les expériences qui se rapportent à ce genre de tableaux comme des expériences esthétiques, bien qu'elles ne soient pas à l'origine d'expériences d'intégration ou d'évolution temporelle, pas plus qu'elles n'autorisent à parler de clôture de l'expérience en ce qui les concerne.

De la même façon, l'exigence d'une unité qualitative semble trop étroite. Dewey pense que la rencontre avec les œuvres d'art fait émerger quelque chose comme une tonalité qualitative de sentiment qui gouverne sélectivement notre sens de ce qui appartient ou n'appartient pas à notre expérience, de telle manière que s'établit ainsi une démarcation entre les expériences esthétiques et les circonstances environnantes. Mais de nombreuses œuvres modernes, comme *4'33''* de Cage, sont destinées à subvertir le genre d'expériences esthétiques que Dewey considère comme une norme. En faisant appel à des techniques de hasard, Cage rend invraisemblable l'opération de tout principe de sélection comme celui qui attribuerait un sentiment d'unité qualitative à une expérience de l'exécution de *4'33''*. Qui plus est, *4'33''* s'achève, c'est tout. Il ne se consomme pas. Au lieu d'élever une frontière entre cette expérience et l'expérience de l'environnement, Cage l'obscurcit. Il suscite une expérience de dispersion, de juxtaposition arbitraire et d'ouverture, plus que d'unité fermée, privant ainsi le quotidien de sa familiarité pour le faire entendre de façon revivifiée.

De façon semblable, un grand nombre d'installations de Robert Morris font l'expérience d'une déterritorialisation de leur sujet, tandis que les films d'Antonioni du début des années 1960 esquissent à peine les événements d'une histoire, afin de placer ce qui prive de fin des vies vécues sous le microscope du cinématographe. Mais si les expériences quotidiennes de la dispersion, de l'ouverture, de la déterritorialisation, de l'arbitraire, de l'absence de fin, de fins sans consommation, etc. peuvent être considérées comme des expériences esthétiques destinées à obscurcir la distinction entre les Expériences, avec un grand E, au sens de Dewey, et les expériences plus déceptives et déconnectées de l'expérience quotidienne, alors la conception pragmatique de l'expérience esthétique, quelle qu'ait été son influence sur la théorie de l'éducation au XXe siècle, doit être abandonnée.

LA CONCEPTION ALLÉGORIQUE

Bien qu'elle n'ait peut-être jamais été établie de manière parfaitement claire et explicite dans les écrits des partisans de la théorie critique, la conception allégorique de l'expérience esthétique de l'art est fortement suggérée par les dernières œuvres de Herbert Marcuse et Theodor W. Adorno. Afin d'avoir l'essentiel de cette position sur l'expérience esthétique, commençons par quelques citations de Marcuse. Il écrit :

> L'art ouvre une dimension inaccessible à toute autre expérience, une dimension dans laquelle, les êtres humains, la nature et les autres choses cessent de plier sous la loi du principe de réalité établi. Sujets et objets rencontrent l'apparence de cette autonomie qui leur est refusée dans la société. La

rencontre de la vérité de l'art se manifeste dans le langage et les images étranges déroutantes qui rendent perceptible, visible et audible ce qui n'est plus ou pas encore perçu, dit et entendu dans la vie quotidienne [1].

Étant autonomes, au sens où elles apportent des expériences désintéressées, les œuvres d'art nous donnent le sentiment que la société pourrait être différente, qu'elle pourrait être régie par des principes autres. À propos de la poésie de Mallarmé, Marcuse écrit : « Ses poèmes font apparaître des modes de perception, d'imagination, de gestes – une fête de la sensualité qui se projette sur l'expérience quotidienne et anticipe un autre principe de réalité » [2]. Sous ce rapport, l'expérience esthétique des œuvres d'art authentiques est utopique – elle procure un goût pour des qualités de l'expérience typiquement absentes des sociétés capitalistes et totalitaires, dominées comme elles le sont par la valeur d'échange et la raison instrumentale, les mobiles du profit et le principe de performance.

C'est pourquoi Marcuse dit de la fiction que « la rencontre des mondes fictionnels restructure la conscience et offre une représentation sensuelle à une expérience sociale alternative » [3]. Parce qu'elle est irréelle, en d'autres termes, la fiction éveille l'expérience à la possibilité que les choses pourraient être autrement – l'expérience en général pourrait être beaucoup plus semblable à ce que seule l'expérience esthétique nous offre, une possibilité de libérer l'imagination et la sensibilité. En ce sens, l'expérience esthétique est tournée vers un temps où « l'imagination, la sensibilité et la raison seraient libérées de la règle de l'exploitation » [4]. L'expérience esthétique, en

1. H. Marcuse, *The Aesthetic Dimension : Toward A Critique of Marxist Aesthetics*, Boston, Beacon, 1977, p. 72.
2. *Ibid.*, p. 19.
3. *Ibid.*, p. 44.
4. *Ibid.*, p. 36.

bref, fonctionne telle un phare qui nous encourage à réaliser un nouvel ordre social où notre être générique, en termes de pouvoirs d'imagination et de sensibilité, pourrait s'épanouir.

L'art authentique possède un côté utopique en ce que l'expérience esthétique qui lui est liée nourrit la croyance en la possibilité d'un ordre social différent, où l'imagination et la sensibilité se substitueraient à la raison instrumentale et au principe de la performance [1]. En même temps, parce qu'il diffère de l'ordre social existant, l'art possède une fonction critique. Il nie l'ordre social existant en opposant de manière révélatrice l'expérience quotidienne soumise aux conditions présentes et le pouvoir de créativité et d'imagination propre à l'expérience esthétique des œuvres d'art authentiques. L'expérience esthétique confère à l'art une portée révolutionnaire – il nie les modalités de la réalité sociale existante en offrant la promesse d'une possibilité d'alternative utopique, aussi bien qu'en accusant et critiquant ce qui existe.

Afin de comprendre ce que Marcuse a ici en vue, il peut être utile de rappeler que son effort vise à attribuer à l'art et à l'expérience esthétique une signification politique qui ne soit pas soumise à une fonction de propagande. Il vise à soutenir que l'art peut avoir une fonction d'émancipation, indépendamment de son contenu politique, de sa rhétorique et de ses desseins explicites. À ses yeux, par exemple, Mallarmé peut être considéré comme un révolutionnaire d'un point de vue marxiste. À cet égard, le projet de Marcuse n'est pas si différent de celui de

---

1. Lorsque les défenseurs de la conception allégorique parlent d'« art authentique », ils semblent avoir à l'esprit un art qui est source d'expériences désintéressées et ayant leur valeur en elles-mêmes. Un tel art est autonome, de manière dérivée, au sens où les expériences qu'il procure possèdent une valeur intrinsèque. Autrement dit, un art authentique est un art qui suscite des expériences esthétiques. Mais si cette interprétation est correcte, alors cela veut dire que la conception allégorique définit l'art authentique, comme le font les théories esthétiques de l'art, à partir de sa capacité à fournir une expérience esthétique, de sorte qu'elle s'expose au même genre de critique que les théories esthétiques de l'art.

Kant dans la *Critique de la faculté de juger*, lorsqu'il s'effor-
çait de montrer la signification morale de l'art là où cependant
un contenu moral fait défaut. C'est à des fins comparables que
Marcuse concentre son attention sur l'expérience esthétique et
qu'il y voit un symbole de la possibilité d'une vie humaine plus
accomplie, tout en lui attribuant une fonction critique implicite
de notre forme d'existence sociale présente.

La théorie d'Adorno, dont Marcuse reconnaît toute
l'influence, quoique plus complexe et plus sombre, souligne
aussi le potentiel de démystification de l'expérience
esthétique de l'art. Il écrit :

> Ce qu'il y a de social dans l'art, ce ne sont pas ses positions
> politiques, mais ce qui l'oppose à la société par sa dynamique
> immanente. Historiquement, il repousse la réalité empirique,
> indépendamment du fait que les œuvres d'art, comme choses,
> font partie de cette réalité. Si une fonction sociale peut être
> attribuée à l'art, c'est celle de n'en avoir aucune. Différent de la
> réalité profane, il renferme négativement un ordre des choses
> au sein duquel la réalité empirique aurait la place à laquelle
> elle a droit. Le mystère de l'art réside dans son pouvoir de
> démystification [1].

Autrement dit, c'est en raison de son autonomie et parce
que tout autre fonction que celle de produire une expérience
esthétique lui fait défaut (cette expérience étant elle-même
étrangère à tout intérêt instrumental, pratique, et par conséquent social) que l'œuvre d'art peut avoir cette fonction de
démystification et de négation de la réalité sociale existante
– une expérience qui contient à la fois une promesse et une
critique sociales. Naturellement, Adorno, tout en étant beaucoup moins conventionnel que Marcuse quant à ses goûts, est
aussi dramatiquement moins optimiste que lui sur les chances
que l'art peut avoir de transcender à la fois les conditions

1. T.W. Adorno, *Théorie esthétique*, trad. Klincksieck.

sociales dans lesquelles il émerge, bien qu'il semble accorder à l'expérience esthétique le même genre de pouvoirs de négation, et cela tout en insistant beaucoup plus que lui sur les limites de leur efficacité.

Dans la mesure où leur langage diffère profondément, la correspondance qui existe entre la conception traditionnelle de l'expérience esthétique et la conception allégorique peut ne pas être évidente. Elles n'en partagent pas moins une prémisse centrale en ce qu'elles considèrent l'expérience esthétique comme désintéressée, c'est-à-dire étrangère à toute recherche d'une valeur pratique, instrumentale, morale ou plus largement sociale[1]. C'est parce que les œuvres d'art sont tenues

---

1. Il convient d'observer que la notion de désintéressement est particulièrement irritante. Lorsqu'elle fut introduite pour la première fois au dix-huitième siècle, elle semblait être synonyme d'impartialité. Autrement dit, si je juge d'une chose qu'elle est belle et si mon jugement est authentique, il doit être impartial. Il ne doit pas bénéficier personnellement à celui qui juge, comme ce serait le cas si le jugement que je porte sur la beauté de ma maison était destiné à en augmenter la valeur en tant que bien. Un jugement désintéressé est donc un jugement pour lequel celui qui juge est indifférent aux conséquences que son jugement peut avoir pour son bénéfice personnel.

Il est clair que cela a un sens. Les jugements concernant les œuvres d'art doivent être impartiaux. Mais il en va naturellement de même pour toutes sortes d'autres choses. Lorsque j'évalue une œuvre d'art, je dois être impartial. Mais alors, encore une fois, si je fais partie d'un jury de faire aux bestiaux ou si je suis juré d'un tribunal, je dois aussi être impartial. L'impartialité n'est pas la marque des jugements ou des expériences esthétiques. C'est une propriété de toutes sortes de jugements et d'expériences, pas seulement dans le domaine de l'esthétique, mais aussi de la morale. Aussi le désintéressement, conçu comme impartialité n'est-il pas une condition suffisante de l'expérience esthétique.

Là où le plaisir s'ajoute au désintéressement – comme chez Kant ou chez Hutcheson – on peut soutenir qu'à défaut d'être une condition suffisante, il s'agit d'une condition nécessaire qui, lorsqu'elle est associée au plaisir, fournit une définition essentielle de l'expérience esthétique. Mais si nous soustrayons le plaisir de cette formulation – pour la bonne raison qu'on ne peut tenir toute expérience esthétique comme une source de plaisir – et qu'il ne nous reste plus que le désintéressement comme élément de définition, alors l'impossibilité de voir dans le désintéressement, conçu comme impartialité, une condition suffisante de l'expérience esthétique devient un problème majeur.

pour la source d'une telle expérience désintéressée que Marcuse et Adorno attribuent une autonomie aux œuvres d'art authentiques ou du moins, dans le cas d'Adorno, une propension à l'autonomie. L'autonomie artistique tient à sa capacité de promouvoir l'expérience esthétique. Ou, pour dire les choses autrement, la clé qui permet de comprendre l'idée de l'autonomie de l'art tient à la présupposition qu'elle se spécifie dans une promotion d'expériences désintéressées, lesquelles sont tenues, par définition, pour orientées vers quelque chose qui détient en lui-même sa propre valeur, à la différence de ce qui sert des intérêts de type social et instrumental.

Il va sans dire que si la conception traditionnelle et la conception allégorique convergent ainsi dans un commun accord sur le caractère désintéressé de l'expérience esthétique,

Qui plus est, il devrait être évident que le désintéressement, interprété au sens incontestable de l'impartialité, ne permet en rien d'induire que les intérêts de nature morale, politique, pratique, instrumentale ou cognitive doivent être tenus pour étrangers à l'expérience esthétique ainsi proprement nommée. Car de tels jugements peuvent tous être formés, et en général ils doivent l'être, à partir d'un point de vue désintéressé (impartial). Il s'agit d'une erreur profondément ancrée dans la tradition que celle de penser que les attentes raisonnables d'impartialité, dans le cas du jugement esthétique, entraînent l'exclusion de toute considération morale, politique, cognitive ou autre. Ces considérations ne sont pas étrangères à la possibilité d'être indifférent aux bénéfices personnels directs qu'une expérience peut apporter à celui qui juge. En outre, il devrait être évident que le fait d'accorder une valeur à une expérience pour elle-même n'est pas une conséquence de la notion selon laquelle – et à laquelle une majorité de gens adhéreraient – les jugements esthétiques doivent être impartiaux à l'égard des bénéfices personnels de ceux qui ont à en juger.

L'impartialité est d'une certaine manière une notion creuse. On peut être impartial à propos de n'importe quoi. Parler de désintéressement (d'impartialité) à propos d'une expérience esthétique, et vouloir en faire une définition de ladite expérience ne permet pas de dire quoi que ce soit du contenu de l'expérience en question. Il s'agit d'une notion qui, de manière flagrante, n'apporte aucune information.

Elle ne permet pas davantage d'établir que l'expérience esthétique n'a rien à voir avec tout autre genre d'expérience, non seulement parce que c'est une chose visiblement fausse, mais aussi parce qu'une caractérisation entièrement négative de l'expérience esthétique comme celle-ci est complètement pauvre.

c'est en raison de ce qu'elles ont hérité de Kant. Toutefois, la conception allégorique repose de manière bien plus importante sur l'héritage kantien que la conception traditionnelle.

Pour Kant, une expérience esthétique proprement dite – celle de la beauté libre – consiste pour une part en un sentiment désintéressé de plaisir, de nature subjective, qui repose sur le libre jeu de l'imagination et de l'entendement. De telles formes d'expérience sont subjectives en ce qu'elles sont de nature interne, propres à celui qui perçoit. Elles sont désintéressées en ce qu'elles possèdent leur valeur en elles-mêmes. Quant au plaisir qu'elles occasionnent, il dépend du libre jeu de l'entendement et de l'imagination.

Cela veut dire que l'imagination et l'entendement sont actifs dans l'expérience esthétique, mais en un sens qui n'est pas celui qui caractérise leur déploiement habituel dans la raison pratique et théorique. À la différence de ce qui se produit lorsqu'ils subsument des particuliers sous des concepts et des fins déterminés, dans l'expérience esthétique l'entendement et l'imagination jouent un rôle d'exploration ; ils sont libres d'examiner les particuliers sans devoir nécessairement les ranger sous un concept général ou une fin générale. Dans une expérience esthétique significative, comme peut l'être celle d'une métaphore, l'imagination explore le particulier en s'attachant à ses significations possibles, en construisant des alternatives, et elle s'ouvre ainsi à des sensations vagabondes et diverses au lieu de tenter d'unifier l'expérience sous un concept déterminé, comme celui qui serait utile par rapport à une certaine fin.

L'objet de l'expérience esthétique présente bien la forme de la finalité – il apparaît comme le produit d'une activité intentionnelle –, mais nous ne le considérons pas sur la base de la fin qu'il sert ou qu'il pourrait servir. Nous l'intégrons de manière imaginative et ouverte. Nous apprécions les couleurs d'un tableau ou d'un arbre pour leur richesse et leur variété, plus

que pour le cataloguer dans telle ou telle espèce d'arbre. Nous
explorons par l'imagination les significations métaphoriques,
multiples et changeantes d'un emblème héraldique ; nous ne le
considérons pas, simplement et d'un point de vue pratique
comme le signe d'appartenance à une famille ou à un clan.

L'expérience esthétique kantienne enveloppe en elle deux
types de liberté différentes et discernables, bien qu'elles soient
étroitement associées. Il y a d'abord la liberté propre à l'expérience en tant qu'elle est désintéressée – celle qui lui donne une
valeur intrinsèque et par conséquent séparée, c'est-à-dire
« libre de » toute autre sorte d'intérêt : pratique, moral, finan-
cier, politique, etc. Mais l'expérience est également libre en ce
que, lorsqu'elle a lieu, l'imagination et l'entendement sont
affranchis du gouvernement des concepts. Ils explorent les
particuliers dans leur richesse sans être tenus de les subsumer
sous des concepts. De plus, cette liberté conceptuelle de l'imagination peut renvoyer à la liberté désintéressée de l'expérience à la fois positivement et négativement. Positivement, car
cette exploration par l'imagination porte en elle sa récompense,
et négativement parce que la subsomption des particuliers sous
des concepts sert généralement des fins pratiques. Ainsi et
dans le même mouvement, dès lors que l'imagination exclut la
conceptualisation, elle s'exclut de tout dispositif de fins.

Ces deux libertés jouent un rôle particulièrement crucial
pour la conception allégorique de l'expérience esthétique.
D'une part, c'est cette notion de désintéressement qui conduit
à identifier les expériences suscitées par l'art authentique avec
une mise en question des valeurs du marché et avec la
promesse utopique d'un surcroît de valeur humaine, puisque
l'expérience esthétique elle-même est tenue, par principe,
pour indépendante de toute sorte de valeur d'échange. Ainsi,
en s'engageant dans une expérience esthétique fondée sur les
œuvres d'art, on se place nécessairement hors de portée de la
valeur d'échange.

D'un autre côté, la liberté de l'imagination à l'égard des concepts, lorsqu'elle a pour cadre l'expérience esthétique, est implicitement utopique et accusatrice, puisque le fait de subsumer des particuliers sous des concepts est la pierre de touche de la raison instrumentale. Aussi, pour autant que l'opération de l'imagination propre à l'expérience esthétique revient à une forme de cognition libre de toute subsomption des particuliers sous des concepts, elle représente une zone de liberté cognitive étrangère aux processus de la raison instrumentale. Pour Adorno, elle incarne une forme de cognition ou de rationalité qui échappe à l'emprise de la rationalité instrumentale qui domine le capitalisme et les sociétés totalitaires, et elle plaide en faveur d'une autre forme de raison dont la possibilité met également en accusation la rationalité instrumentale. Qui plus est, dans la mesure où la cognition imaginative libre de concepts accentue l'expérience de la singularité, elle résiste aux tendances totalisantes des formes existantes de réalité sociale.

La conception allégorique de l'expérience esthétique entre également en rapport avec certaines tendances propres à l'image de soi du modernisme. Au dix-neuvième siècle, parce qu'ils étaient frappés par les tendances à réduire toute valeur à une valeur économique et utilitaire, un certain nombre d'artistes se sont eux-mêmes proposés de forger des pare-feux – « l'art pour l'art » –, afin d'opposer ainsi à la toute puissance de l'argent un champ autonome de valeurs. Dans ce contexte antérieur de guerre culturelle, l'autonomie supposée de l'art a été historiquement mobilisée comme un signe de résistance contre la crainte d'une réduction de toute valeur aux valeurs mercantiles et instrumentales liées à l'expansion de la bourgeoisie.

La conception allégorique de l'expérience esthétique fournit ainsi un fondement philosophique à cette tendance moderniste en expliquant de manière ostensible comment l'art peut préserver son autonomie par sa capacité à susciter des expériences désintéressées et dépourvues de valeur pratique, et libres des protocoles de la raison instrumentale. Par là, elle apporte un fondement théorique et rationnel à la conviction moderniste qui voit dans l'art une possibilité de valeur au-delà des valeurs instrumentales dont le marché constitue un exemple particulièrement clair et effrayant.

J'ai appelé cette conception allégorique. Peut-être sommes-nous parvenus à un point qui me permet d'expliquer les raisons de ce choix terminologique. Soucieux de mettre en lumière l'importance de l'expérience esthétique, les défenseurs de cette approche enrôlent celle-ci dans un conflit d'une ampleur bien plus grande où elle fait office de protagoniste opposé à la raison instrumentale et à la rationalité du marché. Ce que l'on se représente comme l'état d'esprit propre aux valeurs désintéressées, autant que la capacité d'imaginer et de penser sans la conduite des concepts, entre en opposition avec le raisonnement instrumental et la rationalité du marché, non seulement en ce qu'ils diffèrent, mais en ce qu'ils entrent dans des rapports de rivalité et de compétition.

Dans le système kantien, l'expérience esthétique ou le jugement esthétique occupe une niche au sein d'un schéma architectonique fixe. La conception allégorique le dynamise en thématisant ses différentes parties et en le transformant en une histoire. Elle historicise en outre cette histoire en associant certains aspects de la raison à l'économie de marché et au totalitarisme, et d'autre part en faisant de l'expérience esthétique et de l'imagination, en dernière instance, un antidote à l'emprise du type de rationalisation que Max Weber assimilait à la modernité. La conception allégorique traite donc l'expérience esthétique comme une adversaire de la raison instrumentale ; elle donne aux processus mentaux une signification narrative au sein d'un combat d'autant plus poignant qu'il se superpose aux tendances sociales déstabilisatrices, en particulier celles qui sont propres au capitalisme moderne.

Dans certaines des pages les plus obscures de sa *Critique de la faculté de juger*, Kant voit dans l'expérience esthétique de la nature le symbole de la moralité – où il veut dire qu'il y a lieu d'y voir une métaphore de la moralité qui permet aux êtres humains d'en avoir intuitivement une idée. J'ai le sentiment que la conception allégorique de l'expérience esthétique joue sur le même terrain. Il s'agit d'une tentative destinée à situer la signification ou l'importance symbolique de l'expérience esthétique à l'âge de la raison instrumentale. Cette conception est allégorique en ce qu'elle prend une certaine conception de l'expérience esthétique, dérivée de Kant, et qu'elle tente d'y voir la métaphore ou le symbole de quelque chose d'autre – l'affirmation de l'autonomie, la critique du *statu quo*, etc.

Toutefois, pour que la métaphore soit suivie d'effets, il faut que l'expérience esthétique possède très précisément les traits qui lui sont attribués. Je dois nécessairement être indifférent à tout intérêt et l'imagination doit se déployer indépendamment de tout concept déterminé. Sans quoi l'allégorie ne peut fonctionner selon ses propres principes. En outre, nonobstant l'autorité de Kant, nous avons vu dans notre discussion de la conception traditionnelle que le caractère désintéressé attribué à l'expérience esthétique suscite des doutes. La supposition selon laquelle l'imagination fonctionne sans être dirigée par des concepts déterminés vaut-elle beaucoup mieux ? Car si tel n'est pas le cas, c'est la rivalité de l'expérience esthétique et de la raison instrumentale qui est mise en question.

Si ce que nous avons en vue concerne bien l'expérience esthétique des œuvres d'art, par opposition aux expériences naturelles, comment accepter l'idée que les concepts ne jouent aucun rôle dans la contemplation ? Lorsqu'il s'agit des œuvres d'art, très souvent, sinon le plus souvent, une part décisive de notre activité cognitive est consacrée à situer l'œuvre dans le genre ou la catégorie qui lui convient, ce qui nous permet en contrepartie d'en saisir le sens présumé et nous permet alors d'apprécier l'adéquation de ses articulations formelles. Pour une part non négligeable, faire l'expérience esthétique d'une œuvre comme *Œdipe roi* implique qu'on identifie en elle un exemple de tragédie et que l'on mobilise ce que l'on sait des finalités de ce genre particulier pour en isoler et en mesurer les modifications structurales.

Cela ne veut pas dire que toute œuvre d'art entre nettement dans une catégorie. Certaines sont à cheval sur deux catégories ou en offrent une synthèse ; d'autres amplifient des catégories qui existent déjà dans des directions innovantes ; d'autres encore peuvent même répudier celles qui nous sont familières pour ériger des catégories adverses. Mais pour répondre à ces exemples, la pensée catégorielle joue un rôle majeur dans un grand nombre, peut-être dans la plupart des expériences esthétiques propres aux œuvres d'art. Si la pensée catégorielle ne constitue donc pas un corps étranger dans l'expérience esthétique, comment alors peut-on lui attribuer un rôle allégorique, antithétique au raisonnement instrumental dont la pensée catégorielle constitue un indice ?

Kant, bien sûr, considérait les jugements esthétiques comme se distribuant en deux genres : ceux qui portent sur la beauté libre et ceux qui caractérisent la beauté adhérente. Seuls les premiers ne réclament aucun concept déterminé ; les seconds – les jugements sur la beauté adhérente – demandent des concepts. Pour juger d'une chose qu'elle est une belle voiture, au sens où Kant parle de beauté adhérente, il faut posséder le concept du genre de voiture en question et des fins qu'elle sert. Et de la même façon, un grand nombre de nos jugements concernant des œuvres d'art exige que nous les classions dans la bonne catégorie. Ainsi, même si on adopte le schéma kantien, l'expérience esthétique des œuvres d'art peut difficilement être privée du déploiement cognitif de l'imagination et de la réflexion dans leur pouvoir de catégorisation. En dehors de l'orthodoxie kantienne, l'opinion se montre fortement favorable à la conception qui voit dans l'expérience esthétique de l'art une affaire qui implique la pensée catégorielle comme l'un de ses éléments généralement, habituellement et inévitablement constitutif.

Si l'on prend pour modèle de l'expérience esthétique de l'art – du grand art ou de l'art authentique –, celui que donne Kant de l'expérience de la beauté libre, il en résulte une interprétation extraordinairement étroite, révisionniste, pour ne pas dire étriquée. Mais pour fonctionner efficacement, l'opposition entre l'expérience esthétique et la raison instrumentale, telle que la défendent les partisans de la conception allégorique, réclame bel et bien une telle manœuvre. En revanche, si l'expérience esthétique des œuvres d'art doit faire appel à la pensée catégorielle, autant que je l'ai moi-même indiqué – et non pas exclusivement au libre jeu de l'imagination, comme on le suppose – alors l'expérience esthétique n'est pas une figure appropriée au rôle que la conception allégorique entend lui faire jouer.

Une partie des problèmes que pose l'approche allégorique tient à ce qu'elle présuppose que l'expérience esthétique repose sur le libre jeu désintéressé de l'imagination, sans intervention de concepts déterminés. Ces aspects de l'expérience esthétique doivent être réunis pour qu'elle puisse être considérée comme une allégorie où se joue la résistance à la valeur d'échange et à la raison instrumentale. Toutefois, on peut soutenir que ni le désintéressement ni le libre jeu cognitif ne sont des ingrédients nécessaires de l'expérience esthétique des œuvres d'art, ce qui porte un coup interne à l'allégorie.

Outre le scepticisme qu'éveillent les prémisses mêmes de la conception allégorique, il faut encore faire une place aux réserves que suggère sa forme. Elle traite l'expérience esthétique comme une figure symbolique. Mais quel est le pouvoir théoriquement informatif de cette vision ? Il est clair qu'il ne s'agit pas d'affirmer que l'expérience esthétique conduit ceux qui font cette expérience à imaginer des utopies ou à critiquer le *statu quo* sur des bases régulièrement récurrentes. Quelle est donc exactement la nature de ce qui s'y trouve affirmé ?

Je crois qu'il s'agit plutôt de faire de l'expérience esthétique un symbole de la liberté dans un monde qui en est privé. C'est ce qui implique que soient sélectivement hypostasiés des processus mentaux complémentaires comme la libre imagination et le raisonnement subsumant, ces processus étant eux-mêmes projetés d'une manière exagérément simplifiée sur les tendances sociales conflictuelles, en exploitant constamment les ambiguïtés associées aux sens adéquats du mot « liberté ». Autrement dit, tout cela consiste à s'emparer des oppositions symboliques binaires disponibles, les processus mentaux et les forces sociales qui leur sont liées, et à en proposer un charcutage théorique tel qu'elles deviennent empiriquement méconnaissables.

Je ne doute pas que cela puisse être réalisé avec enthousiasme. Je me demande seulement si l'on ne pourrait pas, tout aussi facilement, proposer d'autres allégories en choisissant d'autres aspects présumés de l'expérience esthétique et en les entrelaçant à d'autres drames sociaux dans lesquels l'expérience esthétique de l'art jouerait un rôle qui ne lui conférerait pas une telle noblesse. Imaginons des écologistes radicaux qui, ayant remarqué les pouvoirs de concentration de l'expérience esthétique de l'art, verrait en elle un déplorable opium contribuant à la répression et à la dégradation de notre capacité de communion avec la nature. Pour eux, l'expérience esthétique de l'art symboliserait la quintessence du narcissisme anthropocentrique dont la croissance exponentielle accompagne le cours de l'histoire.

Naturellement, notre éducation libérale nous conduit à rejeter cette allégorie et à préférer celle qui attribue à l'expérience esthétique un rôle plus héroïque. Mais si l'on met de côté notre tendance à la placer aussi haut, l'allégorie de l'expérience esthétique à laquelle on a affaire chez Marcuse repose-t-elle sur des fondements plus solides que celles des écologistes?

Le problème, avec les allégories, celles de l'expérience esthétique en particulier, qui sont éminemment sélectives, c'est que des allégories autres, différentes, et même incompatibles, sont tout aussi envisageables. Il semble que nous n'ayons aucune réelle raison d'accepter l'une plutôt que l'autre. Celles que nous offrent les partisans de la Théorie critique ne nous obligent en rien à l'accepter, au nom de quelque nécessité philosophique, car elle repose sur une idée de désintéressement et de libre jeu de l'imagination qui ne peut elle-même se réclamer d'une nécessité philosophique.

L'allégorie ne peut pas davantage être récupérée comme une reconstruction empirique de la rationalité propre à l'art moderne authentique, sauf à flirter avec la circularité, puisque cet art, pour une large part, comme le constructivisme soviétique, par exemple, rejette toute adhésion au désintéressement. Au mieux, la conception allégorique nous fournit un utile éclairage sur les ambitions d'*un certain* art moderne, mais sans toutefois nous fournir un moyen compréhensif de conceptualiser l'expérience esthétique de l'art, même pour le vingtième siècle. On peut y voir, si l'on veut, une histoire intéressante, mais pour autant qu'il en existe d'autres, tout aussi intéressantes, y compris celles qui lui sont incompatibles, et qui sont tout aussi imaginables au moyen d'autres analogies, la conception allégorique ne peut être tenue pour finalement convaincante.

Pour résumer, si la conception allégorique est supposée voir dans l'expérience esthétique une métaphore de la possibilité d'une rationalité non instrumentale, étrangère au marché, alors, puisque les aspects auxquels elle accorde une valeur (le désintéressement et le libre jeu de l'imagination) semblent sujets à caution, la métaphore est inadéquate. Mais même si elle s'avérait plus convaincante, la question de son réel pouvoir d'information théorique ne se poserait pas moins, car des métaphores autres, voire divergentes – d'autres allégories – resteraient encore concevables.

LA CONCEPTION DÉFLATIONNISTE

Jusqu'ici, nos efforts de caractérisation de l'expérience esthétique n'ont pas été réellement couronnés de succès. Néanmoins, les problèmes posés par les conceptions examinées nous donnent des indications sur la manière dont il convient de poursuivre, ne fût-ce qu'en nous permettant d'éviter les pièges susceptibles de se rencontrer sur notre chemin. Si les tentatives destinées à définir l'expérience esthétique à partir d'une absence d'intérêt conduisent à un échec, c'est parce que, au lieu de prêter attention à ce qui se passe dans de telles expériences, elles s'attachent aux croyances en une valeur intrinsèque dont elles supposent qu'elles en sont investies, comme si elles en étaient à la fois la cause et la substance. Ainsi, une façon d'identifier ce défaut pourrait consister à observer ce qui se passe dans une expérience esthétique de l'art, c'est-à-dire de prêter attention au contenu de telles expériences.

C'est ce que fait la conception pragmatique, certes, au même titre que l'accent mis sur le jeu libre de tout concept de l'imagination. Toutefois, dans les deux cas, on a affaire à un excès de généralisation, en ce que certains genres d'expériences esthétiques ou certains aspects propres à certaines d'entre elles y sont considérés comme l'essence même de l'expérience esthétique. Aussi, en tenant compte de cet arrière-plan de difficultés, on entrevoit la possibilité d'une perspective plus prometteuse, pour peu que l'on se concentre sur le contenu des expériences concernées en s'interdisant toute généralisation excessive.

Mais que se passe-t-il – que faisons-nous – quand nous avons ce que nous appelons des expériences esthétiques à propos des œuvres d'art? Deux choses viennent immédiatement à l'esprit. La première réside en ce que nous prêtons attention à la structure ou à la forme de l'œuvre, en nous attachant plus particulièrement à son mode de composition. Les formalistes avaient tort de croire que c'est la seule chose qui compte dans une expérience esthétique. Mais il s'agit à n'en pas douter de l'une des façons possibles de nous rendre attentifs aux œuvres que nous avons l'habitude de rapporter à une expérience esthétique. On peut lui donner le nom d'appréciation formelle (*design appreciation*). Elle se manifeste là où notre expérience des œuvres s'illustre dans une tentative destinée à en discerner la structure ou la forme. Et si notre expérience d'une œuvre ou une partie de cette expérience concerne son appréciation formelle – si elle se manifeste dans le souci d'en découvrir la structure –, alors nous avons bien affaire à une expérience esthétique.

En nommant cette activité appréciation formelle, je ne veux pas dire que le fait d'aimer l'œuvre ou de l'admirer doit en faire nécessairement partie, bien que la conséquence en soit très souvent un sentiment de satisfaction. Tout ce que je veux dire, c'est que notre activité consiste en une estimation de l'œuvre et en une attention à son mode de fonctionnement, ce qui signifie que nous nous efforçons de discerner la façon dont les choix de l'artiste atteignent ou n'atteignent pas ce qui est en question dans cette œuvre ou ce qu'elle vise. On dira de quelqu'un qu'il en a une expérience esthétique dès lors que le contenu de l'attention qu'il lui prête s'attache à son dessin ou à sa forme pendant le temps qu'il lui consacre.

Mais l'appréciation formelle n'est pas le seul type d'expérience que nous appelons esthétique. Le fait de discerner les qualités expressives et esthétiques d'une œuvre peut être également tenu pour paradigmatique – par exemple, le fait de se montrer attentif à l'élégance et à la légèreté d'un édifice ou à l'angoisse qui se manifeste dans un poème. Ce sens-là de l'expérience esthétique est très proche de ce que Baumgarten avait en vue lorsqu'il introduisit le néologisme *aisthesis* pour désigner un genre de connaissance sensible au dix-huitième siècle. Prêter attention à un vase, ne pas se contenter d'en observer le poids, la forme et la taille, mais l'élégance, voilà une expérience esthétique.

Une expérience dont le contenu est lié à ce que suscite en nous la dimension qualitative de l'objet. Le projet d'expliquer les conditions ontologiques et psychologiques de telles expériences est naturellement d'une très grande ampleur. Il n'en demeure pas moins que de telles expériences existent chez l'homme et là où elles sont impliquées comme réponses à des œuvres d'art, il est incontestablement permis de les appeler des expériences esthétiques.

Si donc une expérience d'une œuvre d'art s'illustre dans une appréciation formelle ou dans la reconnaissance de ses qualités expressives et/ou esthétiques, il s'agit d'une expérience esthétique. L'appréciation formelle et la reconnaissance des qualités en sont des conditions disjonctivement suffisantes. En outre, aucune des deux ne requiert l'autre. Il serait tout à fait possible d'appréhender les qualités esthétiques d'une œuvre sans s'attacher à sa forme, ou d'examiner la structure d'une œuvre sans s'intéresser à ses qualités esthétiques (il se peut qu'elle n'en possède pas). Toutefois, l'appréciation formelle et la reconnaissance des qualités vont souvent de pair. Il arrive très fréquemment que la recherche des structures implique que soient discernés les choix artistiques sur lesquels surviennent les qualités esthétiques saillantes, tout comme l'attention aux qualités esthétiques d'une œuvre se révèle généralement adaptée à la découverte de ses caractéristiques formelles. Aussi pouvons-nous du moins supposer que l'appréciation formelle et/ou la reconnaissance des qualités constituent des expériences esthétiques et qu'elles apportent, que ce soit indépendamment ou de concert, les conditions suffisantes qui permettent de considérer une expérience comme esthétique.

En procédant ainsi, on évite toute généralisation excessive, puisque aucun des aspects retenus n'est censé représenter le phénomène dans sa totalité. Deux formes distinctes d'expérience au moins appartiennent au concept : l'appréciation formelle et la reconnaissance des qualités. Une telle formulation ne nous interdit pas de penser, en outre, à la possibilité d'autres genres d'expérience susceptibles de recevoir le label d'« expérience esthétique », bien que ces deux-là, séparément ou de concert, retiennent immédiatement notre attention, dans la mesure où il est parfaitement incontestable que l'appréciation formelle et la reconnaissance des qualités peuvent être considérées comme des expériences esthétiques.

On pourrait certes s'élever contre le fait de considérer la seule appréciation formelle comme une expérience esthétique ; mais le fait d'y voir un mode majeur ne soulèverait aucune objection. D'autres candidats pourraient en outre être ajoutés à la liste, pour peu que l'on considère l'application ordinaire et traditionnelle du concept comme aussi peu problématique que l'appréciation formelle et la reconnaissance des qualités, de manière aussi intuitivement adaptée et convergente que précédemment.

Ce concept de l'expérience esthétique est un concept déflationniste. L'expérience esthétique y apparaît comme le contenu de certaines expériences dont les objets sont en particulier et essentiellement les caractéristiques formelles des œuvres et leurs qualités expressives et esthétiques. Il ne pose entre elles aucune caractéristique commune, comme le désintéressement, susceptible d'en définir l'essence. À partir d'un tel concept déflationniste, énumératif et centré sur le contenu, on peut dire que le fait d'appeler une expérience esthétique en raison de ce qu'elle implique sur le plan de l'appréciation formelle, de la reconnaissance des qualités ou des deux, 1) s'accorde avec une tradition d'usage qui n'a cessé de faire de la forme et/ou des aspects qualitatifs ses conditions primitives d'application, et 2) qu'un tel usage peut être sans conteste tenu pour correct par toute personne qui parle d'expérience esthétique. En outre, la conception déflationniste est plus informative que la conception traditionnelle, dont les concepts directeurs – le désintéressement – ne nous dit pratiquement rien, dans la mesure où il est virtuellement et exclusivement négatif en ce qu'il explique ce que l'expérience n'est pas.

Il se peut que l'une des raisons pour lesquelles un tel concept peut paraître inadéquat réside en ce que la notion d'expérience esthétique est parfois soupçonnée de jeter une ombre sur une expérience adéquate de l'art. Selon cette interprétation, l'indignation politique que suscite la situation décrite dans un roman sur le racisme ne peut constituer une réponse légitime et appropriée, car à s'en tenir à une conception déflationniste manifestement plus étroite, on ne saurait y voir une réponse esthétique.

Selon ma perspective, il y a toutefois différentes sortes de réponses appropriées aux œuvres d'art, et l'expérience esthétique en est une parmi d'autres. Bien que l'indignation morale n'offre pas matière à expérience esthétique, dans la mesure où elle ne réclame ni appréciation formelle ni reconnaissance qualitative, cela n'exclut en rien qu'elle puisse apporter une réponse appropriée à une œuvre qui, en raison de ses finalités, propose à l'attention de ses lecteurs des sujets politiques. Nous avons alors affaire, tout simplement, à une réponse artistiquement appropriée qui diffère d'une expérience esthétique.

Selon la conception déflationniste, l'expérience esthétique n'est ni la seule réponse appropriée à une œuvre d'art, ni la plus centrale, ni nécessairement la meilleure. La notion d'expérience esthétique n'a rien à voir avec un usage honorifique, elle est seulement descriptive d'un ensemble de transactions pouvant exister entre les œuvres d'art et leur public[1]. Il se peut toutefois qu'une fois admis qu'aucune vertu spéciale ne s'attache à elle – il s'agit d'une réponse appropriée parmi d'autres aux œuvres d'art –, la conception déflationniste continue de susciter la perplexité en raison de son caractère apparemment étroit. Les œuvres d'art exigent, réclament ou prescrivent des réponses de types variés, dont la pertinence repose davantage sur des considérations au cas par cas. Vouloir les considérer toutes comme des expériences esthétiques ou ne réserver ce label que pour certaines d'entre elles ne peut produire que confusion et amertume.

Certains pourraient s'étonner que je n'aie pas associé l'interprétation à l'appréciation formelle et à la reconnaissance des qualités, comme un exemple d'expérience esthétique. Je m'en suis abstenu afin de respecter une tradition influente qui, quoiqu'elle ne soit pas à l'abri des controverses, considère le décryptage des messages thématiques d'une œuvre comme une activité différente, et même opposée, pour certaines théories, de l'expérience esthétique. Néanmoins, je n'ai pas non plus complètement écarté ce point de vue, car la conception déflationniste peut encore reconnaître et expliquer

---

1. La tendance à utiliser l'expression d'« expérience esthétique » pour toutes les expériences appropriées de l'art remonte, me semble-t-il, aux théories esthétiques de l'art, en ce qu'elles définissent l'intention de provoquer des expériences esthétiques comme la quiddité même de tout art. Pour de telles théories, il est naturel de supposer que toutes les réponses appropriées à l'art sont des expériences esthétiques, puisque c'est en elles que l'art trouve une définition. Toutefois, il suffit d'abandonner la théorie esthétique de l'art pour être en mesure d'abandonner aussi l'idée annexe selon laquelle toutes les expériences que l'art est à même de susciter sont des expériences esthétiques dans la mesure où cela entre dans la définition. La tendance qui continue à associer toute réponse appropriée à l'art à l'expérience esthétique n'est à mes yeux qu'un résidu confus des théories esthétiques de l'art.

la relation étroite qui existe entre l'interprétation et l'expérience esthétique.

Car pour autant que l'appréciation formelle implique que soit discernée la structure d'une œuvre par rapport à ce qui en constitue l'objet ou le dessein, une interprétation est généralement requise afin de les identifier. De même, dans l'interprétation des points de vue thématiques propres à une œuvre, on ne peut pas faire l'économie d'une reconnaissance de ses qualités. Ainsi, même si l'interprétation ne constitue pas un paradigme incontestable de l'expérience esthétique, elle ne s'en révèle pas moins intimement liée aux activités qui en font partie.

La notion d'expérience esthétique est récemment tombée en disgrâce en raison de la mauvaise réputation qui entoure les idées de désintéressement et de ce qui la soustrait apparemment à toute considération de type politique. Selon la conception déflationniste, toutefois, aucun fossé ne sépare l'expérience esthétique de l'analyse politique. D'une part, l'appréciation formelle inclut la prise en compte des structures rhétoriques de l'œuvre susceptibles d'entrer elles-mêmes en considération dans la plupart des analyses politiques imaginables ; et d'autre part, une analyse politique peut difficilement passer pour crédible si elle se montre insensible aux qualités expressives. Il faut mettre un terme au moratoire qui frappe l'expérience esthétique dans les humanités, non seulement parce que l'expérience esthétique possède une valeur pour l'analyse politique, mais aussi parce que, public ou éducateurs, nous n'avons pas d'autre province que la gamme tout entière des réponses appropriées à l'art, l'expérience esthétique y compris.

Traduit par Jean-Pierre Cometti

NELSON GOODMAN

L'ART EN ACTION *

ACTIVATION

Dans mes écrits récents, j'ai été amené à examiner des
questions comme « Qu'est-ce que l'art ? » et à m'interroger sur
l'implémentation[1] des œuvres, le rôle de la conservation et de
la restauration (ou, pour abréger, de leur maintenance), le rôle
du musée et les perspectives d'une économie esthétique.
L'attention accordée à ces questions apparemment hétérogènes m'a permis de découvrir les importantes connexions qui
existent entre elles, et de me concentrer sur l'importance du

* N. Goodman, « L'art en action », *Les Cahiers du Musée National d'Art
Moderne*, 41, 1992, p. 7-13.

1. Le paragraphe 9 de la 4e section de l'ouvrage de l'auteur intitulé
Of Mind and Other Matters, trad. J.-P. Cometti et R. Pouivet, *L'art en théorie
et en action*, expose en détail ce qu'il entend par le terme *implementation* :
« L'implémentation d'une œuvre d'art peut être distinguée de son exécution
– que celle-ci comporte une ou deux étapes. Un roman est achevé lorsqu'il est
écrit, une peinture lorsqu'elle est peinte, une pièce lorsqu'elle est jouée. Mais
un roman laissé dans un tiroir, une peinture rangée dans une réserve, une pièce
jouée dans un théâtre vide n'accomplissent pas leur fonction. Pour fonctionner,
le roman doit être publié d'une manière ou d'une autre. La peinture montrée, de
façon publique ou privée, la pièce présentée à un public. La publication, l'exposition, la production devant un public sont des moyens d'implémentation – et
des manières de faire entrer les arts dans la culture. L'exécution consiste à faire
une œuvre, l'implémentation consiste à la faire fonctionner » [N.d.T.].

fonctionnement des œuvres. J'ai été conduit à soutenir que la question «Quand y a-t-il art?» a priorité sur la question «Qu'est-ce que l'art?», que l'implémentation ou l'activation des œuvres n'est pas moins importante que leur réalisation, qu'à leur maintenance doivent être associés le maintien ou la réactivation de leurs capacités fonctionnelles, et à dire que pour l'esthétique comme pour la finance, les intérêts, autant que le capital, doivent être dûment pris en compte.

Certains aspects du fonctionnement d'une œuvre d'art réclament un complément d'attention. Le fonctionnement d'une œuvre consiste dans la réponse d'un public ou d'un auditoire destiné à la saisir, à la comprendre et à comprendre, à travers elle, d'autres œuvres et d'autres expériences. Il s'agit d'un phénomène subtil et complexe, qui peut être affecté par tout ce qui affecte l'objet lui-même, le spectateur ou les circonstances de l'observation, et cela est encore plus clair lorsqu'on a affaire à des exemples réels, plus que pour toute description générale. Cela peut se produire de façon soudaine et saisissante lorsqu'une œuvre est juxtaposée à une autre, qui s'apparente à elle et s'y oppose de manières inattendues, lorsqu'un rayon de soleil frappe une sculpture sous un angle nouveau, de manière plus graduelle à la faveur de commentaires appropriés, voire avec le développement de la conscience d'autres œuvres, d'autres arts et d'autres cultures. Un vaste mélange bigarré de facteurs, de l'encadrement à la lumière, en passant par l'exposition, la publication, l'éducation et la publicité, peut intervenir dans la façon dont une œuvre agit, dans le déclenchement, l'augmentation, la rectification, le blocage, l'inhibition ou l'interruption de son fonctionnement. J'ai appelé implémentation le problème et le processus qui vise à gérer de tels facteurs positifs et négatifs, dans le but d'optimiser le fonctionnement d'une œuvre; mais comme ce mot pourrait évoquer l'utilisation d'un objet inerte, je préfère souvent parler d'activation. Car je considère davantage les œuvres d'art comme des machines ou des personnes, c'est-à-dire comme des entités dynamiques qui ont souvent besoin d'être mises en marche, remises en marche et maintenues en fonctionnement.

Bien que l'activation d'une œuvre ne soit habituellement pas effectuée par l'artiste et en appelle souvent à des procédures routinières, voire serviles, accomplies par des techniciens, elle ne doit pas être négligée comme une question purement pratique et artistiquement accessoire ; car ce que les œuvres *sont* dépend en dernier ressort de ce qu'elles *font*. Aussi mon propos, en examinant quelques questions sur l'activation est-il de nature théorique, et non technologique. La philosophie de l'art ne vise pas plus un manuel d'activation que des instructions ou des conseils sur la manière de peindre.

Optimiser le fonctionnement d'une œuvre ne consiste pas simplement à maximiser la quantité ou l'intensité de l'activité ; il s'agit plutôt de maximiser le fonctionnement de l'œuvre comme œuvre d'art, en tant que telle ou telle œuvre particulière, de manière à en susciter la pénétration et la compréhension. La compréhension d'une œuvre présente souvent de nombreux aspects qui réclament différentes mesures d'activation. Mieux, puisqu'il peut en exister plusieurs, différentes et correctes, mais pas toujours compatibles, nous ferions mieux de parler d'un, plutôt que du fonctionnement approprié d'une œuvre – étant entendu qu'il peut y avoir plusieurs façons correctes, également possibles, d'en assurer l'activation.

La lumière contre la vie

Parmi les facteurs qui contribuent à l'activation des peintures, des dessins ou des gravures, la lumière est le plus commun, le plus nécessaire et celui qu'on peut le mieux utiliser. Il est à la fois variable et contrôlable. La lumière aveugle lorsqu'elle est trop faible ou trop vive. Une lumière d'une couleur ou d'une nature inadéquate, ou qui jaillit d'un mauvais angle, peut défigurer. Sous un meilleur éclairage, des détails obscurs peuvent émerger et l'organisation d'ensemble être ainsi mieux saisie, avec pour résultats de nouveaux aperçus. Un éclairage adéquat, même trop faible ou trop vif, pourra être altéré par d'autres aspects de l'environnement ou de l'installation, comme la couleur et les contrastes des œuvres voisines, la couleur et la lumière du mur, du plafond, du sol, voire de la salle d'où le spectateur vient de sortir. Et naturellement, un éclairage adéquat n'est pas nécessairement unique, ni définitif. Un éclairage occasionnel inhabituel, éclairant par alternance ou par flashes, sous un grand angle ou de manière stroboscopique, par infra rouge ou ultra violet, peut se révéler momentanément ou même (rétrospectivement) durablement efficace. À vrai dire, l'éclairage d'une œuvre destiné à optimiser son fonctionnement réclame un réseau d'expériences inquisitrices, d'ajustements délicats et de jugements épineux de la part de ceux qui en ont la responsabilité. La complexité en est d'autant plus grande que d'autres éléments d'installation entrent également en jeu. Par bonheur pour le philosophe, ce n'est pas à lui de s'occuper de cela, pas plus que de la réalisation d'une œuvre d'art. Il peut, la conscience tranquille, laisser cela aux institutions ou aux individus et aux experts responsables des œuvres.

Mais il existe un problème plus profond, que pose un paradoxe têtu : la lumière, qui est un élément puissant, malléable et virtuellement indispensable lorsqu'il s'agit d'activer un dessin, une aquarelle ou un tableau, est aussi un élément insidieusement destructeur. Un éclairage trop faible pour offrir un minimum de visibilité peut parfaitement suffire à faner, altérer l'œuvre de quelque façon, et cela jusqu'à la détruire. Plus l'éclairage est fort, plus les dégâts sont importants. Afin d'optimiser le fonctionnement d'une œuvre, il peut arriver que

l'on en abrège la durée, et les mesures prises pour protéger une
œuvre peuvent en contrarier le fonctionnement. Car pour une
œuvre d'art, comme pour un être humain, le paradoxe fondamental réside en ceci que vivre signifie mourir. Les exigences
antagonistes d'activation et de conservation placent ceux qui
sont responsables des œuvres dans un dilemme permanent. En
permanence, une décision doit être prise au détriment de l'une
ou de l'autre, ou en faveur d'un compromis entre les deux. Un
exemple extrême (que ce soit le cas ou qu'on l'envisage) nous
est fourni par le fait de mettre sous clé et dans la pénombre, par
souci de protection, un manuscrit enluminé.

Nous nous trouvons ici confrontés à un problème différent
de ceux qui ont été précédemment envisagés. Des praticiens
perspicaces et expérimentés peuvent parvenir à apprécier
équitablement les vertus et les vices d'un éclairage. Mais une
décision portant sur un compromis entre l'efficacité et les
effets destructeurs ne peut être obtenue de cette façon. Il s'agit
d'une question de politique dont la profondeur et la portée
exigent une approche théorique. On ne peut pas attendre de
nous autres philosophes que nous prenions les décisions
qu'exigent les cas particuliers; il nous appartient seulement de
nous intéresser au problème général sous-jacent, à la façon de
l'aborder, et aux considérations qui peuvent être tenues pour
pertinentes lorsque de telles décisions particulières doivent
être prises. Nous ne tarderons pas à être confrontés au même
problème sous un aspect différent.

Une dernière remarque, toutefois, avant d'en terminer
avec la question de l'éclairage. Manifestement, dans la représentation (*performance*) d'une pièce de théâtre, l'éclairage
joue un rôle majeur. Mais ce serait une erreur d'en conclure
immédiatement que le rapport de l'éclairage à une pièce de
théâtre est de même nature que celui de l'éclairage à la
peinture, par exemple. Dans le cas de la peinture, l'action de
l'éclairage s'exerce sur une œuvre achevée. Réalisation et

activation peuvent être clairement distinguées. D'autre part, dans le cas d'une œuvre dramatique – d'un art à deux phases – l'éclairage et tous les autres éléments de la représentation font partie de sa réalisation, car elle n'existe et n'est achevée que dans les représentations qui en sont données.

PRÉVENIR ET GUÉRIR

Une œuvre ne peut agir que si elle est en état de fonctionner. Par exemple, la peinture a besoin de lumière pour agir, mais une œuvre trop sale ne peut agir sous le seul effet de la lumière. Dans ce cas, l'éclairage et le nettoyage s'associent pour en assurer l'activation. Conservation et restauration demandent à être prises en compte dans toute étude de l'art en action. La conservation ne comprend pas seulement la protection contre un éclairage excessif, mais aussi contre les excès ou les insuffisances de température ou d'humidité, les gaz et les lueurs nuisibles, les éléments subversifs, la rouille, la pourriture et la vermine, aussi bien que les dommages physiques que peuvent causer les accidents et le vandalisme. La restauration, elle, suppose que l'on s'occupe des conséquences qu'entraînent une conservation négligente ou inefficace ou bien les fautes commises dans les tentatives de restauration antérieures.

La décision d'appliquer l'un ou l'autre des moyens destinés à préserver des conditions satisfaisantes, à les retrouver ou à s'abstenir d'entreprendre quoi que ce soit, doit être prise avec la conscience que les moyens utilisables, y compris celui de ne rien faire, sont soumis au hasard et nous font prendre le risque d'une réduction d'un fonctionnement de l'œuvre, voire de sa destruction. Or, nous n'avons aucune idée claire et rassurante de ce que peuvent être des conditions satisfaisantes ou adéquates en général. Il n'est pas jusqu'à une maxime aussi convenue que celle de préserver, dans toute la mesure du possible, l'état originel d'une œuvre, et éventuellement de le lui restituer, qui ne tombe en disgrâce devant un bronze Shang ancien, patiné de ce vert chatoyant que lui ont légué des siècles d'inhumation ; si l'on devait ôter une telle patine, il ne resterait plus qu'un fantôme grisonnant et lugubre. De telles incrustations, le lustre délicat que possède une sculpture sur bois africaine après des décennies de manipulation, la maturation naturelle des matériaux en peinture et en sculpture, l'érosion des œuvres en architecture, ne doivent pas être considérées comme des excroissances. En vérité, les décisions qui portent sur la conservation, la restauration et l'état correct d'une œuvre varient considérablement selon l'œuvre dont il s'agit et les circonstances auxquelles on a affaire. Aussi ne nous reste-t-il rien de mieux que de nous tourner maintenant, afin de les comparer, vers quelques exemples réels, là où le problème s'est posé de savoir ce qu'il y avait lieu de faire à propos de l'état d'une œuvre.

Fresques et manuscrits

Nous emprunterons naturellement notre premier exemple à la restauration de l'une des plus grandes œuvres d'art qui soit au monde : les fresques du plafond de la Chapelle Sixtine du Vatican, à Rome, réalisées par Michel-Ange il y a près de cinq cents ans. Au début de ce siècle une telle couche de crasse et de suie avait fini par recouvrir les peintures qu'elles en étaient devenues presque invisibles. À la différence de la patine d'un bronze ancien, une telle incrustation n'avait rien pour plaire ; il s'agissait d'une excroissance propice à interdire tout fonctionnement de l'œuvre, et qui devait donc être supprimée. Après une étude scientifique approfondie, une consultation étendue, ainsi qu'un examen portant sur l'efficacité et les risques pouvant être associés aux divers moyens de restauration susceptibles d'être employés et sur les questions de principe, les autorités responsables décidèrent de passer à l'action. Elles engagèrent un maître artisan qui, aidé par une petite équipe, consacra neuf années de travail appliqué et minutieux à enlever de ses mains le voile de deuil qui avait recouvert les peintures et à les rendre ainsi à la lumière.

Notre deuxième exemple concerne un autre ensemble de fresques, qui sont également d'une importance majeure. Leur réalisation est toutefois due à des artistes inconnus, de quatorze mille ans plus âgés que Michel-Ange; elles ont été peintes non pas sur le plafond, mais dans les profondeurs de la terre, dans les grottes de Lascaux, au sud de la France, non pas sur la fraîcheur du plâtre, mais sur de solides rocs, la peinture se mêlant parfois à des éléments de gravure ou de sculpture. Dans la mesure où ces œuvres ne sont pas aussi familières au public que celles de la Chapelle Sixtine, je citerai la brève description qu'en donne un spécialiste qui les connaît bien. Ce passage est extrait de *The Cave Artists*, de Ann Sieveking :

> Lascaux est probablement la plus célèbre des grottes paléo-lithiques et elle ambitionne également d'être la plus belle. À l'origine, il se peut qu'elle ait eu des rivales, mais aujourd'hui l'état de conservation dans lequel elle se trouve en fait une chose unique. Elle se situe près de Montignac en Dordogne. Elle a été découverte par hasard pendant la guerre; elle a été ouverte au public à la fin des années quarante, et il a fallu la fermer il y a près de vingt ans en raison des variations de tempé-rature et d'humidité qui, occasionnées par un grand nombre de visiteurs, risquaient d'en entraîner la perte. Un traitement chi-mique extrêmement soigné, ainsi qu'un contrôle de l'atmo-sphère intérieure ont permis de sauver les peintures, mais il y a peu d'espoir qu'elle soit ouverte à nouveau [...]. Lascaux est une petite grotte (d'où les difficultés de ventilation et de contrôle des températures); elle se compose d'une galerie prin-cipale, de 30 mètres de long sur 10 mètres de large approxima-

tivement, et de deux autres galeries qui la prolongent. Sa décoration est d'une densité supérieure à celle de tout autre sanctuaire paléolithique connu. Une grande partie de la surface de la paroi est naturellement recouverte d'un calcaire au blanc cristallin, revêtu de peintures de couleur rouge, brune, noire et jaune, et leur combinaison polychrome produit un effet merveilleux. L'abondance des décors est l'une des sources d'un tel impact visuel ; l'autre réside peut-être dans l'impression de mouvement qui se dégage des peintures. Les sanctuaires paléolithiques n'en donnent que de rares exemples [1].

Peu de temps après la fermeture des grottes, une réplique grandeur nature, destinée aux visiteurs, a été creusée et peinte tout à côté.

Notre troisième exemple a été déjà mentionné en passant. Il s'agit du célèbre manuscrit enluminé du quinzième siècle, connu sous le nom *Les très riches heures du Duc de Berry*. Son fonctionnement dépend évidemment de la lumière qui, en même temps, le détruit peu à peu. Un procédé répandu dans les bibliothèques consiste à n'exposer que rarement de tels manuscrits, sous une lumière faible, en les ouvrant à une page différente chaque jour, réduisant ainsi l'altération au plus bas degré compatible avec le fonctionnement des œuvres, et en les entreposant dans la pénombre, dans une atmosphère soumise à un contrôle permanent. La décision prise pour *Les Très Riches Heures* au musée de Chantilly est toutefois allée bien au-delà : après en avoir réalisé les plus belles reproductions, l'original a été enfermé pour toujours, destiné à ne plus jamais être ouvert, ni regardé par qui que ce soit.

Si l'on compare nos deux premiers exemples : le plafond et les grottes, nous remarquons un certain nombre de similitudes et de différences manifestes. Dans les deux cas, nous avons affaire à des œuvres importantes, inamovibles et de grandes

1. A. Sieveking, *The Cave Artists*, Londres, Thames and Hudson, 1979, p. 117-118.

dimensions, susceptibles d'être endommagées par les variations et les impuretés atmosphériques en particulier celles qui
proviennent de la respiration humaine. D'un autre côté, elles
diffèrent considérablement par leur âge, leur situation et ce
que nous savons de leur histoire. Nous ne connaissons que peu
de choses des artistes des peintures rupestres, de l'environnement social, des influences, des motivations et des convictions
de ceux qui produisirent ces œuvres ou de ceux qui les contem-
plèrent. Mais pour la présente recherche une chose plus intéressante consiste dans la conscience naissante que, aussi bien
pour le problème posé que pour la réponse pouvant lui être
apportée, nous nous trouvons en présence de deux cas presque
entièrement opposés.

Le problème initial qui s'est posé pour le plafond, c'est
qu'on ne pouvait pratiquement plus le voir. Sa visibilité, déjà
inférieure aux conditions optimales en raison de sa hauteur,
diminuait progressivement avec l'augmentation de la couche
opaque qui le recouvrait, en permettant de moins en moins à la
lumière d'atteindre les peintures. Une perte totale de fonctionnement menaçait. Le traitement recommandé consista à faire
disparaître l'obstacle, à offrir ainsi plus de lumière aux
peintures et à leur permettre à nouveau de fonctionner.

Par opposition, le premier problème posé par les fresques
rupestres n'était pas une perte de fonction. Avec un peu de
lumière, il était possible de les voir passablement bien ; mais
dans la mesure où elles étaient soumises à un lent processus
de disparition et d'érosion, la décision fut prise de fermer les
grottes pour toujours, en sacrifiant complètement leur fonction
à une survie prolongée de l'œuvre.

Comparons maintenant le deuxième et le troisième cas.
Bien que les fresques rupestres et le manuscrit enluminé soient
des œuvres aussi différentes que deux œuvres peuvent l'être,
certaines similitudes n'en sont pas moins des plus remarquables. En premier lieu elles étaient toutes deux encore en

état de fonctionner : l'inquiétude dont elles étaient l'objet concernait leur avenir. En second lieu, dans les deux cas, la réponse n'impliquait pas seulement une interruption thérapeutique de leur fonctionnement, mais une tentative destinée à offrir une compensation au moyen d'une chose qui en tienne lieu. Dans le cas des grottes, le fait de produire une réplique à côté représentait comme un geste d'excuse pour avoir mis l'œuvre originale hors d'état d'agir. Mais pour ce qui concerne le *Livre d'Heures*, des plans furent établis par avance afin d'en obtenir les plus belles reproductions possibles, apparemment dans l'idée qu'elles pourraient remplir la fonction d'un parfait équivalent destiné à remplacer l'original. Comme par ironie, on considère parfois que les reproductions justifient tout à fait le terme ainsi mis au fonctionnement de l'œuvre.

Tout cela fait ressortir la nécessité, dans une étude de l'art en action, d'un examen consacré à la nature et au rôle des reproductions dans le fonctionnement d'une œuvre. Jusqu'à présent, je ne me suis intéressé qu'à l'action directe, lorsque le spectateur se trouve en présence d'une œuvre, de ses agents et de ses conditions d'activation. Mais lorsque interviennent des reproductions, nous avons affaire à des cas de fonctionnement indirect.

L'ACTION INDIRECTE

Les attitudes à l'égard des reproductions varient selon une vaste échelle. À l'une des extrémités, comme dans le cas où l'on considère que les fac-similés des *Très Riches Heures* rendent l'original superflu ou le destinent à un usage ultérieur, les reproductions tiennent le rang d'un parfait équivalent de l'original. Il en résulte une réduction de la fonction des musées à un emmagasinage temporaire des originaux, jusqu'à ce que puissent être produits de parfaits fac-similés. Lorsque l'idéal d'un « parfait fac-similé » est tenu pour irréalisable, on se contente alors parfois d'une assez bonne reproduction *presque* indiscernable de l'original. Mais, comme j'y ai insisté ailleurs, les différences les plus infimes peuvent s'accompagner d'effets considérables, l'indiscernabilité est non transitive, et elle n'est ni uniforme ni constante. En outre, comme Michael Camille l'a montré[1], ce que l'on considère à un moment comme un parfait fac-similé peut ensuite être perçu comme fortement influencé par l'expérience visuelle, l'arrière-plan culturel et les intérêts de la période concernée. Tout comme il n'existe pas d'œil innocent, il n'existe pas davantage de procédé de reproduction mécanique innocent.

Tout cela tend à favoriser l'extrémité opposée, c'est-à-dire la situation où les reproductions sont dénigrées et rejetées pour leur totale déficience, leur inadéquation et l'illusion qu'elles entretiennent en se substituant à l'original. Mais une telle attitude se heurte au fait accablant que, pour la plupart d'entre nous, profanes ou experts, ce que nous savons et comprenons de la plupart des œuvres d'art provient des reproductions : photographies, diapositives, illustrations dans les livres, etc.

La collision trouve ici sa source dans un déraillement de notre pensée. Nous avons commencé par considérer les reproductions comme des substituts d'un original absent, destinés à en tenir lieu et à en accomplir toutes les fonctions. À cette fin, un double exact paraît être exigé. Mais les reproductions qui jouent un rôle important et indispensable dans l'éducation artistique ne sont que rarement des doubles de l'original, fussent-ils approximatifs. Elles en diffèrent d'innombrables façons : tantôt il s'agit de reproductions en noir et blanc d'œuvres en couleurs, tantôt d'images à deux dimensions d'œuvres tridimensionnelles, d'agrandissements ou de réductions, de détails provenant de compositions complexes, de

1. Voir M. Camille, « *Les Très Riches Heures* : An Illuminated Manuscript in the Age of Mechanical reproduction », *Critical Inquiry*, t. XVII, n°1, 1990, p. 72-107. Je dois beaucoup à cet article subtil.

photographies prises sous diverses sortes ou angles d'éclairage inhabituels. Dans tous ces cas-là, on est loin d'un fac-similé. Aucune ne fonctionne, en aucune manière, en remplacement, par substitution, par représentation ou par procuration à l'égard de l'original. En fait, nous avons affaire à des *instruments d'activation* de ce dernier. Dans de nombreux cas, ce qui les oppose réellement à l'œuvre originale fait apparaître d'importants aspects qu'ils partagent avec elle. En cela, les caricatures, les parodies et les variations agissent comme des reproductions plus banales. En outre, le fait de reconcevoir les reproductions comme des moyens d'activation, plutôt que comme des moyens de remplacement, est éminemment conséquent pour d'autres raisons. On peut concevoir clairement pourquoi deux reproductions radicalement différentes de la même œuvre peuvent être d'une efficacité égale. Ma proposition selon laquelle la destruction de l'original, ou le fait de le soustraire pour toujours à une exposition, en achève l'action, ne peut plus être maintenue. L'action *directe* cesse, mais le fonctionnement indirect peut se poursuivre grâce aux reproductions, ce qui veut dire qu'une action à distance, voire une action posthume, est possible. Mieux encore, ce que j'ai dit des reproductions s'applique aussi aux commentaires verbaux. Eux aussi jouent un rôle d'activation, et l'éclairage qu'ils procurent dépend ordinairement, pour une large part, de caractéristiques autres que la fidélité descriptive à l'original.

Lorsque nous avons affaire à une œuvre qui existe encore et que l'on se trouve en sa présence, l'action indirecte peut offrir un complément, mais elle peut difficilement remplacer l'action directe. Dans le cas d'une œuvre réelle aisément disponible, certaines reproductions peuvent offrir une compréhension supplémentaire, mais je ne connais personne qui, sain d'esprit, ayant un dessin de Rembrandt sous la main, le laisserait de côté pour se concentrer exclusivement sur la contemplation de reproductions et s'absorber dans la lecture de livres consacrés à celui-ci. Quelles sont les raisons qui militent en faveur de la qualité et de la force généralement supérieures de l'action directe ? On dit parfois que la différence réside dans l'*aura* qui appartient à l'original et que ne possèdent pas les reproductions, les copies et les commentaires. Mais, tant que la notion d'aura ne bénéficiera pas d'une clarification supérieure à celle du dictionnaire : « une émanation ou un souffle subtil », nous n'en tirerons pas grand chose. L'aura doit bien davantage être interprétée comme un phénomène complexe qui appartient à l'histoire de l'œuvre, en relation avec ses associations, ses allusions et autres relations référentielles. Il s'agit, certes, d'une description grossière et inadéquate, mais je ne puis tenter d'en poursuivre l'analyse ici. Dans l'immédiat, mon dernier mot sera donc « aura-voir ».

Cette étude a soumis à la charge des mots un phénomène subtil, fragile par certains côtés, souvent fugitif, et pourtant capital : la réponse esthétique que nous offrons aux œuvres d'art. À quoi toute cette discussion nous a-t-elle permis d'aboutir ? Je vous prie de garder à l'esprit que je ne me suis pas engagé à apporter une solution à un problème particulier ou général, pas plus qu'une formule ou des prescriptions en faveur de quelque décision que ce soit. Je me suis seulement proposé d'étudier quelques aspects de l'art à l'œuvre, ainsi que quelques cas auxquels ces aspects sont liés, avec l'espoir qu'une telle étude pourra déblayer le terrain pour des progrès ultérieurs. En chemin, bien des ennuis se sont présentés. À chaque pas, il nous a fallu faire face à des difficultés nouvelles et déplaisantes : les activateurs qui travaillent contre leurs propres objectifs, ceux qui possèdent aussi un pouvoir de destruction, les mesures de préservation qui vicient l'action ou lui font carrément obstacle. Bien entendu, une étude de l'art en action doit en embrasser les difficultés, tout comme elle doit embrasser les moyens efficaces d'activation et d'entretien de la fonction. La première chose entreprise dans cette étude n'a pas été une amélioration du fonctionnement des œuvres, mais une amélioration de notre compréhension de l'art en action, et par conséquent de l'art lui-même, car l'art est autant une affaire d'action que d'objets.

Mais d'un autre côté, au point où nous en sommes, je me trouve en présence d'un problème majeur dont je ne puis ni m'occuper, ni me débarrasser, comme je l'ai précédemment noté, en en confiant la responsabilité au praticien plutôt qu'au philosophe : celui de savoir comment parvenir à des décisions pour lesquelles une comparaison des catégories et de la force d'action ou une appréciation respective de l'action et de la survie sont exigées. On ne peut en appeler à des calculs, ni à des valeurs chiffrées, seulement à des jugements comparatifs qui, pour grossiers qu'ils soient, réclament souvent beaucoup de soin. Je soupçonne qu'une interprétation valable du processus à la faveur duquel on peut y parvenir pourrait avoir sa condition dans une nouvelle forme d'investigation psychologique qui, par exemple, s'appliquerait à des processus informels du genre de ceux qui interviennent lorsque des locuteurs, s'exprimant dans un anglais familier, déclarent : « *I reckon* » ou « *I figger* », là où cependant aucun chiffre (figure) ne se trouve impliqué dans ce qu'ils ont en vue [1].

Traduit par Jean-Pierre COMETTI

---

1. *I reckon* : je calcule, au sens de j'estime ; *I figger*, de *to figure* (*I figure*), qui signifie également calculer, estimer, supposer. Dans les deux cas, on a affaire à des mots qui évoquent le calcul, mais sans qu'aucune valeur chiffrée, aucun calcul à proprement parler, ne soit réellement impliqué, au contraire [N.d.T.].

Joseph Margolis

UN REGARD ATTENTIF SUR LA THÉORIE
DE L'ART ET DE LA PERCEPTION DE DANTO[*]

J'ai été très heureux d'apprendre qu'il était encore trop tôt pour faire nos adieux à Arthur Danto[1]! Il est très agréable de penser que nous avons encore le temps de clarifier nos différends à propos de l'ontologie de l'art et de l'indiscernabilité perceptuelle. Il n'est pas toujours facile de s'assurer de la portée et de la force de certaines de ces questions. Je serai aussi bref que possible en répondant au récent commentaire de Danto et en l'invitant à aller un peu plus loin. Il a manifesté un grand souci de brièveté, et j'ai déjà eu assez de temps pour présenter mes propres arguments[2]. Mais comme cela arrive quelquefois lors de désaccords de ce genre, ce que dit maintenant Danto m'amène à me demander si nous ne sommes pas sur le point de résoudre l'intégralité du problème ou en tout cas d'être absolument certains de ce qui est précisément en jeu

[*] J. Margolis, « A Closer Look at Danto's Account of Art and Perception », *The British Journal of Aesthetics*, vol. 40, n°3, 2000, p. 326-339.

1. Voir A. Danto, « Indiscernability and Perception : A Reply to Joseph Margolis », *British Journal of Aesthetics*, 39 (1999), p. 321-329. Dans cet article, Danto répondait à un précédent article de Margolis cité dans la note suivante.

2. Voir J. Margolis, « Farewell to Danto and Goodman », *British Journal of Aesthetics*, 38 (1999).

– et pourquoi –, et de savoir quel type d'analyse il convient de
poursuivre.

Je répondrai à la réponse de Danto dans l'esprit de cet
enthousiasme, et me limiterai à cinq remarques qui indiquent
une différence décisive entre nous. Je m'offre le luxe de penser
que la différence à laquelle je pense concentre en elle le choix
conceptuel le plus important – en philosophie de l'art et en
esthétique, mais également dans d'autres domaines apparentés – auquel nous ayons affaire en ce début de siècle.
J'invite Danto à penser de même (bien que l'importance de
cette position ne puisse emporter son adhésion), car la conclusion à laquelle il parvient est entièrement à l'opposé de la
mienne. Comme vous pouvez l'imaginer, je crois que les choix
qui s'offrent à nous ne sont pas également plausibles. Mais
c'est à vous de juger.

I

1) À ma connaissance, il n'existe pas d'exemple important
où la question : « qu'est-ce qu'être un objet *de* cette espèce-ci
ou de cette espèce-là », dépende en son principe d'une réponse
préliminaire à la question très différente : « *Dans* quelles
circonstances des objets des ces espèces-ci ou de ces espèces-
là pourraient se révéler indiscernables les uns des autres,
ou d'objets de différentes espèces ou de différents objets
de la même espèce ? », pas plus que d'une réponse à celle-ci :
« comment, chaque fois que des objets sont indiscernables
en un certain sens, sont-ils finalement distingués les uns
des autres ? ». L'ordre dans lequel il convient de poser ces
questions semble évident.

Je dirais que la disjonction vaut jusques et y compris dans
les cas où, comme pour les *ready mades* de Duchamp, nous
admettons qu'une partie des intentions de l'artiste est d'insis-

ter sur le fait que nous ne pouvons pas échapper aux indiscernabilités sensorielles. La raison en est la suivante : admettre la disjonction implique que l'on admette préalablement le jeu effectif des différents rôles logiques de la référence et de la prédication ; et les indiscernabilités attendues ou occasionnées présupposent en réalité cette disjonction originale, si bien qu'elles n'ont aucun sens sans elle, ce qu'on ne remarque pas toujours. En effet, l'« indiscernabilité », *en un sens pertinent*, est déjà en partie un artefact produit par ces mêmes compétences logiques, *et* elles-mêmes (à leur tour) sont culturellement formées en englobant les fluidités perceptuelles, fluidités dont on ne peut rendre compte à partir des conditions de l'indiscernabilité sensorielle (une distinction subordonnée) qu'elles rendent possible, mais que Danto traite d'une certaine façon comme première. En fin de compte, pour donner un sens à la thèse de Danto, nous sommes obligés d'admettre l'équivoque (léger) qui marque l'usage du terme « perceptuel ».

Pour faire appel à une analogie, c'est un lieu commun de la médecine que là même où les symptômes cliniques d'une maladie sont hautement corrélés à la présence réelle de cette maladie analysée en laboratoire, il arrive quelquefois que des différences indiscernables entre d'hypothétiques symptômes (de la maladie) et des manifestations totalement sans rapport avec elle soient naturellement ignorées. Par exemple, en me référant à des sources bien informées, une peau de couleur jaune, un symptôme clinique familier de la jaunisse, peut en réalité résulter d'une hypercaroténémie, et cela en dépit du fait qu'elle indique un taux élevé de bilirubine sérique. Les indices cliniques de la cyanose sont positivement corrélés à des tests de laboratoire pour l'hypoxémie, mais les patients hypoxémiques peuvent être trop anémiques pour paraître cyanotiques. Une douleur anginale peut être due à une hypertension pulmonaire sans s'accompagner d'une maladie coronarienne, et une maladie coronarienne peut ne pas produire d'angine du tout. Mais on ne confond jamais *ce qu'est* la maladie, la notion de la maladie « entité » pour ainsi dire, avec le concept de ses prétendus symptômes cliniques, spécialement lorsqu'on considère ces symptômes d'une manière purement *perceptuelle* – c'est-à-dire discriminés dans des termes sensoriels *sans référence à la véritable maladie*. Cela est valable même là où la médecine n'est pas encore certaine de la « cause » supposée de la maladie ou même si une « entité » maladie bien démarquée a été correctement isolée (bien que nous ne puissions pas encore la caractériser).

De plus – et ceci est important – les indiscernabilités perceptuelles dans le diagnostic clinique ne sont habituellement pas (et n'ont certainement pas besoin de l'être) absolument imperceptibles dans n'importe quels termes sensoriels restreints qu'on peut choisir d'utiliser. Elles sont *proprement* indiscernables – indiscernablement les mêmes, bien que distinguables sensoriellement – en fonction de nos intérêts cliniques et de nos contraintes ordinaires. C'est-à-dire que ces indiscernabilités perceptuelles se comportent comme tous les prédicables généraux. Je rappelle que Danto ne traite nulle part de la signification des indiscernabilités perceptuelles qui s'étendent sur de (telles) « différences » discernables ! Mais c'*est* un cas prédicatif habituel. La raison pour laquelle Danto ne le fait pas est qu'il souhaite restreindre le terme (« percevoir ») à ce qui n'est pas encore culturellement identifié (ou discerné) *comme* art, là où j'adopte la position opposée. Je considère l'indistinguable [*indistinguishable*] (le cas préféré de Danto) comme étant philosophiquement beaucoup moins intéressant que celui de ce qui est perceptuellement similaire ou (même) prédicativement identique (ce qui, bien sûr, peut englober ce qui n'est *pas*, ou n'a pas besoin d'être indistinguable). La seconde option s'accommode du problème de la généralité prédicative ; la première pas vraiment. La seconde s'accorde avec le discours ordinaire de la perception ; la première est l'abstraction la plus restrictive de ce que nous pourrions faire à partir des possibilités de la seconde, et n'est cognitivement pertinente qu'à cette condition.

Si l'on considère la question prédicative classique concernant la vision d'une même couleur à partir de la vision de variantes « de *cette* couleur », on voit d'abord que la prédication n'est absolument pas une affaire d'indistinguabilité [*indistinguishability*], mais plutôt de ressemblance qualitative parmi les différences discriminables (la question antique de l'Un et du Multiple, bien sûr); on s'aperçoit ensuite qu'il s'agit d'une question nous obligeant à subsumer *à la fois* l'indistinguabilité et la ressemblance perceptuelle (en admettant des différences) sous cette compétence culturelle que nous appelons perception – et non pas du simple fonctionnement brut que nous attribuons dans nos théories aux organes sensoriels. Je ne trouve pas, dans l'argumentation de Danto, de reconnaissance de ce point essentiel.

Je m'empresse d'ajouter que les considérations déterminantes dans la caractérisation d'une maladie sont très différentes de tout ce qui peut être utilisé pour caractériser la nature des peintures. De plus, on ajoute tout le temps de nouvelles maladies (et de nouveaux genres de peintures) à notre taxinomie (et à l'histoire de l'art); et on redéfinit d'anciens cas au fur et à mesure que nos conceptions de la maladie en question et de la peinture changent. Il suffit d'admettre cela pour comprendre que les indiscernabilités perceptuelles ne se rapportent jamais – et n'ont certainement jamais besoin de se rapporter (qu'il s'agisse du contexte de la médecine ou de celui des arts) – en principe à une *première* formulation d'une conception opérationnelle des « objets » dont il est question. Bien sûr, cela ne signifie pas qu'en élargissant notre théorie de ce qu'est une peinture ou une œuvre d'art, l'admission de quelque chose comme l'art minimaliste de Robert Morris ou la *Boîte Brillo* d'Andy Warhol (le spécimen favori de Danto)[1] ne pourrait pas être motivée, du moins en partie, par l'appréciation de certains problèmes d'indiscernabilité fréquemment liés à la sorte d'art qu'on dit produire dans ce cas. Par exemple, est-ce que la peinture d'un œil de taureau de Jasper Johns est un œil de taureau? Il va sans dire qu'on peut avoir affaire à une question très différente de celle qui consiste à de demander si « la *Boîte Brillo* de Warhol est une boîte *Brillo*? ». Il n'est nul besoin d'invoquer l'indiscernabilité dans la première, alors que telle est bien l'intention de la seconde.

Il me semble impossible d'éviter de conclure que les indiscernabilités perceptuelles à la Danto sont complètement sans intérêt (ou seulement d'un intérêt très marginal) pour notre conception de ce qu'est une peinture, bien qu'elles ne soient pas sans intérêt dans le cas de ce qui distingue une peinture d'une autre, pour distinguer une peinture de quelque chose qui n'est pas du tout une peinture ou dans le cas de ce qui distingue une espèce de peinture engendrant délibérément certaines indiscernabilités parasites d'une distinction déjà opérationnelle. Dans tous les cas, l'intérêt de l'indiscernabilité *sensorielle* dans le contexte des œuvres d'art sera fonction de la notion d'art *perceptuellement* opérationnelle susceptible d'être établie; et cette dernière sera sujette aux révisions historiques de notre notion d'art, ce qui bien sûr affectera la pertinence et la force de l'appel aux intentions (originales) des artistes (la clé de la stratégie de Danto).

1. Voir A. Danto, « The Art World Revisited: Comedies of Similarity » in *Beyond the Brillo Box: The Visual Arts in Post-Historical Perspective*, New York, Farrar Straus Giroux, 1992. Danto dit, en parlant du *Brillo Box*: « un objet indiscernable ne pourrait pas avoir été une œuvre d'art à un moment précédent » (p. 37-38). Il veut dire (comme il le dit) que sa propre théorie (l'article « Arworld ») était une réponse à ce fait – et à l'innovation de Warhol. Mais il devrait alors sûrement s'apercevoir que cela ne peut pas générer une théorie de l'art suffisamment large.

Ce ne peut être l'inverse, car sans cela la prétendue indiscernabilité n'aurait aucun intérêt – en ce qu'il n'y aurait *pas encore* d'invocation d'une notion d'art. Pour dire les choses autrement, le problème de l'indiscernabilité entre des œuvres et des non-œuvres qui affecte d'éventuelles prédications est logiquement très différent de celui des indiscernabilités perceptuelles *dans* le contexte de description ou d'interprétation des œuvres d'usage admis ou des œuvres d'espèces particulières. Le premier problème porte un grave coup ou met fondamentalement en danger (épistémique) l'entreprise prédicative elle-même; le second problème non, mais il en tire (plutôt) profit, il *présuppose* logiquement un sens de fluidité perceptuelle culturellement informé.

2) Danto nous dit qu'à chaque fois qu'il fait de la philosophie, il commence avec les indiscernabilités afin de répondre à la question ontologique « qu'est-ce qu'une peinture ou une œuvre d'art ? ». « Depuis que j'ai commencé à faire de la philosophie, je me suis fié à la possibilité des indiscernables *n*-tuples en tant que méthodologie philosophique »[1] dit-il, et il confirme promptement cela en l'illustrant. Mais je crains que ce ne soit une erreur de catégorie très profonde que de chercher *d'abord* à établir ce qu'il nous faut considérer comme étant l'ontologie des différentes espèces d'entités adaptées à des prédications adéquates – qu'il s'agisse de peintures ou d'œuvres d'art. En voici la raison : il ne peut y avoir une manière principielle de définir, *à l'aide de moyens purement prédicatifs*, l'espèce d'entité – objets ou *denotata,* objets physiques ou peintures – que sont les habituels référents substantiels du discours prédicatif, mais qui ne sont pas eux-mêmes prédicables. C'est là un sujet qui traverse la totalité de la philosophie occidentale, d'Aristote à Kripke, en passant par Duns Scot, Leibniz, Quine et Strawson; bien que tous ces

1. Danto, « Indiscernability and Perception », p. 324.

auteurs (Quine, de manière notoire) n'aient pas été également clairs sur ce sujet.

L'eccéité n'est pas la quiddité. Pas du tout. À vrai dire, les indiscernabilités prédicatives (dans des contextes critiques) présupposent la discernabilité d'œuvres d'art d'espèces différentes au lieu de simplement l'impliquer. La discernabilité perceptuelle d'œuvres d'art et de non-œuvres d'art (au sens de notre capacité à appliquer la distinction en premier lieu à des objets réels) – de telle sorte que nous pouvons concéder que des *œuvres* particulières sont, en effet, *sensoriellement*, indiscernablement différentes suivant des moyens *prédicatifs* pertinents – n'a aucun sens, à moins d'admettre un usage légèrement équivoque de « perception » et de « perceptuel ». Une indiscernabilité entre une œuvre et une non-œuvre ou entre des œuvres d'une espèce et des œuvres d'une autre espèce (les cas des carrés rouges) *ne peut jamais être plus qu'occasionnelle et marginale* – et conceptuellement dépendante de la discernabilité générale de ce qui compte comme œuvre d'art. Un excès de telles confusions ou une fréquence trop grande d'occurrences saperait profondément la pratique entière de l'estimation de l'art, ou de l'estimation de tel art.

Évidemment, si les artistes pensaient en effet à inscrire [*entrench*] l'indiscernabilité dans l'idée de l'espèce d'art qu'ils produisent (ce que semble requérir la théorie de Danto et ce que les pratiques de Warhol semblent encourager) il serait difficile de voir comment le « monde de l'art » en général permettrait aux intentions des artistes de jouer le rôle décisif au regard de ce qui est et ce qui n'est pas une œuvre d'art. Mais si un schisme entre les intentions des artistes et les pratiques plus anciennes du monde de l'art venait à se développer sérieusement – et on peut penser que Warhol incarne cette menace – alors une pratique stable de la critique et de l'interprétation objectives l'emporterait, ou marginaliserait les intentions originales des artistes comme cela a toujours été le cas[1]. Le vague, l'incertain, l'inaccessible, l'arbitraire, voire le caractère interprétable (ou trivial) fréquents des intentions déclarées des artistes font apparaître impraticable – pour ne pas dire contestable – la méthode d'interprétation objective de Danto[2].

Ainsi, par exemple, lorsque Lukács interprète Balzac ou Walter Scott en termes de qualités ou de structures narratives, aucun des aspects qui appartiennent délibérément à leur intention d'écrire des romans historiques, tels qu'ils sont mis en lumière par Lukacs, ne pourrait aisément être interprété comme allant à l'encontre des intentions originelles de l'auteur – au sens de Danto, il ne semble pas non plus qu'on représente délibérément (ou qu'on pourrait délibérément représenter) comme faisant partie de leur intention d'écrire des romans historiques ce que Lukács met au jour et qui pourrait facilement être compris comme étant contraire à leurs intentions originales – dans le sens de Danto[3]. Si on le faisait, cela signifierait, comme Danto le suppose, que Lukács ne pourrait pas prétendre parler du même *Ivanhoe* ou de la même *Comédie humaine* qu'une autre personne identifierait correctement en adhérant strictement à l'intention originale de l'auteur. Cela semble plus qu'implausible.

De plus, quel que soit le concept que nous adoptons de tel ou tel *denotatum*, ce concept devra faire face à des indiscernabilités d'une espèce ou d'une autre. La menace est aussi présente dans la nature que dans l'art. Il est vrai que certaines

1. Voir A. Danto, « Responses and Replies », *in* M. Rollins (éd.), *Danto and His Critics*, Oxford, Blackwell, 1993, p. 201.
2. Pour un aperçu général des difficultés qu'on doit formuler, voir J. Margolis, *What, After All, Is a Work of Art? Lectures on the Philosophy of Art*, University Park, Pennsylvania State U.P., 1999, chap. 3.
3. Voir par exemple, G. Lukács, *Le roman historique*, chap. 1. Lukács distingue, en effet, entre les propres intentions idéologiques de Scott et la puissance de son art afin de l'amener au-delà de telles limitations. Voir aussi les implications de la notion d'« anachronisme nécessaire » que partagent (bien que de manière différente) Goethe et Hegel.

formes d'art contemporain sont particulièrement prédisposées aux indiscernabilités. L'art conceptuel ne *dépend*-il pas souvent – et entièrement – des intentions des artistes, comme cela apparaît avec les ready-mades et l'art d'appropriation ? Très souvent, toutefois, notre intérêt pour cet art ne va pas plus loin que notre compréhension de la pertinence de l'intention, de la farce ou de la plaisanterie. (Bien que je connaisse au moins un philosophe de l'art sérieux qui croit vraiment que la porcelaine de *Fontaine* devrait retenir notre attention esthétique au-delà de notre compréhension de la bonne plaisanterie de Duchamp). Mais l'idée ne vaut certainement pas pour l'histoire centrale de l'art – ce ne sera probablement jamais sa question centrale.

Les objets, les *denotata* substantiels réels, doivent, en tant qu'entités, *être* discernables d'une certaine manière si nous pouvons prétendre, à bon droit, évaluer la vérité ou la fausseté de tout ce que nous pouvons dire *sur eux*. Cela a assurément très peu à voir avec le scrupule qui nous pousse à reconnaître que nous sommes toujours enclins à l'erreur, cette dernière étant considérée comme le résultat de l'égarement provoqué par des indiscernabilités locales qui affectent ce que nous avons déjà discerné. On ne pourrait jamais tolérer en pratique une indiscernabilité massive portant sur l'identité fondamentale des œuvres d'art ; des indiscernabilités locales de qualité – indiscernabilités prédicatives – ne peuvent être que logiquement non problématiques.

On n'a jamais résolu la question philosophique de savoir ce qui nous apporterait la garantie d'une « certitude dénotative ? » en des termes cognitifs (ou, peut-être mieux, en des termes cognitivistes), de manière algorithmique ou à partir de critères. J'aimerais insister sur le fait qu'elle ne peut être résolue. Mais personne ne s'aventurerait à nier que nous « résolvons » constamment le problème avec des moyens quotidiens. Ma propre explication à cela est que la réidentification de n'importe quel objet particulier n'est pas du tout une question de *savoir*[1] mais de *savoir-faire* (ou de *savoir* comme construction provisoire et assez bonne faite sous les auspices du *savoir-faire*). La réidentification d'objets (naturels ou artefactuels) ne pourrait décemment pas être remplacée par des intentions originales et immuables, pas plus que par la perception sensorielle au sens de Danto.

Si j'ai raison, alors, d'une part les problèmes d'indiscernabilité sont omniprésents *abstraction faite des distinctions « ontologiques » quelconques des espèces en question*; et d'autre part nous pouvons toujours avoir besoin d'instrumentalités *ad hoc* pour réduire la probabilité de trébucher sur les espèces d'indiscernabilité que caractérise Danto. L'efficacité de ces indiscernabilités présuppose l'efficacité des instrumentalités. Je concède assurément que l'on puisse occasionnellement prendre le mouvement physique d'un bras qui se lève (involontairement) pour une action réelle de lever son bras, mais je ne vois pas en quoi cela aurait un rapport avec la fixation du *sens* de ce qui distingue l'un de l'autre – d'où l'*usage* de marquer leur *discernabilité*[2]. Nous procédons normalement en introduisant ici nos exemplaires *perceptuels*. J'admets (et je m'empresse de le dire) que le fait de dire cela règle à peine la question de savoir à quelle espèce de différence nous avons affaire dans ce qui distingue un mouvement physique et une action volontaire ou délibérée ou bien une peinture et une simple chose « peinte ». Il me faudra y revenir.

3) Personne ne nie sérieusement que nous entendions non seulement du son physique, mais également des *mots* – nous entendons du discours s'accompagnant de sens. Je vois ce

---

1. Chaque occurrence de *savoir* et *savoir-faire* : en français dans le texte [N.d.T.].

2. Voir A. Danto, *The Transfiguration of the Commonplace : A Philosophy of Art*, Cambridge, Harvard U.P., 1981 ; trad. fr. Cl. Hary-Schaeffer, *La transfiguration du banal*, Paris, Seuil, 1989.

qu'il y a d'attrayant dans l'idée selon laquelle nous entendons seulement du son (dans le sens « sensoriel ») et jamais des mots (ou, peut-être mieux, que nous ne discernons jamais des mots en tant que mots simplement en les entendant) ; de telle sorte que nous déterminons (ou devrions déterminer) la présence de *mots* au moyen d'une connexion – relationnelle – supplémentaire (comme le prétend Danto, en parlant d'art) entre de « simples choses » (*des choses* qui ne sont pas du tout ou pas encore des œuvres d'art) et les *agents* humains qui, d'une façon ou d'une autre, « transfigurent » les choses naturelles en les considérant (rhétoriquement mais *pas* métaphysiquement) comme des œuvres d'art.

Car si les œuvres d'art étaient considérées comme étant aussi naturelles que les choses physiques, nous devrions nous adresser *à elles* à chaque fois que nous prétendrions *les* interpréter – c'en serait alors fini de la primauté des intentions des artistes (au simple sens psychologique et biographique) en ce que cela s'appliquerait en premier lieu à l'individuation et à l'identification publique des œuvres d'art. Danto pourrait-il concevoir que les personnes et les sujets humains soient « rhétoriquement » constitués de la même manière que le sont les œuvres d'art ? Quelle pourrait alors être l'intention origi- nelle qui « transfigura » les membres d'*Homo sapiens* en *sujets* [*selves*] mais qui ne rendit pas ces *sujets* métaphysiquement réels ? Ce serait certainement une confusion de s'engager sur une telle voie. Mais si ce n'est pas le cas pour les sujets, alors pourquoi le serait-ce pour les « actes » de langage, les œuvres d'art et les histoires, quand les dernières ne sont manifes- tement que des « énonciations » acculturées des premiers ? Danto n'envisage pas la question.

La thèse de Danto affirme que la manœuvre « relation- nelle » devance tous les appels à la perception « directe » culturellement formée des tableaux en tant que tableaux. C'est là l'intérêt de sa caractérisation des indiscernabilités *sensorielles*. Je crains qu'il ne procède à l'envers. Mais je dois faire attention à ce qu'il dit en réalité :

> Chacun des carrés rouges de la *Transfiguration du banal* [explique-t-il] était, de manière importante, une œuvre d'art distincte quand il était entièrement une œuvre d'art, et qu'il était en partie constitué par ce que l'on ne pouvait voir. Mon idée était que la différence entre des œuvres d'art et de simples choses naturelles – entre un tableau rouge et un panneau peint en rouge – ne pouvait pas être établie en regardant, à tout le moins, chaque membre de la paire. On avait besoin de savoir quelque chose à propos de la provenance de l'œuvre, quand et par qui elle fut peinte, et ce qu'on voulait dire en utilisant une forme si réduite pour le dire. Être informé sur la façon dont deux carrés rouges diffèrent n'est pas la même chose qu'apprendre que l'un d'entre eux est vert ! Et cette différence est ce qui a rendu crucial le fait que nous devions séparer l'interprétation de la perception, même s'il ne serait pas faux de dire que nous percevons *Carré Rouge* [disons l'un des carrés] quand nous ne les séparons pas [1].

Voilà une remarque bien compliquée. Bien sûr, « être informé » que « deux carrés rouges monochromes diffèrent » ne dit encore rien de leur différenciation en tant que peintures différentes, ni de ce que l'un est une peinture et l'autre quelque chose qui n'est pas une peinture ; de plus le fait qu'ils soient indistinguables du point de vue de la couleur ne dit rien de ce qu'ils puissent être distinguables ou non en tant qu'art et non-art. Il y a là un fossé considérable dans l'argument.

Selon une certaine lecture, Danto pourrait nier quelque chose de semblable à l'idée que nous entendons *toujours* des mots. On peut imaginer Hanslick respirer plus tranquillement, peut-être Berkeley. Ce pourrait même être une manière philosophiquement inoffensive de parler – si nous avions déjà identifié *ce qu'est une œuvre d'art*, bien que je doute que ce *soit* ce

---

1. Danto, « Indiscernability and Perception », p. 323.

que les philosophes de l'art ont normalement en tête lorsqu'ils insistent sur ce sujet. Ou Danto lui-même sur ce point.

Selon une autre lecture – la lecture que privilégie Danto, je crois – *lorsque* nous voyons le carré rouge qui (« transfiguré » en) *Carré Rouge,* nous *sommes* en train de voir *Carré Rouge* (la peinture), mais nous ne pourrions pas (selon Danto) l'avoir d'abord discernée *par des moyens simplement sensoriels.* Eh bien, je suis tout à fait d'accord avec cela ! Nous ne pouvons rien voir par des moyens simplement sensoriels, si ce n'est ce que nous abstrayons théoriquement de ce que nous disons voir. Après tout, ce que Danto affirme là n'est qu'une simple tautologie. Je ne parviens pas à voir comment *cela* pourrait nous amener à rejeter l'idée que nous *discernons Carré Rouge* perceptuellement et que, sauf risque contingent de confondre la peinture avec un objet très différent (par exemple une simple toile carrée couverte de peinture rouge), nous pourrions bel et bien prétendre avoir « discerné » la peinture comme une peinture ; et nous n'hésiterions probablement pas à dire que nous l'avons fait *en la percevant.*

Quoi qu'il arrive, il n'est pas possible que l'indiscernabilité sensorielle prenne le pas sur la *discernabilité* directe de l'objet d'art principal, ni même de l'inclusion de *Carré Rouge.* L'indiscernabilité entre *Carré Rouge* et (disons) la peinture (russe) *Place Rouge* [*Red Square*] n'est pas semblable à l'indiscernabilité entre soit l'une ou soit l'autre d'entre elles et une simple surface carrée peinte en rouge (qui n'est pas une peinture). La première indiscernabilité est entièrement prédicative, *étant donné* la distinction opérante de ce qu'est « une peinture » ; la seconde se rapporte à l'autre distinction. Si Danto refuse la possibilité que nous percevions directement des œuvres d'art comme étant des œuvres d'art, *il devrait* aussi bien *nier* que nous entendons toujours directement de la parole. Ce serait là une thèse particulièrement ardue et douteuse. Elle commencerait à effilocher la notion fondamentale de « parler une langue », de se comprendre mutuellement, ou d'être même capable de « créer » ou de « transfigurer » des objets comme objets d'art. Ou alors, si Danto défendait la thèse selon laquelle nous ne pouvons pas « discerner » des peintures comme peintures, mais que nous pouvons discerner et que nous discernons le discours comme discours, alors je trouverais qu'il tient là une position complètement intenable et inconsistante. Ne voyons-nous pas et n'entendons-nous pas une représentation de *Hamlet* ? Et le langage n'est-il pas autant que la peinture, un artefact de la culture ?

Danto fait en sorte que sa *théorie* de l'art dépende de l'omniprésente menace des indiscernabilités perceptuelles, dont la détection et la pertinence présupposent une distinction *perceptuellement opératoire* entre ce qui est de l'art et ce qui n'est pas de l'art. Il n'y aurait aucun intérêt à rendre publique une telle théorie, sauf si on disposait d'une théorie raisonnablement ramifiée de ce que cela signifie de dire que nous pouvons (d'une certaine manière) distinguer ce qui est culturellement signifiant (par exemple ce qui est expressif ou représentationnel) *en* interprétant d'abord ce qui se réduit à des entités ou propriétés physiques *sensoriellement* perçues, ou (en tout cas) en percevant des propriétés qui n'invoquent aucune des perceptions culturellement informées ou culturellement explicites que nous souhaitons expliquer.

Si, par exemple, le simple fait d'admettre la perception des objets physiques est déjà chargé de théorie (cette dernière n'étant cependant pas intentionnellement affrétée comme dans le cas des propriétés expressives et représentationnelles), alors je ne vois pas pourquoi on ne pourrait pas dire que la perception d'objets et d'attributs intentionnellement qualifiés (peintures et sculptures et leurs propriétés expressives et représentationnelles) n'est pas aussi facilement réalisée que la perception d'une tomate (par exemple, une des plus belles de H. H. Price). Bien sûr, nous voyons une représentation par

Vermeer d'un intérieur hollandais – ou alors qu'est-ce que
Danto dirait que voyons *réellement*? Dans un laboratoire de
physique, je peux imaginer une trame «sensoriellement»
discernable qu'on ne pourrait distinguer de – mais qui n'est
pourtant pas – la trajectoire des particules microthéoriques
dans des conditions expérimentales. Ne pouvons-nous pas
voir la trajectoire des *électrons*? Si nous disons que nous ne
pouvons pas, j'ai bien peur que nous soyons ramené à quelque
chose de semblable aux *sense data*, dépendant de ce qu'il remplace; et si nous disons que nous pouvons voir la trajectoire des
électrons, alors je ne peux pas voir comment nous pourrions
continuer de nier que nous voyons réellement l'intérieur de
Vermeer. L'argument requiert que l'indiscernabilité prédicative *soit* l'indiscernabilité contingente *de ce qui est en principe
attribué à ce qui est discernable*!

Danto ne pose nulle part le problème; il explique la
«provenance» physique de l'art en termes de compétence et
d'activité acculturées des artistes, alors que ce que nous
attendons (de sa part), c'est une explication restreinte aux
«choses réelles» (que Danto favorise) *et* à la *relation* entre de
telles «choses» et les «agents» humains ou «artistes» (là où
leur «relation» aux choses réelles est, ou devrait être, similai-
rement et conformément expliquée). Il est facile de procéder
comme si Danto traitait de ces sujets. *Mais il ne le fait pas!*

Il diminue la prétendue réalité de l'art selon son bon
plaisir, sans aucune peine philosophique (parce que, futé, il
«restaure» la réelle présence de l'art à travers la théorie
populaire du travail réel des véritables artistes), tandis que (en
même temps) il comprend l'art comme effet d'une certaine
façon de parler[1], de la transfiguration rhétorique (selon son
propre terme) *des* choses réelles (auxquelles manquent les
attributs des œuvres d'art) *par les véritables artistes* (dont le

---

1. En français dans le texte [N.d.T.].

statut propre demeure encore un mystère). Mais c'est là bénéficier d'un avantage qu'il n'a nulle part mérité. Par exemple,
quelle est la théorie de Danto des forces réelles des sujets
acculturés – de *leur* capacité à parler un langage et à transfigurer des « choses réelles » ? Et pourquoi, si les sujets humains
peuvent faire tout cela, ne peuvent-ils pas aussi créer des
« choses » réellement culturelles – des cathédrales et des
sculptures qui existent réellement ? Pourquoi devraient-ils se
contenter de transfigurer des pierres et de couper du marbre ?
N'est-ce pas la même aptitude qui informe l'un et l'autre ?
L'existence fondamentale de sujets parlant n'est-elle pas aussi
problématique que celle des sculptures expressives et représentationnelles ? Comment pouvons-nous avoir l'un sans l'autre ?
(La différence biologique ne peut ici abolir la question).

Mon argument est le suivant. Nous ne pouvons pas, de
manière justifiée, *nier* que nous « discernons » le langage en
l'entendant ou des peintures en les voyant ou soutenir que nous
percevons du discours, mais pas des peintures, ou encore
concéder que nous interprétons ou transfigurons de « simples
choses réelles » afin de pouvoir *les* traiter comme peintures
– comme si elles existaient dans la réalité comme peintures –
si nous ne pouvons pas aussi expliquer pourquoi la même
chose ne vaudrait pas pour nous en tant qu'agents agissants et
parlants.

C'est le prix à payer si nous voulons construire l'art
relationnellement (ou fonctionnellement), en termes de choses
réelles (objets physiques et, disons, les membres actifs d'*Homo
sapiens* auxquels ne sont pas encore assignés des potentia-
lités linguistiques et artistiques). Danto n'aborde pas cette
question ; au contraire, il tient pour acquise l'existence de
sujets humains et de leurs réelles capacités à parler, à agir avec
des desseins et à créer de l'art. Comment devrions-nous rendre
compte d'un monde dans lequel des sujets acculturés seraient

réels (bien qu'on pourrait soutenir qu'ils sont artificiellement formés par l'internalisation du langage et des pratiques sociales), mais dans lequel *les œuvres d'art qu'ils « produiraient »* ne seraient (d'une certaine manière) jamais assez réelles pour exister ? *Si le langage est réel, alors pourquoi l'art ne le serait-il pas aussi ?* Et si l'art *est* réel, alors le procédé consistant à le comprendre transfigurativement ou rhétoriquement – ou *relationnellement* – en termes de « simples choses réelles préexistantes » serait trop faible et problématique ; il exclurait aussi les sujets, ou les rendrait inexplicables. Si tout cela se tient, alors Danto est obligé de revenir sur son déni du fait que nous percevons directement des peintures. Après tout, il ne nie pas (il ne le peut de manière cohérente) la perception directe du langage. S'il souhaite la nier il doit alors tergiverser sur le sens de « percevoir ».

4) La théorie de Danto débouche sur une énigme profonde sur la distinction entre *ce qui* est le *denotatum* réel décrit ou interprété dans la critique d'art et *ce qui* est « transfiguré » en tant qu'art (comme le dit Danto) afin de pouvoir servir comme *denotatum pour* le discours et l'interprétation dans le premier sens. L'*objet* décrit et interprété ne peut être le même *objet* transfiguré *pour* une description critique et une interprétation (le « est » étant compris dans le sens de l'identité, comme Danto lui-même le fait remarquer). Ce serait paradoxal ou contradictoire, car l'un possèderait, tandis que manqueraient à l'autre des propriétés interprétables comme l'expressivité et la représentationnalité. (Ce serait un petit peu comme dans la théorie du contrat chez Rousseau : l'entreprise contractuelle originaire – notre initiative de passer un contrat – n'est en fait rien d'autre que le résultat du second contrat qui en dépend[1]).

Ici, Danto remarque très justement :

---

1. C'est une implication importante de la théorie présentée par A. Danto, « The Artworld », *Journal of Philosophy*, XLI (1964).

Le problème entre Margolis et moi concerne les limites de la perception, ce qui n'est pas un mince sujet en philosophie. Il l'approche à travers la phénoménologie de l'expérience culturelle, moi à travers l'analyse du langage culturel. Mon intérêt réside dans les conditions de vérité, le sien dans la fertilité des esprits culturellement enrichis [1].

D'une certaine manière je suis d'accord, mais pas dans *un* sens disjonctif. Au contraire, une partie de mon argument est qu'*on ne peut pas répondre* à la question des « conditions de vérité » sans une analyse des structures existantes de « l'expérience culturelle », c'est-à-dire, sans reconnaître que l'ontologie (ou la métaphysique) et l'épistémologie sont indissolublement liées, ou sans reconnaître que nous ne pouvons pas dire *ce que* sont les conditions des prétentions à la vérité objectives sans passer par l'analyse des mondes naturels et culturels. (En un mot, sans une explication de la signification de « perception » dans l'espace de l'expérience culturelle).

Peut-on séparer ces sujets – « expérience culturelle » et « conditions de vérité » – et les assigner respectivement à la partie du registre de Danto et à la mienne ? J'en doute beaucoup. Danto se propose de rejeter l'orientation fondamentale des questions qu'il m'attribue en ce qu'elle concerne la rigueur objective (la méthodologie) du discours concernant la vérité (dans des contextes culturels), question qu'il se réserve. Mais il n'offre pas de raisons valables pour cela. De plus, s'il se risquait à avancer une raison (ne pouvant trouver une contradiction fatale dans mon exposé), il devrait s'engager sur « mon côté » du registre. Que se passera-t-il ensuite ?

Par exemple, je soutiens que l'interprétation des œuvres d'art plaide en faveur d'une logique relativiste [*relativistique*] plutôt que d'une logique rigidement bivalente. La préférence de Danto va clairement vers une bivalence nette. Je demande,

1. Danto, « Indiscernability and Perception », p. 328.

maintenant : comment décider de l'issue de ce désaccord sans consulter la nature fondamentale de « l'expérience culturelle » qui inclut déjà une « riche » pratique du langage des prétentions à la vérité que Danto détourne au bénéfice de sa théorie ? (Et, bien sûr, le rôle-critère des intentions des artistes). Il n'y a pas lieu de se soucier des convictions personnelles de Danto – ou des miennes. N'est-ce pas là une question à laquelle Danto doit répondre dans le but de rendre valide son projet ? Pourrait-il séparer ou assigner une priorité à l'analyse des « conditions de vérité » qui gouvernent le « langage culturel » sur l'analyse de « l'expérience culturelle » – *dans* la « perception » et l'interprétation de l'art ? Il s'agit apparemment des deux faces d'une même pièce.

Manifestement, Danto *ne* défend *pas* la thèse que les conditions d'objectivité dans les sciences physiques sont les mêmes, à tous égards, que celles qui président à l'interprétation des peintures : rappelons-nous qu'il attibue lui-même un privilège logique ou conceptuel aux intentions personnelles dans le second cas, mais pas dans le premier. Il veut clairement dire que les conditions des prétentions à la vérité doivent être élaborées de telle sorte qu'elles puissent s'accorder aux caractéristiques objectives du domaine dont il est question. Mais c'est là céder à des questions qui se trouvent du côté de mon registre, et mettre en péril la plausibilité de sa doctrine. Par exemple, les « intentions » profondes des agents humains qui vivent lors de périodes de transition historiques dont ils ne peuvent comprendre le sens ont souvent la priorité sur ce que les agents peuvent affirmer ou avouer comme étant leurs intentions propres [1]. C'est là tout l'intérêt de l'herméneutique romantique. Mais admettre cela c'est saper complètement le privilège des intentions des artistes (dans le sens psycho-

---

1. J'aimerais signaler que ceci s'accorde avec la méthodologie exposée *in* M. Foucault, *Histoire de la sexualité*, par exemple partie 3.

logique que Danto caractérise) quant à la détermination première de l'identité d'une œuvre d'art.

Même si ce que Danto dit était correct (et Danto offre peu d'arguments pour cela), il aurait violé la ligne de partage entre les recherches qu'il m'assigne et celles qu'il se réserve. (Il y a là une analogie avec le *Proteptique* d'Aristote). Assurément, si ce que j'ai dit à propos du fait d'entendre des mots et du discours – et, de manière coordonnée, ce que j'ai avancé sur le statut réel des œuvres d'art – a quelque valeur, ou mérite à tout le moins d'être débattu, alors la prétendue division du travail de Danto (qu'il considère comme relevant d'une question de goût personnel concernant la recherche philosophique) falsifie les contraintes réelles qui pèsent sur l'interprétation objective et sur l'objectivité elle-même.

II

5) Voici, pour finir, la distinction la plus stratégique qui demande à être faite lorsqu'on lit Danto dans son ensemble. Bien sûr, ce n'est pas une nouvelle distinction. C'est celle que Danto caractérise avec satisfaction et que je traque chez lui depuis de bonnes années. J'ai deux plaintes à formuler : premièrement, la vision qu'offre Danto de ce qui est perceptuellement indiscernable n'est jamais plus que tautologique, et même dans ces cas d'indiscernabilité, on peut toujours s'en sortir par un miracle (en privilégiant les intentions des artistes) ; deuxièmement, cette vision appauvrit ses ressources conceptuelles ; mais suite à un mouvement illicite, elle se fie en réalité aux ressources qu'il semble avoir abandonnées. Il tire les avantages de ce procédé en ne mettant tout simplement pas ces ressources en accord avec une théorie plus large de la perception qui couvre *toutes* les discriminations ne *pouvant pas* être incluses à l'intérieur des limites du sens diminué qu'il

donne à «percevoir» (à la place, il utilise ces ressources comme si elles étaient déjà en accord avec cette théorie plus large).

Ce que beaucoup manquent, en lisant Danto, ce sont les étapes révélatrices par lesquelles il parvient «sain et sauf» à sa thèse. Il est déjà trop tard pour le questionner à la fin de sa manœuvre si un doute n'a pas été admis dès le début. Ainsi, lorsqu'il remarque que «pas une seule réattribution faite par l'équipe de recherche sur Rembrandt [au sujet des Van Meegeren de Vermeer] n'a été basée sur une analyse moléculaire. Elles [les attributions] se sont toutes fondées sur un examen attentif des différences et similarités», Danto signale que *si* il y avait des différences pertinentes entre les peintures, ce devrait être des différences perceptuelles – et les différences perceptuelles *sont déjà limitées au sens diminué (sensoriel) de Danto* de «perception», ou autrement à notre usage non perceptuel de «même» (c'est-à-dire à notre lien «relationnel» aux intentions des artistes et au reste) [1].

Mais c'est là un sens dans lequel on permet *aux objets indiscernables dont nous n'avons pas encore décidé* s'ils étaient des peintures ou de simples surfaces peintes d'établir l'idiome propre et les concepts admissibles afin de *d'abord* reconnaître *des peintures indiscernablement différentes*! Danto poursuit ainsi: «De manière curieuse, *rien de cela* [le travail de l'équipe Rembrandt] ne peut avoir lieu avec des carrés rouges indiscernables; c'est en partie la raison pour laquelle, d'un point de vue philosophique, il était tellement stimulant de travailler avec la peinture monochrome, un genre qui avait principalement engendré des plaisanteries jusqu'au *Carré Noir* de Malevich (1915)» [2].

---

1. Danto, «Indiscernability and Perception», p. 322. Voir, aussi, A. Danto, *Philosophizing Art: Selected Essays*, Berkekey, University of California Press, 1999, Introduction.

2. Danto, «Indiscernability and Perception», p. 323.

Là, le glissement verbal (le tour de passe-passe) que j'observe est celui-ci : le sens d'« indiscernable » qui est de mise lorsque l'on parle de *carrés rouges* est conçu de telle sorte qu'il puisse jouer le même rôle (sans aucune justification) que lorsque l'on parle de *peintures indiscernablement différentes* ou de la *différence indiscernable entre une peinture et un simple objet barbouillé de peinture* ; ce glissement a lieu tout le temps où nous ne nous demandons pas si la différence entre un simple objet rouge (un carré rouge) et une peinture sous la forme d'un carré rouge (*Carré Rouge*, par exemple) pourrait être, ou même a besoin d'être, pourvue d'un sens distinctif de « percevoir » (qui englobe l'autre) en vertu duquel la différence (entre les objets, pas les couleurs) *est perceptible* et pourrait justement être dite « discernée » *en* percevant une différence appropriée. Pour le dire simplement : un changement dans notre conception de ce qui est réel ou de ce qui existe pourrait bien imposer un changement d'idée sur ce que « perception » signifie, si en effet on dit que les « objets » en question sont percevables. Ici, je ne vois pas de différence entre le fait d'admettre l'existence de peintures et les mouvements des électrons dans la vapeur d'une chambre à électrons. Je n'arrive pas à imaginer quels arguments pourraient éventuellement justifier le sens incroyablement restreint que Danto assigne à « percevoir ».

Il faudrait se poser des questions comme : *où*, ou *comment*, conceptuellement, apparaît la distinction d'une *peinture* ? Est-ce une distinction « perceptuelle » ? Avons-nous raison de penser que les propriétés culturellement signifiantes des peintures sont perceptuelles, au sens où nous disons que nous entendons de manière fluide du langage mais aussi du son physique ? Je ne nierais pas que, suivant une certaine théorie, la « perception » du langage (*a fortiori*, la perception des peintures) est *dépendante de* la « perception » dans le sens minimalement sensoriel que Danto a en tête, le sens pour lequel l'art *qua* art « ne peut s'offrir à nos yeux ». Mais ce n'est pas un sens perceptuel opérant en lui-même : les sujets humains perce-vants ne peuvent en rendre compte ; il ne peut s'agir, tout au plus, que d'une abstraction théorique (cependant justifiée) *faite à l'intérieur, et seulement à l'intérieur, de la capacité à rapporter ce que nous percevons*, capacité qui est déjà chargée, de manière paradigmatique, de ce qui peut faciliter la perception du langage et des autres phénomènes culturels (œuvres d'art par exemple). Ce sens perceptuel particulier est bien entendu présent lorsqu'il s'agit de la différence entre nous-mêmes et des robots habilement construits. Il n'a pas de rôle épistémique indépendant.

Je suis en train d'offrir ici contre Danto les mêmes arguments qu'on opposait aux théoriciens du *sense datum* : 1) il n'existe pas de compte rendu de perception minimal à la Danto qui ne soit un artefact abstrait de nos jugements de perception ordinaires, propres à notre langage naturel ; 2) le simple fait de fixer le contenu de la perception senso-rielle minimale nécessite certaines ressources référentielles indexées à des objets perceptuels qui ne peuvent *d'abord être perçus* (jugés) dans ce sens « sensoriel » ; et 3) il n'existe mani-festement pas de forme neutre de perception qui pourrait servir de base commune entre les deux – entre des formes de juge-ments perceptuels divergents, concurrents, voire incommen-surables. Les arguments supplémentaires rassembleraient ce qui est d'une importance permanente dans, par exemple, l'attaque dévastatrice de Wilfrid Sellars contre les *sense data* et l'attaque persuasive de T. S. Kuhn sur la neutralité, malgré la tentative notoirement infructueuse de Kuhn d'expliquer en des termes perceptuels pourquoi Priestley et Lavoisier « vivaient dans des mondes différents »[1].

---

1. Voir T. S. Kuhn, *The Structure of Scientific Revolutions*, 2e éd. augmen-tée, Chicago, University of Chicago Press, 1970, section X ; trad. fr. L. Mayer, *La structure des révolutions scientifiques*, Paris, GF-Flammarion, 1983 ; et

Danto pose une question essentielle à laquelle il est obligé de répondre lui-même : « La question est alors de savoir comment nous faisons une différence qui n'est pas une différence perceptuelle parmi les objets culturels dont on postule qu'ils sont perceptuellement indiscernables » [1]. Cela doit compter comme étant l'ultime dérapage de Danto – je pense qu'il s'agit d'une inadvertance, quelque chose qui a simplement échappé à sa vigilance habituelle. Pour une raison quelconque, il ne voit pas que, *quelque part, il* doit rendre compte en termes perceptuels de la réidentification de ce *qui* est perceptuellement indiscernable et aussi de ce *qui, prédicativement,* n'est pas simplement confiné à l'absolument indiscernable. Si la différence entre une œuvre d'art et une autre – ou la différence entre une œuvre d'art et quelque chose qui ne serait pas une œuvre d'art –, était absolument indiscernable alors la question de Danto ne se poserait même pas ! Il n'existe pas de moyen de rendre possible cette distinction sans invoquer une référence et une dénotation effectives *dans des termes perceptuels.* Cela seul fait chuter l'argument de Danto. Des « indiscernabilités » locales *à propos des œuvres d'art* nécessitent déjà un autre sens de « percevoir » qui contient sûrement le « sensoriel ». Danto n'a rien à dire à propos de cela. Cela n'aurait aucun sens dans son idiome ! Voilà l'ultime *reductio.*

En un mot, le sens premier de « percevoir » doit déjà être théoriquement chargé (comme lorsque l'on fait la distinction, dans l'un des exemples révélateurs de Kuhn, entre les « pendulums » de Galilée et les « pierres oscillantes » d'Aristote) ou, plus pertinemment, doit déjà être culturellement ou intentionnellement informé (comme entre un « simple » carré recouvert de peinture rouge et la peinture *Carré Rouge*) : quelque chose

---

W. Sellars « Phenomenalism », in *Science, Perception and Reality*, London, Routledge & Kegan Paul, 1963, e.a. p. 103.

1. Danto, « Indiscernability and Perception », p. 323.

de moins robuste produirait inévitablement les paradoxes des *sense data* ou quelque chose d'analogue. Le simplement « sensoriel », donc, n'a jamais un rôle critériel de manière perceptuelle, sauf s'il est appliqué sous le contrôle exécutif du perceptuel, dans le sens premier. Mais alors, par parité de raisonnement, *si*, dans les cas d'indiscernabilité de Danto, nous avions encore l'intention de considérer comme art certains cas, autrement indiscernables, d'art conceptuel – c'est-à-dire, si nous étions disposés à favoriser les intentions des artistes en dernier ressort, comme Danto le suppose – cela ne pourrait jamais constituer quelque chose de plus qu'une forme de politesse, dans des conditions extrêmement réduites : cela ne pourrait jamais déloger le sens habituel de « percevoir », et cela ne pourrait pas subsister de soi-même.

Traduit par Pierre STEINER

LA QUESTION DE LA REPRÉSENTATION

INTRODUCTION[1]

La représentation est un des concepts les plus centraux dans la théorie des arts visuels. Alors qu'on l'avait longtemps considérée comme allant de soi, elle devient à partir des années 1950 un thème d'investigation à part entière et elle se révèle du même coup un marqueur irremplaçable dans l'évolution des conceptions esthétiques.

Prise dans sa plus grande généralité, la notion iconique de représentation désigne la relation entre le contenu exprimé d'une œuvre et son sujet, c'est-à-dire la manière dont elle présente et figure une réalité extérieure à l'image. Elle est donc inséparable d'une correspondance réglée entre ses propriétés formelles (une composition à base de formes et de couleurs)

1. Pour accompagner cette introduction, voici quelques lectures conseillées : Budd M., « How Pictures Look », *in* D. Knowles and J. Skorupski (éd.), *Virtue and Taste*, Oxford, Blackwell, 1993 [rééd. *in* Lamarque-Olsen, *Aesthetics and the Philosophy of Art. The Analytic Tradition*, Oxford, Blackwell, 2003, texte n° 33] ; R. Hopkins, « Explaining Depiction », *The Philosophical Review*, 104, 1995, n°3 ; J. Levinson, « Wollheim on Pictorial Representation », *Journal of Aesthetics and Art Criticism*, 56, 1998, n°3 [rééd. *in* B. van Gerwen (éd.), *Richard Wollheim and the Art of Painting. Art as Representation and Expression*, Cambridge, Cambridge U.P., 2001] ; D. Lopes, *Understanding Pictures*, Oxford U.P., 1996 ; Ch. Peacocke, « Depiction », *The Philosophical Review*, 96, 1987 ; J. Robinson, « Some Remarks on Goodman's Theory of Pictures », *The British Journal of Aesthetics*, 19, 1979, n°1 ; F. Schier, *Deeper into Pictures*, Cambridge U.P., 1986 ; K. Walton, « Are Representations Symbols ? », *The Monist*, 58, 1974, n°2 [rééd. *in* Lamarque-Olsen, *op. cit.*, texte n° 30] ; R. Wollheim, *Painting as an Art*, Thames and Hudson, 1987.

et l'état de choses auquel elle renvoie à titre d'original (puisqu'on a affaire à un art figuratif) ou au moins de référent. Dans les approches classiques, celle-ci prend la forme d'un schéma mimétique reposant sur une projection géométrique plus ou moins contraignante et apte à modéliser le système des apparences à travers l'ensemble des ressources accessibles dans la technique considérée. Le critère de réussite est que la vision de la surface de l'œuvre doit produire un équivalent de ce que l'on verrait si l'on regardait la chose elle-même au lieu de son image, ce qui ne suppose évidemment pas de confondre l'une avec l'autre. L'histoire de la perspective illustre par excellence les étapes de l'adéquation entre les conditions optiques et/ou géométriques et l'expérience de la perception, naturelle ou assistée. *A contrario*, c'est précisément le caractère nécessaire et unique d'une telle corrélation qui a été la cible favorite du modernisme artistique, et même d'une pluralité de manières : à travers la découverte des styles archaïques ou lointains qui imposent d'autres priorités, par le développement d'un art abstrait et anti-illusionniste libérant le pouvoir expressif de la forme et de la couleur pure, et surtout du fait de l'autonomisation croissante de l'œuvre dont le sujet n'est plus que le prétexte pour une auto-analyse du concept de l'art. Il en est résulté un effet de brouillage et une crise profonde dans l'interprétation des œuvres.

La philosophie de l'art a tenté de surmonter la tension née des avant-gardes par un déplacement d'une conception naturaliste vers une conception conventionnaliste de la représentation iconique ; et, dans la mesure où le langage occupe une place prépondérante dans les théories symboliques, on conçoit que son influence ait été décisive aussi sur l'esthétique. La fin des années 1960 et la décennie 1970 ont marqué l'apogée de l'ascendant de la sémiotique sur l'univers des images et des signifiants artistiques en général. On ne doit pourtant pas surestimer son influence ; ce que montre en fait la série des quatre textes sélectionnés dans cette section, c'est qu'en dépit des apparences une telle emprise est demeurée relativement superficielle, en grande partie parce qu'elle s'est révélée inapte à intégrer la composante psychologique, dont l'importance n'a par ailleurs cessé de croître avec les approches expérimentales de la perception (comme la Gestalt) puis l'émergence des sciences cognitives. Contrairement à ce qui a pu se passer dans les débats autour de la définition de l'art, le déclic n'est pas venu ici de l'apparition de nouvelles thèses mais d'un processus de réélaboration conceptuelle et critique portant sur la diversité des facteurs (informationnels, sémiotiques, mais surtout psychologiques et contextuels) dont l'articulation confère à une théorie la cohérence qui est la sienne. Proposer une théorie de la représentation revient donc en dernière instance à identifier les facteurs prévalents, à fixer un ordre pertinent de priorité et à déterminer la portée de l'expérience visuelle dans la réussite finale.

Le texte de Jenefer Robinson fait un usage volontairement agnostique de l'approche conventionnaliste telle qu'elle a été formulée par Goodman : à supposer qu'une théorie de la représentation iconique doive se construire selon un schéma référentiel, selon quel modèle serait-il légitime de le faire ? L'auteur examine successivement les conditions d'application à l'image des deux candidats possibles que propose la philosophie du langage, d'une part l'approche de Frege, par transposition de la notion de sens vers le contenu descriptif de l'image, d'autre part l'approche de Kripke, par application d'une méthode génétique à son identification. Chacune des deux théories éclaire un aspect fondamental de l'image : la première explicite le fait que les propriétés visuelles ne sont pas moins aptes à caractériser la nature d'une chose que des propriétés d'ordre plus conceptuel, et la seconde justifie l'idée que la relation directe qui lie une peinture à son modèle et aux intentions de l'artiste constitue un facteur prépondérant pour son interprétation correcte. Pourtant, aucune des deux théories, ni isolément ni en conjonction, ne rend intégralement compte de ce que recouvre l'idée de représentation dans son acception la plus ordinaire, *a fortiori* la variété que Goodman dénomme représentation-en qui constitue un cas particulier d'exemplification et comporte une référence obligatoire à la manière de représenter.

Si l'on ne récuse pas la fiabilité des paradigmes frégéen et kripkéen et qu'on ne propose par ailleurs aucune alternative explicite, la seule conclusion légitime semble d'admettre que, bien que description (verbale) et dépiction (iconique) soient fonctionnellement parallèles, la notion de référence n'épuise pas le contenu de la représentation iconique, voire n'en reconnaît même pas l'originalité. En réponse à Jenefer Robinson, Goodman remarquait d'ailleurs que ce qui lui importe est avant tout que « la représentation, la représentation-en et la représentation fictive puissent toutes être expliquées *en termes de*, plutôt qu'*en tant que*, variétés de référence »[1], ce qui explique qu'il ne soit pas si pressé d'adopter une théorie particulière ni même de spécifier la meilleure base sur laquelle l'établir[2]. Dans ces conditions, on peut penser que le bénéfice réel de l'analyse goodmanienne réside davantage dans sa portée critique vis-à-vis des thèses traditionnelles que dans sa contribution propre à la théorie de la représentation. Et comme une conception symbolique tend inévitablement à faire l'impasse sur l'expérience perceptive, il n'est pas très surprenant que ce soit la prise en compte de la dimension psycho-

---

1. *Of Mind and Other Matters*, Harvard U.P., 1984, p. 88.
2. Comme le remarque ailleurs J. Robinson, « il me semble que, à strictement parler, Goodman ne prétend pas avoir une théorie de la dénotation. On nous dit que ce qui détermine ce qu'une image représente (dénote) est le plan de corrélation ou le système symbolique dans lequel l'image fonctionne comme caractère, mais on ne nous dit pas ce qui détermine le plan de corrélation lui-même », « Some Remarks on Goodman's Language Theory of Pictures », *British Journal of Aesthetics*, vol. 19, n°1, 1979, p. 68.

logique (ou psychosociologique) dans l'expérience des images qui allait constituer le cheval de bataille de tous ceux qui mettent au centre de leurs analyses la singularité du medium iconique, au premier rang desquels on peut mentionner Richard Wollheim.

Le mérite de son article tardif (1996) est de fournir une récapitulation théorique et pédagogique de ce tournant conceptuel décisif, à l'occasion d'une mise en perspective d'un bon demi-siècle de réflexion personnelle sur la peinture. En mettant résolument l'accent sur les mécanismes par lesquels le pouvoir de l'image s'impose à nous, il s'épargne l'obligation de passer en revue tout l'éventail des théories existantes ou possibles puisque ce qu'il vise à légitimer est une hiérarchie fondée sur la capacité de prendre en compte cette réalité psychologique. Les théories sont donc classées en fonction du degré selon lequel elles satisfont un critère perceptuel discriminant qu'il appelle « l'expérience appropriée » et qui serait celle d'un spectateur bénéficiant de facultés naturelles intactes dans un environnement culturel adéquat. Sont alors aisément disqualifiées les conceptions qui s'en soucient le moins, à commencer par les théories sémiotiques à base linguistique (Y.-A. Bois) et les théories naïves de la ressemblance, y compris lorsqu'elles procèdent à une internalisation du champ visuel (Peacocke et Budd). Résistent au contraire celles qui accordent une place centrale à l'activité de « voirdans », c'est-à-dire à la capacité de percevoir un contenu représentationnel qui ne se confond pas avec la simple appréhension de ce que montre le plan matériel de l'image. Un tel écrémage progressif débouche inévitablement sur une défense de sa propre thèse dite de la double perception (*twofoldness*) selon laquelle la vision correcte d'une image combine inséparablement des traits dépendants de sa surface (aspects configurationnels) et des traits appartenant à son sujet (aspects récognitionnels), et il permet de la situer vis-à-vis de tentatives comparables, dont l'une des plus abouties est sans conteste l'approche de Kendall Walton en termes de « faire semblant » (*make-believe*).

Tous les esthéticiens qui sont en accord avec l'orientation générale assumée par Wollheim n'adhèrent pas pour autant à sa thèse spécifique de la double perception dont la phéno-ménologie reste à certains égards obscure puisque, comme le remarque Levinson, la notion d'«être visuellement conscient» de la surface d'une image doit être davantage qu'une simple réception de stimuli sans se confondre cependant avec une conscience visuelle pleinement maîtresse de soi. Mais si per-sonne ne songe à nier que *certaines* images manifestent cette propriété[1], reste néanmoins à savoir si cela fournit un argu-ment capable d'expliquer comment ces images-là restituent leurs sujets. Tout se passe comme si Wollheim se montrait plus soucieux de circonscrire le domaine de l'image représenta-tionnelle en tant que telle (d'où son insistance à en exclure le trompe-l'œil[2] tout en y annexant en revanche une grande partie des peintures abstraites) que d'expliquer pourquoi on appréhende telle image comme étant une image de telle chose. Critique à certains égards analogue à celle souvent adressée à Goodman puisqu'elle met elle aussi le doigt sur ce qu'il peut y avoir de restrictif à privilégier une caractéristique de l'image, celle-ci fût-elle considérée comme capitale pour une classe valorisée d'images.

Au-delà de la version spécifique que défend Wollheim, c'est donc à l'évidence le rôle dévolu à l'expérience perceptive de l'image qui est en jeu. Or, il existe deux manières antino-miques d'envisager la relation entre expérience et dépiction,

---

1. Pour D. Lopes, elle serait plutôt une affaire de degré, le long d'un spectre qui fait varier inversement chacune des deux déterminations (*cf.* 1996, p. 50-51).
2. Une analyse intéressante est proposée par S. Feagin, « Presentation and Representation », *JAAC*, n°3, 1998.

toutes deux se réclamant d'une attention aux paramètres psychologiques. Ou bien la dépiction est ce qui correspond à la singularité d'une expérience qui n'est pas celle des objets du monde mais qui est relative à une catégorie d'artefacts intentionnellement conçus pour maximiser l'effet qu'ils exercent sur notre perception. Ou bien la dépiction renvoie elle-même à de multiples réalisations dont aucune ne saurait revendiquer le monopole d'être conforme à une expérience servant de base mais où chacune apporte une contribution originale ; seule la reconnaissance de la variabilité des sortes d'images et des styles est alors en mesure de faire comprendre le rôle fonctionnel joué par la perception.

John Hyman adopte la première option en faisant sien le principe gombrichien que l'usage pertinent des images vise un effet psychologique et en faisant remonter au Descartes de la *Dioptrique* le renversement opéré par rapport aux théories de la ressemblance [1]. Sa contribution articule en fait deux composantes de prime abord hétérogènes bien qu'en profondeur elles soient complémentaires : la première énonce les conditions objectives qui lient les propriétés d'une image à son contenu représentationnel ; la seconde a trait à l'évaluation de l'effet psychologique propre à la dépiction. La spécification des conditions pertinentes pour une appréhension correcte d'une image donnée ne pose en principe aucune difficulté ; elle prend la forme de trois principes de détermination qui portent respectivement sur la forme, la taille et la couleur, et dont les analogues techniques sont à chercher dans la pratique de la chambre noire et du *peephole* ruskinien. Il semble en revanche illusoire de prétendre donner de l'expérience que nous faisons de la dépiction une caractérisation qui ne soit pas circulaire c'est-à-dire telle que n'y intervienne pas la mention que le lieu de

---

1. Le contexte de la *Dioptrique* est celui de la relation entre l'image rétinienne et sa source mais l'image artistique fournit à Descartes un argument analogique qui est beaucoup plus qu'un corollaire.

l'expérience est l'image elle-même. Comme les principes sous-déterminent les propriétés visuelles, il en découle que toute interprétation satisfaisante de l'effet exercé par une image doit contenir déjà le concept de dépiction ; c'est d'ailleurs pour l'ignorer que toute critique de la ressemblance est condamnée à paraître sommaire. Le résultat est qu'une théorie psychologique de la dépiction est inévitablement frustrante puisqu'elle revient à documenter le constat que l'application des principes vérifie les conditions pertinentes pour le bon usage des images. Mais ce résultat n'est pas en définitive aussi trivial qu'on pourrait le craindre car il constitue en fait la seule réponse efficace contre des positions unilatérales qui se combattent sans voir que seules des différences de vocabulaire les opposent. Certes, parler en termes d'effet psychologique ou en termes de ressemblance objective n'est nullement équivalent d'un point de vue théorique ; relativement à l'appréhension du contenu lui-même, cette différence s'évanouit néanmoins. L'analyse de John Hyman aboutit donc en pratique à renvoyer dos à dos l'objectivisme rigide des théories classiques de la ressemblance et le subjectivisme borné qui prétend s'en tenir au seul phénomène vécu dans la perception. La force de la conception psychologique est en définitive – et à l'encontre des apparences – de ne pas occuper l'un des pôles mais d'ouvrir une voie médiane qui assure la commensuration des deux discours sur l'image.

La seconde approche, développée par Dominic Lopes, ne saurait se contenter d'une solution de ce type, d'inspiration wittgensteinienne et qui laisse les choses en l'état. Elle a l'ambition de fournir une explication qui prend appui sur la réalité des usages divers des images. Elle soutient donc qu'une théorie cohérente de la dépiction doit être neutre vis-à-vis de la nature de l'expérience iconique ; en revanche, elle doit tenir le plus grand compte des modalités spécifiques dans lesquelles se réalise la transparence du medium iconique. Lopes en propose une illustration exemplaire à propos de la notion de réalisme. Après Goodman, il est difficile de soutenir que l'image réaliste est conforme à une norme absolue de fidélité au réel mais on ne peut pas davantage s'en tenir au critère qu'il met en avant, celui de la familiarité vis-à-vis du système quel qu'il soit jouant le rôle de norme. La solution consiste à dépasser ce qu'il y a d'unilatéral dans ces conceptions tout en récupérant ce qui est fécond dans leur contenu : l'importance de l'information, cette fois conçue de manière non naïve c'est-à-dire replacée dans le cadre d'une dépendance systémique et donc libérée de l'hypothèque de l'arbitraire. Qualifier une image de réaliste, ce n'est pas lui attacher une propriété descriptive individuelle mais ce n'est pas non plus la rendre indépendante de tout système de référence ; c'est prendre conscience qu'elle appartient à un système capable de lui garantir une reconnaissance d'aspect convaincante, c'est-à-dire propre à unifier inconiquement ses divers composants en fonction des types de propriétés sélectionnées et des sortes d'engagements qu'elles comportent. Il en découle qu'il peut exister autant de formes légitimes de réalisme que de manières de transmettre l'information significative dans le cas consi-déré et que le paradigme albertien ne constitue que l'une d'entre elles. Il reste donc vrai que le phénomène de la récognition est déterminant en dernière instance, à condition qu'il fonctionne à l'intérieur d'un contexte qui détermine pour chaque image quels paramètres sont significatifs et quels usages sont pertinents.

Si une leçon de portée générale se dégage du rappro-chement de ces textes, elle réside de manière inattendue dans le fait que l'antagonisme entre la dimension symbolique et la dimension psychologique non seulement n'a pas disparu mais qu'il se révèle toujours productif, alors même qu'une esthé-tique de base sémiotique n'a plus guère de partisans. Toutefois il l'est d'autre façon et à d'autres niveaux. À coup sûr, une théorie de la représentation ne peut plus prétendre déduire la signification d'une image au moyen d'un déchiffrage de son vocabulaire ou de sa composition. L'effet du renouveau néo-naturaliste a été d'imposer une approche de la perception de plus en plus médiatisée par la philosophie de l'esprit. Toutefois il ne cesse de réengendrer sur son propre terrain toutes les options qui mettaient naguère en opposition le naturalisme et le conventionnalisme, à commencer par le statut de la ressemblance, le rôle du contexte et la forme de l'interprétation. Cela doit inciter à considérer ces théories dans une double perspective de rétrospection, puisqu'elles renouent avec ce qui constituait l'intuition centrale des approches classiques, et d'anticipation, dans la mesure où elles en réinventent totalement le contenu.

Jacques MORIZOT

JENEFER ROBINSON

DEUX THÉORIES DE LA REPRÉSENTATION[*]

I

Dans le premier chapitre de *Langages de l'art*, Nelson Goodman soutient que la représentation iconique est une forme de symbolisation ou de référence :

> Le fait est qu'une image, pour représenter un objet, doit en être un symbole, valoir pour lui, y faire référence ; mais aucun degré de ressemblance ne suffit à établir le rapport requis de référence[1].

Pour les desseins de cet article, je vais supposer que Goodman a raison d'affirmer cela. Ce que je veux discuter est une question supplémentaire, à savoir quelle théorie de la référence satisfait le mieux ce qu'il a en vue. David Kaplan a suggéré naguère qu'il y a deux théories possibles de la référence iconique, l'une basée sur le « contenu descriptif » d'une image et l'autre sur son « caractère génétique »[2]. Dans cet

---

[*] J. Robinson, « Two Theories of Representation », *Erkenntnis*, vol. 12, n° 1, 1978, p. 37-53.

[1] N. Goodman, *Languages of Art*, Bobbs-Merrill, 1968, p. 5 [trad. fr. *op. cit.*, p. 35].

[2] D. Kaplan, « Quantifying In », réimprimé dans *Reference and Modality*, Linsky (éd.), Oxford, Oxford U.P., 1971, p. 131-134.

article, je développe cette suggestion en construisant deux théories de la représentation iconique, l'une basée sur la théorie de la nomination de Frege et l'autre sur celle de Kripke. Selon la théorie frégéenne, ce qu'une image représente est fonction de son « sens », alors que, selon la théorie kripkéenne, ce qu'une image représente est fonction de son « histoire ». Je soutiens que, bien que les deux théories éclairent le concept de représentation, aucune des deux n'énonce de conditions nécessaires et suffisantes pour son application correcte, même s'il se trouve que souvent les conditions frégéenne et kripkéenne relatives à la représentation déterminent *conjointement* la référence d'une image. Toutefois, il me semble qu'aucune des théories, qu'elle soit seule ou en conjonction, ne peut rendre compte des cas « métaphoriques » de la représentation-en ou des images « fausses ».

II

Admettons qu'une image représentationnelle se comporte comme un terme singulier. Alors, selon une théorie frégéenne de la représentation, une image possède à la fois un sens et une référence et elle réfère à tout ce qu'elle représente en vertu de son sens [1]. Les images représentationnelles qui ne représentent aucune chose existante (telle qu'une image d'Ulysse) ont un sens mais pas de référence. Pour Frege, le sens tant des noms propres que des descriptions définies semble être l'ensemble des propriétés « exprimées » par le nom ou la description [2]. Le sens d'un nom propre tel que « Aristote » est une liste des pro-

---

1. Pour la théorie du sens et de la référence de Frege, voir G. Frege, « On Sense and Reference », in *Philosophical Writings of Gottlob Frege*, Geach and Black (éd.), Blackwell, 1966, p. 56-78 [trad. fr. Cl. Imbert, *Écrits logiques et philosophiques*, Paris, Seuil, 1971, p. 102-126].

2. Voir, en particulier, « The Thought », réimprimé comme appendice A des *Essays on Frege*, Klemke (éd.), University of Illinois Press, 1968, p. 507-535 [*ibid.*, « La pensée », p. 170-195].

priétés appartenant à Aristote et qui déterminent de manière unique la référence du nom « Aristote ». De même un portrait, qui est l'analogue iconique le plus proche d'un nom propre *réfère* à la personne qu'il représente, en vertu de certaines propriétés représentées, telles qu'une certaine forme du visage et une certaine expression des yeux. Ainsi, de même que pour Frege le sens d'un terme singulier est donné par un ensemble de propriétés « exprimées » par le terme singulier, de même le sens d'un portrait est donné par un ensemble de propriétés « exprimées » par (représentées dans) l'image. En d'autres termes, le sens d'un portrait (les propriétés qu'il représente) détermine de manière unique sa référence. Ainsi une image d'une personne ou d'un endroit particulier fonctionne de manière très comparable à un nom propre ou à une description définie dans la théorie de la nomination de Frege. Bien sûr, savoir quelles propriétés sont représentées dans une image particulière dépend en partie du système symbolique dans lequel fonctionne l'image en tant que caractère [1], tout comme savoir quelles propriétés renferme le sens d'une expression linguistique varie avec la langue dans laquelle intervient cette expression linguistique [2].

Une image qui réfère mais ne réfère pas de manière unique s'apparente à une description indéfinie ou un terme général. L'image réfère à tout ce qui satisfait la « description », tout comme une description indéfinie réfère à tout ce qu'elle satisfait [3]. Ainsi, pour emprunter un exemple à Goodman, une

1. Pour une défense de l'idée que ce qu'une image représente est fonction du caractère qu'elle est dans ce système symbolique, voir Goodman, *Langages de l'art*, notamment chap. 1. Goodman rejette explicitement l'argument de Frege selon lequel une image, pour représenter un objet, doit donner une information vraie à propos de cet objet.

2. Frege souligne ce point dans « The Thought », p. 518 [« La pensée », p. 179].

3. Ce n'est pas tout à fait ce que dirait Frege. Selon lui, un prédicat réfère à la fonction caractéristique d'un ensemble, non pas aux membres individuels de cet ensemble.

image d'un aigle qui accompagne la définition de « aigle »
dans un dictionnaire réfère à n'importe quel aigle, non pas à un
aigle particulier[1]. D'autre part, une image peut échouer à
référer et cependant avoir encore un sens. Ainsi une image
censée représenter un homme avec trois têtes a un sens, tout
comme a un sens le terme général « homme à trois têtes », mais
ni l'image ni le terme général n'a une extension. De même, une
image censée représenter Ulysse ou Pickwick a un sens mais
aucune référence, dans la mesure où ce sont toutes deux des
images d'hommes mais qu'aucun des hommes représentés
n'existe réellement.

Deux images peuvent avoir la même référence mais des
sens différents. Une image de l'Étoile du Matin par exemple
peut représenter des propriétés différentes d'une image de
l'Étoile du Soir : l'une représente une scène matinale et l'autre
représente une scène vespérale. Les deux cependant représentent Vénus, bien que l'une représente Vénus apparaissant le
matin et que l'autre représente Vénus apparaissant le soir. En
bref, les deux images nous donnent une *information* différente
au sujet de Vénus, tout comme les deux descriptions « l'Étoile
du Matin » et « l'Étoile du Soir » nous donnent une information
différente au sujet de Vénus. En général, il semble qu'une
image qui représente *a* comme un *b* soit une image pour
laquelle le fait que les propriétés représentées sont celles d'un
b détermine cependant que la référence de l'image est *a*. Par
exemple, une image de Vénus en Étoile du Matin représente
Vénus *via* les propriétés représentées de l'Étoile du Matin.
Elle attribue à Vénus certaines propriétés, telles que « apparaissant le matin » qui ne lui seraient pas attribuées par une
image de Vénus en Étoile du Soir. Plus problématiques toutefois, comme nous le verrons plus loin, sont les cas métaphoriques de représentation-en telle qu'une image qui représente

---

1. Goodman, *Languages of Art*, p. 21 [trad. fr. p. 47-48].

Churchill en lion ou la caricature de Gillray qui représente Pitt
en parasite sur la couronne.

III

Il y a au moins deux objections majeures à notre théorie
frégéenne de la représentation.

1) Si nous acceptons que le sens d'une image détermine sa
référence de la manière que j'ai indiquée, alors il en découle
qu'une image représente tout ce qui appartient aux propriétés
qu'il représente. Si par exemple un portrait de mon grand-père
donne une « description iconique exacte » de votre grand-père,
dans le même système symbolique iconique, alors le portrait
représente votre grand-père aussi bien que le mien, dans ce
système. Mais nous ne dirions pas normalement cela. Nous
dirions plutôt que c'est un portrait de mon grand-père et que,
curieusement, il se trouve qu'il est vrai de, qu'il décrit correctement ou, si l'on est dans un système symbolique réaliste,
qu'il « ressemble » aussi à votre grand-père. De même, une
image qui représente un jumeau identique représenterait *ipso
facto* aussi bien l'autre. Pire encore, une image censée
représenter Pickwick qui donne une « description iconique
exacte » de mon grand-père *dénoterait* par là-même, dans
notre théorie frégéenne, mon grand-père, alors que par
hypothèse une image de Pickwick échoue à dénoter.

La raison principale pour laquelle des cas de cette sorte
peuvent se poser est que les images ne représentent pas
toujours soit les propriétés essentielles des choses ou des
espèces, soit ces propriétés des choses ou des espèces qui les
individuent de manière unique. Par exemple, ce pourrait être
une propriété essentielle d'Aristote et une partie du sens du
nom « Aristote » qu'il était l'élève le plus célèbre de Platon.
Mais être l'élève le plus célèbre de Platon n'est pas une

propriété facile à montrer dans une image. Bien sûr, nous pourrions peindre une image d'Aristote et lui faire annoncer au moyen d'une bulle qu'il est l'élève le plus célèbre de Platon, ou nous pourrions intituler notre image «L'élève le plus célèbre de Platon», mais aucune de ces manœuvres n'est recevable si nous voulons traiter une image comme un symbole authentiquement «iconique», c'est-à-dire comme quelque chose qui fonctionne en tant que symbole en vertu de sa configuration de couleurs, de lignes ou de facture. (Ceci est à coup sûr trop simple comme définition d'un «symbole iconique» puisque les inscriptions de mots sont aussi des lignes et des taches de couleur, mais au moins nous pouvons dire que les mots relèvent d'un système symbolique linguistique et non iconique, même si la distinction entre les deux est quelque peu obscure[1]). De même, on peut penser que fait partie du sens du nom «Pickwick» le fait qu'il était la création de Charles Dickens. Mais ici aussi, même une image de Dickens avec Pickwick dans sa bulle *pourrait* être une image de Dickens pensant à mon grand-père. Il semble qu'il soit impossible d'exclure cette sorte d'ambiguïté.

Les propriétés essentielles des aigles ne sont pas, elles non plus, nécessairement faciles à montrer dans une image. Une image d'aigle dans un dictionnaire a moins de chances de fournir une caractérisation de la structure interne d'un aigle, qui peut être l'une de ses propriétés essentielles, que de fournir simplement une idée grossière de la forme d'un aigle. De là vient qu'il est tout à fait possible, d'une part que l'image ne soit pas vraie de chaque aigle puisque certains aigles peuvent n'avoir qu'une patte ou le bec cassé, et d'autre part que l'image soit vraie de certaines buses aussi bien que de nombreux aigles. Donc si nous identifions le sens d'un terme singulier ou général avec un ensemble de propriétés essentielles, l'analogie

---

1. Voir Goodman, *Languages of Art*, p. 225-232, pour la manière dont il rend compte de cette distinction cruciale [trad. fr. p. 269-276].

avec les peintures représentationnelles semble s'effondrer : une image qui dénote un membre quelconque de l'ensemble des aigles ne fournira pas nécessairement une caractérisation de toutes les propriétés essentielles d'un aigle ou même d'une quelconque d'entre elles, et les images représentant Aristote ou Pickwick ne fourniront pas nécessairement une caractérisation des propriétés essentielles d'Aristote ou de Pickwick.

Nous pourrions toutefois, en nous autorisant largement de Frege lui-même, choisir d'identifier le sens d'un terme singulier non pas avec les propriétés essentielles de l'objet dénoté par ce terme mais avec les propriétés de cet objet au moyen desquelles on peut l'individuer de manière unique [1]. Par exemple, être l'élève le plus célèbre de Platon pourrait ne pas être essentiel pour Aristote, bien qu'il se trouve en effet que c'est une propriété qui le distingue d'autres hommes. Par malheur cependant, même l'image réaliste la plus détaillée ne suffit pas toujours à distinguer un individu d'un autre. Nous pourrions identifier mon grand-père (et ainsi le distinguer du vôtre) *verbalement* au moyen d'une description qui spécifie ses origines, le lieu et le moment précis de sa naissance, ou même le fait qu'il est mon grand-père (et non le vôtre), mais il n'existe aucun moyen *iconique* non ambigü de stipuler de telles propriétés. Il en va de même lorsque nous essayons de distinguer mon grand-père de Pickwick, ou même peut-être les aigles des faucons.

En définitive, que nous interprétions le « sens » d'une image comme étant un ensemble de propriétés essentielles ou un ensemble de propriétés qui individuent un référent ou des référents, il semble impossible de garantir l'unicité de la référence et de garantir l'échec de la référence. En consé-

---

1. Pour une discussion de cette distinction, voir S. Kripke, « Naming and Necessity », in *Semantics of Natural Language*, Harman and Davidson (éd.), Dordrecht, Reidel, 1972, par exemple p. 258-260. [trad. fr. P. Jacob et F. Recanati, *La Logique des noms propres*, Paris, Minuit, 1982].

quence le principe de Frege que le sens détermine de manière
unique la référence ne semble pas s'appliquer aux images.

2) Une seconde objection importante à notre théorie
frégéenne est qu'elle échoue à rendre compte de la représentation-en. D'après cette théorie, une image qui représente
Churchill en soldat, par exemple, est une image qui représente
des propriétés qui sont celles d'un soldat et qui, en vertu de ces
propriétés représentées, dénote Churchill. En conséquence
une image de Churchill en lion serait une image dont les
propriétés représentées sont celles d'un lion et qui, en vertu de
ces propriétés représentées, dénote Churchill. En d'autres
termes, son sens est un ensemble de propriétés de lion mais sa
référence n'est pas un lion, c'est un homme, Churchill.

En fait, il semble y avoir deux sortes d'images qui
pourraient représenter Churchill en lion : 1) ce que nous
pourrions appeler des images de simples lions (de simples
images de lions?) et 2) des images de lions plutôt bizarres, qui
fument le cigare, haranguent les troupes assiégées ou sont
affalés sur le banc des ministres aux Communes. Dans aucune
de ces deux sortes d'images, le sens de l'image ne détermine sa
référence. Churchill n'est ni un lion ordinaire, ni un lion
particulier : il n'est pas un lion du tout.

La première sorte d'image est clairement réfractaire à
notre analyse frégéenne. Une image de lion n'est tout simplement pas une «description iconique» correcte de Churchill.
La seconde sorte d'image est plus complexe. L'image représente certaines propriétés qui sont léonines et certaines qui
sont churchilliennes. Par exemple, elle dépeint un lion à face
de Churchill fumant le cigare sur le banc des ministres.
D'après l'analyse frégéenne de la représentation-en, le sens de
cette image devrait être un ensemble de propriétés de lion mais
en fait certaines des propriétés représentées sont des propriétés
qu'aucun lion n'a jamais eues ou pourrait avoir, telle que la

possession de lèvres de Churchill. De plus, l'image devrait dénoter Churchill en vertu de ses propriétés représentées ou de son sens, mais les propriétés mêmes qui font que nous voulons dire que c'est une image de Churchill sont précisément ces propriétés qu'aucun lion n'a jamais eues ou pourrait avoir. Ce n'est pas la crinière dorée ou les quatre pattes représentées qui font que nous voulons dire que c'est une image de Churchill mais les traits churchilliens et le cigare. Nous pourrions peut-être vouloir dire que le sens de l'image est ambigu : elle pourrait représenter soit Churchill soit un lion. Mais, bien sûr, ce serait tout simplement mal interpréter l'image. En résumé, la théorie frégéenne de la représentation-en fait face à de graves difficultés avec les images « métaphoriques ».

Un autre problème pour la théorie frégéenne est l'existence des « images fausses ». Il semble possible qu'une image nous donne une information fausse à propos de son sujet. Ainsi une image de l'adulte Churchill avec d'abondants cheveux blonds bouclés n'est pas (entièrement) vraie de Churchill. Une image du Parthénon avec le mauvais nombre de colonnes en façade n'est pas vraie du Parthénon. Nous pourrions dire néanmoins que les images représentent Churchill et le Parthénon respectivement, bien qu'elles attribuent aux objets auxquels elles réfèrent des propriétés que ces objets n'ont pas en fait. Si c'est le cas, alors il est clair que la théorie frégéenne ne peut rendre compte du fait, puisque d'après la théorie une image représente ce qu'elle représente précisément en donnant une information *vraie* à son propos.

Pour finir, il est difficile de voir comment la théorie frégéenne peut distinguer entre une image de *a* en *b* et une image de *b* en *a*. Qu'est-ce que serait, par exemple, la différence entre une image d'un melon en orange et une image d'orange en melon ?

IV

Notre seconde théorie de la représentation se base sur la théorie des noms de Kripke[1]. Nous considérons ici aussi que les images représentationnelles se comportent comme des termes singuliers ou généraux, mais d'après notre théorie kripkéenne ce qu'une image représente est une fonction non de son sens mais de son histoire[2].

Kripke veut démentir la théorie frégéenne selon laquelle les noms propres ont un sens et réfèrent en vertu de leur sens. Il avance, pour le dire grossièrement, qu'un nom propre réfère à un individu particulier en vertu de certains faits historiques relatifs à ce nom. Ainsi les êtres humains reçoivent normalement leurs noms propres en partie en vertu de leur parenté et en partie par le biais d'un baptême ou d'une semblable cérémonie de nomination ou d'« adoubement ». Le nom « Saul Kripke » s'applique correctement à Saul Kripke non pas parce que « Saul Kripke » réfère à quiconque instantie les propriétés qui constituent le sens de ce nom mais parce que ce nom fut octroyé à Kripke à la naissance, que ses parents l'appelèrent de ce nom, que d'autres gens le rencontrèrent et apprirent son nom et ainsi de suite. En d'autres termes, il se crée ce que Kripke appelle une « chaîne de communication » et le nom passe de maillon en maillon le long de cette chaîne. Quelqu'un à l'extrême bout de la chaîne peut utiliser le nom « Saul Kripke » pour référer à Kripke sans rien connaître qui soit vrai de manière unique de Kripke ni une quelconque des propriétés essentielles de Kripke ; il se peut que tout ce qu'il sache, par exemple, est que Kripke est un logicien. Mais il est néanmoins tout à fait possible, d'après la conception présente, pour une

---

1. Kripke lui-même prétend que ce n'est pas une « théorie », simplement une « meilleure image » que celle de Frege de ce qui se passe dans la référence. Voir Kripke, « Naming and Necessity », p. 302.

2. Kripke, « Naming and Necessity », spécialement p. 298-299.

telle personne de réussir à référer à Kripke en utilisant le nom
« Saul Kripke », simplement en se trouvant au bout de la
« chaîne de communication ». Il est clair, dans ces conditions,
que la référence de « Saul Kripke » n'est pas une fonction de
son « sens » frégéen mais de sa genèse et de son histoire.

Si les portraits se comportent comme les noms propres
kripkéens, on peut alors présumer qu'eux aussi reçoivent leur
référence d'un « adoubement » initial d'une sorte ou d'une
autre. Je voudrais suggérer que les traits relatifs à la genèse
d'une image qui ont le plus de chances de déterminer sa référence sont le modèle ou la personne qui a posé pour elle, son
titre et les intentions de l'artiste qui le respectent. Dans de
nombreux cas, je pense qu'il existe une forte tentation de dire
qu'un portrait reçoit sa référence exactement de cette façon.
Ainsi peut-être que la raison principale pour laquelle on ne dit
pas normalement qu'une image censée représenter Pickwick
mais qui donne aussi une « description vraie » de mon grand-
père est une « image de » ou représente mon grand-père, est
que l'image n'a eu aucun lien historique avec mon grand-père ;
il n'a pas posé pour l'image et l'artiste n'avait pas l'intention
de le représenter, etc. Bref, il ne jouait aucun rôle causal
pertinent dans la production de l'image. De même, là où une
image donne une « description vraie » de deux jumeaux identiques, on dit normalement qu'elle ne *représente* que le jumeau
dont l'on souhaitait faire le sujet de la peinture, qui a posé pour
elle, etc. Bien sûr, l'artiste peut avoir peint délibérément une
image conçue pour être une « description vraie » des deux
jumeaux, mais ce serait un cas inhabituel. Normalement, nous
admettons qu'un portrait réfère de manière unique et que, s'il
donne une « description vraie » de plus d'une personne, ce sont
les facteurs historiques qui sont pris en considération pour
déterminer laquelle de ces personnes l'image représente en
fait. De même, la théorie kripkéenne offre une explication
pour des cas comme la gravure sur bois de Wolgemut qui, dans

la Chronique médiévale de Nuremberg, représente Mantoue sur une page et Damas sur une autre. Dans cette optique, nous pouvons dire que la gravure représente *l'une et l'autre* cités, non pas parce qu'elle est vraie des deux, ce qui semble improbable, mais parce que la gravure *s'intitule* « Mantoue » sur une page et « Damas » sur l'autre, et que l'intention de l'artiste était clairement que la gravure représente Mantoue sur une page et Damas sur l'autre. Ces exemples suggèrent avec force que, même si le sens d'un portrait ou d'une image qui réfère de manière unique peut être pertinent pour déterminer sa référence, ce n'est pas le seul facteur déterminant.

Les images qui se comportent comme des termes généraux ou des descriptions indéfinies, avec une référence « distributive » à tout objet qui satisfait la description, peuvent aussi être traitées par analogie avec la théorie kripkéenne de la référence des termes pour les espèces naturelles [1]. Selon Kripke, nous sélectionnons des cas paradigmatiques d'une espèce naturelle telle que l'aigle et nous fixons alors la référence du terme général « aigle » en disant que tout ce qui est de *cette* espèce doit être classé comme un aigle. Nous pouvons dire que toutes ces choses là-bas doivent être nommées « aigles » pour la raison qu'elles nichent dans la même région, qu'elles se ressemblent, s'accouplent entre elles, ont la même structure interne, etc., mais ceci n'exclut pas la possibilité que quelque chose soit un aigle sans ressembler à, s'accoupler avec, nicher dans les parages de, ou avoir la même structure interne que nos aigles paradigmatiques. Ainsi l'image d'un aigle dans le dictionnaire sélectionne seulement un aigle ou un ensemble d'aigles paradigmatique : il ne prétend pas donner une description précise de chaque aigle ni ne prétend ne décrire que des aigles. À cet égard, la théorie de Kripke possède un avantage

---

1. Kripke, « Naming and Necessity », p. 314-323. À noter que Kripke ne prétend pas que *tous* les termes généraux se comportent comme les noms d'espèces.

sur celle de Frege : il est de fait très peu vraisemblable que l'image de dictionnaire sera vraie de tous les aigles et seulement d'eux.

Ce que dirait Kripke au sujet des images qui ne réfèrent pas, telles que des images de licornes ou de centaures, est moins clair. Puisqu'il n'y a pas de licornes paradigmatiques, il est difficile de voir comment il aurait pu y avoir une cérémonie d'adoubement initial par laquelle le terme général « licorne » ou une image de licorne en serait venu à référer à une sorte particulière d'espèce. Des problèmes semblables menacent les images de Pickwick. Bien sûr, les dessins de Phiz sont *censés* référer à cette même personne à laquelle Dickens est *censé* référer par l'usage du nom « Pickwick ». Mais bien que Dickens fasse croire qu'il a réalisé une authentique cérémonie d'adoubement en inventant le nom « Pickwick » et en l'utilisant comme s'il référait à un individu particulier, l'adoubement est illusoire : il n'y a réellement personne qui se trouve adoubé.

En dépit de ces lacunes dans la théorie kripkéenne, elle semble capable de rendre compte de nombreux faits importants au sujet de la représentation. Toutefois, il n'est pas si facile de voir comment elle peut venir à bout de la représentation-en puisque, selon cette théorie, dire *comment* une image représente un objet (ce *en quoi* l'objet est représenté) n'est pas pertinent pour déterminer *quel* objet, s'il y en a un, cette image représente. Il y a néanmoins, je pense, une manière intéressante d'essayer de résoudre cette difficulté. On pourrait soutenir que ce qu'une image représente est une fonction de son histoire, tandis que la manière dont une image représente quelque chose (ce qu'elle représente-en) est une fonction des propriétés qu'elle représente en tant que déterminées par projection à partir des propriétés iconiques (quelles couleurs figurent à quel endroit sur la toile). En d'autres termes, la théorie kripkéenne explique ce qu'une image représente et la théorie frégéenne explique ce qu'une image représente-en.

Cette manière de voir semble à première vue combiner les meilleurs traits des deux théories kripkéenne et frégéenne pour fournir une explication convaincante de la représentation-en. Car il en découle que si a représente b en c, alors a est une image qui représente des propriétés de c mais qui a b pour modèle, visé à représenter b, a « b » comme titre, etc. Ainsi une image de Churchill en lion est une image dont les propriétés iconiques déterminent des propriétés représentées telles qu'avoir une crinière dorée, avoir quatre pattes et avoir des crocs acérés, mais dont la référence est déterminée par le fait que l'artiste visait à ce que cette image particulière d'un lion soit une vision exaltante de Churchill, qu'il l'a intitulée *Churchill au soir du débarquement de Normandie*, etc., etc. Qui plus est, cette explication a l'avantage supplémentaire de permettre de faire une distinction entre une image de lion qui représente Churchill et ce que nous pourrions baptiser une image de Churchill-en-lion qui représente Churchill. Une image de lion qui représente Churchill est ce que nous pourrions appeler dans le langage ordinaire une image de lion mais qui a Churchill pour titre (et on peut supposer qu'il n'a pas posé), tandis qu'une image de Churchill-en-lion qui représente Churchill ne sera pas une image de lion *tout court* mais une image d'un lion qui fume le cigare, qui harangue les troupes assiégées ou est affalé sur le banc des ministres aux Communes. Dans le premier cas, les propriétés représentées par la peinture sont entièrement léonines; dans le second cas, elles sont en partie léonines, en partie churchilliennes. Cette théorie nous permet aussi de faire une distinction claire entre une image qui représente un melon en orange et une image qui représente une orange en melon. Comme nous l'avons vu, la théorie frégéenne seule est incapable de faire ce genre de distinction. Enfin, elle fournit une explication des images

« fausses ». Une image du Parthénon avec le mauvais nombre de colonnes en façade est une image dont le modèle était le Parthénon mais dont le « contenu descriptif » est inexact.

V

La théorie kripkéenne de la représentation semble être en mesure de traiter certains des problèmes que la théorie frégéenne seule ne pouvait traiter. Néanmoins, en tant que théorie qui vise à expliquer la représentation en son entier, elle est grossièrement inadéquate. Dans cette section, je soutiendrai 1) que la théorie ne fournit pas de conditions suffisantes pour la représentation, 2) qu'il y a de bonnes raisons de penser qu'elle n'énonce même pas des conditions nécessaires de la représentation, et 3) que la représentation-en reste un problème.

1) Il y a au moins deux sortes convaincantes de contre-exemples à la prétention que la théorie kripkéenne fournit des conditions suffisantes pour la représentation. La première sorte de cas est celle des mauvaises images (ou des images folles). Par exemple, une image où l'intention du peintre est de faire une image de la reine Victoria, intitulée *Reine Victoria* et ayant la reine Victoria pour modèle, peut néanmoins échouer à représenter la reine Victoria si le peintre est incompétent. De manière significative, nous jugeons la compétence d'un peintre à représenter par son habileté à donner une caractérisation iconique correcte, ou au moins appropriée, de son modèle dans le système symbolique qu'il utilise. Pour qu'une image représente la reine, il faut qu'il y ait une projection à partir de ses propriétés iconiques vers les propriétés représentées de la reine, comme le réclame la théorie frégéenne. La théorie kripkéenne ignore le réquisit goodmanien crucial qu'une image est un caractère dans un système symbolique et qu'elle fonctionne

en tant que telle, en vertu de ses propriétés et non, disons, de son prix ou, plus spécialement, de son origine et de son histoire. Ainsi on ne croit pas un schizophrène qui prétend qu'un griffonnage qu'il trace représente la reine Victoria, à moins qu'il puisse désigner des traits de son griffonnage qui correspondent aux propriétés représentées de la reine. (Peut-être, par exemple, qu'un griffonnage inhibé représente la reine comme ayant une personnalité inhibée [1]).

Un second problème pour notre théorie kripkéenne est posé par les images qui ne sont pas censées représenter les objets qui leur ont servi de modèles. Un bon exemple est celui des tableaux de paysage de Gainsborough qui ne représentent aucun paysage réel mais qui furent inspirés de petites compositions délicates et soigneusement construites avec des feuilles sèches, des plumes, des bouts de verre brisé et ainsi de suite. Intuitivement, nous ne voulons pas dire que les tableaux qui en résultent *représentent* des plumes et des bouts de verre, et il n'est même pas vrai que les tableaux représentent des plumes et des bouts de verre *en* arbres et *en* lacs. On pourrait à coup sûr soutenir que les données historiques sont ambiguës dans de tels cas : ainsi, bien que le *modèle* pour un paysage de Gainsborough puisse avoir été une construction à base de plumes, etc., l'*intention* de Gainsborough était de peindre un paysage (quoique peut-être aucun paysage réel). Cette ambiguïté met le doigt sur une difficulté dans l'application du modèle kripkéen aux images ; en effet, alors qu'un nom propre reçoit sa référence par le biais d'une cérémonie conventionnelle d'adoubement telle qu'un baptême, un portrait ne semble pas entretenir une simple relation conventionnelle à l'égard de son modèle. Bien qu'il soit vrai, comme Gombrich l'a montré de manière convaincante, que l'artiste ne copie pas ou n'imite

---

1. Un griffonnage inhibé pourrait aussi *exprimer* la nature inhibée de la personnalité de la reine, mais c'est une autre question.

pas ce qu'il voit [1], il est néanmoins impossible que n'importe quoi au hasard serve de modèle pour un tableau particulier. Par exemple, si Gainsborough n'avait pas été capable de *voir* ses bouts de verre comme des lacs et ses plumes comme des arbres, il ne les aurait pas utilisés à titre de modèles pour un paysage [2]. Bref, l'intention de Gainborough de peindre un paysage n'est pas indépendant de son choix du modèle comme notre objection semble le supposer.

Un autre exemple dans lequel le modèle pour une image n'est pas – ou pas uniquement – ce que cette image représente est l'image de l'aigle dans le dictionnaire. Il se peut que le modèle pour l'image ait été un aigle particulier, mais l'image ne réfère pas simplement à cet aigle mais distributivement à *tout* aigle. De même dans le cas d'une image de melon (ce melon ou un autre). Il se peut que l'image ait eu un melon particulier pour modèle sans qu'elle ait ce melon pour unique référent. Dans ce cas, la théorie frégéenne semble bien plus proche de la vérité : l'image réfère à tout ce qui satisfait la « description » iconique qu'elle donne. On dit souvent, de manière quelque peu paradoxale, que la capacité de signifier des œuvres d'art réside tout à la fois dans ce qu'elles ont d'unique et d'universel. Eu égard à la peinture représentationnelle, cette doctrine peut s'expliquer en partie par le fait que, par exemple, une image de melon par un grand artiste peut attirer l'attention sur certains traits d'un melon, comme sa couleur spécifique, sa solidité et sa texture, qui appartiennent en propre aux melons mais qui tendent à être vrais de *tous* les melons ou au moins de tous les plus « meloniens » des melons, c'est-à-dire ceux qui

---

1. E. Gombrich, *Art and Illusion*, Phaidon, 1959 [trad. fr. *L'Art et l'illusion*, Paris, Gallimard, 1960, puis Phaidon].

2. R. Wollheim a soutenu qu'on devrait expliquer le concept de représentation dans les termes du concept de voir-comme : *Art and Its Objects*, Harper and Row, 1968, spécialement p. 14-18. [À noter que dans la seconde édition (1980), Wollheim a révisé sa position et reformulé son analyse en termes de voir-dans, *cf.* annexe 5 [N.d.T.]].

ont les propriétés sensibles typiques des melons à un degré prononcé[1]. Ainsi une image de melon, pour laquelle un melon particulier a « posé », peut en fait référer à tous les melons qui ont les propriétés-de-melons représentées dans l'image.

2) J'espère avoir montré que notre théorie kripkéenne n'énonce pas des conditions suffisantes sur la représentation. Savoir si elle nous donne des conditions nécessaires est toutefois une question plus délicate, principalement parce qu'il me semble que nous n'avons pas d'intuitions fortes au sujet des cas difficiles. Par exemple, je peux me proposer de peindre une image de la reine Victoria dans un système symbolique réaliste et je l'utilise comme modèle. Je suis un peintre incompétent et ne m'attends pas à de grands résultats, mais de manière inattendue, le tableau se trouve avoir une ressemblance extrêmement forte avec Jane Smith (dans un système symbolique réaliste). Admettons que le fait que mon tableau « ressemble à » Jane ne comporte aucun « enjeu » psychologique ou esthétique subtil ; c'est un pur accident, un faux-pas du pinceau. Or, mon intuition serait de dire qu'en dépit de l'histoire du tableau, c'est une image de Jane parce qu'elle donne une « description iconique » exacte de Jane. Et de m'exclamer tout surpris : « J'ai peint une image de Jane ». Mais qu'en serait-il si Jane n'était même pas née à l'époque où j'ai peint le tableau ? Supposez que mon tableau se languisse dans un grenier depuis un siècle avant d'être exhumé par un ami de Jane. Il y a, je pense, une forte inclination à dire dans ce cas que le tableau ne peut représenter Jane et il est à présumer que l'origine de cette inclination est qu'elle n'était pas associée historiquement avec le tableau de la façon qui convient. Ainsi nos intuitions dans ces deux cas me semblent conduire dans des directions différentes.

Un autre cas problématique se produit lorsqu'une image fournit des caractérisations en partie vraies de deux personnes

---

1. On pense par exemple aux peintures de pommes de Cézanne.

différentes, dont l'une seulement est reliée historiquement à l'image de la façon qui convient. Ainsi je peux me proposer de représenter la reine Victoria et l'utiliser comme modèle, et cependant il se trouve que l'image « ressemble » à Jane portant les bijoux de la couronne. Même dans ce cas, il me semble qu'il y a une forte inclination à dire que l'image représente Jane (en supposant qu'elle soit vivante et connue de moi) si les propriétés de Jane que l'image représente sont des propriétés plus *importantes* que celles de la reine. Ainsi, dans un portrait, c'est d'ordinaire l'exactitude de la représentation des *traits* qui est cruciale pour déterminer ce qui est représenté, plutôt que les vêtements ou les bijoux qu'on porte. Ici encore, il me semble que les faits historiques relatifs à l'image sont supplantés par les considérations frégéennes, lorsque nous essayons de déterminer la référence de l'image. Je pense néanmoins que ces cas se discutent. Je ne voudrais pas prétendre avoir montré de manière concluante que des considérations kripkéennes ne sont pas nécessaires pour déterminer la référence.

3) Selon la théorie plausiblement « kripkéenne » de la représentation-en que j'ai suggérée plus haut, *ce qu*'une image représente est une fonction de son histoire et sa *manière* de représenter cette chose (ce qu'elle représente cette chose *en*) est déterminée conformément à la théorie frégéenne. Toutefois, si j'ai raison et que la théorie kripkéenne de la représentation est inadéquate, alors l'explication kripkéenne de la représentation-en échoue également. Ni une simple image de lion ni une image de lion fumant le cigare ne représente Churchill en vertu de l'histoire de l'image. D'après la conception kripkéenne, une simple image de lion représente Churchill en vertu du fait que l'artiste avait l'intention de peindre une vision exaltante de Churchill et qu'il l'a intitulée *Churchill au soir du débarquement de Normandie*. Mais ceci ne peut régler toute l'affaire. La seule raison pour laquelle nous acceptons qu'une

image de lion soit une image qui représente Churchill, c'est qu'il est à la fois sensé et à propos de regarder Churchill comme un lion. Il est vraisemblable qu'une image de vase de fleurs intitulée *Churchill au soir du débarquement de Normandie* serait tout bonnement bizarre (à moins, je le répète, que nous fournissions un contexte dans lequel il pourrait être approprié de regarder Churchill, disons comme un vase de gueules-de-loup par opposition à un vase de myosotis). Il en va de même dans le cas de l'image d'un lion fumant le cigare. Dans ce cas, on pourrait soutenir que l'artiste n'avait pas seulement l'intention de représenter Churchill ; il a aussi pris modèle sur Churchill pour certaines parties de son dessin telles que les parties qui représentent les lèvres et le menton de Churchill et le cigare. Ici encore, toutefois, comme dans l'exemple du griffonnage du schizophrène, les facteurs historiques ne sont pas décisifs. L'artiste se doit de *bien* rendre la forme des lèvres de Churchill et la position du cigare pour que nous soyons en mesure de dire que l'image représente réellement Churchill et non pas simplement un lion d'allure étrange. En d'autres termes, *ce qui* est représenté n'est pas déterminé indépendamment de la *manière* dont il est représenté : notre solution kripkéenne au problème de la représentation-en est théoriquement nette mais artificielle et tirée par les cheveux.

D'autres exemples, plausibles en apparence, échouent pour des raisons similaires. Ainsi, bien qu'il soit vrai que la référence de la gravure sur bois de Wolgemut est en partie déterminée par le titre et les intentions de l'artiste, c'est seulement parce que la gravure sur bois représente une ville qu'il est approprié pour elle de représenter à la fois Mantoue et Damas. Bien que l'image ne soit pas vraie des deux villes dans leurs détails, elle est vraie d'elles deux pour autant qu'elle attribue aux deux la qualité de ville. La théorie kripkéenne des images fausses est également inadéquate. Il ne suffit pas de dire qu'une image du Parthénon avec le mauvais nombre de colonnes en façade réfère au Parthénon simplement parce que le Parthénon lui a servi de modèle. Ce n'est que si la « description iconique » du Parthénon est dans une large mesure correcte – même si ce n'est pas complètement – que nous acceptons l'image comme une représentation du Parthénon. Une image d'un vase de fleurs ne compterait même pas, normalement, comme une représentation fausse du Parthénon. En fin de compte, bien que la théorie kripkéenne offre un moyen de distinguer entre une image d'un melon en orange et une image d'une orange en melon, il s'agit d'une distinction hautement artificielle : en fait, il est vraisemblable que les deux sortes d'images auraient à représenter certaines propriétés communes à un melon et à une orange.

VI

J'espère avoir établi sans doute possible que ni la théorie frégéenne ni la théorie kripkéenne ne nous offre une condition suffisante pour la représentation iconique. Très souvent, toutefois, un cas qui ne peut être expliqué par l'une des théories seule peut être expliqué si nous invoquons aussi l'autre théorie. Bien que, par exemple, selon la théorie frégéenne, une image réfère à tout ce qui satisfait la « description iconique » qu'elle fournit, la même image exactement (dans le même système symbolique iconique) peut en fait référer à des choses différentes dans des contextes différents. Ainsi, savoir si une image réfère à Pickwick seul, à mon grand-père seul ou à tous les joyeux compères de l'époque victorienne qui possèdent les propriétés représentées dans l'image est quelque chose qui ne peut être déterminé par le simple examen des propriétés iconiques et par leur mise en correspondance avec les propriétés représentées. Nous avons besoin de connaître le contexte dans lequel intervient l'image, par exemple où elle est – dans les pages d'un roman, dans la galerie de portraits de mon imposante demeure, ou dans une publicité pour la bière Toby – et dans quel dessein on l'utilise – pour illustrer un roman, pour prouver combien ma maison est imposante, pour démontrer que les joyeux drilles boivent de la bière Toby – et ainsi de suite. Or, on peut très facilement associer cette notion de « contexte » à la théorie kripkéenne puisque, dans mon exemple particulier, c'est essentiellement l'*histoire* des images qui permet de dire si elles représentent Pickwick, mon grand-père ou les buveurs de bière Toby. De même, dans la théorie frégéenne, l'image d'aigle dans le dictionnaire peut en fait représenter certaines buses ou y référer puisqu'il se trouve qu'elles correspondent à la « description iconique ». Mais si nous invoquons la théorie kripkéenne en complément de la théorie frégéenne, nous pouvons exclure les buses puisqu'il n'y a pas de buses qui fonctionnent de la manière appropriée dans l'histoire de l'image.

De plus, comme nous l'avons déjà vu, nous ne pouvons expliquer la référence d'une image uniquement en faisant appel à des considérations kripkéennes, bien que très souvent nous puissions rendre compte des cas difficiles si nous invoquons aussi l'analyse frégéenne. Il reste encore matière à douter au sujet de ce qu'une image représente – ou si elle représente quelque chose – même si on l'appelle « Reine Victoria », que l'artiste avait l'intention qu'elle représente la reine Victoria et qu'il a utilisé la reine Victoria comme modèle, mais si l'image donne aussi une « description vraie » de la reine Victoria, ceci tend à éliminer le doute.

Cette discussion peut alors suggérer que, bien qu'aucune des deux théories ne soit par elle-même suffisante pour la représentation, peut-être que les deux théories fixent des conditions qui sont nécessaires pour la représentation. Il me semble toutefois qu'il n'en va pas ainsi. J'ai déjà soutenu que les raisons de tenir les considérations kripkéennes comme nécessaires pour la représentation iconique sont ambiguës. Comme nous l'avons vu, une partie du problème est qu'il est difficile de voir exactement comment fonctionnerait une théorie kripkéenne de la représentation iconique : il n'y a tout simplement pas d'équivalent iconique d'une cérémonie de baptême. En ce qui concerne la théorie frégéenne, il est assurément vrai que de nombreuses images représentent leurs objets du fait qu'elles donnent une information vraie sur eux, mais il est tout aussi vrai qu'il n'en va pas ainsi pour de nombreuses images. Prenez par exemple le cas extrême du griffonnage censé représenter la reine Victoria. J'ai affirmé que ce n'était pas assez de dire que le griffonnage représente la reine Victoria pour des raisons kripkéennes ; il faut aussi que le griffonnage corresponde à certaines propriétés représentées qu'il est approprié d'attribuer à la reine Victoria, telle que la possession d'une personnalité inhibée. Mais le problème est qu'être approprié n'est pas identique à être vrai. Il peut être faux de la reine Victoria que sa personnalité soit inhibée et cependant, dans un contexte donné, il peut se révéler significatif de la représenter comme ayant une personnalité inhibée.

Tout aussi difficiles à manipuler pour la théorie frégéenne sont les cas « métaphoriques » de représentation-en. Pour être en mesure de comprendre une image métaphorique qui représente Churchill en lion ou Pitt en parasite sur la couronne, nous avons besoin de savoir ce qui rend la métaphore appropriée. Pourquoi est-ce que ce lion fume le cigare ? Pourquoi ce chancre qui pousse sur la couronne a-t-il pris la forme du profil de Pitt ? Or, pour comprendre ce que de telles images ont de significatif, nous avons besoin de connaître quelles propriétés ont en commun Churchill et un lion ou Pitt et un chancre, mais les propriétés pertinentes sont précisément celles qui ne sont *pas* représentées dans l'image. Churchill n'a pas quatre pattes mais il est impétueux et courageux ; Pitt n'a pas le cou attaché à

une couronne mais il dépend à l'excès du monarque. Pour
sauver la théorie frégéenne, on pourrait soutenir que les
propriétés représentées dans la caricature de Pitt sont vraies de
Pitt plutôt métaphoriquement que littéralement. Mais cette
manœuvre ne marchera pas pour les raisons suivantes :
1) Certaines des propriétés représentées sont littéralement
vraies de Pitt : par exemple, qu'il ait un nez de cette forme
particulière. 2) Nombre des propriétés représentées n'appartiennent ni littéralement ni métaphoriquement à l'objet représenté : le cou de Pitt n'est pas sinueux ni ne s'attache à un objet
en forme de couronne mais à sa poitrine. 3) Même si nous
accordons que les propriétés représentées incluent le fait d'être
un parasite sur la couronne et qu'au moins ceci est métaphoriquement vrai de Pitt, il nous faut encore faire face à la
possibilité problématique qu'en fait Pitt n'était pas un parasite
sur la couronne et que Gillray se livrait tout bonnement à une
calomnie par voie d'image.

La conclusion raisonnable qui ressort de cet article semble
donc être plutôt négative : bien que les théories frégéenne et
kripkéenne éclairent l'une et l'autre le concept de représentation iconique, aucune des deux n'offre des conditions soit
nécessaires soit suffisantes pour son application correcte. Une
raison possible à cela est que les deux théories sont des théories
inadéquates de la référence. Une autre possibilité peut-être
plus plausible est qu'on ne peut expliquer entièrement la
représentation et la représentation-en en tant qu'espèces de
référence.

Traduit par Jacques Morizot

RICHARD WOLLHEIM

LA REPRÉSENTATION ICONIQUE*

I

Les théories philosophiques de la représentation sont
légion.

Ceci nous fournit une indication, et même en fait nous en
fournit deux, deux indications philosophiques au sujet de la
représentation. La première est que, lorsque nous entrepre-
nons de fixer l'extension du concept de représentation, armés
des ressources qui nous sembleraient devoir être adéquates
– c'est-à-dire la sorte d'intuitions que nous avons, et en prenant
attentivement en considération des exemples – nous rencon-
trons de nombreux cas difficiles. Est-ce que les cartes sont des
représentations ? Est-ce que les signaux routiers sont des représentations ? La seconde indication est que ces cas difficiles
résistent totalement à la stipulation. Personne (me semble-t-il)
ne me croira sur parole si je dis, par exemple, que les peintures
en trompe-l'œil ne sont pas des représentations mais que la
majorité des peintures abstraites en sont. Le caractère central
de la représentation au sein des arts iconiques signifie que

* R. Wollheim, « On Pictorial Representation », *The Journal of Aesthetics
and Art Criticism*, vol. 56, n°3, 1998, p. 217-226.

toute réponse qui n'est pas appuyée sur une théorie, qui plus est sur une théorie en prise directe avec une approche générale de la perception et avec des pratiques culturelles larges, ne conviendra pas.

D'où l'abondance des théories de la représentation.

II

Toutefois nombre de ces théories n'atteignent pas un réquisit minimal particulier qui vise à sauvegarder notre intuition la plus forte au sujet de la représentation, en ce qui concerne cette fois non plus son extension mais sa nature : c'est que la représentation iconique est un phénomène perceptuel et plus étroitement visuel. Mettez en péril le statut visuel de la représentation et le statut visuel des arts iconiques est en danger. Durant la totalité de cette conférence, je considérerai comme acquise ce qu'on appelle aujourd'hui l'« opticalité » de l'art pictural.

Mais comment formuler le réquisit minimal portant sur une théorie de la représentation iconique ? Je commence avec ce qui suit : 1) si une image représente quelque chose, alors il y aura une expérience visuelle de cette image qui détermine qu'elle le fait. J'appelle cette expérience l'« expérience appropriée » de l'image, et 2) si un spectateur adéquat regarde l'image, il aura, toutes choses égales par ailleurs, l'expérience appropriée.

Ceci demande quelques explications :

Un spectateur adéquat est un spectateur qui est adéquatement sensible, adéquatement informé et, si nécessaire, adéquatement sollicité. La sensibilité et l'information doivent inclure une capacité récognitionnelle envers ce qui est représenté, et « toutes choses égales par ailleurs » signifie qu'en plus d'avoir des conditions de vision assez bonnes, le spectateur doit mettre l'ensemble de ces qualifications au service de la tâche à réaliser. Quant à « adéquatement sollicité », il vise à prévenir une possible omission et à neutraliser un préjugé qui n'est que trop commun. Ce qui peut être oublié est que, parfois, même si un spectateur a les capacités récognitionnelles qui conviennent, il peut n'être pas adéquatement informé, à moins qu'on ne lui dise, point par point, ce que l'image en face de lui représente. Sans cette information, il n'aura pas l'expérience appropriée. Et le préjugé consiste à supposer que si, sans cette information, le spectateur est incapable de faire l'expérience appropriée de l'image, alors, muni de cette information, il n'en sera toujours pas capable. L'information peut affecter ce qu'il dit, mais comment pourrait-elle affecter ce qu'il voit ?

J'ai soutenu ailleurs que pour dissiper ce préjugé, nous devrions nous rappeler l'époque de notre enfance lorsqu'on nous donnait un dessin au trait et qu'on nous demandait de dire ce qu'il y avait dans le feuillage et qu'on ne répondait rien parce que, en le tournant par-ci, en le tournant par-là, on ne voyait rien ; alors on nous sollicitait, on nous montrait la clé, et nous disions « garçon », « chameau », « poisson », « lapin », « biche ». Ce qui avait changé n'était pas seulement ce que nous avions dit, ce qui avait aussi changé était ce que nous avions vu. De là l'action de solliciter et le besoin d'y faire référence même dans une version aussi schématique du réquisit minimal.

Ce qui rend cette version trop schématique est que, bien qu'elle insiste sur le fait que, pour toute image représentationnelle, il *existe* une expérience appropriée, elle ne dit rien de ce qu'est cette expérience. Plus loin, nous aurons à tirer profit de cette carence. En attendant, est-ce qu'il y a des théories qui ne satisfont pas le réquisit minimal même dans cette version ?

III

Le soupçon tombe d'abord sur la théorie, ou plutôt sur la famille de théories que j'ai appelées sémiotiques, et qui ont en commun de baser la représentation sur un système de règles ou de conventions qui lient la surface de l'image, ou des parties de cette surface, avec des choses dans le monde.

Si, de nos jours, les plus bruyantes de ces théories sont celles qui modèlent les règles de la représentation sur les règles du langage, ce sont aussi les plus vulnérables puisque, fidèles à l'analogie qui les inspire, elles posent que la signification représentationnelle dépend de la structure iconique. Mais dans le sens pertinent c'est-à-dire combinatoire, les images sont dénuées de structure. Il n'existe pas de manière non triviale de segmenter sans reste des images en des parties qu'on puisse catégoriser fonctionnellement ou relativement à la contribution qu'elles apportent à la signification de la totalité.

En conséquence, ce qui est spécifiquement erroné avec les théories sémiotiques de la représentation d'orientation linguistique peut en venir à obscurcir ce qui est essentiellement erroné avec la théorie sémiotique. Pour éviter cela, je propose 1) de nous concentrer sur la version la plus plausible de la théorie sémiotique, celle qui non seulement laisse tomber la dépendance vis-à-vis de la structure iconique mais insiste sur le fait que les règles de représentation ne peuvent s'appliquer, que ce soit par l'artiste ou le spectateur, sans capacités récognitionnelles envers les choses représentées, et 2) de considérer si une telle théorie satisfait le réquisit minimal en voyant ce qu'elle fait du processus par lequel la signification représentationnelle est assignée à des images par un spectateur. Bien sûr, à première vue, il n'existe pas de transition facile entre ce qu'est la signification représentationnelle et la manière dont on assigne la signification représentationnelle ou vice versa. Aucune théorie de la représentation ne devrait négliger le fait qu'une des meilleures façons de découvrir ce qu'une image représente est de regarder l'étiquette. Toutefois, pour toute théorie de la représentation, il y a une façon d'assigner la signification aux images qui suit la manière dont la théorie dit que les images parviennent à leur signification, et ma stratégie présente consiste à voir si la manière associée à l'espèce la plus plausible de théorie sémiotique laisse suffisamment de place pour la perception. Laisse-t-elle une place pour une expérience appropriée ?

Il s'avère que la réponse est non. Non, dans la mesure où, bien que la théorie sémiotique la plus plausible fasse intervenir la perception en deux points distincts du processus qui assigne la signification représentationnelle aux images, en un troisième qui se révèle le point crucial, elle exclut la perception.

Toute théorie sémiotique, d'orientation linguistique ou plausible, fait intervenir la perception au point un : le spectateur doit être visuellement conscient de la surface à laquelle il applique alors les règles de représentation. Toute théorie sémiotique plausible, par opposition à une théorie d'orientation linguistique, fait intervenir la perception au point deux : car le spectateur doit posséder les capacités récognitionnelles pertinentes s'il a à appliquer les règles de représentation. Il est toutefois interdit à une théorie sémiotique de n'importe quelle sorte d'en appeler davantage à la perception. Et cela parce que, à partir de ce point, tout ce que le spectateur a à faire est d'appliquer les règles à la surface, des règles qui le mèneront, sans l'aide de la perception, à la pensée de ce qui est représenté, ce qui est sa destination.

Une manière d'exprimer cela est de dire que, pour toute théorie sémiotique, la saisie de la signification représentationnelle est fondamentalement une activité interprétative et non pas perceptuelle. Aucune expérience appropriée n'est en conséquence postulée ; c'est ainsi que la théorie sémiotique échoue devant le réquisit minimal.

IV

Si cela montre que la théorie sémiotique est à ce point loin du compte qu'elle échoue devant le réquisit minimal même dans cette version schématique, cela suggère aussi que, si l'on doit tester des théories plus élaborées de la représentation, il est nécessaire d'amplifier le réquisit minimal. Il devra préciser, pour toute représentation, à quoi ressemble l'expérience appropriée.

Nous vient en aide à ce point une autre intuition forte que nous avons, toujours au sujet de la nature de la représentation. Car si, avant qu'un spectateur par ailleurs adéquat, qui regarde une représentation, puisse avoir l'expérience appropriée, il est nécessaire qu'il possède les capacités récognitionnelles qui conviennent, le corollaire est que, s'il ne dispose pas de ces capacités, il peut les acquérir par l'acte de regarder la représentation et d'être adéquatement stimulé. Toutes choses égales par ailleurs, il aura l'expérience appropriée en même temps qu'il acquerra la capacité récognitionnelle. C'est de cette façon que les enfants acquièrent un très grand nombre de leurs capacités récognitionnelles, en regardant des livres illustrés. Voyant son premier éléphant à l'âge de deux ans, ma fille s'est exclamée « Babar ».

Les choses étant ainsi, si nous voulons savoir à quoi ressemble l'expérience appropriée, nous avons seulement à demander : À travers quelle sorte d'expérience obtenons-nous une capacité récognitionnelle ? La réponse à cette question est sûrement celle-ci : Nous obtenons une capacité récognitionnelle à travers une expérience dans laquelle nous sommes visuellement conscients de la chose (ou de l'espèce de chose) que nous sommes ainsi capables de reconnaître. Certes il pourrait se présenter des cas dégénérés dans lesquels nous apprenons à reconnaître une chose du fait qu'on nous a montrés quelque chose de très ressemblant et que nous en venions à voir le ressemblant comme la chose en question. Mais cette méthode pourrait aussi bien nous donner une capacité inférentielle plutôt qu'une capacité véritablement récognitionnelle. S'il en va ainsi, alors nous devons inclure cette conclusion dans notre réquisit minimal à titre de troisième clause si bien que l'ensemble se présente désormais comme suit : 1) si une image représente quelque chose, il y en aura une expérience appelée l'expérience appropriée qui détermine que c'est bien le cas ; 2) si un spectateur adéquat regarde l'image, toutes choses étant égales par ailleurs, il aura cette expérience ; et 3) cette expérience sera ou inclura une conscience visuelle de la chose représentée. J'appelle cette version la version amplifiée du réquisit minimal, par opposition à la version schématique.

Ainsi réarmé, je me tourne vers la théorie suivante sur laquelle tombe le soupçon, bien que ce soit aussi celle sur laquelle s'établit la sagesse commune : à savoir, la théorie de la ressemblance. Ici aussi, il s'agit d'une famille de théories dont les membres peuvent être divisés de deux manières.

La première manière d'opérer une division entre de telles théories est de distinguer entre celles pour qui la ressemblance – qui joue bien sûr entre quelque chose d'iconique et quelque chose d'extra-iconique – n'est pas expérimentée et celles pour lesquelles c'est le cas. Toutefois, ce sur quoi insistent ces dernières théories n'est pas qu'il existe une ressemblance entre deux choses et que cette ressemblance est expérimentée. Tout ce qu'elles demandent est qu'on fasse l'expérience des deux choses comme ressemblantes, ce qui est compatible avec une gamme très large de ressemblance effective ou de différence effective. Il est clair que c'est seulement la dernière sorte de théorie de la ressemblance qui satisfera le réquisit minimal et qui le satisfera de fait, même dans sa version schématique. Car elle est la seule qui ménage une place pour une expérience appropriée.

Deuxièmement, on peut diviser les théories de la ressemblance en fonction des termes entre lesquels joue la relation de ressemblance. (Et puisque, à partir de maintenant, je me limiterai aux théories de la ressemblance expérimentée, et puisque, contrairement à la ressemblance elle-même, la ressemblance expérimentée est non symétrique, je parlerai de terme de droite ou ressemblé et de terme de gauche ou ressemblant). Or, les désaccords au sujet du terme ressemblé sont de fait des désaccords au sujet de la portée de la représentation, et je reviendrai sur ce sujet plus loin. En ce qui concerne les désaccords sur le terme ressemblant, la question cruciale est de savoir si, au moins en premier lieu, il s'agit de quelque chose figurant sur la surface de l'image ou d'une partie de l'expérience du spectateur qui regarde la surface de l'image.

Enfin, et toujours à propos du terme ressemblant, restons vigilants vis-à-vis de ces versions de la théorie de la ressemblance qui se reposent sur la généralisation de remarques de la sorte de celles que nous faisons sans conteste devant des images représentationnelles, et qui sont de la forme « Ceci ressemble à un Saint Bernard », « Ceci ressemble à Henri VIII ». Car remarquez que, lorsque nous faisons de telles remarques, le démonstratif sélectionne non pas quelque partie de la surface de l'image, non pas quelque partie de l'expérience du spectateur, mais la chose représentée : la race même du chien, la personne royale elle-même, que l'image représente. En d'autres termes, dans chacune de ces remarques, le terme ressemblant est un artefact de la représentation ; elle seule lui a conféré l'existence. En conséquence, toute généralisation de telles remarques ne constituera pas une théorie qui explique la représentation par référence à la ressemblance. Ce sera une théorie au sein de la représentation, non pas une théorie de la représentation, qu'elle présuppose.

C'était une opinion admise que la théorie de la ressemblance était morte, et voilà que dans les toutes dernières années sont apparues deux versions singulièrement subtiles qui relancent l'interrogation : l'une, avancée sur le mode catégorique par Christopher Peacocke[1], mais qui renonce à l'étiquette, l'autre, venant de Malcolm Budd[2], qui accepte l'étiquette et de fait cherche expressément ce qu'on peut faire de mieux dans ce cadre, ce pourquoi elle est avancée sur un mode seulement hypothétique.

Les deux théories sont des théories de la ressemblance expérimentée, et toutes deux introduisent le champ visuel d'un spectateur en vue d'obtenir le terme de gauche ou ressemblant. Toutefois les deux théories ont une conception quelque peu différente de ce champ visuel. Peacocke le conçoit comme ayant à la fois des propriétés sensationnelles et représentationnelles, mais seules les propriétés sensationnelles fournissent le terme ressemblant dans le cas de la représentation iconique. Pour Budd, le champ visuel n'a que des propriétés représentationnelles et ce sont donc elles qui fournissent le terme ressemblant. De fait, pour Budd, mon champ visuel n'est rien d'autre que la manière dont le monde, au moment où je l'appréhende, est représenté par la vision, *avec une réserve* : que nous ayions fait abstraction de toutes les propriétés qui impliquent la distance, ou l'extériorité. (Savoir si une telle abstraction est possible, ou si le plus que nous pouvons faire dans cette direction est de concevoir que les choses différentes que nous voyons nous sont représentées comme toutes équidistantes de nous, est une question importante mais ce n'est pas le lieu de l'approfondir). Il découle de l'existence de ces conceptions divergentes du champ visuel que, pour Budd, lorsqu'on fait l'expérience que quelque chose dans le champ visuel ressemble à quelque chose d'autre, quelque chose qui n'est pas iconique, il en va de même de la partie correspondante de la surface

1. Ch. Peacocke, « Depiction », *The Philosophical Review*, 96, 1987, p. 383-410.

2. M. Budd, « How Pictures Look », *op. cit.*, p. 154-175.

de l'image. Mais ce n'est pas le cas pour Peacocke qui introduit une autre relation qui joue entre l'image et ce qu'elle
représente ; cette relation passe par, et est en partie définie en
termes de, ressemblance expérimentée.

Juste un mot sur ce que les deux théories prennent comme
terme ressemblé. C'est un autre champ visuel, un champ visuel
possible : de manière plus précise, c'est le champ visuel
qu'aurait le spectateur de la représentation si, au lieu de la
regarder, il regardait ce qu'elle représente. Mais, pour toute
chose représentée, il existe une multitude de manières dont
elle peut être vue, et à chacune de ces manières correspond un
champ visuel possible différent. Par conséquent, le second
champ visuel ou le terme ressemblé détermine non seulement
ce qui est représenté mais la manière dont il est représenté,
c'est-à-dire quelles propriétés il est représenté qu'il les a.
Prenez deux des *Meules* de Monet qui représentent les mêmes
deux meules. À l'évidence, elles les représentent différemment
ou comme ayant des propriétés différentes, mais comment
allons-nous expliquer ces différences ? Selon la théorie
présente, nous devons le faire en prenant d'abord les champs
visuels auxquels donne naissance le fait de regarder ces deux
images et ensuite en demandant au sujet de chacune : duquel,
parmi la multitude de champs visuels auxquels donne naissance le fait de regarder deux meules dans la nature, un
spectateur adéquat ferait-il l'expérience qu'il lui ressemble ?
Ainsi, si l'une de ces images représente une grande meule et si
elle le représente comme étant en plein soleil, elle le fait parce
que le champ visuel engendré en la regardant forme une paire
avec le champ visuel qui serait engendré lorsqu'on regarde une
grande meule et qu'on la voit comme étant en plein soleil.

Il n'est pas indispensable que je prenne en compte les
détails supplémentaires plus complexes des deux théories,
mais laissez-moi, à cette étape, exprimer une préférence entre
les deux théories. La théorie de Peacocke spécifie que la

ressemblance expérimentée entre les deux champs visuels porte spécifiquement sur la forme. En faisant cela, elle prend sans raison parti pour un pôle plutôt que l'autre dans la célèbre distinction d'Heinrich Wölfflin entre les modes de représentation linéaire et pictural, entre l'art qui souligne les contours et l'art qui ne les souligne pas [1]. La théorie de Peacocke s'aligne sur le mode linéaire. Budd prétend éviter cette partialité en substituant une ressemblance expérimentée de la structure à une ressemblance expérimentée de la forme. Si – et je répète « si » – il y a une différence réelle qui est corrélée avec cette distinction, alors à coup sûr Budd apporte un gain substantiel d'adéquation par rapport à Peacocke.

Venons-en maintenant à la question de savoir si la théorie de la ressemblance ainsi améliorée peut satisfaire le réquisit minimal. Aussi longtemps que le réquisit minimal reste schématique, la réponse est oui. La théorie de la ressemblance insiste clairement sur une expérience appropriée. Ce que chaque image représente est déterminé par une ressemblance expérimentée. Mais amplifiez le réquisit minimal selon les voies suggérées et la réponse est, tout aussi certainement, non. La raison en est que la ressemblance expérimentée entre les deux champs visuels n'inclut pas une conscience visuelle du second champ, pour ne rien dire de ce au sujet de quoi est le second champ ou ce que l'image représente [2]. Certes, il est exact que pour faire l'expérience de la ressemblance, nous

---

1. H. Wölfflin, *Principes fondamentaux de l'histoire de l'art*, trad. fr. Cl. et M. Raymond, Paris, Plon, 1952.

2. Peacocke souligne explicitement ce point lorsqu'il prétend que, dans le cas de la représentation d'un château (par exemple), sa théorie demande que le concept de château entre dans le contenu de l'expérience appropriée sur un mode plus intégré que ce ne serait le cas si l'expérience était une expérience de quelque chose qui tombe sous ce concept. Il dit aussi que, si l'expérience appropriée était une expérience comparable à celle d'un château, ceci serait en faveur d'une conception illusionniste de la représentation (« Depiction », p. 403). Ma thèse de la double perception est destinée à bloquer ce type d'argumentation.

devons posséder de manière dispositionnelle une capacité récognitionnelle sur ce au sujet de quoi est le second champ ou ce que l'image représente. Mais il n'est pas davantage requis de la théorie de la ressemblance que de la théorie sémiotique que cette capacité soit manifestée dans une conscience effective ou non dispositionnelle de la chose représentée. Et si je ne me trompe pas dans la façon de caractériser l'expérience appropriée, c'est cela qui est demandé.

Au début de la partie II, xi, des *Recherches philosophiques* [1], en des pages qui jettent par alternance des rayons de lumière et d'obscurité sur le sujet de cette conférence, Wittgenstein distingue deux situations dans lesquelles je peux faire l'expérience de la ressemblance ou l'observer. La première est celle-ci : deux visages me font face et j'observe une ressemblance entre eux. La seconde est celle-ci : un visage me fait face et j'observe qu'il ressemble à un autre visage, qui est absent. Or, c'est seulement lorsque des représentations donnent naissance à une ressemblance relevant d'une expérience de la première sorte qu'on pourrait construire une théorie de la ressemblance qui satisfasse le réquisit minimal pour une théorie de la représentation. Mais c'est seulement d'une ressemblance relevant d'une expérience de la seconde sorte qu'il est plausible de penser qu'elle entretient un rapport avec la représentation.

Parvenus à ce point, on pourrait objecter que l'amplification que j'ai pratiquée à partir du réquisit minimal – le fait qu'il doit y avoir une conscience visuelle de ce qui est représenté – est excessive, et que je l'ai fait en sollicitant exagérément les conditions dans lesquelles une capacité récognitionnelle est acquise.

1. L. Wittgenstein, *Philosophical Investigations*, G. E. M. Anscombe (éd.), Oxford, Blackwell, 1953, trad. fr. E. Rigal (dir.), *Recherches Philosophiques*, Paris, Gallimard, 2005.

Je ne suivrai pas cette ligne d'argumentation. À la place, je me tournerai vers la théorie de la représentation que j'ai préconisée depuis longtemps car cette théorie s'avère satisfaire le réquisit amplifié; la question que j'aborderai est de savoir à quel coût elle y arrive du point de vue de sa force ou (ajouteraient certains) de son intelligibilité.

V

Il y a au cœur de cette théorie une capacité perceptuelle particulière, appelée « voir-dans », que nous possédons, avec peut-être les membres de quelques autres espèces [1]. Voir-dans est premier, à la fois logiquement et historiquement, par rapport à la représentation. Logiquement, dans la mesure où nous pouvons voir des choses dans des surfaces qui ne sont pas et que nous ne prenons pas pour des représentations, disons un torse dans un nuage ou un garçon qui porte une boîte mystérieuse, sur un mur de ville maculé. Et historiquement, dans la mesure où sans doute nos lointains ancêtres faisaient de telles choses avant qu'ils aient eu l'idée de décorer les cavernes dans lesquelles ils vivaient avec les images des animaux qu'ils chassaient. Une fois que la représentation entre en scène, c'est pourtant l'activité de voir-dans qui fournit, pour chaque représentation, son expérience appropriée. Car c'est l'expérience de voir dans la surface de l'image ce dont elle est l'image.

Ce qui distingue en propre l'activité de voir-dans, et par là ma théorie de la représentation, c'est la phénoménologie des expériences dans lesquelles elle se manifeste. En regardant une surface adéquatement marquée, nous sommes visuelle-

1. Voir R. Wollheim, *Art and its Objects*, 2ᵉ éd., Cambridge, Cambridge U.P., 1980, trad. fr. R. Crevier, *L'art et ses objects*, Paris, Aubier, 1994, essai supplémentaire V « Voir-comme, voir-dans et la représentation picturale »; ainsi que *Painting as an Art*, Princeton U.P., 1987, 2ᵉ conférence.

ment conscients à la fois de la surface marquée et de quelque chose qui est devant ou derrière quelque chose d'autre. J'appelle ce trait de la phénoménologie « double perception ». Mon dessein ayant été au départ de définir ma position par opposition à la conception de Gombrich[1] qui postule deux perceptions alternées, tantôt toile, tantôt nature – sur le modèle de l'analogie trompeuse du tantôt canard, tantôt lapin –, j'ai identifié la double perception avec deux perceptions simultanées : l'une de la surface de l'image, l'autre de ce qu'elle représente.

Plus récemment, j'ai remis en chantier la double perception et je la comprends désormais dans les termes d'une unique expérience comportant deux aspects que j'appelle configurationnel et récognitionnel. J'ai soutenu que la phénoménologie de ces deux aspects n'était pas proportionnelle aux expériences ou aux perceptions – à savoir celles de la surface ou de la nature – dont elles dérivent. Ce que j'avais en vue était quelque chose de cet ordre : nous faisons parfois l'expérience d'une douleur dans le genou. C'est une expérience complexe et qu'on ne peut comprendre en voyant comment une partie est comparable à avoir une douleur mais nulle part en particulier et comment l'autre partie est comparable à être conscient de son genou et de l'endroit où il est. Ce que je n'ai jamais voulu contester, c'est que chaque aspect de voir-dans pourrait être, à travers sa phénoménologie, l'équivalent fonctionnel de l'expérience dont il dérive. Le fait que nous acquérions des capacités récognitionnelles en regardant des représentations, point dont j'ai toujours souligné l'importance théorique, montre de manière probante qu'il en est bien ainsi.

Les critiques adressées à ma théorie de la représentation ont largement pris la forme d'une demande de précisions, et spécifiquement de précisions au sujet de la phénoménologie

---

1. E. H. Gombrich, *Art and Illusion*, *op. cit.*, trad. fr. *op. cit.*

de voir-dans[1]. Voici quelques remarques méthodologiques relatives à cette demande :

Premièrement, nous ne devons pas répondre à une telle demande comme s'il existait un mode canonique pour décrire la phénoménologie et tel que, abordant une expérience et procédant région par région, nous aboutirions à une conception à peu près complète de ce en quoi elle consiste dans sa globalité.

Deuxièmement, nous ne devons pas attendre de nous-mêmes – ni laisser quelqu'un d'autre donner – une description à partir de laquelle quelqu'un qui n'en aurait jamais eu l'expérience pourrait apprendre en quoi consisterait de la faire. En fait, exiger une telle description équivaut implicitement à refuser que l'expérience existe. Car elle présuppose que personne n'ait eu une telle expérience.

Troisièmement, nous ne devons jamais perdre de vue l'enjeu philosophique de la description phénoménologique. Il ne s'agit pas de nous enseigner l'étendue de l'expérience humaine. Il s'agit pour nous de voir comment une expérience particulière, en vertu de ce en quoi elle consiste, fait ce qu'elle fait. Il ne s'attache à la phénoménologie que jusqu'au point où la fonction en découle. Dans le cas de voir-dans, nous avons besoin de savoir comment il peut fournir une expérience appropriée pour chaque représentation sans exception ou (ce qui revient au même) comment la portée de voir-dans peut coïncider avec celle de la représentation.

Je reprendrai cette dernière ligne de recherche mais je veux d'abord considérer une proposition qui paraîtrait plausible à beaucoup et qui est celle-ci : étant admis que voir-dans fonde la représentation, c'est la ressemblance expérimentée qui

---

1. Par exemple, M. Budd, « On Looking at a Picture » et K. L. Walton, « Seeing-in and Seeing Fictionally », tous deux dans J. Hopkins et A. Savile (éd.), *Psychoanalysis, Mind and Art : Perspectives on Richard Wollheim*, Oxford, Blackwell, 1992.

fonde voir-dans. En d'autres termes, chaque fois que nous voyons quelque chose dans une surface, c'est en partie à cause d'une ressemblance dont nous faisons l'expérience entre elle et le quelque chose d'autre en question.

Je crois que trois considérations militent contre une telle vue.

VI

Première considération : la surface de n'importe quelle image peut contenir des éléments qui, bien qu'individuellement visibles, n'apportent aucune contribution à ce que l'image représente. Selon l'expression de Budd, ils manquent de « sens iconique ». Voyez par exemple les marques de poinçon dans une peinture gothique ou les petites touches de couleur complémentaire, disons rouges dans un champ de vert, que Monet utilisait pour rehausser la vivacité.

Or, si voir-dans reposait sur la ressemblance expérimentée, il faudrait que nous disposions d'un moyen antécédent de filtrer de tels éléments ; autrement nous penserions que l'image représente chacun et la totalité des éléments dont nous faisons l'expérience qu'ils ressemblent. Nous penserions que Duccio représente brodé le halo de la Madone ou que Monet a parsemé les roseaux de fleurettes écarlates.

Mais si nous retenons que voir-dans vient avant, alors nous serons encouragés à regarder l'image, à voir en elle tout ce que nous avons tendance à y voir, et c'est seulement lorsque nous aurons des raisons de suspecter ce que nous avons vu que nous entreprendrons de vérifier la surface en cherchant des éléments qui auraient pu nous égarer. Toutefois, puisque des éléments qui sont de manière indubitable dénués de sens n'ont nul besoin de nous égarer, aussi longtemps qu'est maintenue la priorité de voir-dans, il n'y a aucune nécessité d'un principe antécédent d'exclusion. Et, de mon point de vue, c'est une chance car il ne semble pas y en avoir de disponible.

Voici la seconde considération : si la ressemblance expérimentée constitue la base, alors on doit s'attendre à ce que nous nous occupions de tout élément doté de sens iconique que nous pouvons identifier et que nous en soyons visuellement conscient au moins à ce degré : à savoir, que nous fassions l'expérience qu'il ressemble à une chose ou une autre. Peut-être qu'en plus nous avons besoin d'en faire l'expérience eu égard à cette propriété dont la ressemblance nous frappe. La raison en est que, puisque, d'après cette vue, la seule manière pour quelque chose d'être représenté dans l'image c'est qu'on fasse l'expérience qu'une certaine partie de l'image lui ressemble, négliger un élément doté de sens iconique nous fera perdre une certaine partie de ce que l'image représente.

À ce point, la question se pose de savoir si une théorie de la ressemblance expérimentée exige, comme une théorie sémiotique linguistiquement orientée, que les images se prêtent à une segmentation systématique. Si la réponse est non, ce qui semble de manière générale plus plausible, et que des éléments iconiques peuvent en principe enfler jusqu'à englober de petits groupes de marques *et* la surface environnante entre eux, un danger guette. Prenez comme exemple « le petit cercle noir » dont Roger Fry[1] a fait si grand cas dans son assaut formaliste contre la grande *Montée au Calvaire* de Brueghel : comment sommes-nous en mesure de dire avec certitude que nous faisons l'expérience que de tels éléments ressemblent à quelque chose dans le monde que l'image représente, plutôt qu'ils ressemblent à une représentation de ces choses ? En d'autres termes, est-ce que nous pouvons empêcher la théorie de la ressem-

---

1. R. Fry, *Transformations : Critical and Speculative Essays on Art*, London, Chatto and Windus, 1926, p. 15-16. Pour une discussion de ce passage et de la critique formaliste, voir R. Wollheim, *On Formalism and its Kinds*, Barcelona, Fundació Antoni Tàpies, 1995.

blance expérimentée de décliner vers ce que j'ai appelé une théorie au sein de la représentation, par opposition à une théorie de la représentation ?

Par contraste, lorsqu'on donne la priorité à voir-dans, tout ce qui est requis est que nous soyons visuellement conscients de la surface ; savoir jusqu'où cette conscience doit entrer dans les détails reste une question ouverte. Et c'est parce qu'il n'existe aucun trait perceptible de la surface qui corresponde à chaque trait de ce qui est représenté. Le contenu représentationnel d'une peinture de Gainsborough ou de Turner n'est pas contraint par ce que j'ai appelé la « localisation ».

La troisième considération contre la priorité de la ressemblance expérimentée est celle-ci : cette vue exige de nous non seulement que nous soyons conscients des propriétés qu'ont les éléments dotés de sens iconique mais que nous inférions de ces propriétés la manière dont l'objet correspondant est représenté ou (ce qui revient au même) quelles propriétés on représente qu'il a. Mais de telles inférences peuvent être risquées. La Madone du Parmesan n'est pas représentée comme ayant un long cou et Ingres, qui méprisait l'anatomie, n'a pas montré ses odalisques – je veux parler des femmes elles-mêmes – avec une vertèbre de trop, comme des critiques contemporains l'ont soutenu.

Une observation pour finir : ceux qui accordent une place à la ressemblance expérimentée pour rendre compte de la représentation pensent que joue en leur faveur le fait qu'une telle conception fournit facilement un critère de naturalisme dans la représentation. Si c'est le cas, je vois au contraire cela comme un point plaidant contre leur conception. Car, dès que nous commençons à examiner les espèces très différentes de représentation que nous pensons être naturalistes, il semble naïf de croire qu'il existe un critère unique, qui plus est simple et *a fortiori* faisant jouer à la ressemblance expérimentée un rôle primaire, de naturalisme conçu sans aucun lien avec l'histoire.

VII

Je reviens à la question de savoir comment l'on peut identifier la portée de voir-dans et la portée de la représentation et je commence en demandant : quelle est la portée de la représentation ?

La réponse se divise en deux parties. La première est ontologique ; elle nous livre les diverses espèces de choses qu'on peut représenter ou ce que j'appelle les variétés de représentation. La seconde partie consiste en une contrainte englobante qui est imposée par les limites de la visibilité. Comme l'a dit Alberti, « le peintre se préoccupe uniquement de représenter ce qu'on peut voir ».

Les variétés de représentation sont données au moyen d'une classification croisée. Sur un axe, nous avons les représentations d'objets *vs* les représentations d'événements. On peut représenter des femmes (objets) mais aussi des batailles (événements). Sur l'autre axe, nous avons les représentations d'objets ou d'événements particuliers *vs* les représentations d'objets ou d'événements qui sont simplement d'une espèce particulière. Ainsi nous pouvons avoir une représentation de Madame Moitessier (objet particulier) ou une représentation de jeune femme derrière un comptoir, une jeune femme qui a peut-être une certaine spécificité mais qui n'est aucune jeune femme en particulier (objet qui est simplement d'une espèce particulière). D'autre part, nous pouvons avoir une représentation de la Bataille de San Romano (événement particulier) ou une représentation d'une escarmouche de cavaliers – se produisant au crépuscule, sur terrain dégagé, entre des camps de force égale, les mousquets venant renforcer les sabres – mais qui n'est aucune escarmouche en particulier (événement qui est simplement d'une espèce particulière). Les représentations qui sont celles de choses simplement d'une espèce particulière, qu'il s'agisse d'objets ou d'événements, sont, je crois, le mieux identifiées par leur échec intrinsèque à fournir des réponses à la question : quel objet ? quel événement ? ou bien : quelle femme ? quelle bataille ?

Nelson Goodman [1] a attiré l'attention sur une autre variété de représentation, à savoir la représentation de toutes les choses d'une certaine espèce. Ce sont celles qu'on trouve dans les dictionnaires et les manuels mais rarement dans l'art pictural.

Toutefois, lorsqu'on considère la portée de la représentation, je crois que le meilleur point de départ réside dans la seconde partie de la conception : la *contrainte* portant sur la représentation ou visibilité. Elle nous fournit un aperçu plus immédiat sur la manière dont coïncident la portée de la représentation et la portée de voir-dans. Il faut en chercher la raison dans ce que cette contrainte exige. La représentation n'a pas à se limiter à ce qu'on peut voir face à face : ce qui constitue sa limitation est ce qu'on peut voir dans une surface marquée.

Mais quelle est la différence ? Y a-t-il quelque chose qu'on peut voir dans une surface qu'on ne peut pas voir face à face ? La réponse est oui et nous connaissons déjà au moins une partie de la raison. Car nous pouvons voir dans les images des choses simplement d'une espèce particulière et, ces choses-là, nous ne pouvons pas les voir face à face. Nous ne pouvons voir face à face des femmes ou des batailles pour lesquelles nous ne saurions demander : quelle femme ? quelle bataille ?

Mais certains pourraient insister en disant que, bien que nous puissions voir dans des images des choses que nous ne pouvons voir face à face, nous ne pouvons les voir comme ayant des *propriétés* que nous ne pouvons pas voir face à face ou dont nous ne pouvons pas voir que ces choses les ont. Ce fut en raffinant cette doctrine que Lessing en vint à nier que des images puissent représenter des événements se déployant dans

---

1. N. Goodman, *Languages of Art, op. cit.*, chap. I ; trad. fr. *op. cit.*

le temps, à savoir qu'elles puissent représenter des événements *comme* se déployant dans le temps.

On pourrait soutenir que là où Lessing était vraiment en faute, c'était dans les limites qu'il attribuait à ce qu'on peut voir face à face plutôt que dans les limites qu'il imposait par voie de conséquence à ce qu'on peut représenter. Sans entrer dans la discussion de ce problème, laissez-moi simplement remarquer que les images peuvent représenter des choses comme ayant des propriétés qui se situent extrêmement près des limites d'une visibilité face à face et laisser ouverte la question de savoir de quel côté elles se situent vraiment. Ainsi des images peuvent représenter un homme en train de chanter et une femme en train de l'écouter; elles peuvent représenter des rois comme voyant des choses non accessibles à l'œil humain; elles peuvent représenter un homme comme renonçant à tous les biens terrestres sauf un, et pourquoi; et elles peuvent représenter une femme écoutant des nouvelles dont elle a du mal à saisir l'importance et le caractère terrible.

VIII

Si nous demandons maintenant : comment en va-t-il ainsi ? nous réclamons une conception générale de ce que c'est pour quelque chose d'être visible dans une surface.

Soit l'expérience suivante: je regarde une image qui comporte un paysage classique avec des ruines. Imaginez alors le dialogue suivant : « Pouvez-vous voir les colonnes ? », « Oui ». « Pouvez-vous voir que les colonnes proviennent d'un temple ? », « Oui ». « Pouvez-vous voir que les colonnes provenant du temple ont été abattues ? », « Oui ». « Pouvez-vous voir qu'elles ont été abattues il y a plusieurs centaines d'années ? », « Oui ». « Pouvez-vous voir qu'elles ont été abattues il y a plusieurs centaines d'années par des barbares ? », « Oui ».

« Pouvez-vous voir qu'elles ont été abattues il y a plusieurs centaines d'années par des barbares vêtus de peaux d'ânes sauvages ? », (après une pause :) « Non ».

À chaque échange, ce que « Oui » signifie est que l'indication a produit une différence relative à ce qui a été vu dans la scène, exactement comme le « Non » signifie qu'*au moins pour ce spectateur ici et maintenant*, les limites de la visibilité dans cette surface ont été atteintes. Supposons alors que ce spectateur soit le spectateur adéquat pour cette image. En ce cas, nous pouvons comprendre le « Non » comme un refus de sa part d'être conduit à outrepasser l'expérience appropriée, d'où son refus de plaquer sur l'image quelque chose qu'elle ne représente pas.

Ce que cette expérience de pensée montre en premier lieu, c'est le trait phénoménologique central de voir-dans, qui est sa perméabilité vis-à-vis de la pensée, que la pensée soit causée directement par la surface marquée ou qu'elle soit en partie stimulée par une autre pensée. C'est ce trait qui explique à son tour la portée large de voir-dans, plus large, comme nous l'avons vu, que celle de voir face à face. C'est la perméabilité de voir-dans vis-à-vis de la pensée qui explique que l'étendue des choses qu'on peut représenter soit large et que l'étendue des propriétés qu'on peut représenter qu'elles les ont soit large.

Cela nécessite toutefois deux observations. La première est que, simplement parce qu'il est vrai qu'en regardant une image, nous pouvons mettre une pensée au service de notre perception de telle sorte que ce que nous voyons dans l'image change, il ne s'ensuit pas que nous disposions d'une quelconque manière d'indiquer où intervient le changement ou en quoi il consiste, sauf bien sûr à répéter la pensée qui a engendré le changement. Deuxièmement, en insistant sur le fait que la pensée, la pensée conceptuelle, peut engendrer des changements dans ce que nous voyons dans une surface, je ne prends pas parti sur la question de savoir si l'expérience de voir-dans a un contenu conceptuel ou non conceptuel. Goûter de la soupe a un contenu non conceptuel mais, si on nous donne conceptuellement des indications sur ce que contient la soupe, la soupe peut prendre un goût différent.

IX

Un autre phénomène psychologique qui est hautement perméable à la pensée est l'imagination, et il est tentant de penser que l'imagination, et tout spécialement dans son mode plus perceptuel qu'est l'acte de visualiser, fonde l'activité de voir-dans.

Une version simple de cette proposition est que, lorsque je vois un visage dans une image, je suis conduit, par les marques sur la surface, à imaginer voir un visage. Toutefois, imaginer voir un visage, à quoi est désormais dévolu le rôle d'expérience appropriée, flotte sans souci de la représentation. Bien qu'il détermine ce que l'image représente, il n'entretient qu'une relation externe avec l'acte de voir la surface de l'image.

Une version plus complexe et bien supérieure de cette proposition, dont Kendall Walton s'est fait le champion[1], se présente ainsi : je vois la surface de l'image, j'imagine voir un visage, et j'imagine que l'acte de voir la surface soit une expérience de voir un visage. En outre, l'expérience véritable de la surface et l'expérience imaginaire du visage, toutes deux perceptuelles, forment, selon l'expression de Walton, « une unique expérience » : de nouveau, la double perception.

Ce qui me gêne dans cette seconde proposition, c'est comment comprendre le cœur du projet, l'acte d'imaginer qu'une expérience perceptuelle en est une autre. Car, si nous réussissons, de quelle manière l'expérience originelle

---

1. K. L. Walton, *Mimesis as Make-Believe*, Harvard U.P., 1990.

conserve-t-elle son contenu ? Qu'est-ce qui reste de l'expérience de voir la surface lorsque j'imagine avec succès qu'elle est quelque autre expérience ? Cependant, si je continue à voir la surface ou si cette expérience conserve son contenu, comment ai-je réussi à imaginer qu'elle, l'expérience, est une expérience de voir un visage ? Remarquez deux choses : d'abord, l'acte d'imaginer qu'une expérience en est une autre est quelque chose qui est davantage de l'ordre de l'expérience qu'imaginer simplement qu'une expérience est l'autre. Et en second lieu, remarquez que ce problème se pose exclusivement là où 1) ce que nous imaginons être quelque chose de différent de ce que c'est est quelque chose de perceptuel *et* 2) où ce que nous imaginons qu'il est est également quelque chose de perceptuel. Il est clair qu'il n'y a pas de difficulté fondamentale à ce que je bouge les mains et les bras sur un mode irrégulier et saccadé et que je m'imagine alors en train de diriger un grand orchestre, ni non plus d'ailleurs que je regarde intensément un vieil ennemi et imagine que je le réduis en cendres avec mon regard. Dans le premier cas, aucune des deux expériences n'est perceptuelle ; dans le second cas, une seule est perceptuelle.

X

Je réserve moi aussi une place à l'imagination dans ma conception de la signification représentationnelle, mais c'est une place qui est auxiliaire à voir-dans et qui n'a de pertinence que pour certaines peintures[1]. Ce sont des peintures dans lesquelles on offre au spectateur adéquat une voie d'accès privilégiée, du fait de la présence dans l'espace représenté – bien que ce ne soit pas dans la partie qui en est représentée –

---

1. R. Wollheim, *Painting as an Art*, 3e conférence.

d'un personnage que j'appelle *le spectateur dans l'image*. Le spectateur dans l'image possède, entre autres choses, un répertoire psychologique : un répertoire de croyances, de désirs, d'attitudes, de réponses. Ce qui se produit alors est que le spectateur adéquat, le spectateur *externe* adéquat pourrions-nous dire, commence à s'identifier au spectateur interne, c'est-à-dire à l'imaginer, le spectateur interne, de manière centrale ou de l'intérieur, interagissant avec la scène représentée conformément à ce que le répertoire qui lui est assigné l'autorise ou le contraint à faire. Le résultat effectif sera que le spectateur externe se découvrira lui-même dans un état final analogue à celui du spectateur interne, et cet état influencera à son tour ce qu'il voit dans l'image lorsqu'il fait retour de l'imagination à la perception.

Prenez comme exemples de représentations qui contiennent un spectateur dans l'image certaines des compositions à figure unique de Manet, disons *La Femme au perroquet* ou *La Chanteuse de rue*. Lorsque je regarde l'une ou l'autre de ces peintures, je vois dans leur surface une femme momentanément mais intensément préoccupée. Son attention est distraite par un secret. Je reconnais alors, à partir d'une variété d'indices, l'existence d'un second personnage, peut-être masculin, peut-être indéterminé quant au sexe, qui se tient dans l'espace représenté, quelque part de ce côté-ci et près du plan de l'image. Je commence alors d'imaginer de manière centrale ce personnage, en essayant, en essayant de mon mieux, en essayant en vain, d'entrer en contact avec le personnage représenté. La lassitude, la frustration, le désespoir que j'en viens à imaginer, à imaginer de l'intérieur, l'expérience que je fais du spectateur dans l'image les fait refluer en moi et ils renforcent la façon dont je vois la femme.

Je récapitule cette conception du spectateur dans l'image, que j'emprunte à *Painting as an Art* – en laissant pourtant de côté toute discussion sur les raisons qu'il peut y avoir, dans le

cas d'une image donnée, de recourir à une telle intervention –
afin de souligner la différence de rôle et la division du travail,
telle que je la vois, entre la perception et l'imagination dans
nos interactions avec les peintures représentationnelles. Mais
remarquez que rien de tout ceci n'est intelligible, à moins de
reconnaître l'existence d'une forme d'imagination que la
philosophie contemporaine a au moins implicitement rejetée.
Et c'est imaginer de manière centrale quelqu'un d'autre que
soi. Généralement, l'imagination qui procède de l'intérieur est
traitée comme si elle devait être *de se*. Si j'imagine quelqu'un
de l'intérieur, ce ne peut être que moi et, s'il *semble* que j'imagine quelqu'un d'autre, ce que j'imagine en réalité, c'est soit
moi-même dans la peau d'un autre, ce qui ne répond pas au
projet que je forme, soit moi-même étant un autre, ce qui est
incohérent. Une bonne partie des discussions récentes sur le
rôle que joue l'imagination, ou (comme on dit aujourd'hui) la
simulation, pour fonder notre connaissance d'autres esprits est
viciée par cet échec à reconnaître la portée de l'imagination.

XI

Laissez-moi, même tardivement, indiquer une omission
surprenante dans cette conférence : surprenante, non seulement parce que le phénomène tient une grande place dans de
nombreuses approches de la représentation mais qu'il est la clé
de voûte de ma propre conception. Je n'ai pas fait mention de
l'intention de l'artiste, « intention » étant le mot qui en est venu
à signifier pour l'artiste ces facteurs psychologiques qui sont
cause qu'il travaille comme il fait.

La manière la plus schématique de prendre en compte
l'intention de l'artiste dans la conception que j'ai proposée est
celle-ci : pour n'importe quelle image représentationnelle, il

est vraisemblable qu'il y a plus d'une chose qu'on peut voir en elle; il y a plus d'une expérience de voir-dans qu'elle est apte à causer. Toutefois, l'expérience de voir-dans qui détermine ce qu'elle représente, c'est-à-dire l'expérience appropriée, est l'expérience qui correspond à l'intention de l'artiste. En omettant de mon argumentation l'intention de l'artiste, j'ai dû la souligner de manière plus oblique, en termes de spectateur adéquat identifié comme le spectateur qui dispose d'une sensibilité adéquate, d'une information adéquate et qui est adéquatement sollicité. Mais c'est la même chose, car considérez ce que signifie ici « adéquat ». Il signifie la sensibilité, l'information, la sollicitation, qui sont requises si le spectateur doit voir l'image comme l'artiste désire qu'il la voit.

Il y avait cependant aussi un avantage à présenter les choses comme je l'ai fait, c'est-à-dire en termes de ce que voit le spectateur adéquat plutôt qu'en termes des intentions de l'artiste. Car cela a permis de clarifier pourquoi il n'y aura pas d'expérience appropriée pour certaines représentations. Une telle expérience échappera même au spectateur adéquat, pour la raison que l'artiste a échoué à faire une œuvre dont on puisse faire l'expérience d'une manière qui correspond aux intentions que sans aucun doute il avait. Dans de tels cas, nous devons conclure que l'œuvre ne représente rien, encore que le dire ainsi obscurcit bien sûr le fait que l'échec – l'échec à réaliser l'intention – est toujours une affaire de degré. Le Frenhofer de Balzac mis à part, peut-il jamais être total ?

La signification représentationnelle et en fait la signification iconique en général dépend, à mon avis, non pas de l'intention en tant que telle mais de l'intention réalisée. Et l'intention est réalisée lorsque l'image peut causer, pour un spectateur adéquat, une expérience qui correspond à l'intention. Et remarquez que la connaissance qu'a le spectateur de l'intention de l'artiste, bien qu'elle soit acquise, peut légitimement modeler ce qu'il voit dans l'image. Toutefois, ce que cette connaissance (ou toute autre) ne peut légitimement faire, c'est de se substituer à la perception. Si tout ce que le specta-teur adéquat peut faire est de capter l'intention de l'artiste et d'interpréter l'œuvre en conséquence, et que cela ne laisse aucune trace dans son expérience de l'image, les conditions de la représentation n'ont pas été satisfaites.

La représentation *est* perceptuelle [1].

Traduit par Jacques MORIZOT

---

1. Cette conférence a été prononcée à l'origine comme Conférence à la mémoire de Gareth Evans à l'Université d'Oxford, le 26 novembre 1996.

JOHN HYMAN

ART ICONIQUE ET EXPÉRIENCE VISUELLE [*]

I

Descartes soutient dans sa *Dioptrique* que les progrès dans la théorie de la vision dépendent d'une transformation dans notre conception des images; celle-ci mérite d'être appelée une révolution copernicienne. Les historiens des sciences connaissent sans doute mieux l'argument que les philosophes, bien qu'il s'agisse à coup sûr du pas singulier le plus radical et le plus imaginatif qui ait été fait dans la théorie de la représentation iconique, en plus d'être un moment décisif de l'histoire des sciences cognitives.

L'idée principale de Descartes est que les images représentent les objets parce qu'elles produisent des épisodes psychologiques d'une sorte particulière, à savoir « des perceptions sensorielles de toutes les diverses qualités » des objets qu'elles représentent [1]. En conséquence, au lieu de supposer

[*] J. Hyman, « Pictorial Art and Visual Experience », *The British Journal of Aesthetics*, vol. 40, n°1, 2000, p. 1-45.

[1]. Toutes les citations de Descartes dans cette section proviennent des Discours quatrième et sixième de la *Dioptrique*, in *The Philosophical Writings of Descartes*, trad. J. Cottingham et *alii*, Cambridge, Cambridge U.P., 1985, vol. 1, p. 165 *sq.* [Je traduis ici littéralement à partir de la version anglaise

que c'est la nature particulière de l'expérience de regarder une image, ce qui rend cette expérience différente de l'expérience de regarder des choses visibles d'autres espèces, qui est expliquée par la nature des images elles-mêmes, il affirme l'opposé : ce qui fait de l'image une espèce inhabituelle d'objet est la nature particulière de l'expérience qu'elle produit dans l'esprit du spectateur. Et ce qu'il y a de particulier dans cette expérience porte non pas – ou non exclusivement – sur une perception sensible des diverses qualités de l'image elle-même mais sur les objets que l'image représente. Une image est donc quelque chose dont la nature essentielle est le déguisement. Une gravure, par exemple, est un schéma plat de marques d'encre mais qui a été expressément conçue pour frustrer le désir de la voir simplement pour ce qu'elle est. C'est en fait une théorie des images-illusion : une image représente une forêt, une bataille ou une tempête, soutient Descartes, parce qu'elle produit l'illusion d'en voir une.

La doctrine orthodoxe, que Descartes rejette, est que la représentation iconique s'explique par les ressemblances entre les images et les objets qu'elles représentent. Il rejette cette doctrine en raison des implications qu'il croit qu'elle a pour la théorie de la vision. Ses vues sur la nature de la vision sont complexes, mais en voici les principaux points. D'abord, il accepte que les objets visibles produisent des images dans nos yeux, sur la surface de la rétine. En second lieu, il accepte que ces images rendent possible la vision. En troisième lieu, il soutient que nous devons penser à leur sujet « tout le même » qu'au sujet des gravures et autres images. En d'autres termes, l'explication correcte de la manière de voir ce que les images qui sont dans nos yeux représentent doit être la même que

utilisée par l'auteur, dans la mesure où la formule est récurrente tout au long de l'article ; Descartes dit plus sobrement : « donner moyen ... de sentir » (*cf.* citation complète en fin de I) [N.d.T.]].

l'explication correcte de la manière de voir ce que représentent les gravures.

Le second de ces points est erroné. Il est vrai qu'une image est clairement visible sur la surface de la rétine si nous observons l'intérieur d'un œil avec la bonne sorte d'instrument. Mais, puisqu'il s'agit d'une réflexion, il est évident que nos images rétiniennes ne sont pas la cause de nos perceptions sensorielles. Ce sont, bien sûr, l'irradiation de la rétine et les transformations électrochimiques dans les cellules nerveuses de la rétine qu'elle cause qui nous permettent de voir. Mais la lumière que reflète la rétine ne déclenche pas ces transformations. Le troisième point est également erroné. De fait, il est important que nous ne pensions pas sur le même modèle les images rétiniennes et les images matérielles. On appelle les réflexions des images, mais il y a une différence fondamentale entre les réflexions et les gravures, les peintures ou les dessins. Car si nous voyons une réflexion de quelque chose, ce que nous voyons est la chose elle-même et non pas quelque chose d'autre – une sorte particulière d'image – qui le représente. Ceci devrait être parfaitement évident dès que nous considérons le fait que, pour être vue, une image doit être soit éclairée, soit lumineuse. Alors que si je veux voir mon visage dans un miroir, c'est mon visage et non la surface du miroir qui a besoin d'être éclairé. C'est donc une erreur de penser à un miroir comme à un dispositif qui produit des images (au sens matériel). Si je vois mon visage dans un miroir, ce que je vois est mon visage et pas une image du visage [1].

---

1. *La République* de Platon est la référence classique pour l'analogie entre peinture et réflexion dans un miroir, et nous trouvons la comparaison répétée de nombreuses fois dans la théorie de l'art de la Renaissance. C'est devenu un axiome dans la théorie esthétique que l'analogie donne une représentation erronée de la nature de l'art en général et de l'art iconique en particulier. Mais à la racine, il ne s'agit pas d'une erreur au sujet de l'art mais au sujet des miroirs. Voir *Rep.* 596; cf. *Soph.* 239d. Platon explique la formation des images dans le

Toutefois, si nous gardons à l'esprit les trois points, la réaction de Descartes vis-à-vis de la doctrine orthodoxe est compréhensible. Il accepte que les images ressemblent aux objets qu'elles représentent, mais seulement eu égard à leur forme, « et encore est-ce une ressemblance fort imparfaite ». Mais il soutient qu'« il ne se faut point persuader … que ce soit par le moyen de cette ressemblance qu'elle [l'image] fasse que nous les sentons [les objets] », car si les images nous rendaient conscients des objets qu'elles représentent pour la raison qu'elles leur ressemblent, leur effet sur nous dépendrait de leur apparence et donc du fait qu'elles *sont vues*. D'où il suit que la conception traditionnelle des images, qui (explique-t-il) « ne considère en elles autre chose, sinon qu'elles doivent avoir de le ressemblance avec les objets qu'elles représentent », sous-entend que nous avons une seconde paire d'yeux dans nos cerveaux avec lesquels nous voyons les images sur nos rétines ; il aurait pu ajouter une troisième paire d'yeux, pour voir les images dans la seconde paire, et ainsi de suite à l'infini. Ainsi la raison pour laquelle Descartes rejette la doctrine orthodoxe touchant la représentation iconique est qu'elle semble donner naissance à une régression à l'infini dans la théorie de la vision ; il insiste donc sur le fait qu'« il est seulement question [pour expliquer comment les images représentent] de savoir comment elles peuvent donner moyen à l'âme de sentir toutes les diverses qualités des objets auxquels elles se rapportent, et non point comment elles ont en soi leur ressemblance ».

II

Aujourd'hui, la théorie des images-illusion possède très peu d'avocats ; mais en dépit de la confusion qui l'a produite à

miroir dans *Timée*, 46a. L'usage moderne de la comparaison est discuté dans M. H. Abrams, *The Mirror and the Lamp*, Oxford, Oxford U.P., 1953, chap. 2.

l'origine, l'approche générale de la théorie de l'art iconique dont Descartes a été le pionnier est plus populaire qu'aucune autre. Il n'existe pas de consensus sur la manière exacte dont l'expérience de regarder une image devrait être définie, mais l'on s'accorde en général à penser que définir cette expérience est la clé de la théorie de la dépiction [1].

Il est difficile de dire avec certitude pourquoi existe cette uniformité d'opinion; peut-être une raison en est-elle une tendance qui prévaut chez les philosophes à penser la perception, comme l'a fait Descartes, comme une opération purement passive dans laquelle des objets perceptibles produisent des perceptions sensorielles dans les esprits d'animaux dotés de sens en causant des changements dans leurs organes sensoriels. Car, si nous pensons la perception de cette manière, nous sommes tenus d'imaginer qu'un artefact conçu pour avoir une certaine sorte d'apparence ou pour rendre une certaine sorte de son est conçu pour avoir un certain *effet psychologique*; c'est-à-dire que nous penserons qu'il est conçu pour produire une certaine sorte de perception sensorielle. Et il semblera donc que les différences entre différentes sortes d'artefacts de cette espèce générale – qui sont toutes, par hypothèse, conçues pour produire des impressions sensorielles d'une certaine sorte – consistent dans les différences entre les sortes particulières de perception sensorielle qu'elles sont conçues pour produire. Les peintures se distingueront de cette manière des étoffes teintes, des instruments de musique, des

1. Les œuvres récentes de philosophie analytique qui suivent sont au nombre de celles qui essaient de définir la représentation iconique en termes de son effet psychologique : R. Wollheim, *Art and its Objects, op. cit.*, trad. fr. *op. cit.*; N. Wolterstorff, *Worlds and Works of Art*, Oxford, Oxford U.P., 1980; R. Scruton, *Art and Imagination*, Routledge and Kegan Paul, 1982; F. Schier, *Deeper into Pictures, op. cit.*; C. Peacocke, « Depiction », *The Philosophical Review*, vol. 96, 1987; R. Wollheim, *Painting as an Art, op. cit.*; M. Budd, « On Looking at a Picture », *in* J. Hopkins et A. Savile (éd.), *Psychoanalysis, Mind and Art*, Blackwell, 1992; R. Hopkins, *Picture, Image and Experience*, Cambridge, Cambridge U.P., 1998.

parfums et des fromages; et de la même façon, les tableaux de
forêts se distingueront des tableaux de batailles. Gombrich a
parfaitement exprimé cette idée :

> Ce qui peut rendre une peinture semblable à une vue distante à
> travers une fenêtre, écrit-il, n'est pas le fait qu'il puisse être
> aussi difficile de les distinguer l'une de l'autre qu'un fac-similé
> de l'original, c'est la similarité entre les activités mentales que
> toutes deux peuvent éveiller.
> Le but que recherche l'artiste ... [est] un effet psychologique [1].

De nombreux philosophes aujourd'hui reculeraient devant
le mot de similarité; mais peu sont en désaccord avec
l'affirmation exprimée dans la seconde citation.

Je ne suis pas sûr que ce soit la bonne manière de penser la
perception, mais je ne développerai pas ce sujet ici. Car même
si je me trompe et qu'il soit correct de concevoir une image
comme un artefact conçu pour produire une certaine sorte
d'effet psychologique, il ne s'ensuit pas que la nature de l'art
iconique puisse s'expliquer en définissant cet effet, puisqu'il
se peut que l'effet lui-même ne soit pas définissable autrement
que comme perception sensorielle d'une image. Le dilemme
est bien connu.

Si le modèle passif de la perception ressemble à un
raccourci menant à l'idée qu'il est possible d'expliquer en
termes psychologiques la nature de l'art iconique, il peut
sembler que barrer la route de cette manière suggère que la
théorie psychologique de la dépiction met la charrue avant les
bœufs. Mais nous devons être prudents. La sorte de problème
qui nous concerne se pose souvent en philosophie, c'est un
casse-tête sur la priorité théorique. Les casse-tête de cette sorte
sont de la forme : devrions-nous expliquer A en termes de B ou

---

1. E. H. Gombrich, « Illusion in Art », in E. H. Gombrich et R. L. Gregory
(éd.), *Illusion in Nature and Art*, Duckworth, 1973, p. 240; « Experiment and
Experience in the Arts », in *The Image and the Eye*, Phaidon, 1982, p. 228.

devrions-nous expliquer B en termes de A ? Le premier et sans doute le plus célèbre exemple est la question saisissante que Socrate pose à Euthyphron : est-ce que le vertueux est vertueux parce qu'il est aimé des dieux, ou est-il aimé des dieux parce qu'il est vertueux ? Un autre casse-tête de la même sorte est le moteur de l'esthétique philosophique : est-ce qu'une belle chose est belle parce que nous prenons plaisir à la contempler ou est-ce que nous prenons plaisir à contempler une belle chose parce qu'elle est belle ? « Subjectivisme » et « objectivisme » sont les étiquettes peu satisfaisantes qu'on colle souvent sur les deux positions offertes par la question. Mais aucune des deux positions n'est correcte et le point principal de la théorie esthétique est de trouver une *voie médiane* entre elles.

Dans cet article, je soutiendrai qu'une théorie plausible de la dépiction doit aussi trouver une *voie médiane*. L'argumentation comprend quatre parties. D'abord, dans les sections III et IV, je défendrai trois principes généraux relatifs à la théorie de l'art iconique. Puis, dans la section V, j'imposerai une contrainte à toute tentative recevable d'expliquer la nature de l'art iconique en définissant l'effet psychologique qu'un tableau est conçu pour produire. Dans les sections VI à IX, je soutiendrai qu'une définition non-circulaire de la sorte de celle qu'une théorie psychologique de la dépiction aurait besoin de formuler est irréalisable. Et pour finir, dans la section X, je montrerai comment la théorie de la dépiction peut éviter à la fois le faux subjectivisme qui essaie de définir le contenu d'une image purement en termes de la perception qu'elle est apte à produire en nous, et le faux objectivisme qui définit le contenu d'une image en des termes qui ne font pas référence à la perception que nous en avons.

III

Je soutiendrai tout d'abord qu'il existe un rapport strict et invariable entre les lignes, les formes et les couleurs présentes sur la surface d'une image et son sujet *interne*, rapport qu'on peut définir de manière précise sans faire référence à l'effet psychologique qu'une image tendra à produire. Je soutiendrai qu'on peut le définir à l'aide de trois principes[1]. La signification du mot « interne » est celle-ci. Considérez le portrait de Johannes Hoornbeek par Frans Hals. L'expression « l'homme dans le tableau de Hals » peut être utilisée de deux manières différentes : pour décrire ce que nous pouvons voir quand nous regardons l'image, ou pour faire référence à l'homme que dépeint l'image. Ainsi « L'homme dans le tableau de Hals est mort » est faux si l'expression est utilisée de la première manière, pour décrire le tableau de Hals; mais elle est vraie si elle est utilisée de la seconde manière, pour faire référence à Johannes Hoornbeek. Par commodité, nous pouvons dire que le sujet *externe* du portrait de Hals est mort mais que son sujet *interne* ne l'est pas. Les trois principes que je défendrai concernent uniquement le sujet *interne* d'une image.

Le concept dont nous avons besoin de nous servir pour formuler le premier de ces principes est le concept de forme de recouvrement (*occlusion shape*). La forme de recouvrement d'un objet est ce que certains philosophes ont appelé sa « forme apparente », en d'autres termes son contour ou sa silhouette. Je préfère le terme de « forme de recouvrement » parce qu'il est moins tendancieux, puisqu'il ne véhicule pas la *suggestio falsi* qu'on met implicitement en contraste la forme de recouvrement d'un objet avec sa forme *réelle*, et en

---

1. J'ai répété ailleurs une bonne part de l'argument contenu dans cette section mais je l'ai modifié de nombre de manières importantes. *Cf.* J. Hyman, « Words and Pictures », *in* J. Preston (éd.), *Thought and Language*, Cambridge, Cambridge U.P., 1998.

conséquence que la forme de recouvrement d'un objet n'est pas un trait visible parfaitement objectif de notre environnement physique. Recouvrir quelque chose, c'est le cacher à la vue. Par exemple, une assiette circulaire vue obliquement recouvrira (ou sera recouverte par) une tache elliptique sur un plan perpendiculaire à la ligne de vision; si le plan est la surface d'un mur derrière l'assiette, la forme de la tache sur la surface du mur recouvert par l'assiette sera alors une ellipse; et si le plan est la surface d'un carreau de verre situé en avant de l'assiette, l'assiette sera alors exactement recouverte par une tache opaque elliptique sur la surface du verre. En conséquence, la forme de recouvrement de l'assiette est elliptique. La forme de recouvrement d'un objet est fonction de sa forme et de son orientation relativement à la ligne de vision d'un spectateur. Nous pouvons nous tromper au sujet de la forme de recouvrement d'un objet. Par exemple, nous pourrions juger que la forme de recouvrement de l'assiette est une ellipse plus renflée qu'elle ne l'est en fait. Mais une erreur de cette sorte se corrige bien sûr par la mesure et le calcul. Ainsi la forme de recouvrement d'un objet, relativement à une ligne de vision, est une donnée parfaitement objective. La forme de recouvrement d'un objet peut aussi être affectée par la réfraction. Par exemple, un bâton droit à demi immergé dans l'eau présentera une forme de recouvrement brisée.

Le concept de forme de recouvrement joue le rôle suivant dans la théorie de la dépiction. Considérez une gravure de tête d'homme. La tête et les diverses parties qui sont dépeintes auront des formes plus ou moins déterminées et des formes de recouvrement plus ou moins déterminées. Par exemple, la tête peut être bulbeuse ou étroite, le nez romain ou camus; et si la tête se présente de profil, la forme de recouvrement du menton peut être une courbe ronde ou un angle en saillie. Les formes de la tête, du nez ou du menton sont les formes qu'on représente qu'ils ont – les formes que le graveur leur a données. Et ce qui compte davantage pour le dessein présent, leurs formes de recouvrement sont les formes de recouvrement qu'on représente qu'ils ont. Il est tentant de dramatiser ce point en disant que la forme de recouvrement d'un objet dans une image est relative à la ligne de vision d'un *spectateur implicite*. Mais ce pourrait facilement être une expression trompeuse et il est préférable de l'éviter. De nombreux poèmes ont un locuteur implicite, dont la soi-disant voix prononce les vers ou pense les pensées qu'ils expriment. Mais verrouiller tous les éléments d'une image en les associant de manière délibérée sous un unique point de vue a été l'accomplissement particulier de la perspective artificielle, méthode pour dépeindre l'espace inventée à Florence dans les années 1420. Nous ne devons donc pas supposer que la ligne de vision implicite qui est associée à un objet dans une image (ou à une partie d'un objet dans une image) soit identique à la ligne de vision implicite qui est associée à toute autre partie du sujet interne d'une image.

Mais il est important de garder à l'esprit le concept de ligne de vision implicite. Supposez par exemple qu'une image dépeigne une sphère. La forme de recouvrement d'une sphère – la forme d'une tache sur un écran perpendiculaire à la ligne de vision du spectateur qui recouvrirait une sphère – ne peut être que circulaire. Mais si un spectateur regarde l'image depuis une ligne de vision excentrée, la sphère dépeinte serait recouverte par une tache elliptique sur un plan perpendiculaire à sa ligne de vision, exactement comme une sphère réelle – la lune ou le soleil, par exemple – serait recouverte par une tache elliptique sur un écran placé obliquement par rapport à la ligne de vision du spectateur. D'où il suit que la ligne de vision implicite et la ligne de vision d'un spectateur n'ont pas besoin d'être identiques.

Une fois ces préliminaires mis en place, on peut énoncer le point principal succinctement. Si une gravure dépeint une tête d'homme, la forme de la plus petite partie de l'image qui dépeint le nez ou le menton de l'homme doit être identique à la forme de recouvrement du nez ou du menton dans l'image. Le principe général, que j'appellerai le *Principe de la forme de recouvrement*, se prouve aisément au moyen d'une expérience de pensée. En fait, il s'agit d'une expérience de pensée inhabituelle, parce qu'on peut parfaitement la réaliser. L'expérience consiste à essayer de suivre la forme de la partie d'une image qui dépeint quelque chose – disons une maison, un arbre, un homme ou une partie de son corps – en déplaçant son doigt le long de la surface, sans suivre simultanément la forme de recouvrement de la partie correspondante du sujet interne de l'image – la maison, l'arbre ou l'homme dans l'image. Ou à l'inverse on pourrait essayer de suivre la forme de recouvrement d'une partie du sujet interne d'une image sans suivre la forme effective de la partie de l'image qui la dépeint. Il suffit d'un moment de réflexion pour voir qu'aucune des deux choses n'est possible. D'où l'identité nécessaire entre la forme de recouvrement d'une partie du sujet interne d'une image et la forme effective de la plus petite partie de l'image qui dépeint cette partie de son sujet. J'utiliserai la lettre « S » pour signifier une partie du sujet interne d'une image, et la lettre « P » pour signifier la plus petite partie de l'image qui dépeint S. Le Principe de la forme de recouvrement peut donc s'énoncer comme suit : la forme de recouvrement de S et la forme effective de P doivent être identiques. On ne saurait regarder cela comme une découverte au sujet de la dépiction. C'est simplement un énoncé précis de l'idée fondamentale et indispensable qu'un objet est dépeint en définissant son contour.

Une objection contre le principe de la forme de recouvrement qu'il nous faut considérer a à voir avec les anamorphoses : « perspectives qui, vues d'aplomb, / Ne montrent que confusion – et vues de biais, / Laissent voir une forme » (*Richard II*, II, ii, 18-19). Les plus connues des anamorphoses incluent la fameuse dépiction d'un crâne au bas des *Ambassa-deurs Français* d'Holbein (à la National Gallery de Londres) et un portrait d'Edouard VI (à la National Portrait Gallery), mais la technique était d'usage courant, quoique moins ludique, chez les artistes responsables de la décoration des églises byzantines, pour compenser les distorsions qui, sinon, apparaîtraient dans les images, du fait d'une ligne de vision excentrée du spectateur ou de l'incurvation de la surface de l'image. Par exemple, dans la Pentecôte dépeinte dans la coupole principale de Sainte Sophie à Thessalonique, les jambes des apôtres sont délibérément allongées parce que les parties supérieures des personnages se trouvent situées presque perpendiculairement à la ligne de vision du spectateur alors que leurs parties inférieures sont plus proches de la verticale, et qu'ainsi l'anamorphose garantit que les corps des apôtres paraîtront bien proportionnés lorsqu'on voit la coupole d'en bas.

Des exemples de cette sorte semblent réfuter le Principe de la forme de recouvrement, parce que la forme de recouvrement d'une jambe d'apôtre n'est pas identique à la forme effective de la plus petite partie de la mosaïque qui la dépeint, précisément parce que l'image est conçue pour être vue selon une ligne de vision excentrée. Ainsi, alors que la forme de recouvrement d'une jambe est en forme de jambe, la forme effective de la plus petite partie de la mosaïque qui dépeint une jambe n'est pas en forme de jambe mais en forme de jambe allongée. L'anamorphose semble donc recommander un principe différent, à savoir que la forme de recouvrement de S (qui est relative, le lecteur s'en souvient, à la ligne de vision implicite) et la forme de recouvrement de P, relative à la ligne de vision d'un spectateur normal ou voulu, doivent être identiques.

L'expression « normal ou voulu » est essentielle, parce que la forme de recouvrement de P changera lorsqu'un spectateur se déplace d'une ligne de vision centrée à une autre qui est excentrée ou vice versa; mais, comme nous l'avons vu, la forme de recouvrement de S ne changera pas. Mais la même expression indique aussi ce qui ne va pas avec le nouveau principe, parce qu'il n'est tout simplement pas plausible d'associer à chaque image une ligne de vision d'un spectateur normal ou voulu qui soit suffisamment précise pour souscrire au principe. Cela nécessiterait par exemple une posture normale d'interprétation suffisamment précise pour en imposer au plus sévère admirateur de la technique alexandrine, et reconnue depuis l'invention du livre illustré. Et il est manifestement absurde de supposer qu'on associe spécifiquement la ligne de vision d'un spectateur distinct avec chaque partie de toute grande image orthomorphique. Est-il praticable d'ajouter au nouveau principe une clause énonçant que la ligne de vision du spectateur par défaut est orthogonale au plan de l'image ou à la partie du plan de l'image occupée par P? Peut-être; mais puisque la forme de recouvrement d'une forme bi-dimensionnelle, relativement à la ligne de vision qui est orthogonale à la surface sur laquelle est dessinée la forme, est identique à sa forme effective, ceci reviendrait à accepter le Principe de la forme de recouvrement, déguisé sous une paraphrase, et avec la précision que le nouveau principe le remplace dans les cas d'anamorphose.

La théorie de la dépiction doit reconnaître d'une manière ou d'une autre la nature exceptionnelle de l'anamorphose, un peu comme la théorie de la signification doit reconnaître l'ironie et l'hyperbole, sans être obnubilée par elles. Mais l'avantage du Principe de la forme de recouvrement n'est pas simplement l'avantage de le faire en langage clair. Car, lorsque nous regardons une image, nous pouvons normalement voir ce qu'elle dépeint parce que nous pouvons voir les formes des marques sur sa surface. En conséquence, on rend mieux service à la théorie de la dépiction avec un principe qui connecte explicitement les propriétés représentationnelles d'une image avec ces formes. Le soi-disant avantage du prin-

cipe alternatif est de reconnaître la nature exceptionnelle de
l'anamorphose en postulant la ligne de vision d'un spectateur
par défaut. Mais c'est en réalité une faiblesse, parce qu'il
cache la différence réelle entre les dépictions orthomorphique
et anamorphique. La Pentecôte à Thessalonique, par exemple,
est conçue pour exploiter le fait qu'il sera difficile ou impossible de discerner depuis une ligne de vision excentrée la forme
allongée d'une partie de la mosaïque qui dépeint une jambe
d'apôtre, alors que sa forme de recouvrement correctement
proportionnée sera particulièrement marquante. Mais pour
percevoir le sujet d'une image orthomorphique sans distor-
sion, la forme de la partie correspondante de la surface de
l'image est précisément ce que nous avons besoin de voir. Le
Principe de la forme de recouvrement rend cela explicite; et
il souligne par là le fait que, sous des conditions normales,
les anamorphoses sont des images qui ne veulent pas dire ce
qu'elles disent.

Le concept dont nous avons besoin de nous servir pour
définir le second principe est le concept de taille de recouvrement relative. La taille de recouvrement relative de deux
objets est, comme la forme de recouvrement d'un objet, affaire
de géométrie et non de psychologie. Supposez que je tende les
mains devant moi et que j'allonge davantage un bras que
l'autre. La taille de mes mains ne paraîtra pas différente, mais
il sera évident que la taille de recouvrement de la main la plus
proche sera plus grande. En d'autres termes, il sera manifeste
pour moi que la main plus proche recouvre une tache plus large
du mur derrière, exactement de la même manière qu'elle
projetterait une ombre plus grande sur le mur si une lumière
venait à rayonner d'un de mes yeux. De même, si je saisis un
verre d'eau sur la table et le porte à mes lèvres, il ne paraîtra pas
grandir en taille au cours de cette action, ni le volume d'eau ne
paraîtra augmenter, mais le changement dans leur taille de
recouvrement sera évident, si j'y prête attention. La taille de

recouvrement relative de mes mains est fonction de leur taille relative et de leur distance relative de mes yeux ; il en est de même du verre lorsqu'il est sur la table et lorsque je l'ai soulevé vers moi.

De même que les formes de recouvrement des objets représentés dans une image sont les formes de recouvrement qu'on représente qu'ils ont, de même en est-il de leurs tailles de recouvrement relatives. Et de même que la forme de recouvrement de S et la forme effective de P doivent être identiques, la taille de recouvrement relative de S_1 et S_2 et la taille relative de P_1 et P_2 doivent être identiques. J'appellerai cela le *Principe de la taille de recouvrement relative*. Supposez par exemple qu'une gravure orthomorphique dépeigne deux sphères, S_1 et S_2. Si S_1 et S_2 ont une taille de recouvrement égale, alors P_1 et P_2 doivent être de même taille et vice versa. Mais, alors que la forme de recouvrement dans une image est relative à une ligne de vision implicite, la taille de recouvrement relative de deux objets dans une image, ou de deux parties d'un ou plusieurs objets semblables, est relative à un point de vue implicite. Car tandis que la forme de recouvrement d'un objet est fonction de sa forme et de son orientation par rapport à la ligne de vision d'un spectateur, la taille de recouvrement relative de deux objets est fonction de leur taille relative et de leur distance relative vis-à-vis d'un spectateur.

IV

Lorsque nous nous tournons de la forme et de la taille vers la couleur, la situation peut d'abord paraître plus compliquée. Pour commencer, S et P n'ont pas besoin de se ressembler quant à la couleur, car le sujet interne d'une grisaille ou d'une gravure (quelle que soit la couleur de l'encre) n'a pas besoin d'avoir et n'aura pas en général de couleur déterminée. Dans

ce genre de cas, S et P ne sont pas de la même couleur mais ils
ne diffèrent pas non plus en couleur. Mais supposez que S ait
une couleur déterminée. Doit-elle être la même que la couleur
de P? Lorsque nous abordons cette question, il est utile de se
souvenir de l'avertissement de Wittgenstein qu'« il n'est pas
clair dès le départ de savoir comment comparer des nuances de
couleur et ce que signifie "être de même couleur" » [1]. Comme
Wittgenstein s'en est aperçu, ce problème a une acuité toute
particulière lorsqu'il s'agit d'images, pour la raison suivante.
Des objets qui concordent en couleur pour un observateur
donné sous une lumière donnée sont dits concorder *métamériquement* pour cet observateur sous cette lumière; et s'ils
concordent sous toutes les lumières, on dit qu'ils concordent
isomériquement [2]. Mais puisque les comparaisons de chaque
sorte dépendent du fait de comparer les deux objets sous la
même lumière, il n'est tout simplement pas possible de déterminer si S et P concordent métamériquement ou isomériquement, s'il s'agit d'une image dans laquelle les objets sont
montrés sous une lumière particulière. Car, bien sûr, nous ne
pouvons prendre un échantillon du pigment et, pour ainsi dire,
nous transporter avec lui dans l'image ou détacher quelque
chose de l'image et la placer sur la surface. Et nous ne pouvons
déterminer si la lumière dans l'image est la même que celle
sous laquelle nous voyons le pigment, que ce soit en mesurant
les deux avec des instruments ou en testant si la couleur d'un
objet change lorsqu'on passe d'une lumière à l'autre puisque,
je le répète, nous ne pouvons pas plus introduire quelque chose
dans l'image que l'en retirer. Nous avons donc à décider, avant
de considérer si la couleur de S doit être la même que celle de
P, quelle méthode de comparaison employer.

1. Wittgenstein, *Remarks on Colour*, G. E. M. Anscombe (éd.), Blackwell,
1977, I § 59, trad. fr. G. Granel, *Remarques sur les couleurs*, TER, 1983.
    2. Voir C. L. Hardin, *Color for Philosophers*, Hackett, 1988, p. 26 *sq.* et
67 *sq.*

Supposez que nous décidions que S et P concordent (nous pouvons même nous permettre de forger un néologisme et dire qu'ils concordent *diamériquement*) si S, sous la lumière représentée dans l'image, concorde avec P lorsque P est vu sous un éclairage optimal. («Eclairage optimal» peut s'interpréter comme signifiant tout éclairage que l'artiste voulait ou espérait ou, puisque les artistes ont souvent des raisons de se lamenter sur l'éclairage sous lequel on veut ou espère exposer leur œuvre, un éclairage diffus obtenu avec la lumière naturelle et une exposition au nord ou avec une lumière artificielle dont la température de couleur est adaptée. Le lecteur est libre de décider quelle interprétation convient à chaque cas particulier, avec la mise en garde qu'il peut très bien varier d'un cas au suivant). Mais la difficulté de décider comment comparer S et P n'est pas résolue par cette stipulation, car nous avons encore besoin de décider *quoi* comparer, c'est-à-dire comment circonscrire S et P. Ici aussi, Wittgenstein a attiré l'attention sur le problème :

> Imaginons une peinture que l'on aurait déchirée en petits morceaux à peu près monochromatiques, et imaginons qu'ensuite on s'en serve comme des pièces d'un puzzle. Une telle pièce, même lorsqu'elle n'est pas monochromatique, ne doit signifier aucune forme spatiale, mais apparaître simplement en tant que tache de couleur plane. C'est seulement dans l'assemblage avec d'autres pièces qu'elle deviendra un morceau de ciel bleu, une ombre, une lumière éclatante, qu'elle apparaîtra comme transparente ou non transparente, etc. Est-ce que les pièces isolées nous montrent les *couleurs véritables* des parties de l'image [1] ?

Il est difficile de savoir avec certitude s'il faut prendre l'expression «les parties de l'image» comme signifiant les parties de la surface de l'image ou les parties de son sujet ou

---

1. Wittgenstein, *Remarks on Colour*, I § 60, trad. fr. p. 17.

motif, ou si Wittgenstein voulait que l'expression soit ambi-
guë. Mais supposons que Wittgenstein voulait demander si les
petites taches de couleur nous montrent les couleurs réelles des
parties du sujet de l'image. Son ton, si je l'ai interprété correctement, sous-entend que non. Ceci me semble juste, mais
seulement parce que la notion de la *couleur véritable* de
quelque chose, comme l'a montré Austin, dépend largement
du contexte et parfois n'est d'aucune utilité[1]. Nous pouvons
cependant reformuler la question de Wittgenstein en des
termes qui nous dispensent de la notion de couleur réelle, et
demander plutôt si les pièces individuelles doivent être identiques en couleur aux parties du sujet de l'image que, une fois
réassemblées, elles dépeignent séparément. La réponse à *cette*
question est moins facile, comme une remarque que fait
Wittgenstein ailleurs dans les *Remarques sur la couleur*
semble le reconnaître :

> Le seau émaillé que je vois devant moi est d'un blanc brillant, il
> me serait impossible de le nommer gris ou de dire : « Je vois, à
> proprement parler, du gris ». Mais il a un reflet qui est beaucoup
> plus clair que le reste de sa surface, et, puisqu'il est rond, il
> passe peu à peu de la lumière à l'ombre, sans pour autant
> paraître changer de couleur.
> Quelle est la couleur du seau à *tel* endroit ? Comment dois-je en
> décider[2] ?

Il semble, ici, que le ton de la question soit nettement
moins résolu.

Lorsque nous cherchons à savoir si *S* et *P* doivent avoir
la même couleur, nous pouvons trouver des intuitions qui se
contredisent. D'une part, nous pouvons être tentés d'approu-

---

1. J. L. Austin, *Sense and Sensibilia*, Oxford, Oxford U.P., 1962, p. 65-66,
trad. fr. P. Gochet, *Le Langage de la perception*, Paris, Armand Colin, 1971,
p. 88-89.
2. Wittgenstein, *Remarks on Colour*, III § 246-247. *Cf.* I § 50, trad. fr. p. 61-
62.

ver la remarque laconique de Wittgenstein : « il existe de la peinture dorée mais Rembrandt ne s'en est pas servi pour peindre un casque en or » [1]. D'autre part, nous pouvons vouloir tenir à une division plus fine d'une image et regarder une petite tache de couleur de la sorte décrite par Wittgenstein dans le passage cité plus haut comme la bonne unité pour comparer. Si c'est le cas, la remarque au sujet du casque peut nous paraître dénuée de pertinence ou superficielle, parce qu'elle nous invite à considérer une peinture, pour ainsi dire, avec le mauvais degré de résolution. En fait, aucune des deux positions n'est correcte, parce que toutes deux ignorent l'avertissement qu'« il n'est pas clair dès le départ de savoir comment comparer des nuances de couleur et ce que signifie "être de même couleur" ».

L'idée que chacune des pièces individuelles de Wittgenstein *est* identique en couleur à la partie correspondante du motif de l'image serait exprimée par les spécialistes de la couleur en termes de *couleur identifiée* [aperture colour] [2] – la couleur d'une source lumineuse isolée ou d'une tache éclairée, vue à travers un *écran de réduction* qui peut être un tube tapissé d'un matériau gris foncé ou une simple feuille de carton gris foncé percé d'un orifice. En isolant la tache vue à travers lui, un écran de réduction nous empêche de distinguer

---

1. Wittgenstein, *Remarks on Colour*, III § 79. Comparez toutefois avec III § 244 : « "Gris" et "blanc faiblement éclairé" – ou faiblement éclairant – peuvent *en un sens* être la même couleur, car si je peins la seconde, il se peut que je sois obligé pour cela de mélanger la première sur ma palette », trad. fr. p. 61.

2. « Aperture colour » renvoie, conformément au dispositif expérimental décrit, à la valeur colorimétrique d'une tache isolée de son contexte. Le sens littéral du terme « aperture » est « ouverture » (son usage ordinaire en art relève du vocabulaire photographique : ouverture du diaphragme, etc.), ce qui s'adapte assez mal au cas présent de la couleur. N'ayant pas trouvé d'expression technique consacrée, et voulant éviter une périphrase encombrante, je rendrai la notion de « aperture colour » par « couleur identifiée » afin de souligner le processus de singularisation et de délimitation vis-à-vis des autres teintes voisines ou concurrentes [N.d.T.].

entre la contribution faite à la couleur d'un objet par les caractéristiques de la lumière ambiante et la contribution faite par la nature physique de l'objet lui-même, quelque chose que nous trouvons aisé et naturel de faire lorsqu'on voit la même tache dans des circonstances normales[1]. Normalement, par exemple, lorsque nous regardons un mur uniformément coloré traversé par une ombre portée, disons l'ombre d'un arbre ou d'un meuble, il paraîtra exactement comme je l'ai décrit : uniformément coloré, avec une partie ombrée, mais pas de couleur plus foncée. Cette uniformité dans la couleur est appelée uniformité dans la *couleur de surface*. Mais si nous regardons une partie où il y a une transition brusque de la lumière à l'ombre, à travers un écran de réduction, la tache que nous pouvons voir semble avoir deux parties de différentes couleurs, l'une plus foncée que l'autre. Ici, notre attention est dirigée vers la *couleur identifiée*. Les concepts de couleur de surface et de couleur identifiée sont distincts mais liés : les parties visibles d'un objet peuvent varier en couleur identifiée sans varier en couleur de surface ou vice versa, dans des circonstances soigneusement agencées ; et la couleur identifiée d'un objet est une fonction de sa couleur de surface et de l'éclairage ambiant.

La distinction entre couleur de surface et couleur identifiée suggère une solution simple à notre problème. La solution est que S et P peuvent différer en couleur de surface et P varier en couleur de surface sans produire une variation correspondante dans la couleur de surface de S ; mais si nous divisons une image en taches de couleur assez petites pour nous empêcher de percevoir les caractéristiques de la lumière ambiante au sein de l'image, alors chaque tache doit être identique en couleur identifiée à la partie du sujet de l'image qu'elle représente,

1. Rechercher les mécanismes qui rendent facile et naturel pour nous de faire cela n'est, bien sûr, pas du tout chose facile ; au contraire, c'est l'un des problèmes principaux en optique psychologique.

sous un éclairage optimal. J'appellerai ceci le *Principe de la couleur identifiée*.

Un peu comme l'illusion spatiale exploitée par les anamorphoses paraissait menacer le Principe de la forme de recouvrement, l'effet de fusion optique peut sembler jeter le doute sur le Principe de la couleur identifiée. Ainsi, prenez une peinture pointilliste qui dépeint une pelouse uniformément verte au moyen de centaines de minuscules touches de pigments de différentes couleurs, ou bien une mosaïque qui représente une pénombre au moyen d'une rangée de tessères alternativement claires et sombres, respectivement semblables aux tessères qui représentent la région adjacente éclairée et la région adjacente ombrée. Si le spectateur se tient suffisamment près de la mosaïque pour distinguer les tessères individuelles, la couleur identifiée de l'une d'entre elles ne sera pas identique à la couleur identifiée de la partie correspondante de l'objet dépeinte par la mosaïque. Mais en fait la fusion optique ne réfute pas le Principe de la couleur identifiée, parce que nous pouvons spécifier la distance à laquelle s'applique le principe eu égard à la couleur identifiée de S – à savoir, la distance à laquelle la couleur identifiée de S est immédiatement visible [1].

Il est important de remarquer combien ces trois principes sont modestes. D'abord, ils ne nous disent rien sur la *sorte* de chose qu'une image représente, par opposition aux formes de recouvrement – relativement à la ligne de vision du spectateur – de ses diverses parties, à leurs tailles de recouvrement relatives et à leurs couleurs identifiées. Par exemple, si une partie d'image représente un bec de canard ou des oreilles de lapin,

---

1. Remarquez que nous ne pouvons spécifier cette distance par simple référence à l'intention de l'artiste, pour la même raison qui nous empêchait de définir l'éclairage optimal de même manière : les intentions d'un artiste sont, de manière compréhensible, souvent bridées par les circonstances d'une commande ou les désirs d'un mécène, et il peut parfaitement avoir l'intention de voir son œuvre exposée dans des conditions qui rendent difficile ou impossible de la voir à son meilleur.

ce n'est pas le Principe de la forme de recouvrement qui nous dit lequel, quand bien même il nous dit que, si on peut voir l'image soit comme une image de canard soit comme une image de lapin, le canard et le lapin doivent avoir la même forme de recouvrement, relativement à la ligne de vision du spectateur. En second lieu, ils ne disent rien quant au rapport entre la surface d'un portrait et l'homme réel qui est dépeint ; ils concernent seulement le rapport entre la surface d'une image et son sujet *interne*. Enfin les Principes de recouvrement n'impliquent pas que les parties du sujet interne d'une image doivent avoir des formes de recouvrement et des tailles de recouvrement relatives entièrement déterminées ; et, comme on l'a déjà noté, le Principe de la couleur identifiée n'implique pas que les parties du sujet d'une image aient des couleurs identifiées déterminées. Mais les Principes de recouvrement impliquent que toute indétermination dans les formes de recouvrement et les tailles de recouvrement relatives des parties du sujet interne d'une image sera corrélée de manière précise à une indétermination dans les formes et les tailles relatives des parties correspondantes de la surface de l'image.

Les trois principes sont modestes ; mais ils prouvent qu'il y a un rapport strict et invariable entre les lignes, formes et couleurs sur la surface d'une image et son sujet interne, et qu'on peut le définir sans faire référence à l'effet psychologique de l'image sur un spectateur.

V

Ceci achève ma discussion des principes généraux pour une théorie de la dépiction. Maintenant, si la nature de l'art iconique doit s'expliquer en définissant l'effet psychologique qu'une image est conçue pour produire, quelle forme doit prendre la définition de l'expérience ? Nous pouvons approcher cette question en considérant la théorie de la dépiction de Richard Wollheim. Wollheim a soutenu qu'une image est une surface marquée qui a été conçue (avec succès) pour produire sur un spectateur « une expérience dotée d'une certaine phénoménologie » qu'il appelle « voir-dans » :

> Le trait phénoménologique distinctif, je l'appelle « double perception » parce que, lorsque voir-dans intervient, deux choses se produisent : je suis conscient visuellement de la surface que je regarde, et je discerne quelque chose qui avance devant quelque chose d'autre ou (dans certains cas) qui s'enfonce derrière. ... Ce sont là deux aspects d'une unique expérience, ce ne sont pas deux expériences [1].

Cette thèse place Wollheim en plein dans le courant principal de la philosophie récente, parce qu'il explique la nature de la dépiction en termes de l'épisode psychologique qu'une image est conçue pour produire. Mais la théorie de la dépiction de Wollheim est insatisfaisante pour au moins quatre raisons [2].

Premièrement, il n'est tout simplement pas vrai que, toutes les fois que je vois ce qu'une image dépeint, « je discerne quelque chose qui avance devant quelque chose d'autre ou ... qui s'enfonce derrière ». Cela ne serait vrai que si toute image dépeignait quelque chose qui avance devant quelque chose d'autre ou qui s'enfonce derrière, ou si un objet dans une image apparaissait toujours avancer ou reculer par rapport à la surface de l'image. Mais en fait il y a quantité d'images qui ne remplissent aucune de ces conditions. La lithographie d'un taureau par Picasso (reproduite figure 1) est une image de cette

---

1. Wollheim, *Painting as an Art*, p. 46.
2. Des critiques semblables à la seconde et à la troisième de celles qui suivent sont faites par M. Budd dans « On Looking at a Picture », p. 273. Voir aussi K. Walton, « Seeing-in and Seeing Fictionally », *in* J. Hopkins et A. Savile (éd.), *Psychoanalysis, Mind and Art*, Blackwell, 1992, p. 282 *sq.*, ainsi que Peacocke, « Depiction », p. 403, n. 25.

sorte. Il n'y a nul besoin de supposer que l'expérience complexe que décrit Wollheim a besoin d'intervenir lorsqu'on regarde ce dessin et qu'on voit ce qu'il dépeint, pas plus que lorsqu'on regarde les mots sur une page imprimée.

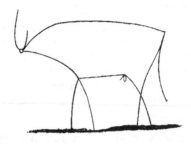

Figure 1
Picasso, *Le Taureau*, 1946. Lithographie.

Deuxièmement, la théorie nous dit quelque chose sur la nature générique de l'expérience de voir une certaine sorte d'objet dans quelque chose, mais rien sur sa nature spécifique. Par conséquent, si nous admettons, pour un moment, qu'une image de taureau est une image marquée conçue (avec succès) pour nous laisser voir un taureau en elle, il reste parfaitement obscur de savoir comment l'expérience de voir un taureau dans quelque chose diffère de l'expérience de voir un ours dans quelque chose. La définition que donne Wollheim de l'expérience de voir-dans en termes de « double perception » implique que l'expérience de voir un taureau dans quelque chose comporte le fait d'être visuellement conscient d'une surface et simultanément de « discerner quelque chose qui avance devant quelque chose d'autre ou … qui s'enfonce derrière ». Mais puisqu'elle implique également que l'expérience de voir un ours ou une bicyclette dans quelque chose comporte ces mêmes choses, elle échoue à expliquer la différence entre une image de taureau et une image de quelque chose ou de n'importe quoi d'autre. À l'évidence, ce qui manque est une explication de la manière dont l'expérience de voir un taureau dans quelque chose est reliée à l'expérience de voir réellement un taureau.

Troisièmement, la théorie explique la dépiction en termes de voir-dans ; et cette expérience est en partie définie en termes de « discerner quelque chose qui avance devant quelque chose d'autre ou … qui s'enfonce derrière » ; mais elle laisse la nature de *cette* expérience (ou d'une expérience qui a cet aspect) totalement inexpliquée. Ce n'est pas la même expérience que *voir réellement* quelque chose qui avance devant quelque chose d'autre ou … qui s'enfonce derrière ; et Wollheim ne tente pas d'expliquer comment elle est reliée à cette expérience. Si « discerner quelque chose qui avance devant quelque chose d'autre ou … qui s'enfonce derrière » signifie *voir quelque-chose-qui-avance-devant-quelque-chose-d'autre-ou -qui-s'enfonce-derrière dans quelque chose*, la définition de voir-dans est circulaire. Si ce n'est pas le cas, on se demande ce qu'elle signifie. De l'une ou l'autre manière, l'omission rend Wollheim coupable d'une réserve qui confine à la vacuité.

Quatrièmement, comme le reconnaît Wollheim, la nature de voir-dans est telle qu'il ne peut compter une peinture *en trompe-l'œil* comme une image :

> [Les peintures *en trompe-l'œil*] sont non représentationnelles … parce qu'elles ne suscitent pas – et en réalité repoussent – l'attention à la surface marquée. … Elles stimulent notre conscience de la profondeur, mais elles le font sur un mode conçu pour déconcerter notre attention envers les marques sur la surface[1].

Mais bien qu'il soit vrai qu'un *trompe-l'œil* est « conçu pour déconcerter notre attention envers les marques sur la surface », au moins pour un moment, lorsqu'il est vu d'un

---

1. Wollheim, *Painting as an Art*, p. 62.

endroit ou d'une distance particulier, il ne s'ensuit pas que ce à quoi nous prêtons attention lorsque nous regardons un *trompe-l'œil* est quelque chose d'autre qu'une surface marquée : il s'ensuit qu'un *trompe-l'œil* produira l'effet qu'il est conçu pour produire seulement lorsqu'un spectateur ne peut le voir *en tant que* surface marquée ou voir que ce à quoi il prête attention *est* une surface marquée. Puisqu'une image est, pour le dire approximativement, une sorte particulière de surface marquée, ce sont là des circonstances dans lesquelles un spectateur ne peut voir que ce à quoi il prête attention est une image. Mais c'est une chose de dire qu'un *trompe-l'œil* est conçu pour empêcher un spectateur, au moins pendant un moment, de voir que c'est une image, et c'en est une autre de nier qu'il *est* une image.

On ne peut considérer la théorie de Wollheim comme un succès. Mais son échec est instructif et sa principale leçon, pour nos desseins présents, dérive de la seconde critique qui lui a été faite, à savoir que la théorie échoue à expliquer la différence entre l'image d'une certaine espèce de chose et l'image d'une autre espèce de chose. La leçon, c'est que la dépiction ne peut pas être définie en termes de l'épisode psychologique qu'une image est conçue pour produire, à moins de spécifier la sorte de perception sensorielle produite par une image qui dépeint *un objet de telle et telle espèce*. Spécifier la sorte de perception sensorielle produite par toute image, sans considération de ce qu'elle dépeint, n'est pas une option.

VI

Nous pouvons donc commencer à évaluer les perspectives pour une théorie psychologique de la dépiction, en considérant la formule suivante :

(1) Quel que soit x, x dépeint un F si et seulement si x est une surface marquée et que x a été conçue (avec succès) pour produire une perception sensorielle telle que nous pourrions nous attendre à l'avoir si nous étions en train de voir un y tel que F^*y.

Ou, mieux, puisque des peintures non conventionnelles peuvent défier nos attentes :

(2) Quel que soit x, x dépeint un F si et seulement si x est une surface marquée et que x a été conçue (avec succès) pour produire une perception sensorielle qu'il serait naturel de caractériser en disant que nous étions en train de voir un y tel que F^*y.

Comment faut-il interpréter cette formule ? En commençant par le côté gauche, la lettre « F » peut être remplacée par un nom ou une expression nominale qui signifie une espèce de chose qu'une image peut dépeindre : par exemple, « homme », « homme portant une écharpe jaune », « bataille », « orage », « arc-en-ciel », ou « ombre » ; et en conséquence « x dépeint un F » peut être remplacé par un prédicat complexe dans lequel une telle expression nominale intervient à titre de constituant : « x dépeint un homme », « x dépeint un homme portant une écharpe jaune », « x dépeint une bataille », etc. La variable « x » peut maintenant être remplacée par le nom d'une image, pour engendrer une phrase qu'on peut utiliser pour dire, que cela soit vrai ou faux, de quelle partie du sujet de l'image il s'agit : « *La Ronde de nuit* dépeint un homme portant une écharpe jaune », « *La Bataille d'Alexandre* dépeint une bataille », etc. Nous tournant vers le côté droit de la formule, « F^*y » peut être remplacé par une expression complexe dans laquelle F intervient à titre de constituant : par exemple, « y est de même forme qu'un F », « il est probable que y rappelle un F à quelqu'un », ou « y ressemble beaucoup à un F ». Le fait de substituer maintenant « homme » ou « homme portant une écharpe jaune » à « F » engendrera un prédicat tel que « y est de même forme qu'un homme » ou » *y* ressemble beaucoup à un homme portant une écharpe jaune ».

Si nous pouvons imaginer une expression complexe pour remplacer « F*y » – quelque chose dans le genre de « *y* est de même forme qu'un F » ou « *y* ressemble beaucoup à un F » – qui rende vraie la formule qui en résulte, alors nous aurons réussi à expliquer la dépiction en définissant l'effet psychologique qu'une image est conçue pour produire. Par exemple, si « F*y » est remplacé par « *y* est de même forme qu'un F », on peut paraphraser la formule résultante comme suit :

(3) Quelque chose – à savoir une image ou une partie d'image – dépeint un objet d'une certaine espèce si et seulement si c'est une surface marquée qui a été conçue (avec succès) pour produire une perception sensorielle qu'il serait naturel de caractériser en disant que nous étions en train de voir quelque chose qui est de même forme qu'un objet de cette espèce.

Si (3) était vrai, il nous fournirait un moyen simple de définir n'importe quel prédicat de la forme « *x* dépeint un F » en termes de la perception sensorielle qu'une image doit avoir été conçue pour produire, si le prédicat s'applique à elle de manière véridique. Mais en réalité il suffit d'un moment de réflexion pour voir que (3) est faux. Car, comme Descartes l'a fait remarquer, « sur une superficie toute plate, [les gravures] nous représentent des corps diversement relevés et enfoncés »[1] ; et puisqu'il est normalement évident, quand on regarde une image, de voir des marques sur une surface plate, une gravure qui dépeint quelque chose de sphérique ou de cylindrique ne produira pas normalement une perception sensorielle qu'il serait naturel de caractériser en disant que nous étions en train de voir quelque chose de sphérique ou de cylindrique. En conséquence, si une gravure dépeint, disons, une balle ou un segment de tuyau, il ne s'ensuit pas qu'elle a

---

1. Descartes, *Dioptrique*, Discours quatrième.

été conçue (avec succès) pour produire une perception sensorielle qu'il serait naturel de caractériser en disant que nous
étions en train de voir quelque chose qui est de même forme
qu'une balle ou un segment de tuyau. Au contraire, il s'ensuit
qu'elle a été conçue (avec succès) pour produire une perception sensorielle qu'il serait naturel de caractériser en disant que
nous étions en train de voir des marques sur une surface plate –
certes des marques qui dépeignent quelque chose de sphérique
ou de cylindrique mais non pas des marques qui *sont* sphéri-
ques ou cylindriques.

Puisque (3) est faux, « *y* est de même forme qu'un F » n'est
pas une interprétation de « F*y » qui nous permettra de définir
le rapport entre la perception sensorielle produite par une
image de bataille ou d'orage et une perception de bataille ou
d'orage. Mais si l'on peut imaginer une interprétation satisfaisante de « F*y », alors la doctrine cartésienne selon laquelle
la nature de la dépiction est à expliquer en termes de l'effet
psychologique qu'une image produit dans l'esprit d'un
spectateur se trouvera justifiée.

VII

Comme le lecteur s'en souviendra, le Principe de la forme
de recouvrement énonce que la forme de recouvrement de *S* et
la forme réelle de *P* doivent être identiques. (*S* signifie une
partie du sujet interne d'une image et *P* signifie la plus petite
partie de l'image qui dépeint *S*). Si l'on garde ce principe à
l'esprit, il peut sembler que l'interprétation de « F*y » qui est
requise est « la forme de *y* est identique à la forme de recouvrement que pourrait avoir un F », ce qui engendre la forrmule
suivante :

(4) Quel que soit *x*, *x* est la plus petite partie d'une image qui dépeint
un F si et seulement si x est une surface marquée et que *x* a été conçue

(avec succès) pour produire une perception sensorielle qu'il serait naturel de caractériser en disant que nous étions en train de voir un y tel que la forme de y est identique à la forme de recouvrement que pourrait avoir un F.

La modification à gauche est importante mais elle ne fait pas problème, aussi longtemps que nous acceptons la convention du philosophe qu'un objet est une partie, distincte d'une partie propre, de lui-même – à savoir la partie la plus grande – puisqu'il s'ensuit qu'une image dépeint quelque chose si et seulement si une partie d'elle le fait.

Mais en fait (4) ne nous fournit ni une condition nécessaire ni une condition suffisante pour que quelque chose dépeigne un objet d'une certaine espèce. Il ne nous fournit pas une condition nécessaire parce que la forme de recouvrement d'une certaine espèce d'objet dans une image n'a pas besoin d'être une forme de recouvrement qu'un objet réel de cette espèce serait susceptible d'avoir. Les dessins d'enfants, les dessins humoristiques et les caricatures, ainsi que les peintures cubistes confirment tous ce fait. Nous pourrions modifier (4) en remplaçant « F*y » par l'expression « la forme de y est identique à la forme de recouvrement que pourrait avoir un F dans une image » ; mais ce serait saboter l'analyse, puisque l'interprétation corrigée de « F*y » introduit le concept de dépiction – le concept même que nous espérions expliquer – du côté droit de la formule.

(4) ne nous fournit pas une condition suffisante pour que quelque chose dépeigne un objet d'une espèce donnée pour deux raisons. En premier lieu, elle ne fait pas référence à la couleur et il est clair qu'elle ne sera d'aucune utilité là où « F » est remplacé par un terme qui signifie une espèce de chose qui est en partie définie en termes de couleur, par exemple « cheval aubère » ou « rubis ». Est-ce qu'on peut modifier la formule au moyen du Principe de la couleur identifiée ? Non pas sans introduire une circularité dommageable ; car, comme nous

l'avons vu, le Principe de la couleur identifiée s'applique seulement à une distance à laquelle la couleur identifiée du sujet interne est immédiatement visible. En conséquence, la formule suivante est fausse :

(5) Quel que soit x, x est la plus petite partie d'une image qui dépeint un rubis si et seulement si x est une surface marquée et que x a été conçue (avec succès) pour produire une perception sensorielle qu'il serait naturel de caractériser en disant que nous étions en train de voir un y tel que la forme de y est identique à la forme de recouvrement que pourrait avoir un rubis et tel que la couleur identifiée de y est identique à la couleur identifiée que pourrait avoir un rubis.

Il serait nécessaire de modifier (5) en ajoutant une clause telle que « lorsqu'on la voit à une distance à laquelle la couleur identifiée de l'objet qu'elle dépeint est immédiatement visible » ; mais de nouveau, si l'on introduit le concept de dépiction du côté droit d'une formule, elle ne peut plus nous fournir une définition non circulaire d'un prédicat de la forme « x dépeint un F ».

Deuxièmement, il est parfaitement possible de dépeindre une sorte de chose avec l'intention qu'elle paraisse ressembler à une autre sorte de chose dans sa forme de recouvrement. Par conséquent, si on peut concevoir quelque chose qui dépeint un F pour produire la sorte de perception sensorielle qui apparaît dans la formule, alors on le peut aussi avec quelque chose qui ne le fait pas. Un exemple est fourni par les *Danseuses à la barre* de Degas où un arrosoir, utilisé sans doute pour asperger le sol de sable, fait écho avec esprit à la forme d'une danseuse qui a une jambe dressée de telle sorte que son pied repose fermement sur la barre et dont la main correspondant à son bras en extension repose sur la jambe dressée. S'il est vrai que la partie de la peinture qui dépeint l'arrosoir a été conçue pour produire une perception sensorielle qu'il serait naturel de caractériser en disant que nous étions en train de voir quelque chose dont la forme est identique à la forme de recouvrement que pourrait avoir un arrosoir, il est *également* vrai que cette partie de la peinture a été conçue pour produire une perception sensorielle qu'il serait naturel de caractériser en disant que nous étions en train de voir quelque chose dont la forme est identique à la forme de recouvrement qu'une danseuse pourrait avoir, si son pied reposait sur la barre etc.

VIII

C'est un résultat décourageant. Bien qu'à ce stade nous ne puissions le dire en des termes plus forts, il suggère qu'une définition non circulaire de l'effet psychologique qu'une peinture produit sur l'esprit d'un spectateur sera aussi difficile à saisir qu'une définition non circulaire du sentiment produit par la contemplation de quelque chose de beau, de la réaction produite par la perception de quelque chose de drôle, ou de la perception sensorielle produite par la vue de quelque chose de rouge. Mais bien que le résultat soit décourageant, il n'est peut-être pas décisif. Car on pourrait, si on le voulait, imaginer et tester nombre d'autres formules plus ou moins élaborées, dans l'espoir d'en trouver une qui marche. Mais je pense qu'il est possible de montrer que ce serait un exercice futile.

Supposez que nous adhérions à l'idiome cartésien. C'est-à-dire supposez que nous concevions les images comme des artefacts conçus pour produire des perceptions sensorielles, ou que nous parlions comme si nous les concevions ainsi. La perception sensorielle que quelque chose dépeignant une bataille ou un orage est conçue pour produire est, quoi qu'elle puisse être par ailleurs, une perception sensorielle qu'il serait naturel de caractériser en disant que nous voyons quelque chose qui dépeint une bataille ou un orage. Une gravure qui dépeint une balle ou un segment de tuyau a été conçue (avec succès) pour produire une perception sensorielle qu'il serait naturel de caractériser en disant que nous étions en train de voir des marques sur une surface plate qui dépeint une balle ou un segment de tuyau – en conséquence quelque chose de sphérique ou quelque chose de cylindrique. Et la partie des *Danseuses à la barre* de Degas qui dépeint l'arrosoir a été conçue (avec succès) pour produire une perception sensorielle qu'il serait naturel de caractériser en disant que nous étions en train de voir quelque chose qui dépeint un arrosoir. La seule soi-disant exception à cette règle est un *trompe-l'œil*. Mais en fait même un *trompe-l'œil* est conçu pour produire une perception sensorielle qu'il serait naturel de caractériser en disant que nous étions en train de voir quelque chose qui dépeint, disons, un porte-lettres ou une vitrine d'oiseaux empaillés. Ce qui rend exceptionnelle une image de cette espèce est qu'elle est *également* conçue de manière à produire dans certaines conditions une perception sensorielle qu'il serait naturel de caractériser en disant que nous étions en train de voir quelque chose qui *est* effectivement (et pas quelque chose qui dépeint simplement) un porte-lettres ou des oiseaux empaillés. Nous pouvons, si nous le désirons, insister en disant, de manière plus précise, qu'un *trompe-l'œil* est conçu pour produire une perception sensorielle qu'il serait naturel de caractériser en disant que nous étions en train de voir quelque chose qui dépeint des lettres sur un présentoir ou des oiseaux empaillés *de manière illusionniste*. Mais la formulation précise ne réfute pas l'imprécise ; au contraire, elle l'implique.

Il apparaît ainsi que la formule suivante est vraie :

(6) Quel que soit *x*, *x* est la plus petite partie d'une image qui dépeint un F seulement si *x* est une surface marquée et que *x* a été conçue (avec succès) pour produire une perception sensorielle qu'il serait naturel de caractériser en disant que nous étions en train de voir un *y* tel que cet *y* dépeint un F.

Remarquez que cette formule n'est pas un biconditionnel. La raison en est qu'on pourrait disposer, encadrer et vernir un véritable porte-lettres tout semblable au porte-lettres dans l'une des peintures en *trompe-l'œil* de Peto, avec pour résultat qu'il ressemble exactement à – dans l'idiome qui a ma préférence, il « produit une perception sensorielle qu'il serait naturel de caractériser en disant que nous étions en train de voir » – quelque chose qui dépeint un porte-lettres. Les images sont conçues pour ressembler à des images ; mais il en est de même de quelques autres choses (très inhabituelles). Mais bien que (6) ne soit pas un biconditionnel, elle nous permet d'imposer une contrainte supplémentaire pour une interprétation satisfaisante de « F^*y », parce que nous pouvons déduire de la conjonction de (2) et de (6) que tout ce qui satisfait le prédicat « F^*y » satisfera aussi le prédicat « y dépeint un F ». Par conséquent, une interprétation satisfaisante de « F^*y » aurait à rendre vraie la formule suivante *aussi bien que* (2) :

(7) Quel que soit y, y est la plus petite partie d'une image qui dépeint un F seulement si F^*y [1].

Ce pas est décisif. Afin de voir pourquoi, nous devons nous souvenir qu'on ne peut introduire le concept de dépiction du côté droit de (2) sans enlever à la formule résultante la possibilité d'engendrer une définition non circulaire d'un prédicat de la forme « y dépeint un F ». Et il s'ensuit que nous ne pouvons pas non plus introduire le concept de dépiction du côté droit de (7). Mais une interprétation satisfaisante de « F^*y » sera une expression complexe telle que « y est de même forme qu'un F » ou « y ressemble beaucoup à un F » dans

---

1. De manière stricte, (7) est impliqué par la conjonction de (6) et de la formule suivante qu'on obtient en effectuant la modification introduite en (4) sur le côté gauche de (2) : Quel que soit x, x est la plus petite partie d'une image qui dépeint un F si et seulement si x a été conçue (avec succès) pour produire une perception sensorielle qu'il serait naturel de caractériser en disant que nous étions en train de voir un y tel que F^*y.

laquelle « F » intervient comme constituant. En conséquence, si nous substituons « bataille » ou « orage » à « F », nous verrons qu'une interprétation satisfaisante de « F*y » est impossible, à moins de pouvoir déduire du fait qu'une image dépeint une bataille qu'elle entretient telle et telle relation visible avec une bataille, ou du fait qu'elle dépeint un orage qu'elle entretient telle et telle relation visible avec un orage. Et ainsi de suite, pour la myriade de choses qu'une image peut dépeindre. En conséquence, si nous ne pouvons pas dire exactement à quoi doit ressembler une surface marquée avec de l'encre ou des pigments, à quoi les formes et les couleurs ont besoin de ressembler, pour dépeindre une bataille, un orage, etc., alors on ne peut fournir d'interprétation satisfaisante de « F*y » et on ne peut expliquer la nature de l'art iconique en définissant l'effet psychologique qu'une peinture est conçue pour produire.

Il y a deux points à souligner. En premier lieu, il s'ensuit que la théorie psychologique de la dépiction n'est pas aussi éloignée de la théorie de la ressemblance qu'on le suppose souvent, puisqu'on ne peut énoncer aucune des deux en termes précis sans que cela implique (implicitement dans le cas de la théorie psychologique et explicitement dans le cas de la théorie de la ressemblance) de définir un rapport visible spécifique entre les propriétés représentationnelles d'une image et les formes et couleurs sur sa surface. En second lieu, c'est la faiblesse cruciale des deux théories. Car, comme nous l'avons vu, le Principe de la forme de recouvrement nous donne une mesure précise de l'écart à travers lequel les propriétés visibles des choses dépeintes qui sont réellement montrées sur une surface d'image – à savoir la forme de recouvrement, la taille de recouvrement relative, et la couleur identifiée – *sous-déterminent* l'étendue complète et la nature exacte de leurs propriétés visibles. En particulier, elles ne nous disent rien sur les *espèces* de chose qu'une image dépeint. En conséquence, aucune quantité d'information, aussi détaillée et précise soit-elle, à propos des formes et des couleurs sur la surface d'une image ne nous permettra de déduire quelles espèces d'objets elle dépeint. Et aucune quantité d'information à propos d'un objet dépeint par une image, *excepté* pour nous informer sur les formes de recouvrement (relativement à la ligne de vision du spectateur), la taille de recouvrement relative (relativement au point de vue du spectateur) et les couleurs identifiées de ses parties, ne nous permettra de déduire quelles sont les formes et les couleurs des parties correspondantes de la surface de l'image.

Il reste un pas mais, pour le faire, nous devons nous souvenir d'un autre point rencontré antérieurement, à savoir que la forme d'une certaine sorte d'objet dans une image n'a pas besoin d'être une forme qu'un objet réel de cette sorte pourrait se trouver avoir. Peut-être que les exemples les plus convaincants sont les architectures paradoxales inventées par Piranèse et Escher; mais les peintures de Dubuffet et nombre de dessins humoristiques ou de dessins d'enfants confirment aussi le point. Comme nous l'avons vu, il s'ensuit que (4) ne fournit pas une condition nécessaire pour que quelque chose dépeigne un objet d'une espèce donnée. De la même manière, il s'ensuit que ne le fait pas non plus la formule que nous obtenons en remplaçant « F*y » dans (7) par « la forme de y est identique à la forme de recouvrement qu'un F pourrait avoir », à savoir :

(8) Quel que soit y, y est la plus petite partie d'une image qui dépeint un F seulement si la forme de y est identique à la forme de recouvrement qu'un F pourrait avoir.

Nous pouvons corriger (8), en introduisant le concept de dépiction du côté droit, comme suit :

(9) Quel que soit y, y est la plus petite partie d'une image qui dépeint un F seulement si la forme de y est identique à la forme de recouvrement qu'un F *dans une image* pourrait avoir.

Mais ceci va à l'encontre du but cherché en le faisant. (9) est impliqué par le Principe de la forme de recouvrement ; mais puisque le concept de dépiction est introduit du côté droit de la formule, l'interprétation de « F*y » qu'elle emploie ne peut nous fournir une manière de formuler une définition non circulaire d'un prédicat de la forme « x dépeint un F » en termes psychologiques.

IX

Le résultat de l'argument dans la dernière section peut être présenté simplement : si nous concevons une image comme un artefact conçu pour produire une espèce distinctive d'effet psychologique, nous découvrirons que nous sommes incapables de définir cet effet, excepté en faisant usage du concept de dépiction. En conséquence, le soupçon exprimé plus haut, qu'une définition non circulaire de l'effet psychologique qu'une image produit dans l'esprit d'un spectateur est aussi insaisissable qu'une définition non circulaire du sentiment produit en contemplant quelque chose de beau, était correct.

Nous avons entamé cette partie de l'argument en examinant (4) :

(4) Quel que soit x, x dépeint un F si et seulement si x est une surface marquée et que x a été conçue (avec succès) pour produire une perception sensorielle qu'il serait naturel de caractériser en disant que nous étions en train de voir un y tel que la forme de y est identique à la forme de recouvrement que pourrait avoir un F.

Il s'avère que (4) était le bon point de départ pour une théorie psychologique de la dépiction ; mais que la première objection adressée à (4), à savoir que la forme d'une certaine

sorte d'objet dans une image n'a pas besoin d'être une forme
qu'un objet réel de cette sorte pourrait se trouver avoir, était
décisive. C'est une platitude que la forme d'une certaine sorte
d'objet dans une image doit être une forme qu'un objet de cette
sorte *dans une image* peut avoir; mais cette platitude représente le plus qu'une théorie psychologique de la dépiction peut
atteindre.

Nous pouvons, peut-être, nous imaginer équipés des
ressources d'une science de la vision beaucoup plus avancée
que celle que nous possédons actuellement; et armés de ces
ressources imaginaires, nous pouvons rêver à un ensemble de
principes reliant toute espèce d'objet – tels que des hommes,
des forêts, des batailles et des orages – qu'on peut dépeindre
avec les formes de recouvrement, la taille de recouvrement
relative, et les couleurs identifiées de leurs parties dépeintes.
Mais il n'y a aucune raison particulière de nous attendre à ce
que le rêve se réalise; et de toute manière il n'a pas davantage
de pertinence pour la philosophie que pour l'histoire de l'art.
Si ce que nous avons en vue est d'expliquer ce que nous
comprenons quand nous comprenons le concept d'image, ou
en d'autres termes de présenter sur un mode systématique et
lucide le contenu de nos pensées au sujet de l'art iconique, la
théorie psychologique de la dépiction est un cul-de-sac.

X

La *Dioptrique* de Descartes, pour autant que la théorie de
la dépiction est concernée, a réalisé deux choses. D'abord, elle
a critiqué la conception orthodoxe selon laquelle la dépiction
s'explique par les ressemblances entre les images et les objets
qu'elle représente. En second lieu, elle a introduit en philosophie un problème nouveau de priorité théorique : est-ce que
la nature de la perception sensorielle causée par une image

explique pourquoi elle représente une forêt ou une ville, ou est-ce que le fait qu'une image représente une forêt ou une ville explique pourquoi elle produit cette sorte de perception sensorielle ? Dans la partie restante de cet article, j'expliquerai comment on peut résoudre ce problème en naviguant entre le faux psychologisme que Descartes préconisait et le faux objectivisme qu'il rejetait.

Lorsque nous regardons une image, nous pouvons dire en général qu'elle dépeint, disons, un champ de coquelicots ou un châtaignier en fleurs, simplement en la regardant – c'est-à-dire sans faire aucune sorte d'inférence – du moment que nous savons ou pouvons imaginer à quoi ressemble un champ de coquelicots ou un châtaignier en fleurs, ou que nous reconnaîtrions une telle chose si nous la voyions[1]. Les Principes de recouvrement et le Principe de la couleur identifiée révèlent comment et dans quelle mesure la surface d'une image contrôle notre expérience lorsque nous percevons son contenu, et en conséquence comment les formes et les couleurs sur la surface de l'image et la connaissance que le spectateur a des appa-rences – à savoir, sa capacité de discerner les choses par leurs tailles, leurs formes et couleurs – expliquent conjointement sa perception de son contenu. Comme nous le verrons, c'est la clé pour trouver une *voie médiane* entre la doctrine cartésienne impossible à soutenir que le contenu d'une image est simple-ment fonction de la perception sensorielle qu'elle est apte à produire en nous, et la doctrine à laquelle il s'opposait que le contenu d'une image dépend seulement des formes et des

---

1. Budd souligne le même point comme suit : « ... un spectateur qui ignore comment se présente une certaine sorte de chose n'est pas capable de faire l'expérience qu'une dépiction de cette espèce de chose est cette dépiction-là, alors qu'en général quelqu'un qui est familier de son apparence ne souffre d'aucune incapacité de cette sorte », « On Looking at a Picture », p. 274. Cela est correct, mais nous n'avons pas besoin d'être familiers de l'apparence d'un homme écorché vif pour reconnaître une image du supplice de Marsyas.

couleurs sur sa surface ainsi que des formes et couleurs des
objets de diverses espèces que les images représentent.

Le philosophe cartésien est enclin à argumenter comme
suit : le peintre est de connivence avec la nature humaine, et
souvent plus ingénieusement que la théorie de la ressemblance
ne peut le reconnaître. Prenez les coups de pinceau qui dépeignent le galon d'or sur la tunique de Jan Six, dans le portrait
que Rembrandt en a fait. Qu'ils transmettent l'apparence de
galon d'or est indéniable. Ils le font avec une aisance sublime.
La théorie de la ressemblance promet d'expliquer ce fait en
termes de correspondance objective entre les coups de pinceau
et le galon d'or – correspondance que notre expérience
visuelle de la peinture peut enregistrer mais qui intervient en
parfaite indépendance des faits relatifs à cette expérience.
Mais cette promesse ne peut être remplie parce que, objectivement parlant, les coups de pinceau de Rembrandt ne ressemblent pas plus étroitement à du galon d'or qu'ils ne ressemblent à des marches d'escalier ou à une pile de livres. Il n'y a
pas de mal à dire que les coups de pinceau *ressemblent exactement* à du galon d'or, si ceci veut simplement dire qu'ils
peuvent, pour notre plaisir et notre émerveillement, le
dépeindre avec succès. Mais ce fait doit, en dernière analyse,
s'expliquer par l'effet que la peinture a sur nous, c'est-à-dire
la perception sensorielle qu'elle produit dans nos esprits.
Comme l'écrit Gombrich, « Ce qui peut rendre une peinture
semblable à une vue distante à travers une fenêtre, écrit-il,
n'est pas le fait qu'il puisse être aussi difficile de les distinguer
l'une de l'autre qu'un fac-similé de l'original, c'est la similarité entre les activités mentales que toutes deux peuvent
éveiller » ; en conséquence « le but que recherche l'artiste …
[est] un effet psychologique » [1].

---

1. Voir ci-dessus, note 4.

Mais l'anti-cartésien est enclin à répondre ainsi : je veux bien accepter, pour les besoins de l'argument, qu'une image est conçue pour avoir une certaine sorte d'effet psychologique. Après tout, d'un certain point de vue, tout ce qui est conçu pour être vu ou entendu, ou pour avoir un parfum ou un goût particulier, est conçu pour avoir une certaine sorte d'effet psychologique. Mais il ne s'ensuit pas que le contenu d'une image dépend de la nature de la perception sensorielle qu'il est apte à produire dans nos esprits. Et de fait, c'est le contraire qui est vrai car la nature de la perception dépend du contenu de l'image : c'est, après tout, une perception sensorielle telle qu'il serait naturel de la caractériser en disant que j'ai vu *quelque chose qui a tel-et-tel contenu* – par exemple, des coups de pinceau qui dépeignent du galon d'or. Une image n'est pas un hallucinogène administré par voie optique. L'effet psychologique qu'une image est conçue pour produire est l'expérience visuelle de percevoir ses propriétés visibles – celles qui sont représentationnelles et celles qui ne sont pas représentationnelles. Et nous percevons les premières en percevant les secondes, c'est-à-dire que nous pouvons dire ce qu'une image dépeint parce que nous pouvons voir les formes et les couleurs sur sa surface. Il n'y a pas de mal à dire que les coups de pinceau *produisent exactement l'effet du* galon d'or si ceci veut simplement dire qu'ils peuvent, pour notre plaisir et notre émerveillement, le dépeindre avec succès. Mais ce fait doit, en dernière analyse, s'expliquer par les formes et les couleurs de ces coups de pinceau ainsi que par les formes et les couleurs du galon d'or.

On peut ajourner le débat dont ce ne sont là que les échanges inauguraux, mais on ne peut décider, je pense, en faveur de l'un ou l'autre camp. Ce qui est requis, pour parvenir à une résolution, est ce que Strawson a parfaitement décrit comme « un retrait formel d'un côté en réponse à une conces-

sion substantielle de l'autre » [1]. Il sera nécessaire au cartésien
de retirer la prétention que le contenu d'une image est simplement fonction de la perception sensorielle qu'elle est apte à
produire en nous. Car de fait il existe trois principes précis
reliant les propriétés non représentationnelles et représentationnelles d'une image – leur surface et leur contenu – qu'on
peut énoncer sans faire référence à la perception que l'image
est apte à produire en nous. Et pour sa part, l'anti-cartésien
aura à concéder que l'expérience de regarder une image est le
seul test décisif de ce qu'elle dépeint; et (peut-être en avalant
sa salive) que voir que la partie d'une image représente du
galon d'or ne dépend pas de ce qu'on perçoive une ressemblance entre cette partie de la surface de l'image et du galon
d'or – pas plus que voir qu'un morceau particulier de galon
d'or est un morceau de galon d'or ne dépend de ce qu'on
perçoit une ressemblance entre lui et d'autres morceaux de
galon d'or qu'on a vus avant.

Les philosophes qui appartiennent aux deux parties
trouveront, je le prédis, le compromis libérateur, parce qu'il
les soulage de la nécessité de définir un prédicat de la forme « x
dépeint un F », soit en termes d'une espèce donnée d'épisode
psychologique, soit en termes d'une espèce de ressemblance.
À la place, nous pouvons dire, d'abord, que quelque chose – à
savoir, une image ou une partie d'image – dépeint un objet
d'une certaine espèce si et seulement si c'est une surface
marquée qui a été conçue (avec succès) pour nous laisser voir
qu'elle dépeint un objet de cette espèce immédiatement;
deuxièmement, que nous pouvons voir qu'une image ou partie
d'image dépeint un objet d'une certaine espèce immédiatement – c'est-à-dire sans faire aucune sorte d'inférence –
parce que nous pouvons voir les formes de recouvrement, les
tailles de recouvrement relatives et les couleurs identifiées des

1. P. F. Strawson, « Freedom and Resentment », in *Freedom and Resentment and Other Essays*, Methuen, 1974, p. 2.

objets variés qu'elle représente et de leurs diverses parties ; et troisièmement, que nous pouvons voir celles-ci parce qu'elles *sont* les formes, tailles relatives et couleurs identifiées réelles des parties correspondantes de la surface de l'image.

Si cela est correct, les Principes de recouvrement et le Principe de la couleur identifiée se trouvent au cœur de la théorie de la dépiction ; et toute leur signification réside dans le fait qu'ils présupposent que nous pouvons dire quelles espèces d'objets une image représente parce que nous pouvons voir leurs tailles, leurs formes et leurs couleurs – je veux dire exactement de la même manière que nous pouvons dire quels sont les objets visibles dans notre environnement. Il ne s'agit pas de dire que nous faisons des inférences à partir de propositions décrivant les tailles, les formes et les couleurs des objets pour déterminer ce qu'une image dépeint, pas plus que nous ne faisons de telles inférences pour identifier les objets visibles dans notre environnement. Au contraire. Comment pouvons-nous dire que les moineaux sont des moineaux et les pies des pies ? En reconnaissant leurs tailles, leurs formes et couleurs distinctives, ainsi que les tailles, formes et couleurs de leurs parties. Aucune inférence n'est mise en jeu par cette réponse et de fait aucune n'intervient normalement lorsque nous voyons un moineau ou une pie et que nous pouvons dire que cela est ce que c'est, ou quand nous voyons ce qu'une image représente. Une image est conçue pour nous laisser voir ce qu'elle représente immédiatement, sans faire aucune sorte d'inférence, et les trois principes expliquent précisément comment elle peut faire cela.

Une des raisons pour lesquelles c'est une théorie plausible de la dépiction est précisément qu'elle montre comment nous pouvons nous frayer un chemin entre le faux subjectivisme qui définit le contenu d'une image simplement en termes de la perception qu'elle est apte à produire en nous, et le faux objectivisme qui définit un contenu d'image en des termes qui ne font aucune référence à la perception que nous en avons; exactement comme une théorie esthétique plausible doit éviter de présupposer soit que les choses sont belles parce que nous prenons plaisir à les regarder, soit que nous prenons plaisir à regarder les choses parce qu'elles sont belles. Mais dans quelle mesure satisfait-elle les intérêts légitimes des deux parties qui s'affrontent? Eh bien, peut-être que le cartésien était principalement intéressé à sauvegarder le fait qu'une image doit être élaborée pour répondre à nos habitudes visuelles et à nos talents visuels – même si elle peut quelquefois modifier les habitudes et étendre les talents – parce que la réussite d'un artiste dans la représentation d'un objet se mesure par la réussite du spectateur à discerner ce qu'il a représenté : le premier réussit en montrant si le second réussit en voyant. Dans cette mesure, « il est seulement question de savoir comment [les images] peuvent donner moyen à l'âme de sentir toutes les diverses qualités des objets auxquels elles se rapportent. » Si c'est là ce que voulait le cartésien, il sera satisfait. Et l'anticartésien? Peut-être que son intuition fondamentale était que ce qu'une image dépeint doit dépendre ultimement des formes et des couleurs sur sa surface, d'une manière qu'on peut définir sans faire référence à l'expérience que l'image produira en nous. Pourquoi doit-il en être ainsi? Parce que normalement nous voyons ce qu'une image dépeint en percevant ces formes et couleurs correctement. C'est précisément dans les cas qui comptent comme des exceptions à cette règle – par exemple, dans le cas d'une anamorphose ou d'une mosaïque vue de trop près – qu'il faut suspendre les principes [1].

Traduit par Jacques MORIZOT

1. Je remercie H. Ben-Yami, M. Budd, Ch. Peacocke, J. Raz et T. Strauch pour leurs commentaires sur des versions antérieures de cet article; ainsi que le public à l'EHESS de Paris et à l'Université de Magdebourg.

DOMINIC LOPES

LE RÉALISME ICONIQUE*

Les peintures peuvent être réalistes ou manquer de réalisme de bien des façons. Souvent les attributions de réalisme iconique fonctionnent en parallèle avec les attributions de réalisme relatives à d'autres espèces d'œuvres représentationnelles (comme les romans); les racines historiques et conceptuelles de ce chevauchement donnent lieu à une étude fascinante. Toutefois cet article se concentre sur une forme de réalisme qui est propre aux images. Je crois que ce qui met à part ce réalisme spécifiquement iconique est sa teneur épistémique. Les images sont, entre autres choses, des dispositifs pour recueillir et engranger de l'information, et je soutiens que le réalisme iconique a à voir avec l'informativité des images.

Il n'y a sans doute rien de nouveau à revendiquer cela – c'est l'un des thèmes de *L'Art et l'illusion* d'E. H. Gombrich, par exemple[1]. Mais la conception traditionnelle de l'informativité dont Gombrich et d'autres espéraient qu'elle expliquerait le réalisme iconique est manifestement inadéquate. La

---

*D. Lopes, « Pictorical Realism », *The Journal of Aesthetics and Art Criticism*, vol. 53, n°3, 1995, p. 277-285.

1. E. H. Gombrich, *Art and Illusion*, édition révisée, Princeton U.P., 1969, notamment p. 90, trad. fr. *L'Art et l'illusion, op. cit.* Voir également F. Schier, *Deeper into Pictures, op. cit.*, p. 176.

tâche de cet article est de développer une version améliorée du
réalisme en tant qu'informativité. Ma stratégie n'est pas de
passer en revue et de rejeter toutes les théories du réalisme qui
rivalisent avec l'informativité. J'espère plutôt démontrer que
l'informativité explique des traits centraux du réalisme
iconique non expliqués par d'autres théories.

Je commence avec deux questions préliminaires : quelle
est la forme spécifiquement iconique du réalisme ? et que doit
notre compréhension du réalisme iconique aux théories de la
dépiction ? Je fais ensuite le point sur la conception traditionnelle ou, comme je l'appelle, « simple » de l'informativité et
sur quelques objections qu'on lui a faites, en incluant celles
avancées par Nelson Goodman. La thèse de Goodman qui fait
du réalisme une fonction systémique normative (*systemic
standardness*) promet d'expliquer des traits importants du
réalisme iconique, en particulier la variabilité des jugements
relatifs au réalisme iconique à travers les contextes culturels et
autres [1]. En dépit de sa valeur apparente pour défier les identifications ethnocentriques du réalisme avec l'art européen traditionnel, je soutiens qu'en fin de compte la théorie de la fonction
normative échoue [2]. Les ingrédients sont alors disponibles pour
ma proposition alternative qui accepte l'idée goodmanienne
que le réalisme est relatif à un système mais qui rattache aussi
le réalisme, d'une manière nouvelle, à l'informativité.

PRÉLIMINAIRES

Le réalisme dans la représentation iconique prend de nombreuses formes dont la plupart se fondent l'une dans l'autre.

1. N. Goodman, *Languages of Art*, *op.cit.*, p. 34-39, trad. fr., p. 59-64 ; et
Ways of Worldmaking, *op. cit.*, p. 130-133, trad. fr., p. 164-167.
2. En fait, je crois qu'une théorie complètement relativiste du réalisme
renforce les conceptions ethnocentriques du réalisme et sape la compréhension
du réalisme entre cultures.

L'école de peinture «réaliste» du dix-neuvième siècle s'est faite la championne du réalisme dans le choix des sujets. Pour Courbet, les images devaient représenter le banal plutôt que l'élevé ou l'idéalisé; elles devaient dépeindre des objets réels plutôt que des fantaisies ou des fictions. Puisque les fictions n'ont nul besoin d'être élevées ou idéalisées, ni les idéalisations fictionnelles, nous pouvons bien sûr compter ici deux formes de réalisme. Une troisième forme de réalisme appartient aux images qui évoquent une espèce spéciale d'expérience visuelle – l'expérience d'une image en tant qu'elle est son sujet et non en tant qu'elle est une image. Cet «effet de réel» est engendré lorsque le statut représentationnel des images cesse d'être reconnu et qu'on persuade les spectateurs qu'il s'agit de visions plutôt que de versions du monde.

Cet article traite d'un quatrième type de réalisme, réalisme portant sur ce qu'on a appelé tantôt un système, un mode, ou un style de représentation d'une image. Une peinture hyperréaliste, une nature morte cubiste, une Annonciation de Giotto, un intérieur d'église de Saenredam, une estampe *ukiyo-e*, une silhouette de grenouille Haida représentent toutes leur sujet dans un style différent, et sur cette base nous jugeons que chacune est plus ou moins réaliste que les autres. Il est évident que le réalisme dans le style ou le mode de représentation ne dépend pas du réalisme en tant qu'expérience illusionniste. Aussi réaliste que soit indubitablement *L'Intérieur de l'église Saint-Bavon* de Saenredam, il ne me trompe pas en me faisant penser que je suis en train de regarder une église plutôt qu'une image d'église. De plus, l'illusionnisme dépend des conditions de vision d'une manière qui ne concerne pas le réalisme stylistique[1]. Enfin, alors que le réalisme dans le sujet et «l'effet de

---

1. Il est vrai que le réalisme post-albertien prit d'abord l'illusionnisme comme idéal, mais les développements postérieurs abandonnèrent cet idéal en faveur d'une conception moins dépendante des conditions de vision. Pour une

réel » ont des correspondants dans d'autres media représentationnels tels que le langage ou la musique, le réalisme en ce
quatrième sens est un réalisme spécifiquement *iconique*[1].

On pourrait penser que le réalisme iconique au quatrième
sens est gouverné par des normes reflétant les processus
perceptifs par lesquels les images représentent. Il n'est nullement vrai que toutes les théories perceptuelles de la dépiction
comportent une norme perceptuelle absolue de réalisme, mais
c'est le cas de certaines[2]. Par exemple, supposez que les

analyse de cette histoire, voir M. Kubovy, *The Psychology of Perspective and
Renaissance Art*, Cambridge, Cambridge U.P., 1986.

1. Le superbe article de C. Sartwell, « What Pictorial Realism Is », *The
British Journal of Aesthetics*, 34, 1994, p. 2-12, indique une cinquième forme
de réalisme, à savoir « cette qualité d'une dépiction qui permet à un spectateur
de reconnaître rapidement et facilement de quoi elle est une image ». « Facilement reconnu » n'est pas, toutefois, coextensif à « réaliste » au sens de style. Il
est manifeste que les espèces d'objets sont plus rapidement reconnues dans des
dessins humoristiques hautement stylisés que dans des photographies (bien que
les individus soient plus rapidement reconnus dans des photographies que dans
des dessins humoristiques). Mais normalement nous ne jugerions pas un dessin
humoristique de chien plus réaliste qu'une photo de chien. Ces résultats
montrent aussi que la vitesse de reconnaissance n'est pas corrélée avec l'illusionnisme, comme le suggère Sartwell. Voir T. A. Ryan et C. B. Schwartz,
« Speed of Perception as a Function of Mode of Representation », *The American
Journal of Psychology*, 79, 1956, p. 60-69 ; P. Fraisse et E. H. Elkin, « Étude
génétique de l'influence des modes de présentation sur le seuil de reconnaissance d'objets familiers », *L'Année psychologique*, 63, 1963, p. 1-12 ; et
G. Davies, H. Ellis et J. Shepherd, « Face Recognition Accuracy as a Function
of Mode of Representation », *Journal of Applied Psychology*, 63, 1978,
p. 180-187.

2. Par exemple, les versions de la théorie de la ressemblance pour
lesquelles des images dans différents styles ressemblent à leurs sujets sous des
modes différents ne privilégient pas des images dans un style quel qu'il soit
comme offrant de meilleures ressemblances ou de plus réalistes que des images
dans d'autres styles. De même, je crois que la beauté de la thèse de Flint Schier
que la dépiction vient parasiter une capacité « robuste » de reconnaître les objets
perçus est d'expliquer comment des images dépeignent dans une variété de
styles et ainsi elle n'en privilégie aucune comme plus réaliste. C'est pourquoi
Schier fournit une conception informationnelle du réalisme qui est indépendante de sa conception de la dépiction. Voir F. Schier, *Deeper into Pictures*,
p. 89-109, 172-178. D'autres théories perceptuelles de la dépiction qui n'impli-

images représentent parce que nous les appréhendons en utilisant les mêmes mécanismes perceptuels (ou de semblables) que ceux que nous utilisons pour percevoir le monde. Si une telle conception est correcte et qu'elle implique qu'une peinture de Saenredam est un meilleur analogue visuel de son sujet qu'une estampe *ukiyo-e*, alors il serait tentant d'inférer que le Saenredam est plus réaliste que l'estampe *ukiyo-e*. Les théories du réalisme qui ont une base perceptive doivent ou bien être en parfait accord avec nos jugements intuitifs de réalisme ou bien alors fournir des explications satisfaisantes des raisons pour lesquelles certains de nos jugements sont erronés.

Toutefois, dans les années récentes, la foi dans des normes absolues de réalisme reposant sur les théories perceptuelles de la dépiction a été minée par la découverte que les jugements de réalisme iconique sont au moins dans une certaine mesure relatifs à la culture. Je peux juger qu'un tableau d'église de Saenredam est l'incarnation même du réalisme, mais un Haida pourrait insister sur le réalisme supérieur d'une grenouille en style dédoublé et un Japonais du dix-huitième siècle sur le réalisme supérieur d'une estampe *ukiyo-e* en perspective inversée. Apparemment, les premiers missionnaires jésuites en Chine ont essayé de convertir l'empereur au christianisme en recourant aux plus récentes des techniques européennes en matière d'imagerie réaliste, afin de le convaincre que leur dieu était le « dieu vivant ». Ils n'y ont pas réussi. Ce que les jésuites voyaient comme réaliste ne l'était pas pour l'empereur [1].

Je ne prétends pas que ces faits réfutent l'absolutisme en matière de réalisme. L'absolutiste répondra simplement que le

quent pas des normes absolues de réalisme incluent celle de R. Wollheim dans « Seeing-as, Seeing-in, and Pictorial Representation », in *Art and Its Objects*, 2e éd. Cambridge, Cambridge U.P., 1980, p. 205-226, trad. fr. *L'Art et ses objets*, Paris, GF-Flammarion, p. 187-205, et la mienne dans *Understanding Pictures, op. cit.*

[1]. S. Y. Edgerton Jr., *The Heritage of Giotto's Geometry*, Cornell U.P., 1991, p. 258.

Haida, le Japonais ou le Hollandais du dix-septième siècle
se trompent. Je pense cependant que c'est une position peu
séduisante puisqu'elle renonce à tout espoir d'expliquer que la
diversité des jugements en matière de réalisme soit quelque
chose de plus que de pures erreurs. Pour cette raison, je tiendrai
pour une vertu dans une théorie du réalisme qu'elle soit apte
à légitimer les variations dans les jugements de réalisme à
travers les contextes culturels et autres. Ceci suggère le principe méthodologique suivant : rechercher une théorie adéquate du réalisme iconique sans présupposer aucune théorie
particulière de la représentation iconique.

L'INFORMATIVITÉ SIMPLE

Bien que la conception traditionnelle – ou, comme je
l'appelle, « simple » – qui fait du réalisme une combinaison
d'informativité et d'exactitude ne dépende pas d'une théorie
particulière de la représentation iconique, je soutiens
néanmoins qu'elle est inadéquate.

À première vue, il n'est pas invraisemblable de supposer
qu'une image réaliste est une image exacte ou informative.
L'Église de Saint-Bavon de Saenredam est réaliste, pouvons-
nous penser, parce qu'elle rend son sujet méticuleusement.
Dire que le réalisme représentationnel dépend de l'exactitude,
c'est dire qu'une image est réaliste dans la mesure où son sujet
a les propriétés dont l'image représente qu'il les a. Celle de
Saint-Bavon est réaliste parce que l'église est, en fait, comme
elle est représentée. Mais l'exactitude ne peut suffire pour le
réalisme. Le familier « visage en bulle » est exact puisque tous
les visages ont deux yeux et une bouche, mais les visages
recèlent davantage que ce que dépeint le « visage en bulle ».
Peut-être que le nombre de propriétés que véhiculent les
images, leur informativité, détermine aussi leur réalisme. Dire
que le réalisme reflète l'informativité, c'est dire qu'une image

est réaliste dans la mesure où elle représente son sujet comme satisfaisant ou ne satisfaisant pas les propriétés visuelles. Ainsi définie, l'informativité n'entraîne pas l'exactitude. L'image de *Saint-Bavon* n'est pas plus exacte que le « visage en bulle », quand bien même elle capture davantage de Saint-Bavon que le « visage en bulle » ne capture d'un visage épanoui. Le réalisme iconique consisterait-il alors en une combinaison d'exactitude et d'informativité ?

Aussi sensée que semble être cette façon de voir, des doutes s'élèvent à partir de trois types de contre-exemples. Premièrement, l'exactitude n'est pas seulement insuffisante pour le réalisme, elle n'est pas non plus nécessaire. Des images réalistes peuvent simplement mal représenter leurs sujets, en leur attribuant des propriétés qu'ils n'ont pas – après tout c'est la base d'une industrie prospère, l'art du portrait qui flatte. Deuxièmement, quel que soit leur degré de réalisme, les images fictionnelles ne sont ni exactes ni inexactes. L'effet désarmant de certaines figures de Bosch reflète son réalisme et non, on l'espère, son exactitude. Enfin, un dessin humoristique ou une simple esquisse peut être plus réaliste qu'une composition cubiste complexe qui révèle beaucoup d'information. La leçon est que l'information peut obscurcir et la simplicité amplifier le réalisme.

Après avoir introduit ces contre-exemples, qu'il me soit permis de concéder qu'ils ne disqualifient certainement pas la version du réalisme basée sur l'exactitude/informativité [1].

---

1. Une possibilité de retraite est ouverte par F. Schier, *Deeper into Pictures*, p. 176. Il propose qu'une image est réaliste-relativement-à-*F* lorsque soit elle représente son sujet comme *F* ou non-*F*, soit elle représente son sujet comme satisfaisant une propriété qui l'empêche de représenter son sujet comme *F* ou non-*F* (voir l'appareillage d'engagements et de non-engagements explicites mis en place ci-dessous). Toutefois c'est faire preuve de prodigalité, sous-entendant que, dans le Petit Prince, une image d'un éléphant avalé par un python est réaliste eu égard à un très grand nombre de propriétés dont elle ne peut représenter que l'éléphant les satisfait. De plus, ce n'est pas tant une conception du réalisme qu'une manière de réitérer quelles propriétés traite une image.

Après tout, ses défenseurs peuvent répliquer que, nonobstant nos intuitions, les contre-exemples allégués ne sont en fait pas des images réalistes. Ce dont nous avons besoin, c'est d'une raison indépendante pour contester le caractère adéquat de la version basée sur l'exactitude/informativité et pour défendre nos intuitions que les contre-exemples sont des images réalistes.

Ce besoin est satisfait par un argument emprunté à *Langages de l'art* de Goodman, que j'appelle l'« argument de l'image équivalente ». Prenez deux images qui sont semblables à tous égards, sauf que l'une a une perspective inversée et que ses couleurs sont remplacés par leurs complémentaires. Interprétées de manière appropriée, ces images peuvent être « informativement équivalentes » dans le sens où elles dépeignent le même objet comme ayant les mêmes propriétés. C'est-à-dire que les images peuvent présenter une information équivalente lorsque chacune est interprétée conformément au système (ou style, ou mode) de représentation auquel elle appartient. Mais même lorsque les deux sont correctement interprétées, on peut estimer que l'une est plus réaliste que l'autre. « À l'évidence, conclut Goodman, des images réalistes et irréalistes peuvent apporter une information égale ; le rendement informationnel ne fournit pas un test de réalisme »[1].

FONCTION SYSTÉMIQUE NORMATIVE

À la lumière de cela, il est raisonnable de supposer que le réalisme d'une image dépend de quelque trait du système représentationnel auquel elle appartient, et Goodman suggère que le trait pertinent est le degré de normativité du système dans un contexte. Nous pouvons ainsi distinguer un réalisme « *intra*-systémique », mesuré par l'exactitude d'une image

---

1. Goodman *Languages of Art*, p. 35-36, trad. fr. p. 60-61.

lorsqu'on la compare à d'autres dans le même système, d'un réalisme « *inter*-systémique », qui mesure des différences de réalisme entre des images appartenant à des systèmes différents. Le réalisme inter-systémique « dépend de la familiarité ; les images réalisées selon le mode de représentation habituel et normatif apparaissent comme les plus réalistes. » [1] Une scène d'église de Saenredam est plus réaliste qu'une autre image dans le même système si le Saenredam est plus exact, mais elle est plus réaliste que sa contrepartie qui inverse la perspective et les couleurs parce que le système de Saenredam est, *pour nous*, normatif.

Ayant relativisé le réalisme aux systèmes symboliques, nous pouvons attribuer le réalisme des images inexactes, fictives, et à peine informatives au fait que leurs systèmes sont implantés. Nous pouvons également expliquer pourquoi ceux qui produisent des images qui, relativement à nos normes, sont stylisées et artificielles insistent quelquefois sur le réalisme de leur art et résistent à ce qui peut sembler être les avantages des technologies iconiques « avancées ». Les images de Giotto et de Saenredam sont réalistes pour les Européens parce que ce sont les sortes d'images que font habituellement les Européens. Les images en style dédoublé qui sont la norme chez les Haida sont réalistes pour eux, les estampes *ukiyo-e* pour un Japonais du dix-huitième siècle, et les peintures à Beni Hassan pour des Égyptiens du Moyen Empire. Dans chaque cas, les images réalisées dans le système servant de norme pour une communauté d'utilisateurs d'images sont réalistes pour eux. Pour résumer, l'argument de l'image équivalente tend à montrer 1) que le réalisme est relatif à un système symbolique et 2) que les images dans des systèmes servant de norme sont réalistes.

1. Goodman, *Of Mind and Other Matters*, Harvard U.P., 1984, p. 127, trad. fr. *L'art en théorie et en action*, Paris, L'Éclat, p. 32. Voir également *Languages of Art*, p. 34-39, trad. fr., p. 59-64, et W*ays of Worldmaking*, p. 130-133, trad. fr. p. 164-167.

J'accepte (1) et je rejette (2). L'affirmation que le réalisme d'une image est relatif à son système est une conséquence plausible de l'argument de l'image équivalente. Si deux images qui appartiennent à des systèmes distincts de dépiction ont le même contenu et que pourtant une des images est plus réaliste que l'autre, alors le réalisme de l'une doit dépendre de quelque trait du système auquel elle appartient. Mais l'argument de l'image équivalente ne spécifie pas de quel trait il s'agit. La suggestion que le trait pertinent réside dans l'implantation du système vis-à-vis d'un contexte d'usage n'a pas son origine dans l'argument de l'image équivalente mais dans l'attachement indépendant de Goodman à sa théorie symbolique de la dépiction. Ceci viole l'idéal méthodologique qu'une théorie du réalisme ne devrait pas présupposer de théorie particulière de la dépiction. Plus sérieusement, toutefois, elle s'expose à des contre-exemples qui lui sont propres.

Une théorie adéquate du réalisme doit accomplir deux tâches. Elle doit expliquer pourquoi, dans un contexte donné, certaines images sont jugées réalistes et d'autres artificielles ou stylisées, mais elle doit également expliquer le « réalisme révélateur ». En dépit ou en fait à cause de leur nouveauté, des images dans un système de représentation *non familier* peuvent parfois être plus réalistes que des images appartenant au système habituel. Le réalisme du non familier est le réalisme révélateur. L'histoire de l'art est en partie une histoire des tentatives pour découvrir des routes révélatrices vers le réalisme, et ces routes traversent un terrain non familier. Par exemple, les contemporains qui voyaient les fresques de Giotto exprimaient leur stupéfaction devant ce qu'il avait accompli, louant ses images comme des représentations parfaites du monde. Puisque la technique de Giotto ne leur était en rien familière, son réalisme était de l'espèce révélatrice. D'autres images dans des systèmes *initialement* non familiers mais dont le réalisme révélateur a néanmoins impressionné leurs premiers spectateurs comprennent les premières photographies et les expériences sur la couleur de Constable et des impressionnistes. Comme ces exemples le suggèrent, le réalisme révélateur n'a rien d'un phénomène marginal : peut-être que tout système maintenant familier et donc inapte à révéler fut une fois non familier et que son adoption fut une révélation.

La thèse normative échoue à expliquer les attributions de réalisme à de nouveaux systèmes qui ne sont pas encore normatifs. Goodman admet qu'«un nouveau mode de représentation peut être si neuf et si convaincant qu'il peut prendre la valeur d'une révélation» vis-à-vis d'«aspects nouveaux d'un monde»[1]. Mais l'admettre échoue à sauver la théorie normative. Et cela pour deux raisons.

En premier lieu, la notion que des changements de norme révèlent une réalité qui n'était pas vue jusque-là exagère le phénomène du réalisme révélateur. L'invention de la projection perspective ne fut pas une découverte que les parallèles convergent quand elles s'éloignent d'un spectateur, et l'impressionnisme ne découvrit pas non plus le fait que les ombres sont colorées. Lorsque ces systèmes furent adoptés, ils ne révélèrent pas des réalités *non vues*; ils promurent une disposition à révéler quelque chose de nouveau par l'introduction de nouvelles techniques de représentation pour montrer des traits *connus* d'objets hors d'atteinte des systèmes antérieurs. Il ne s'agit pas de nier que le réalisme peut parfois consister à dépeindre de nouvelles réalités, mais seulement d'insister sur le fait que la révélation réside souvent dans des innovations représentationnelles qui montrent des réalités connues. On devrait prendre garde à ne pas radicaliser le réalisme révélateur de manière à invoquer des modèles inappropriés de changements de paradigmes et de révolutions coperniciennes qui font écho à la théorie normative. Une théorie du

---

1. Goodman, *Of Mind and Other Matters*, p. 127, trad. fr. p. 32, et W*ays of Worldmaking*, p. 131, trad. fr. p. 165.

réalisme doit expliquer le réalisme révélateur quand il est associé à des changements graduels à l'intérieur de systèmes qui montrent des aspects connus de la réalité aussi bien qu'à des changements radicaux à l'intérieur de systèmes qui montrent des réalités non vues jusque-là.

En tout cas, la thèse normative appliquée au réalisme est tout simplement incompatible avec le réalisme révélateur. Selon la thèse normative, le réalisme est affaire d'implantation d'un système au sein des pratiques par lesquelles une communauté se sert des images. N'importe quel système peut être implanté dans un contexte, si bien qu'au cas où c'est un système différent qui s'était trouvé implanté, les images dans ce système seraient tout autant réalistes. Il en résulte que le réalisme d'une image ne peut dépendre d'un trait intrinsèque de son système[1]. Si un système était sélectionné et implanté dans un contexte donné en conséquence du fait qu'il possède un tel trait, alors ce trait expliquerait son réalisme. Le caractère normatif n'explique le réalisme que si les choix entre candidats à l'implantation sont arbitraires. Toutefois la franche révélation est par définition la prérogative du non normatif, ce pourquoi le caractère normatif ne peut expliquer le réalisme révélateur. Mais on ne peut pas l'expliquer non plus par la nouveauté du non familier, puisque ce n'est tout simplement pas le cas que des images appartenant arbitrairement à *n'importe quel* système non familier sont en mesure de produire un effet de réalisme révélateur. Si tous les systèmes non familiers ne sont pas à égalité de bons candidats à la révélation, alors le réalisme révélateur pour des images qui sont dans un système non familier doit dépendre des propriétés intrinsèques de ce système. Certains systèmes possèdent des traits en vertu desquels les images qui leur appartiennent frappent ceux qui

1. Une propriété est intrinsèque à un système seulement si le système possède cette propriété à travers tous les contextes dans lesquels il est utilisé en tant que système de dépiction.

les voient dans un contexte comme des révélations nouvelles et audacieuses. La présence de tels traits systémiques favorise la sélection et l'implantation de certains systèmes plutôt que d'autres dans ce contexte.

D'un côté, la thèse normative sur le réalisme implique que les systèmes de représentation ne diffèrent pas dans les modalités qui gouvernent leur adoption en tant que normes, tandis que de l'autre, le réalisme révélateur requiert des choix entre systèmes différents. Si le fait pour un système de posséder une certaine propriété intrinsèque explique le réalisme des images dans un système non familier, nous pouvons nous demander pourquoi ce trait n'explique pas le réalisme des images dans le système lorsqu'il est implanté.

Une théorie adéquate du réalisme iconique devrait expliquer la diversité et la persistance des attributions de réalisme à des types différents d'images dans des contextes différents, mais elle devrait également expliquer le réalisme révélateur ainsi que le réalisme des images inexactes, fictives et relativement pauvres en information.

L'INFORMATIVITÉ SYSTÉMIQUE

Je propose une théorie alternative du réalisme iconique qui accepte l'idée que le réalisme est relatif à un système mais qui se dispense de voir le réalisme comme une question normative. La clé pour une alternative est fournie par le réalisme révélateur. À coup sûr, ce qui est révélateur dépend de ce qui est révélé, si bien que le réalisme révélateur dépend de ces traits d'un *système* qui déterminent l'informativité des images dans le système. Des systèmes iconiques diffèrent l'un de l'autre pour autant qu'ils ont différentes manières d'être informatifs, et le réalisme d'une image est fonction de l'informativité de son système dans un contexte donné. Affirmer que le réalisme s'explique par l'informativité systémique n'est pas nier que les systèmes réalistes sont souvent ceux qui servent de normes ; c'est seulement nier que le caractère normatif explique à lui seul le réalisme. En réalité, un système peut devenir normatif dans un contexte à cause de son informativité. Dans ce qui suit, je clarifie la notion d'informativité systémique puis je discute l'affirmation que les systèmes iconiques diffèrent en informativité. Dans la section 5, j'indique en quoi ces différences expliquent le réalisme iconique.

L'informativité pour les *systèmes* iconiques est une extension de la notion d'informativité précédemment définie pour les *images* individuelles. Puisqu'on a à employer cette définition dans le cadre du réalisme inter-systémique, il convient de la formuler sur un mode comparatif. Désignons par ϕ une spécification complète des propriétés visuelles dont une image représente que son sujet les a. Deux *systèmes* d'images sont informationnellement équivalents si et seulement si leurs constituants iconiques sont informationnellement équivalents : pour toute image dans le système S qui représente un certain x comme ϕ, il existe une image dans S' qui représente aussi cet x comme ϕ, et vice versa[1]. Des systèmes équivalents comprennent des images qui représentent les objets comme ayant ou n'ayant pas les mêmes propriétés. Deux systèmes d'images diffèrent informationnellement si et seulement si un système consiste en des images qui représentent des objets comme satisfaisant des propriétés différentes de celles dont l'autre système représente que les objets les satisfont.

Il vaut peut-être la peine de noter que l'affirmation selon laquelle des systèmes iconiques ne sont pas informationnellement équivalents est compatible avec l'argument de l'image équivalente. L'argument de l'image équivalente s'applique à deux *images* équivalentes et non pas à deux *systèmes* équi-

---

1. Cette formulation de l'équivalence informationnelle systémique idéalise les systèmes iconiques en tant qu'ensembles de toutes les images qui relèvent d'eux.

valents ; et quand bien même deux systèmes peuvent partager deux images équivalentes, ceci ne montre pas que les systèmes eux-mêmes sont équivalents. Supposez que la photographie monochrome et la photographie en couleurs soient des systèmes différents. Des photographies en noir et blanc et en couleurs d'un zèbre peuvent être informationnellement équivalentes mais ceci ne montre pas qu'elles appartiennent à des systèmes informationnellement équivalents.

Les systèmes iconiques ne sont pas informationnellement équivalents parce que, pour les images, c'est une règle que leur contenu est indéterminé d'une manière bien particulière [1]. Le contenu d'une image est déterminé si, pour toute propriété visuelle F qu'un objet peut posséder, soit l'image représente son sujet comme F soit comme non-F. Si Madonna est soit vêtue soit non vêtue, alors une image dont le contenu est déterminé à tous égards doit la dépeindre soit comme vêtue soit comme nue. À l'évidence, et bien qu'on puisse y chercher un idéal iconique, aucune image n'est déterminée entièrement de cette manière. Et cependant toutes les images représentent bien leurs sujets comme possédant *certaines* propriétés. Une image qui représente son sujet comme étant soit F soit non-F est « engagée » vis-à-vis de F [2].

Il y a deux façons dont les images peuvent ne pas être engagées et ainsi posséder un contenu indéterminé. Une image peut s'abstenir d'aborder le fait de savoir si son sujet est vêtu ou non. L'image est « non engagée implicitement » vis-à-vis de F si la question de sa F-ité n'est pas abordée. Les dessins au fusain ou les photographies en noir et blanc, pour prendre des exem-

---

1. Bien sûr, lorsqu'on les considère en tant qu'objets physiques ordinaires, les images sont déterminées de la manière usuelle : si tout objet est soit rouge soit non rouge, une image est soit rouge soit non rouge. L'indétermination particulière concerne le contenu iconique – les propriétés dont les images représentent que les objets les ont.

2. Ce dispositif d'engagements vient de N. Block, « The Photographic Fallacy in the Debate about Mental Imagery », *Noûs*, 17, 1983, p. 651-656.

ples simples, sont non engagés implicitement en ce qui regarde la couleur. *La Joconde* est non engagée implicitement envers l'apparence de son modèle pour la partie en dessous de la taille ; nier cela, c'est affirmer qu'elle représente une femme sans jambes. De plus, une image peut être « non engagée explicite-ment » vis-à-vis de *F* si elle représente son sujet comme satisfai-sant quelque autre propriété qui l'empêche de représenter son sujet comme soit *F* soit non-*F*. Le portrait de Henry VIII par Holbein est non engagé envers ce que le roi tient dans sa main gauche, non pas parce qu'il s'abstient d'aborder la question mais parce qu'il représente le roi dans une attitude qui empêche de le faire. À cet égard, il est non engagé explicitement.

Savoir quels engagements une image fait et s'abstient de faire reste parfois ambigu. C'est en réalité une ambiguïté relative à sa portée : il peut n'y avoir rien qui distingue une image qui représente quelque chose comme non-*F* d'une image qui ne représente pas quelque chose comme *F*. Est-ce que des images de Madonna la représentent comme n'ayant pas de boutons ou bien s'abstiennent-elles simplement d'aborder la question de ses boutons ? C'est bien sûr sur cette ambiguïté que repose l'usage manipulateur des images dans la publicité. Mais bien que nous devions tolérer une certaine latitude dans les attributions de contenu iconique, il s'en faut que toutes les images soient ambiguës de cette façon.

Laissant de côté cette ambiguïté, disons que deux images incarnent des « aspects » distincts d'un objet si et seulement s'il y a au moins une propriété relativement à laquelle l'une est engagée et l'autre non[1]. Des images du même objet peuvent

---

1. Il convient de ne pas confondre cette notion d'aspects iconiques avec la conception, qui dépend d'une théorie de la dépiction fondée sur la ressem-blance, que les images sont *sélectivement semblables* à leurs sujets. Voir, par exemple, J. Searle, « Las Meninas and the Paradoxes of Pictorial Represen-tation », in *The Language of Images*, W. J. T. Mitchell (éd.), University of Chicago Press, 1980, p. 252-253, trad. fr. in *Cahiers du Musée National d'Art Moderne*, n° 36, été 1991.

différer en en incarnant différents aspects. Puisque des images peuvent être non engagées implicitement, les aspects iconiques sont individués en partie par les engagements qu'elles s'abstiennent de faire. Un dessin s'abstient de certains des engagements que fait une peinture et incarne ainsi un aspect différent de son sujet. Puisque des images peuvent être non engagées explicitement, les aspects sont aussi individués par les engagements qu'elles sont empêchées de faire en tant que résultat des engagements qu'elles font. Dans ce cas, les aspects peuvent s'apparenter à des points de vue. Prendre un point de vue, c'est s'engager à représenter certaines propriétés aux dépens de l'information qui pourrait être transmise à partir d'autres points de vue. *Henry VIII* d'Holbein adopte un point de vue en représentant la topographie frontale du roi aux dépens de ses traits dorsaux. En raison de son insistance pour préserver la symétrie anatomique bilatérale, une image en style dédoublé pourrait se prévaloir d'un avantage sur celle d'Holbein en révélant le contenu secret de la main gauche du roi Henry, mais elle sacrifiera sa forme d'ensemble. En prenant un point de vue différent, chacune de ces images incarne un aspect différent du roi.

Nier la possibilité de la détermination, c'est nier que des images puissent être engagées vis-à-vis de toutes les propriétés visuelles et reconnaître à la place que toutes les images sont non engagées explicitement à certains égards. C'est un trait distinctif des images. Alors que les media représentationnels comme le langage peuvent être engagés et implicitement non engagés, seules les images sont nécessairement non engagées explicitement à certains égards. Un thème de *L'Art et l'illusion* de Gombrich est que les images sont « sélectives » au sens où aucune image ne peut être pleinement déterminée ou engagée visuellement à tous égards[1]. C'est en partie une conséquence

---

1. Par exemple Gombrich, *Art and Illusion*, p. 209.

de considérations relatives au medium, car le medium d'une image impose des limitations sur ce qui peut être représenté. Mais la plus grande pression sélective est exercée par la nécessité, due peut-être ultimement aux limitations du medium, d'adopter un point de vue. En prenant différent points de vue, des images font différents engagements et incarnent différents aspects.

Ce dispositif d'aspects individués par des engagements fournit la base pour une taxinomie des systèmes (ou modes ou styles) de représentation. Nous pouvons élucider les différences dans les systèmes en nous référant aux sortes d'aspects présentés par des images dans différents systèmes. Plus précisément, nous captons ce qui distingue un système par le biais d'une description des types de propriétés vis-à-vis desquelles les images dans ce système sont engagées et des types de propriétés vis-à-vis desquelles elles sont non engagées implicitement et explicitement. Les aspects présentés par les images dans le système dans lequel travaillait Saenredam sont différents des aspects présentés par les estampes *ukiyo-e* ou le style dédoublé Haida. Le style de Saenredam incarne ce qu'il comprenait être ce que voit son œil, tandis que le système *ukiyo-e* dépeint des objets sans recouvrement visuel et que le style dédoublé préserve la symétrie bilatérale de l'anatomie animale. Des systèmes différents comprennent des images qui incarnent différent types d'aspects des objets et varient ainsi en informativité.

L'INFORMATIVITÉ APPROPRIÉE

Après avoir ébauché une notion d'informativité systémique en vertu de laquelle des systèmes iconiques diffèrent en informativité, il reste à voir comment l'informativité systémique peut expliquer le réalisme.

Une suggestion est que, plus il y a de propriétés vis-à-vis desquelles les images dans un système sont engagées ou explicitement non engagées, plus elles sont réalistes. Le réalisme mesure la quantité d'informativité systémique. Mais comme nous l'avons vu, des images dans certains systèmes de représentation peuvent être réalistes ou non réalistes de manière non proportionnée à leur informativité. Les dessins au trait et les dessins humoristiques font un minimum d'engagements et pourtant on peut les juger plus réalistes que des images appartenant à des systèmes faisant davantage d'engagements. Il est également improbable que cette suggestion puisse expliquer la diversité et la persistance des jugements de réalisme au travers de contextes culturels, historiques et fonctionnels. De fait, elle semble entériner une identification du réalisme avec les modes de représentation des manuels post-Albertiens.

L'alternative est que le réalisme iconique ne reflète pas le degré d'informativité mais une informativité appropriée au sein d'un contexte d'usage. Si les systèmes iconiques transmettent différents types d'information, il n'est pas du tout surprenant que les gens utilisent des images pour transmettre différents types d'information. Dans le dessin technique, par exemple, les images servent à transmettre l'information utile pour bâtir des choses; aussi utilise-t-on un système de perspective qui représente les arêtes qui s'éloignent selon leurs « longueurs vraies ». Dans l'iconographie orthodoxe, on utilise les images pour transmettre une information sur l'importance théologique relative des figures dépeintes dont la taille ne correspond pas à leur situation dans un espace projeté mais à leur situation dans une hiérarchie divine. Puisque les images Haida d'animaux ont une fonction héraldique et doivent être facilement identifiables, elles appartiennent à un système qui transmet les traits essentiels spécifiques à l'espèce. De même, il convient de résister à la tentation d'écarter les dessins d'enfants comme simplement dénués d'habileté car leurs images les éduquent au sujet de leur environnement sur des points cruciaux. Ces cas illustrent comment les aspects qui caractérisent différents systèmes représentationnels permettent à ces systèmes de transmettre l'information requise au service de certains buts dans des contextes d'usage.

Bien sûr, il se trouve souvent que de multiples systèmes peuvent transmettre plus ou moins de l'information requise pour un but. Ceci explique pourquoi le réalisme est une affaire de degré. Nous pourrions dire que des systèmes sont « informatifs de manière appropriée » dans la mesure où ils font des engagements de la sorte qui satisfait les réquisits relatifs aux types d'information que les images ont à transmettre pour les buts qui sont les leurs dans des contextes donnés. Je propose donc qu'une image est réaliste dans la mesure où elle appartient à un système qui est informatif de manière appropriée. L'impressionnisme est maintenant réaliste, pour des utilisateurs d'images qui disposent de certains arrière-plans, parce qu'il répond à la plupart ou à la totalité de leurs réquisits concernant l'information que les images ont à transmettre. Par contraste, le cubisme est non réaliste pour ces spectateurs parce qu'il répond à peu de leurs normes informationnelles.

CONSÉQUENCES

La proposition que le réalisme dépend de l'informativité systémique appropriée explique la diversité de ce qu'on tient pour réaliste dans des contextes d'usage différents. Les engagements qu'on exige des images varient avec le contexte culturel, historique et fonctionnel, et un système qui semble plus réaliste dans un contexte d'usage peut être inadéquat dans un autre. Les images en style dédoublé, les estampes *ukiyo-e*, les dessins techniques, les icônes orthodoxes et les intérieurs d'églises hollandais sont réalistes dans des contextes déterminés d'usage parce qu'ils appartiennent à des systèmes qui transmettent l'information requise dans ces contextes. À l'intérieur de tout contexte, ce qu'on demande aux images peut quelquefois en venir à paraître si « naturel » que les images dans des systèmes qui incarnent des aspects inattendus apparaissent stylisées, déformées et artificielles.

Mais par suite de changements dans les besoins, un système « normatif » peut ne plus délivrer les types d'information requis. Il cédera alors la place à un système qui peut représenter que les objets ont les propriétés requises. C'est bien un effet de révélation. J'ai soutenu que le réalisme révélateur peut s'accompagner de déplacements graduels et radicaux dans les systèmes, et que cette conception explique les deux.

Lorsque des changements dans les besoins sont graduels, les révélations seront graduelles, les nouveaux systèmes faisant pour une grande part les mêmes engagements que leurs prédécesseurs. L'histoire du réalisme dans l'art européen depuis la Renaissance en est une illustration. La plupart des avancées ont été révélatrices parce qu'elles adaptaient des systèmes existants pour leur faire capter des traits connus du monde hors d'atteinte des systèmes familiers. La discussion classique que fait Gombrich de Constable dans *L'Art et l'illusion* raconte un épisode de cette histoire [1]. Quelquefois cependant le réalisme révélateur peut prendre la forme radicale que décrit Goodman. Un système non familier de dépiction peut faire des engagements qui sont inattendus, attirant notre attention sur des traits jusque-là inaperçus du monde et de ses contenus. Les images cubistes représentent les objets comme satisfaisant des propriétés dans une combinaison particulière dont nous ne voyons pas d'ordinaire que les objets les possèdent. Que nous en venions à accepter les aspects cubistes comme informatifs de manière appropriée et Picasso aura été justifié de prédire qu'un jour on considérerait ses images

---

1. Gombrich, *Art and Illusion*, chap. 1.

comme réalistes. Les rencontres avec des systèmes de représentation qui incarnent des aspects des choses inattendus ou invisibles autrement nous poussent à réviser à la fois les attentes nées des images et les buts en direction desquels nous nous en servons.

Un test important pour rendre compte du réalisme iconique réside dans son traitement des images à information minimale tels que les dessins au trait et les dessins humoristiques. Comment des dessins humoristiques peuvent-ils appartenir à un système de représentation « informatif de manière appropriée » ? L'une des réponses à cette question nous conduit à examiner le contexte narratif dans lequel de telles images sont souvent utilisées. Bien qu'ils représentent leurs sujets comme possédant une gamme limitée de propriétés, les dessins humoristiques transmettent l'information qui joue un rôle clé dans les récits au sein desquels ils interviennent. Le réalisme des caricatures peut semblablement dépendre de leur contexte satirique. Je me hasarderai à penser que, par exemple, le réalisme d'une caricature faite par Gary Trudeau d'un ancien président des États-Unis en espace vide dérive du fait que le manque de caractérisation est approprié dans le contexte de faire la satire d'un manque de caractère. L'important ici n'est pas que la présence d'un contexte narratif explique le réalisme mais plutôt que le contexte narratif rend saillantes un petit nombre de propriétés représentées.

Une autre réponse à cette question – et qui éclaire le cas des dessins simples – reflète ce qui est propre aux aspects iconiques. À l'évidence le nombre d'engagements que font les images est inversement proportionnel au nombre de non-engagements implicites qu'elles font. De manière moins évidente, toutefois, le fait que les images soient sélectives ou nécessairement indéterminées signifie que, en général, plus une image fait d'engagements, plus lui sont imposés des non-engagements explicites. À l'inverse, une image dans un style qui fait peu d'engagements fait aussi peu de non-engagements explicites. Il est assez plausible que, parce que les dessins simples font peu d'engagements, ils évitent de faire des non-engagements explicites qui accentueraient leur sélectivité. En abaissant les limitations de la dépiction, les images à information minimale rendent les spectateurs libres de fournir eux-mêmes les détails. Gombrich donne une version comparable de réalisme obtenu par l'emploi de dispositifs d'obscurcissement tels que le *sfumato* [1]. Le réalisme peut parfois refléter le fait que les engagements appropriés sont parfois ceux qu'on n'empêche pas les images de faire.

L'informativité systémique appropriée explique en dernier lieu les images inexactes et fictives quoique réalistes. Des images d'une extrême exactitude ne sont pas réalistes si elles n'appartiennent pas à des systèmes qui sont informatifs de manière appropriée, alors que des images fictionnelles et relativement inexactes qui appartiennent à de tels systèmes sont réalistes. En dépit de son exactitude, une nature morte cubiste n'est pas réaliste (pour nous, maintenant) parce qu'elle n'appartient pas à un système qui est informatif de manière appropriée. Si *Le Jardin des délices* est réaliste pour certains, en dépit de son inexactitude, la raison en est qu'il appartient à ce qui est pour eux un système qui est informatif de manière appropriée.

Le réalisme n'est pas une simple propriété d'images individuelles ; c'est une propriété qu'a une image du fait de son appartenance à un système qui transmet plus ou moins d'information appropriée dans le contexte dans lequel elle est utilisée. Il en découle que pour juger du réalisme d'une image, les spectateurs doivent vérifier à quel système elle appartient en vertu de la sorte d'aspect qu'elle incarne. Que les spectateurs soient capables de telles identifications n'a rien d'incroyable : le mythe selon lequel les spectateurs approchent les images

---

1. Gombrich, *Art and Illusion*, p. 220-221 [chap. VII, 3].

avec un « œil innocent » a été discrédité depuis longtemps. Nous apportons dans notre interprétation de toute image un savoir qui nous permet d'identifier son système sur la base de sa manière de représenter le monde. Une image inexacte peut être jugée réaliste pourvu qu'on l'identifie comme appartenant à un système informatif de manière appropriée.

Bien que l'informativité systémique n'implique pas l'exactitude, reste qu'il y a une relation significative entre l'exactitude et le réalisme. Seules des images dans des systèmes qui sont informatifs de manière appropriée ont le potentiel d'être exactes sous les formes requises, et c'est ce potentiel qui confère à la dépiction réaliste sa valeur épistémique. J'ai proposé que le réalisme iconique ne dépend pas de l'informativité des images individuelles mais de l'informativité de leurs systèmes dans des contextes d'usage. Ma thèse de l'informativité systémique utilise une conception du contenu iconique qui en fait un aspect qui distingue la dépiction des autres media représentationnels, et c'est pourquoi le réalisme dans un système de représentation mérite son statut de réalisme spécifiquement iconique. C'est aussi la base pour l'utilité épistémique des images. Étant donné que les images sont des dispositifs pour recueillir et engranger de l'information, il n'est nullement surprenant que les jugements de réalisme reflètent la valeur que nous attachons à la sorte d'information qu'elles transmettent[1].

Traduit par Jacques Morizot

1. Je suis reconnaissant à A. Blackburn, L. Savion, L. Russow, T. Leddy, B. Strikwerda, et les critiques anonymes de ce journal pour leurs utiles suggestions.

ÉMOTION ET FICTION

INTRODUCTION

Dans « De la dénotation », Russell remarque qu' « une expression peut être dénotante et cependant ne rien dénoter ». Pour un contemporain de la IIIe République, comme aujourd'hui, c'est bien le cas de « l'actuel roi de France » [1]. Russell hérite cette problématique de Meinong et de Frege. Elle trouve sa place dans une théorie de la signification et de la vérité : comment un énoncé disant que l'actuel roi de France est (ou qu'il n'est pas) chauve peut-il avoir un sens ? Comment cet énoncé peut-il être vrai ou faux ? Pourrait-il n'être ni l'un ni l'autre ? À quoi une expression non dénotante fait-elle référence : son sens ? une image dans l'esprit ? une intention de signifier [2] ?

Explorant les présupposés métaphysiques des réflexions de Meinong, Frege ou Russell sur les fictions [3], certains philosophes s'interrogent sur leur statut ontologique. Ils leur

1. B. Russell, « De la dénotation » (1905), trad. fr. J.-M. Roy, dans *Écrits de logique philosophique*, Paris, PUF, p. 203.
2. Une note indiquant les textes essentiels de cette problématique depuis la fin du siècle dernier serait démesurément longue. On se limitera à un livre qui donne utilement les bases : L. Linsky, *Le problème de la référence*, trad. fr. S. Stern-Gillet, P. Devaux, P. Gochet, Paris, Seuil, 1974.
3. Dans cette problématique, il convient de ne pas minimiser l'importance de C.K. Ogden : son édition de *La théorie des fictions* de J. Bentham et sa traduction anglaise de *La philosophie du « comme si »* de H. Vaihinger. Voir P. Lamarque & S. Haugom Olsen, *Truth, Fiction, and Literature*, Oxford, Oxford U.P., 1994, chap. 15.

accordent un statut ontologique en propre, comme Terence Parsons[1], Charles Crittenden[2], Peter Van Inwagen[3] ou Nicholas Wolterstorff[4], ou bien le leur conteste, comme Nelson Goodman[5] ou Kendall Walton[6]. D'autres réfléchissent à la vérité des énoncés fictionnels, comme David Lewis[7] ou Eddy Zemach[8]. L'interrogation porte alors principalement sur l'ontologie des créatures de fiction, Madame Bovary, Sherlock Holmes, ou Clark Kent. Pour Richard Rorty[9], toute cette problématique ontologique n'est finalement qu'un pseudo-problème lié à la conception de la vérité comme correspondance et du langage comme image du monde. Il est cependant permis de se demander si cette effervescence analytique autour du statut des fictions[10] ne représente pas aussi une des plus belles pages de la métaphysique contemporaine, elle-même d'une singulière richesse[11].

Depuis quelques années, la problématique la plus insistante au sujet de la fiction tourne autour du *paradoxe de la fiction* :

1. T. Parsons, *Nonexistent Objects*, New Haven, Yale U.P., 1980.

2. C. Crittenden, *Unreality, The Metaphysics of Fictional Objects*, Ithaca, Cornell U.P., 1991.

3. P. von Inwagen, « Creatures of Fiction » (1977), in *Ontology, Identity, and Modality*, Cambridge, Cambridge U.P., 2001.

4. N. Wolterstorff, *Works and Worlds of Art*, Oxford, Oxford U.P., 1980.

5. N. Goodman, *Langages de l'art*, trad. fr. J. Morizot, Nîmes, J. Chambon, 1990 ; *L'art en théorie et en action*, trad. fr. J.-P. Cometti et R. Pouivet, Paris, L'éclat, 1995.

6. K. Walton, *Mimesis as Make-Believe*, Cambridge, Mass., Harvard U.P., 1990.

7. D. K. Lewis, « Truth in Fiction », *Philosophical Papers*, t. I, Oxford U.P., 1983 – un article dont la postérité est impressionnante.

8. E.M. Zemach, *La beauté réelle*, trad. fr. S. Réhault, Presses Universitaires de Rennes, 2005, chap. 8.

9. R. Rorty, « Existe-t-il un problème du discours de fiction ? », dans *Conséquences du pragmatisme*, trad. fr. J.-P. Cometti, Paris, Seuil, 1993.

10. Voir A. Thomasson, *Fiction and Metaphysics*, Cambridge U.P., 1999.

11. Parmi d'autres, un ouvrage comme *Contemporary Readings in the Foundations of Metaphysics*, S. Laurence and C. Macdonald (éd.), Oxford, Blackwell, 1998, permet de se rendre compte du caractère empiriquement mal venu du diagnostic d'une fin de la métaphysique.

1) Lecteurs et spectateurs ont souvent des émotions, la peur ou la pitié par exemple, à l'égard de ce qu'ils savent être fictionnels, par exemple des personnages.

2) Croire en l'existence de ce qui émeut est une condition nécessaire de l'émotion [1].

3) Lecteurs et spectateurs ne croient pas à l'existence de ce qu'ils savent être fictionnel.

Nous sommes tentés de penser que les énoncés (1), (2) et (3) sont vrais; ils ne sauraient l'être ensemble. L'interrogation sur ce paradoxe a conduit à transporter la philosophie des fictions vers la philosophie de l'esprit, rejoignant parfois les sciences cognitives [2]. Jerrold Levinson retient au moins sept classes distinctes de solutions au paradoxe, avec de multiples variantes dans chaque classe [3]. Ces solutions consistent à contester (1), (2) ou (3), ou à les reformuler de telle façon qu'ils ne contredisent plus les autres énoncés. Cette stratégie n'est pas exclusive des problématiques sur l'ontologie des créatures de fiction ou sur la vérité des énoncés fictionnels. L'anti-réaliste au sujet des entités fictionnelles dit qu'elles n'existent simplement pas, même dans un monde possible; en particulier, elles n'ont pas cette curieuse propriété de n'être

---

1. (2) présuppose une conception cognitive de l'émotion. Par exemple, avoir peur de quelque chose suppose qu'on le croie (voire le juge) dangereux. Certains philosophes pensent même que l'émotion suppose un *jugement de valeur*. D'autres contestent la conception cognitive. Après tout, l'arachnophobe *sait* que la petite araignée sur le mur ne représente aucun danger, mais il hurle, s'enfuit et tout le toutim. Nous sommes tentés de dire à l'arachnophobe qu'il est stupide. Ou bien nous ne croyons pas à la sincérité de cette réaction, qui semble outrée, même à celui qui n'est pas particulièrement arachnophile. La question est de savoir s'il serait légitime de dire à quelqu'un qui pleure à la fin de *Titanic*, quand l'héroïne regarde l'homme qu'elle aime s'enfoncer dans les eaux glacées de l'Atlantique nord: « Ne sois pas stupide, ce n'est que du cinéma! ». Voir R. Joyce, « Rational Fear of Monsters », *British Journal of Aesthetics*, vol. 40, 2000.

2. G. Currie, *The Nature of Fiction*, Cambridge U.P., 1990.

3. J. Levinson, « Emotion in Response to Art : A Survey of the Terrain », *in* M. Hjort et S. Laver (éd.), *Emotion and the Arts*, Oxford, Oxford U.P., 1997.

pas existantes. Il rencontre alors plus sûrement le paradoxe de la fiction qu'un réaliste pour lequel les entités fictionnelles, si elles n'existent pas, n'en ont pas moins une réalité, par exemple dans un monde possible.

L'article « séminal » de Colin Radford, paru en 1975, « Comment pouvons-nous être émus par le destin d'Anna Karénine ? » pose de façon radicale le problème philosophique sous-jacent au paradoxe de la fiction : notre usage des fictions est peut-être la marque de notre irrationalité. À la fin de la septième partie du roman de Tolstoï, Anna Karénine se jette sous un train.

> Et la lumière qui pour l'infortunée avait éclairé le livre de la vie, avec ses tourments, ses trahisons et ses douleurs, brilla soudain d'un plus vif éclat, illumina les pages demeurées jusqu'alors dans l'ombre, puis crépita, vacilla, et s'éteignit pour toujours [1].

Lisant pour la première fois ces lignes, voire les relisant, l'émotion étreint certains d'entre nous. Chacun pourrait citer des passages de romans, des scènes de films, des poèmes ou des œuvres musicales qui dans sa vie jouent un rôle particulier. Ils sont associés à des émotions éprouvées à leur lecture, leur visionnage ou à leur écoute. Ce sont même parfois des émotions négatives : tristesse, peur, mélancolie – ce qui rajoute peut-être encore quelque chose à notre irrationalité esthétique. Car, est-ce non seulement raisonnable, mais simplement *rationnel* de se mettre dans des états affectifs de cette sorte, en sachant qu'il n'y a objectivement rien qui en soit la cause véritable ?

La thèse selon laquelle les œuvres d'art encourageraient des attitudes irrationnelles remonte à Platon. Certains commentateurs minimisent la critique platonicienne des arts [2]. Après

---

1. L. Tolstoï, *Anna Karénine*, trad. fr. H. Mongault, « Bibliothèque de la Pléiade », Paris, Gallimard, 1951, p. 810.
2. Tel n'est pas le cas de C. Janaway, *Images of Excellence, Plato's Critique of the Arts*, Oxford U.P., 1995.

tout, c'est un *certain* type d'art que Platon critique, un art identifié à une forme de sophistique, pas *tout* l'art. La sacralisation de l'art a tant constitué l'un des préjugés majeurs des esthétiques philosophiques modernes de l'art qu'on ne prend plus au sérieux ce que dit Platon : l'art en général, la fiction en particulier, ne sont peut-être pas de si bonnes choses que cela. Qu'en est-il si l'émotion fictionnelle est solidaire d'une contradiction impossible à résoudre et finalement d'un déficit de rationalité ? Parents, professeurs, responsables politiques, avez-vous le droit d'encourager les enfants à s'enfoncer ainsi dans l'inconsistance logique et l'irrationalité affective ? Si Radford ne s'aventure pas vraiment sur ce terrain moral, il affirme bien que notre émotion fictionnelle témoigne de notre inconsistance et de notre incohérence. Lesquelles, pour le moins, ne sont pas particulièrement des qualités intellectuelles…

Nous pouvons cependant hésiter à majorer ainsi le risque intellectuel et moral encouru à la lecture de romans ou au cinéma. Bien loin qu'elles corrompent émotion et peut-être moralité, les fictions n'offrent-elles pas la possibilité d'un enrichissement affectif ? Dans « Fiction et émotions », Alex Neill montre que la question est moins de savoir si l'émotion fictionnelle est rationnelle que de déterminer son objet exact. Les émotions fictionnelles sont-elles dirigées vers les personnages ou les situations fictionnels ? Visent-elles des personnes ou des situations *réelles* auxquelles les personnages et les situations dans les fictions font penser ? Et même, les émotions fictionnelles sont-elles des émotions ou des *simili*-émotions ? Comme Neill, Peter Lamarque, dans « Peur et pitié », expose et discute la conception de Kendall Walton selon laquelle Charles, qui terrifié regarde avancer vers lui un abominable monstre dans un film d'horreur, joue en réalité un jeu de simulation (*make-believe*). Dans ce jeu, une vérité fictionnelle est générée : Charles est effrayé. Comme le dit Walton : « [Charles] fait l'expérience d'une quasi-peur résultant du fait qu'il réalise que le monstre, fictionnellement, le terrorise. Cela rend fictionnel que sa quasi-peur soit causée par une croyance que le monstre fait courir un danger et donc qu'il a peur du monstre »[1]. Dans un esprit wittgensteinien, Neill montre que les philosophes ont le tort de ne réfléchir que sur des exemples stéréotypés et en nombre fort limité. Dès lors, ils minimisent la variété des phénomènes que le paradoxe de la fiction recouvre. Neill varie les exemples et parvient à distinguer plusieurs sortes d'émotions fictionnelles. De plus, il examine attentivement la « théorie cognitive » de l'émotion, selon laquelle l'émotion suppose un jugement : si S a peur de X, S juge que X est dangereux. Il en défend finalement une version sophistiquée et adaptée aux multiples cas d'émotions fictionnelles.

L'article de Peter Lamarque discute attentivement la théorie de Walton et la conteste. Si nous n'avons pas à croire que Julien Sorel est exécuté et que trois jours après cette pauvre Madame de Rênal en meurt, nous n'avons pas non plus à le simuler : il nous suffit de l'*imaginer*. La cause de nos émotions sont des pensées. Nous ne sommes pas attristés *de* cette pensée, mais de son contenu. Que nos pensées puissent engendrer des émotions et les effets physiologiques (des pleurs par exemple) qui les accompagnent généralement semble aller de soi : ne nous suffit-il pas de penser à des choses dégoûtantes pour éprouver de la révulsion ou à une créature de rêve pour ressentir une certaine excitation sexuelle ? Mais d'un autre côté pouvons-nous faire des contenus de pensée des entités responsables des émotions que nous ressentons, comme s'ils avaient la même réalité que des choses concrètes ? Est-ce vraiment être un nominaliste acharné que de s'y refuser ?

Chacun a sa façon, Neill et Lamarque réfutent le constat d'irrationalité fait par Radford[2]. Un constat qui ressurgit d'une

---

1. K. Walton, *Mimesis as Make-Believe*, *op. cit.*, p. 45.
2. C. Radford a défendu sa conception à maintes reprises, tâchant de réfuter les objections qui lui étaient faites : « Philosophers and their Monstrous

autre façon dans l'article de David Novitz. Pouquoi acceptons-nous que nos valeurs morales soient contestées, parfois bafouées même, par des fictions ? Elles nous rendent sensibles à des valeurs que nous ne partageons pas, nous désensibilisent à celles que nous pensons les meilleures. À côté de la sphère scientifique et technique, il y a, dit-on, ce domaine du cœur et des affects, le monde des arts et des lettres. Un peu de sensibilité dans un univers désenchanté. Cela reste à voir : les fictions pourraient aussi anesthésier nos émotions. Novitz ne retient pas cet exemple qui a pourtant le mérite de la clarté : Pourquoi devrions-nous accepter de voir nos meilleures intuitions morales mises à mal par la lecture de Sade ? Les mérites littéraires prétendus de son œuvre n'ont-ils pas une contre-partie morale d'une réelle gravité ? La thèse selon laquelle une œuvre d'art doit subvertir les croyances et les valeurs couramment acceptées, conduit parfois au refus de voir en face le problème : certaines fictions pourraient être *moralement dange-reuses*. Novitz montre au moins qu'elles provoquent une modification de la relation entre valeurs morales et émotions. Sa distinction des messages *dans* l'art et des messages *à travers* l'art lui permet d'examiner différentes formes de critique et de justifier les droits d'une critique *morale* des fictions. C'est en ce sens que Novitz retrouve la préoccupation centrale de la critique platonicienne des arts [1].

Neill et Lamarque s'intéressent essentiellement à la question de savoir comment une émotion (réelle) est possible lorsque nous savons que ce qui nous émeut n'existe pas. Pour Radford, cela témoigne d'une irrationalité foncière. Novitz montre que cette irrationalité pourrait se doubler d'une

---

Thoughts », *British Journal of Aesthetics*, vol. 22, 1982; « Reply to Three Critics », *Philosophy*, vol. 64, 1989; « Fiction, Pity, Fear, and Jealousy », *Journal of Aesthetics and Art Criticism*, vol. 53, 1995; et encore d'autres articles…

1. Voir la discussion de Platon dans J.-M. Schaeffer, *Pourquoi la fiction ?*, Paris, Seuil, 1999.

inconsistance morale. Il n'est pourtant pas certain que cette conception soit totalement incompatible avec une autre, développée par Iris Murdoch et Martha Nussbaum. Elle fait de la fiction, au moins littéraire, une forme d'éducation morale [1]. Car s'il peut y avoir inconsistance épistémique dans l'émotion fictionnelle, si les fictions peuvent corrompre notre sensibilité, ne peuvent-elles pas aussi permettre l'acquisition des réactions morales appropriées et méritées [2]?

L'interrogation sur la nature et la fonction des fictions court dans toute la tradition philosophique, tout particulièrement à travers une réflexion sur la tragédie, dans la droite ligne de la *Poétique* d'Aristote. Dans trois des articles, un débat classique sur le rapport entre émotion et fiction dans la philosophie anglaise du XVIIIe siècle est rappelé. Il opposa le Dr Johnson et William Kenrick. À leur habitude, bien loin de prétendre la dépasser ou l'enterrer, les philosophes de la tradition analytique reprennent à nouveaux frais une problématique traditionnelle. Ils y travaillent selon la saine méthode scolastique : définition de thèses et échanges d'arguments. Les quatre textes qui suivent sont des échantillons de cette problématique et de cette méthode. Leur étude doit permettre au lecteur d'entrer dans cette riche reprise contemporaine d'une question traditionnelle de la philosophie.

Roger POUIVET

1. I. Murdoch, *La souveraineté du bien*, Paris, L'Éclat, 1994; M. C. Nussbaum, *Love's Knowledge, Essays on Philosophy and Literature*, Oxford, Oxford U.P., 1990 et *Upheavals of Thought, The Intelligence of Emotions*, Cambridge U.P., 2001; S. Feagin, *Reading with Feeling*, Ithaca, Cornell U.P., 1996. Pour une discussion de cette thèse, voir P. Lamarque & S. Haugom Olsen, *Truth, Fiction, and Literature*, *op. cit.*, chap. 15.

2. Voir R. Pouivet, « Émotions, fictions et vertus », *Revue Francophone d'Esthétique*, n° 2, 2004.

COLIN RADFORD

COMMENT POUVONS-NOUS ÊTRE ÉMUS PAR LE DESTIN D'ANNA KARÉNINE?*

> *What's Hecuba to him, or he to Hecuba*
> *That he should weep for her?*
> Hamlet, *acte 2, scène 2*

1) C'est peut-être simplement un fait brut que les hommes se préoccupent de leurs destins réciproques, qu'avec cordialité et bienveillance les uns s'intéressent au devenir d'au moins certains autres; du reste, c'est une heureuse chose. Puisqu'à cet égard les hommes auraient pu être différents, on peut donc s'étonner du fait qu'ils soient ainsi. Supposons une situation dans laquelle les hommes ne ressentiraient rien les uns à l'égard des autres : ce serait seulement parce que les mères ne pourraient supporter la douleur physique de ne pas le faire que les enfants seraient nourris, ou parce que cela leur procurerait du plaisir de les nourrir et de jouer avec eux, ou encore parce que ce serait une source de fierté. Ainsi, lors de la mort de son enfant, une mère pourrait avoir le genre de sentiment qu'éprouve le propriétaire d'une voiture si elle est volée ou

* C. Radford, « How Can We Be Moved by the Fate of Anna Karenina? », *The Proceedings of Aristotelian Society*, supp. vol. 49, 1975.

endommagée. À moins d'être sentimental, pour la voiture il ne ressent rien, même s'il n'en est pas moins désolé et déprimé.

Peut-être existe-t-il d'excellentes raisons biologiques pour lesquelles les hommes doivent se préoccuper les uns des autres ou au moins de certains autres, mais nous ne les aborderons pas. Notre question est conceptuelle : il est concevable que tous les hommes auraient pu être comme le sont certains, c'est-à-dire dénués de tout sentiment à l'égard des autres, alors qu'il nous est impossible de concevoir, par exemple, que tous les hommes auraient pu être ce que sont certains : des menteurs chroniques.

2) En ce sens, la préoccupation à l'égard des autres et tous les sentiments apparentés sont des faits bruts. Mais en quoi cela consiste-t-il d'être ému par ce qui arrive à quelqu'un ?

Il serait très long d'examiner tous les aspects intéressants d'un tel problème. Mais supposons que nous lisions un récit des terribles souffrances éprouvées par un groupe de personnes. Si nous avons un peu d'humanité, nous serons vraisemblablement émus par notre lecture. Le récit va probablement éveiller ou réveiller des sentiments de colère, d'horreur, de consternation ou de violence et, si nous avons des âmes sensibles, nous pouvons fort bien être émus jusqu'aux larmes. Nous pouvons même éprouver de la peine.

Supposons maintenant que nous découvrions que ce récit est faux. S'il a été la cause de notre peine, nous ne pouvons pas continuer à l'éprouver. Alors même que le récit a fait son effet, si l'on nous dit qu'il est faux, et que nous en venons à le penser faux, pleurer devient impossible, à moins qu'il ne s'agisse de larmes de rage. Si nous n'apprenons qu'après coup la fausseté du récit, nous nous sentirons bernés, dupés, d'avoir été ainsi émus jusqu'aux larmes.

Apparemment, c'est seulement si je crois que quelque chose de terrible est arrivé à une personne que sa situation peut m'émouvoir. Si je ne crois que quoi que ce soit lui soit arrivé, si je ne crois pas en sa souffrance, je ne peux pas être peiné ou être ému jusqu'aux larmes. Si je ne crois pas qu'elle ait souffert, si je crois qu'elle ne souffre pas ou pas vraiment, je ne peux pas éprouver de chagrin ou être ému jusqu'aux larmes.

Ce qui nous tourmente, ce ne sont pas seulement de voir les tourments d'un homme; ce qui nous tourmente, nous boule-verse ou nous émeut aussi, comme on le dit, c'est d'y penser. Mais ici la pensée implique la croyance. Pour qu'il nous tour-mente, nous devons croire à ses tourments. Dire que penser à son sort nous émeut jusqu'aux larmes ou nous affecte, c'est affirmer que la pensée ou la contemplation de souffrances tenues pour réelles ou apparemment réelles, nous émeut ou nous affecte.

3) La finalité de mon argument doit maintenant apparaître clairement. Supposons que quelqu'un prenne un verre avec un homme qui lui raconte une histoire poignante au sujet de sa sœur et que cela l'affecte. Satisfait de sa réaction, il lui dit maintenant qu'il n'a pas de sœur, que l'histoire est de pure invention. La différence est alors que nous pourrions dire que l'« héroïne » de l'histoire est fictive. Dès lors, il ne peut plus être affecté. En fait, il est possible qu'il puisse être embarrassé par sa réaction, précisément parce qu'elle indique si claire-ment qu'il a été pris au jeu – et il peut aussi se sentir gêné par le comportement de celui qui lui a raconté cette histoire. C'est bien seulement s'il croit que quelqu'un a souffert qu'il peut continuer à être affecté.

Bien sûr, si la personne lui dit à l'avance qu'elle va lui raconter une histoire, il peut tourner les talons, mais il peut rester et être ému. Voyons le cas.

Pour mieux cerner le problème, disons qu'un de nos amis, un acteur, nous invite à le voir simuler la douleur extrême, l'agonie. Il se tord de douleur et gémit. Si nous savons que ce n'est qu'un jeu, pouvons-nous être émus jusqu'aux larmes?

Sûrement non. Nous pouvons certes être embarrassés, et si cela dure nous pouvons même être quelque peu gênés : « Joue-t-il réellement ou a-t-il réellement mal ? » Mais tant que nous sommes convaincus que ce n'est qu'un jeu, qu'il ne souffre pas réellement, ses souffrances ne peuvent pas nous émouvoir; il semble invraisemblable et même inintelligible que nous puissions être émus jusqu'aux larmes par sa représentation de l'agonie. La seule chose que nous semblons pouvoir faire est peut-être d'applaudir cette mise en scène si elle est réaliste ou convaincante et, à défaut, la critiquer.

Supposons maintenant – quelle abomination ! – que l'acteur joue et rejoue la mort atroce d'un ami ou celle d'un combattant du Vietcong dont il nous explique qu'il l'a lui-même tué. Cette fois nous pourrions être horrifiés.

4) Si cette conception est correcte, que nous puissions être émus par des romans ou des pièces de théâtres historiques, des films documentaires, etc., ne pose pas de problème. Car ces œuvres dépeignent et nous rappellent de force la situation réelle et les souffrances réelles de personnes réelles : nos sentiments sont dirigés vers ces personnes[1].

Ce qui semble inintelligible est la façon dont nous pouvons avoir une réaction similaire à l'égard du destin d'Anna Karénine, de la situation de Madame Bovary ou de la mort de Mercutio. C'est pourtant le cas. Nous pleurons, nous plaignons

---

[1]. Nos sentiments ne sont pas dirigés vers l'interprétation à laquelle, par ces mêmes sentiments, nous répondons, ou vers les acteurs; ils sont dirigés vers ceux pour lesquels nous ressentons de l'admiration, ceux qui nous impressionnent, etc. Ceci peut aider à expliquer comment nous pouvons apprécier une tragédie. À côté de l'habileté de l'acteur et du producteur, nous apprécions aussi celle de l'auteur. Ce qu'il est difficile de comprendre, c'est que nous versions des larmes. Le problème, tel qu'il est habituellement posé, est ici inversé. Ce qu'on présente d'habitude comme difficile à comprendre est de savoir comment nous pouvons apprécier une tragédie, non pas de savoir comment elle peut nous déchirer le cœur. Voir D. Hume, « De la tragédie », *Essais et traités sur plusieurs sujets*, Première partie, trad. fr. M. Malherbe, Paris, Vrin, 1999.

Anna Karénine, nous avons les yeux humides quand Mercutio se meurt et, en toute absurdité, nous aurions voulu qu'il ne fût pas si impétueux.

5) Mais est-ce bien le cas ? Si ce problème nous embarrasse, nous sommes tentés de dire que puisque la vie d'Anna Karénine ne peut nous angoisser ou nous émouvoir, qu'il nous est impossible d'avoir pitié de Madame Bovary et d'être peiné par la mort du merveilleux Mercutio, c'est bien que nous ne sommes ni angoissés, ni émus, ni peinés.

Cette thèse est particulièrement tentante parce que l'adopter oblige à une réflexion plus scrupuleuse au sujet des objets de nos réactions et de nos sentiments, par exemple à la mort de Mercutio. Il devient évident et inévitable de remarquer que notre réaction à la mort de Mercutio diffère fondamentalement de notre réaction aux ultimes moments d'une de nos connaissances. Quand Mercutio se meurt, les larmes coulent sur nos joues, mais, comme O.K. Bouwsma l'a remarqué[1], le fumeur ou l'amateur de chocolat peut aussi murmurer, ne serait qu'à lui-même, « Comme c'est merveilleux ! Comme c'est sublime ! », voire « Comme c'est émouvant ! »[2].

Dès lors, pourrait-on dire, si l'on est *ému*, on ne peut certainement pas commenter cette émotion, surtout sur un ton admiratif. Être ému jusqu'aux larmes, n'est-ce pas une réponse massive incompatible avec le fait d'en dire quelque chose, ne serait-ce que de se le dire ? Ne peut-on pas considérer qu'il est dans la nature même d'un telle réaction que tout commentaire ne se rapportant pas à ce qui lui donne naissance,

---

1. Voir « The Expression Theory of Art », in *Philosophical Essays*, Lincoln, Universty of Nebraska Press, 1965, p. 29.
2. Je n'ai pas osé pousser l'adaptation du texte aussi loin, mais il me semble que pour un public français, l'exemple d'une dégustation d'un vin aurait été plus convaincant. J'ai récemment entendu à la radio un critique œnologique dire qu'un certain vin – hélas, je n'ai pas retenu lequel – lui avait procuré « une des plus profondes émotions de [sa] vie » [N.d.T.].

mais à celui qui en fait l'expérience, montre finalement qu'elle n'est pas réellement ressentie ? C'est comparable au geste de se pencher vers un ami, au théâtre, pour lui dire «Je suis totalement absorbé (enchanté, envoûté) ».

Pourtant, même si nous ne pouvons pas vraiment avoir de la peine pour Mercutio, sa mort peut réellement nous émouvoir. Au théâtre, celui qui dit «Comme c'est émouvant ! » sur un ton admiratif est bien ému, au moins à ce moment là. Notre admiration porte sur la pièce ou sur son interprétation; nous pouvons être admiratifs ou impressionnés et l'avouer, et cela s'accompagne d'émotion.

6) Dire que nous ne ressentons rien à l'égard de personnages fictionnels, que nous ne sommes pas quelquefois émus par ce qu'il leur arrive, serait impossible. Sur Mercutio, nous versons de vraies larmes, pas des larmes de crocodile; rien à voir avec celles qu'on produit au théâtre avec la fumée d'une cigarette. Nous avons une boule dans la gorge et ce n'est pas parce qu'on a avalé une arête de poisson. Nous sommes inquiets quand nous réalisons ce qui pourrait arriver; nous sommes horrifiés quand cela arrive. En fait, à l'idée de ce que nous pensons devoir arriver à un personnage dans un roman ou dans une pièce de théâtre, nous pouvons être à ce point inquiets que certains d'entre nous ne peuvent pas aller plus loin. Nous évitons la tragédie imminente de la seule façon possible : en fermant le livre ou en quittant le théâtre.

C'est peut-être une réaction inadéquate et nous pouvons aussi nous en sentir stupides ou avoir honte de nos larmes. Ce n'est pas qu'elle soit toujours inappropriée ou d'un sentimentalisme exagéré – comme si nous organisions une fête d'anniversaire pour notre chien, par exemple. Mais elle nous semble manquer de virilité. Même si une réaction de cet ordre est embarrassante à l'occasion d'une mort réelle, on l'excuse; en toute autre occasion, elle doit être contenue.

Nous ne sommes pas seulement émus par des tragédies fictionnelles, bien sûr, mais elles nous impressionnent et font nos délices. J'ai essayé d'expliquer pourquoi. Qu'elles provoquent des réactions autres qu'émotionnelles ne pose pas de problème. Ce qu'il est difficile de comprendre, c'est que nous soyons émus par la mort de Mercutio et que nous pleurions tout en sachant qu'il n'est pas réellement mort, qu'aucune vie n'a été fauchée à la fleur de l'âge [1].

7) Si donc nous pouvons être émus jusqu'aux larmes lors de la mort prématurée de Mercutio, si certains de fait le sont, s'ils ressentent de la pitié à l'égard d'Anna Karénine, etc., comment peut-on l'expliquer? Comment l'apparente incongruité de cette émotion peut-elle se comprendre et se justifier?

Première solution

Nous lisons le livre ou nous regardons la pièce. Cela marche, nous sommes « pris » et nous « répondons »; nous « oublions » que nous ne faisons que lire un livre, ou nous n'en avons plus conscience. En particulier, nous oublions qu'Anna

---

1. Pourtant, pourquoi cela devrait-il nous créer un problème? Certains peuvent continuer à penser qu'il n'y en a aucun. Considérons alors le cas suivant. Un homme possède une peinture de genre. Elle montre un jeune homme tombé au champ d'honneur dans une bataille (mais ce n'est pas une peinture historique, celle de la mort d'un jeune homme réel particulier qui fut tué dans une certaine bataille). Cet homme affirme qu'il trouve la peinture émouvante, et nous le comprenons, même si nous ne sommes pas d'accord avec lui. Quand il la regarde, il ressent pitié, tristesse, etc., pour *le jeune homme dans l'image*, dit-il encore. Cette réponse étrange ne serait-elle pas extrêmement difficile à comprendre? Comment *peut*-il être à ce point désolé pour le jeune homme dans la peinture? Supposons maintenant que l'image bouge, qu'il s'agisse d'un film, et qu'une histoire soit racontée. Dans ce cas, nous disons *vraiment* que nous nous sentons désolés pour le jeune homme qui est tué dans le film. Mais existe-t-il entre ces deux cas une différence qui puisse non seulement expliquer, mais justifier, nos réponses différentes? Peut-être est-ce simplement parce que la plupart d'entre nous répondraient ainsi aux films que nous ne trouvons pas cela si difficile à comprendre?

Karénine, Madame Bovary, Mercutio, etc., n'ont rien de personnes réelles.

Pourtant, non. Il ne faut pas infantiliser les adultes. Quand on va avec des enfants pour la première voir des pantomimes, il est vrai qu'ils ne se rendent pas bien compte de ce qui se passe. Quand le géant arrive pour tuer Jack, les plus jeunes sont terrifiés, vraiment et sans ambiguïté. Les plus courageux crient « Fais attention ! » et essaient même de monter sur la scène pour s'interposer.

Mais est-ce ce que nous faisons quand nous voyons que Tybalt va tuer Mercutio ? Lors d'une représentation de *Roméo et Juliette*, crions-nous et tâchons-nous de monter sur la scène ? Certainement pas. Ce serait tenu pour extravagant. Que nous puissions être émus ne requiert pas d'aller jusque là. Si nous pensions que quelqu'un va réellement être tué, que ce soit la personne appelée Mercutio ou le comédien qui joue ce rôle, nous essayerions de faire quelque chose, ou nous pensons que nous devrions essayer de faire quelque chose. Autrement dit, nous serions vraiment inquiets [1].

Nous ne sommes donc pas inconscients de voir une pièce de théâtre, rien de plus, comprenant des personnages fictionnels, et le problème reste entier.

Deuxième solution

Bien sûr, nous n'oublions jamais que Mercutio n'est qu'un personnage dans une pièce de théâtre, mais, s'agissant de sa réalité, nous « suspendons notre incrédulité ». La direction du théâtre et la production de la pièce y concourent. On baisse les lumières, on tâche de trouver de bons comédiens. Honte aux spectateurs qui attirent sur eux l'attention et nous distraient en toussant ; et si, durant une scène, un machiniste monte sur

1. « Le plaisir de la tragédie procède de notre conscience de la fiction ; si nous pensions réels meurtres et trahisons, ils ne nous plairaient plus », dit Johnson dans sa *Preface to Shakespeare*.

scène, prend une chaise qui n'aurait pas dû être là et ressort d'un air penaud, notre réponse disparaît. L'« illusion » s'est brisée.

Même si tout cela est vrai, le paradoxe subsiste. Quand nous assistons à une pièce de théâtre, nous ne dirigeons pas nos pensées sur la-pièce-de-théâtre-en-elle-même. Nous ne passons pas notre temps à nous rappeler que c'est une pièce de théâtre – à moins que nous ne cherchions à réduire l'effet qu'elle produit sur nous. Il reste, comme nous l'avons vu, que nous ne perdons jamais conscience de voir une pièce, quelque chose qui ne concerne que des personnages fictionnels, pas même aux moments les plus palpitants et les plus émouvants. Pour résoudre le paradoxe, il ne suffit donc pas d'invoquer la « suspension de l'incrédulité », même si cette suspension et le paradoxe sont liés.

Troisième solution

C'est un fait brut : les êtres humains peuvent être émus par des histoires concernant des personnages et des événements fictionnels. Cela veut dire que les êtres humains auraient pu être autrement (et que beaucoup d'entre eux le sont – puisque bien des personnes ne lisent pas de livres, ne vont pas au théâtre, et que lecture et théâtre les ennuient).

Mais notre problème subsiste. Des personnes *peuvent* être émues par la souffrance fictionnelle, alors que, dans d'autres contextes, leur croyance dans la réalité de la souffrance décrite ou racontée est indispensable à leur réponse.

Quatrième solution

Cette thèse au sujet des comportements dans des contextes non fictionnels ne va pas. C'est seulement parce que mes exemples sont sélectionnés parmi ceux dans lesquels on trouve cette exigence [de souffrance] que le paradoxe apparaît. Or, il

y a de nombreuses situations dans lesquelles nous pouvons
être émus jusqu'aux larmes ou avoir une boule dans la gorge
sans penser que quelqu'un va souffrir ou vivre ses derniers
instants, ni même qu'une telle chose ou une autre du même
ordre soit vraisemblable.

Existe-t-il des situations de cet ordre ? Une mère apprend
que les enfants d'une de ses amies ont été tués dans un accident
de la circulation. Quand ses propres enfants rentrent de l'école,
soulagée, elle les serre dans ses bras, presque en colère. (Parce
qu'ils lui ont fait peur, peut-être ?) Leur réaction est de demander ce qui ne va pas. Ils n'obtiendront peut-être pas de réponse
cohérente, mais l'explication est parfaitement évidente. La
mort des enfants de l'amie « fait entrer sous le toit », « rend
réel », et peut-être renforce l'idée qu'a cette mère de la possibilité que ses propres enfants soient blessés ou tués. Nous devons
encore examiner un autre cas. L'attention d'un homme s'évade
du texte qu'il lit dans son travail. Il pense à sa sœur et, brusque-
ment, il réalise qu'elle va bientôt prendre l'avion pour les
États-Unis. Peut-être parce qu'il est lui même terrifié par
l'avion, il pense à ce vol, à la chute de l'avion, et il frissonne.
Il imagine combien leur mère en serait affectée. Elle serait
terrassée, inconsolable. Des larmes lui viennent aux yeux. Sa
femme entre et demande ce qui se passe. Il semble bouleversé.
Notre homme est embarrassé, mais avec sincérité il dit : « Je
pensais à Jeanne qui va prendre l'avion pour les États-Unis et,
tu vois, je pensais aussi combien ce serait horrible s'il y avait un
accident – quelle horreur ce serait pour ma mère ». Sa femme :
« Ne sois pas idiot ! Qu'est-ce que tu es sentimental ! Tu as
même réussi à te faire pleurer avec des idées pareilles.
Vraiment, je me demande parfois ce qui te passe par la tête… ».

Dans ce cas, la façon dont cet homme répond à ses pensées,
le choc que provoque l'idée de sa sœur dans un accident
d'avion, tout cela *est* stupide et sentimental, mais c'est
intelligible et ne pose pas de problème. Si l'avion était quelque

chose de plus dangereux que nous ne le pensons généralement, ce ne serait même ni stupide ni d'un sentimentalisme déplacé. La preuve : changeons d'exemple et supposons que sa sœur soit sérieusement malade. Même si elle ne souffre pas, elle a un cancer et son frère pense à sa mort et à la façon dont cela affectera leur mère. Si c'était là la situation, sa femme ferait bien de le réconforter et d'en parler avec lui.

Un homme peut donc non seulement être ému par ce qui est arrivé à quelqu'un, par la mort et la souffrance réelles, mais par leur éventualité ; plus grande est la probabilité que l'abominable chose survienne, plus vraisemblable est notre sympathie, c'est-à-dire notre compréhension à l'égard de sa réponse, et même notre compassion. Plus limitée est la probabilité, moins un tel sentiment de notre part apparaît vraisemblable. Si ce qui émeut un homme jusqu'aux larmes est l'idée de quelque chose dont la probabilité est à peu près nulle, par exemple que quelqu'un tire avec une arme à feu sur sa sœur, nous trouverons très vraisemblablement son comportement inquiétant et problématique. Nous pouvons cependant expliquer de multiples façons ce bizarre comportement. Nous pouvons tenir compte de ses croyances fausses. Il pense un accident d'avion ou un meurtre plus probables qu'ils ne le sont – ce qui en soi requiert encore une explication et peut en avoir une. Ou bien son seuil d'inquiétude est plus bas que la moyenne ; ce qui de nouveau n'a rien de problématique : nous comprenons ce que cela veut dire. Ou finalement, nous pouvons considérer que penser à des choses de ce genre et en être bouleversé lui procure une certaine sorte de plaisir. C'est problématique d'un point de vue logique : comment la douleur peut-elle procurer du plaisir à un homme ? Mais, ne serait-ce que parce que des traces de masochisme se rencontrent en chacun de nous, vraisemblablement nous ne trouverons pas la chose choquante.

C'est simplement que le comportement de notre homme est psychologiquement plus ou moins étrange ou moralement inquiétant. Mais, en cela, il n'y a pas de difficulté logique ; la raison en est que la souffrance et l'angoisse auxquels cet homme pense, même si elles sont improbables, concernent l'expérience réelle d'une personne réelle.

Examinons encore ce problème. Première supposition : on demande à notre homme « Que se passe-t-il ? », et il répond : « Je pensais à l'horreur que cela aurait été si Jeanne n'avait pas pu avoir d'enfant – elle désirait tant en avoir ! ». Sa femme : « Mais elle a des enfants ! Six ! ». L'homme : « Oui, je sais. Mais supposons qu'elle n'en ait pas eu ». « Mon Dieu, elle aurait pu ne pas en avoir, mais elle en a. Tu ne vas te mettre à pleurer sur une chose épouvantable qui n'est pas arrivée et ne peut plus arriver ». (Elle prend son ton philosophique. Méprisant). « À quoi joues-tu ainsi à te morfondre et à te désoler à son propos ? ». L'homme : « Je sais bien, mais quand j'y ai pensé, c'était si fort que je pouvais tout à fait m'imaginer ce que ce serait ». La femme : « Et tu t'es mis à pleurnicher ! ». L'homme : « Eh, oui ».

En faisant de l'homme une sorte de Walter Mitty[1], quelqu'un dont l'imagination est si puissante et vive que, ne serait-ce que pour un moment, ce qu'il imagine semble réel, on comprend mieux ses larmes, même si elle n'en sont pas plus excusables.

Supposons maintenant que l'homme ne pense pas à sa sœur mais à une femme en général…, c'est-à-dire qu'il se fasse toute une histoire d'une femme qui prend l'avion pour les États-Unis, qui meurt et dont la mère est extrêmement peinée ; supposons que cela provoque chez lui une boule dans la gorge. Si ma thèse est correcte, cette réponse à l'histoire qu'il invente serait encore plus difficile à comprendre que son émotion à la pensée que sa sœur n'ait pas eu d'enfant. Quelqu'un qui se

---

1. Walter Mitty est le personnage d'histoires écrites par J. Thurber. C'est un doux rêveur qui imagine une vie merveilleuse ou héroïque. Au cinéma, il a été incarné par Danny Kaye (*The Secret Life of Walter Mitty*, 1947) [N.d.T.].

fiche du problème philosophique que nous examinons pourrait dire qu'il n'y a rien là de difficile à comprendre : après tout, cet homme pourrait être un écrivain commençant par inventer de cette façon ses propres histoires.

C'est précisément la raison pour laquelle cet exemple ne nous aide pas. C'est beaucoup trop proche et c'est même la même chose que ce qui est à l'origine du problème [1].

Cinquième solution

Il existe une solution suggérée par une remarque déjà faite : si nous versons des larmes sur Anna Karénine et quand nous le faisons, c'est sur la douleur et l'angoisse qu'une personne réelle pourrait ressentir et que des personnes réelles ont ressenties ; si Anna n'était pas dans une situation de cette sorte, nous ne serions pas émus.

S'il y a une part de vérité dans cette thèse, cela ne fait pourtant pas une bonne solution. Quand il s'agit d'Anna Karénine, nous ne versons pas réellement des larmes sur la douleur qu'une personne réelle pourrait ressentir et que des personnes réelles ont ressenties, même nous ne serions pas émus par son histoire s'il ne s'agissait pas d'une histoire qui pourrait arriver à des personnes réelles et qui est arrivé à certaines. C'est sur *elle*, Anna Karénine, que nous versons des larmes. Nous sommes émus par ce qui lui arrive, par sa triste situation, mais nous ne ressentons pas de la pitié pour ce qui lui arrive ou son destin, son histoire ou sa situation, ou pour d'autres personnes, c'est-à-dire pour des personnes réelles, qui auraient pu avoir ou même ont eu une telle histoire. Nous

---

1. Incidemment, et afin d'éviter d'être mal compris, je précise qu'au sujet de la réponse esthétique, ma réponse n'est pas monolithique. Par exemple, je ne dis pas que, pour trouver *drôle* une histoire au sujet d'Harrold Wilson, nous devions la croire. Je dis qu'à l'exception paradoxale des pièces de théâtre, des films, etc., y compris celles et ceux qui portent sur Harrold Wilson, pour verser des larmes sur lui, ressentir de la pitié à son égard, nous devons croire l'histoire.

avons pitié d'elle, nous ressentons des sentiments à son égard et c'est sur elle que nous versons des larmes. Cette remarque pourrait être encore plus convaincante si nous pensons à la mort de Mercutio.

Mais, toujours et encore, comment est-ce possible tout en sachant qu'Anna et Mercutio n'ont jamais existé, que toutes leurs souffrances n'ajoutent rien à toutes les souffrances du monde ?

Sixième solution

Et s'il n'y avait aucun problème. Dans des situations non fictionnelles, il est possible qu'une personne ne puisse être émue que si elle croit à la réalité de ce qu'elle voit ou de ce qui est dit, ou qu'elle croit au moins que quelque chose peut en réalité arriver à quelqu'un. Mais, je le concède, ce n'est pas la même chose d'être ému en lisant un roman ou en assistant à une pièce de théâtre et d'être ému par ce qu'on croit arriver dans la vie réelle – c'est même très différent. Il y a donc deux façons d'être ému et, peut-être, deux sens de l'expression « être ému » : être ému (sens 1) dans la vie réelle et « être ému » (sens 2) par ce qui arrive à des personnages fictionnels. Dans la mesure où il s'agit de deux sortes différentes de choses, et de deux sens différents, de la nécessité afin d'être ému (sens 1) de croire dans la réalité de l'agonie ou d'autre chose, il ne s'ensuit pas que croire dans la réalité est ou doit être nécessaire pour « être ému » (sens 2). Je n'ai donc pas montré qu'il y a un véritable problème, ce qui explique peut-être pourquoi je ne parviens pas à trouver de solution.

Pourtant, même si être ému par ce qu'on croit être réellement arrivé n'est pas exactement la même chose qu'être ému par ce qu'on croit arriver à des personnages fictionnels, ce n'est pas complètement différent. Ce qui dans les deux situations est commun à l'émotion rend problématique l'une des différences : que la croyance ne soit pas nécessaire dans la

situation fictionnelle. Quant à l'affirmation hésitante de l'existence alors d'un sens différent de l'expression « être ému »,
elle n'est manifestement pas impliquée par la différence entre
l'émotion dans la vie réelle et au théâtre, au cinéma ou lors de
la lecture d'un roman – ce que je trouve contraire à notre intuition[1]. Même si la phrase avait vraiment des sens différents
dans des cas différents, il ne s'ensuivrait pas qu'il n'y aurait
aucun problème. Il se pourrait qu'« être ému » (sens 2) soit une
expression incohérente et que nous et notre comportement,
quand nous sommes « émus » (sens 2), soyons incohérents.

Quand la mort de Mercutio nous émeut, au moins nous le
prétendons, elle semble nous affecter tout à fait de la même
façon que la mort aberrante d'un homme jeune et pour la même
raison. Nous considérons cette mort comme un gâchis, même
si c'est seulement dans le cas réel qu'il s'agit d'un gâchis ; nous
la voyons aussi comme une « tragédie », et c'est sans ambiguïté – même si ce n'en est pas moins problématique dans le
cas de la fiction, à mon avis – que nous sommes attristés par
cette mort. Nous regardons la pièce de théâtre et réalisons que
Mercutio peut mourir ou, puisque nous connaissons la pièce,
qu'il va mourir ; néanmoins, nous pouvons dans ce cas et dans
d'autres nous dire : « Oh non, pourvu que non ! ». (Il semble
absurde de se le dire, tout particulièrement quand nous connaissons la pièce, et pourtant nous nous le disons. C'est une partie
de ce que je considère comme problématique). Quand Mercutio
s'écroule, nous grimaçons et retenons notre souffle, et quand il
meurt les plus fragiles d'entre nous versent des larmes.

En quoi notre comportement serait-il différent si nous
croyions assister à la mort d'un jeune homme réel, pourquoi
pas de l'acteur jouant le rôle de Mercutio ? Premièrement, en
voyant ou en craignant que l'acteur jouant le rôle de Tybalt
ait l'intention de tuer l'autre acteur, nous pourrions essayer

1. « Tué » a-t-il un sens différent dans « Nixon a été tué » et dans « Mercutio
a été tué » ?

d'intervenir ou nous pourrions nous reprocher de n'en rien faire. Quand il s'écroule, nous pourrions essayer de porter secours. Mais si nous sommes convaincus que nous ne pouvons rien faire, tout comme nous le sommes en assistant à la mort de Mercutio ou en lisant ce qui arrive à Anna, et si nous pensons que d'assister à la pièce n'a rien d'inconvenant, ces différences sans pertinence dans notre comportement vont disparaître. Une fois encore, nous nous dirons à nous-mêmes (et, cette fois ce sera dit aussi aux uns et aux autres puisqu'il ne s'agit plus de plaisir esthétique) : « Mon Dieu, c'est terrible ! ». Alors que l'acteur se meurt, peut-être en prononçant les mots mêmes de Mercutio, soit qu'il ressente la nécessité de les dire, soit qu'il n'est pas conscient de sa mort imminente et pense simplement que le spectacle doit continuer, nous verserions encore des larmes sur le mourant et nous aurions pitié de lui. Deuxièmement, notre réponse à la mort réelle va vraisemblablement être plus écrasante et plus intense, elle va sans doute durer plus longtemps (ce qu'il est important de remarquer), car après tout un homme jeune réel a été tué, ce qui ne saurait être rendu moins grave par le plaisir esthétique ou qui ne lui est lié en rien. Pourtant, de telles différences ne détruisent pas la similarité de la réponse ; on peut même dire qu'elles l'exigent.

Une similarité existe et elle consiste essentiellement en ce que nous sommes attristés. Pour moi, la difficulté est là. Nous sommes attristés, mais comment est-ce possible ? De *quoi* sommes-nous attristés ? Comment pouvons-nous nous sentir tristes, véritablement et involontairement, comment pouvons nous verser des larmes, puisque nous le faisons, tout en sachant – et c'est bien clair – que personne n'a souffert et que personne n'est mort ?

Insister sur cette similarité entre être ému et « être ému » ne revient pas à nier d'autres différences entre les deux, par-delà la nécessaire présence de la croyance dans un cas et son absence problématique dans l'autre. Cependant, comme je l'ai déjà indiqué, certaines caractéristiques particulières du fait d'«être ému» rendent le problème plus difficile encore. En plus de cette différence épistémique, et indépendamment d'elle, *n'importe quelle* différence entre être ému et «être ému» n'a pas pour effet de réduire le problème conceptuel présenté par le deuxième cas, comme le suggère la sixième solution. Par exemple, quand nous espérons que Mercutio ne sera pas tué, connaissant la pièce, nous pouvons réaliser qu'il doit être tué, sauf à modifier la pièce, à interrompre la représentation – et nous pouvons ne souhaiter ni l'un ni l'autre. Non seulement notre espoir est vain, car il doit mourir et nous le savons[1], mais il subsiste parallèlement au souhait qu'il meure. Après la mort, avec le recul, notre comportement est différent. Dans le cas d'un homme réel, nous continuons à être émus et à regretter ce qui s'est passé. Dans le cas de Mercutio, il est peu vraisemblable que notre réaction soit la même ; en parlant ensuite de sa mort, nous pouvons seulement être émus au sens où nous disons «C'était émouvant !» Nous ne sommes plus au théâtre ou nous ne répondons plus directement à cette mort. Ce n'est pas même que nous ne réalisions que tardivement, comme si nous nous souvenions finalement et correctement que Mercutio est seulement un personnage – ce qui signifie qu'il va renaître pour mourir lors de la prochaine représentation. Quand il meurt, Mercutio pour nous n'est pas perdu, comme le serait l'acteur qui meurt.

Dès lors, notre réponse à la mort de Mercutio est différente de notre réponse à la mort de l'acteur. Nous n'avons pas l'espoir, un peu ou beaucoup, que tout cela n'arrivera pas ; notre réponse est partiellement esthétique : quand il meurt,

---

1. Le reportage télévisé de l'assassinat de Kennedy peut bien sûr entraîner la même réponse : « Il faut empêcher qu'il soit tué ! », et cette fois nous réalisons que notre réponse est stupide, qu'elle est incompatible avec ce que nous savons : il est mort et nous voyons le film de sa mort. Au théâtre il n'y a cependant rien d'analogue au témoignage réel sur la mort de Kennedy. La mort d'un personnage est toujours irrévocable et hors d'atteinte, elle est hors de notre contrôle.

l'angoisse n'est pas si intense que cela et elle tend à ne pas survivre à la représentation.

C'est peut-être que nous sommes émus et pouvons l'être par la mort de Mercutio dans la simple mesure où, au moment de la représentation, nous sommes comme «pris» par la pièce? Nous voyons les personnages comme des personnes réelles, même si les voir ainsi ne revient pas à croire qu'ils le soient. Si nous le croyons complètement, notre réponse ne peut plus être distinguée de celle que nous avons face aux choses réelles, puisque nous les croyons réelles. Si nous sommes toujours et pleinement conscients qu'il ne s'agit jamais que d'acteurs déclamant un texte appris par cœur, nous ne sommes pas pris du tout par la pièce et nous ne pouvons répondre qu'à la beauté et au caractère tragique de la poésie, non à la mort du personnage. La difficulté subsiste cependant: la croyance n'est jamais complète. Mieux vaut peut-être dire que si nous sommes pris, nous restions conscients d'assister à une pièce et que Mercutio est «seulement» un personnage. Nous pouvons nous comporter comme des enfants, mais ce n'est pas nécessaire pour que des larmes soient versées.

Le problème reste donc entier. La force de notre réponse peut être proportionnée à, *inter alia*, notre «croyance» en Mercutio. Mais, pour pleurer sur lui, nous ne croyons pas et nous n'avons pas besoin de croire, à aucun moment, qu'il est une personne réelle. Ce qui dans d'autres contextes est ainsi nécessaire à l'émotion – la croyance – ne se rencontre pas ici; une fois de plus, se pose la question de savoir comment nous pouvons être attristés par la mort de Mercutio, pleurer sur elle, tout en sachant, puisque nous le savons, qu'à sa mort personne réellement ne meurt.

8) J'en viens à la conclusion que, même si cela nous paraît fort «naturel» et, à cet égard, facile à comprendre, en un sens,

que nous soyons émus par des œuvres d'art implique, chez nous, inconsistance et donc incohérence.

Voici qui conforte ma thèse et même la justifie : il existe d'autres situations dans lesquelles nous sommes tout aussi inconsistants. Sachant que quelque chose existe (ou n'existe pas), nous nous comportons, spontanément, comme si nous croyons le contraire, et nous pouvons même être incapables d'adopter un autre comportement. Un joueur de tennis qui voit sa balle aller dans le filet, pour la faire passer, fait souvent, involontairement, un petit saut. Nous sommes tentés de dire que le saut est purement expressif, puisque le joueur sait que cela ne peut avoir aucun effet. Pourtant, presque tous ceux qui ont joué au tennis savent que cette interprétation est fausse. De même, si les hommes en sont venus de plus en plus à penser la mort comme à un sommeil sans rêve, on a remarqué depuis longtemps (le Dr Johnson ou David Hume [1], par exemple) que les hommes continuent à la craindre. Certains pourraient dire que cette peur n'a rien d'incohérent, car les hommes ne sont pas effrayés en pensant à la mort comme à un état douloureux, mais par l'idée qu'ils n'existeront plus. Pourtant qu'y a-t-il d'effrayant ? Il n'y a littéralement rien à craindre. L'incohérence de la peur du sommeil de la mort, à cause de ce dont elle nous priverait, est encore plus manifeste. Morts, nous ne sommes plus vivants, mais nous ne passons pas alors notre temps, sans fin, à souhaiter ne pas être morts. Néanmoins, pour tout ce dont la mort les privera, les hommes craignent le sommeil sans fin et sans rêve de la mort.

Traduit par Roger POUIVET

1. L'un et l'autre auraient pu faire une observation de cette sorte, même si Hume envisageait la mort avec phlegme et Johnson avec horreur. En réalité, c'est un de leurs contemporains, Miss Seward, qui a vraiment dit la chose comme cela : « Il y a une façon d'avoir peur de la mort qui est certainement absurde, c'est la crainte de l'annihilation ; elle n'est qu'un doux sommeil sans rêve », Boswell, *La vie de Johnson*, 1778.

ALEX NEILL

FICTION ET ÉMOTIONS[*]

I

Que nous puissions être émus par ce que nous savons être fictionnel est simplement un fait. Par bien des aspects, les philosophes ont cependant considéré cela comme problématique. Platon s'inquiétait de l'effet que ces comportements ont sur notre développement moral et cognitif; le Dr Johnson se demandait «Comment un drame peut-il émouvoir s'il n'est pas crédible?»; plus récemment, dans le domaine de l'esthétique philosophique, au travers d'une fort industrieuse série d'articles, Colin Radford a montré que nos réponses émotionnelles à ce que nous savons être fictionnel sont inconsistantes, incohérentes et irrationnelles[1]. Dans ce texte, je veux mettre l'accent sur des questions liées à celles que Johnson et Radford ont soulevées, mais des questions néanmoins différentes: Quand nous sommes émus par une fiction, quel est l'objet de

* A. Neill, «Fiction and the Emotions», *American Philosophical Quarterly*, vol. 30, n° 1, 1993.

1. Voir Platon, *La République*, Livres III et X. Les remarques de Johnson sur ce problème se trouvent dans *Preface to Shakespeare's Plays*, The Scholar Press, Menston, 1969, p. 26-28. Le premier article de Radford sur ce thème était «Comment pouvons-nous être émus par le destin d'Anna Karénine» [article précédent dans ce volume].

notre émotion? De quelles *sortes* de réponses affectives s'agit-il à ce que nous savons être des personnages et des événements fictionnels?

Ce questionnement s'apparente au problème « causal » soulevé par le Dr Johnson (*comment* ou *pourquoi* sommes-nous émus par ce que nous savons être une fiction?) et à celui de Radford (est-ce *rationnel* d'être ainsi ému?); tous les trois nous répondons à la même interrogation: d'habitude, au moins, nous sommes émus par ce à quoi nous accordons un certain « *crédit* », nos réponses émotionnelles sont généralement fondées sur nos *croyances*. Dans la « théorie cognitive » de l'émotion, pour laquelle croyances et jugements sont au cœur des émotions, cette idée est centrale [1]. S'agissant de notre implication affective à l'égard de la fiction, cette théorie a des conséquences gênantes. Dans la mesure où je ne crois pas en l'existence de Nosferatu le vampire, je ne peux pas croire qu'il me menace. Si craindre pour soi exige cette croyance, comme le prétend la théorie cognitive, il semble s'ensuivre que Nosferatu ne peut pas me faire peur. Également, même si mon sentiment à l'égard de Winnie Verloc, le personnage de Conrad, peut *apparaître* comme de la pitié, je ne crois pas en l'existence de Winnie et donc je ne crois pas qu'elle ait jamais souffert. Si la pitié est conceptuellement liée à la croyance, comme le prétend la théorie cognitive, il ne semble pas qu'on puisse dire que j'éprouve de la pitié à l'égard de Winnie. Il est important de remarquer que, malgré ce que dit Radford, le problème ne concerne pas, au moins pas au départ, la *rationalité* de nos réponses affectives à la fiction. Si je suis dépourvu des croyances indispensables, la question n'est pas de savoir si ma « pitié » pour Winnie est *rationnelle* ou non, mais s'il s'agit bien ou non de *pitié*.

---

1. Pour des versions récentes de cette théorie (qui remonte à la *Rhétorique* d'Aristote): A. Kenny, *Action, Emotion and Will*, Londres, Routledge, 1963, et W. Lyons, *Emotion*, Cambridge, Cambridge U.P., 1980.

Certains philosophes en sont venus à la conclusion que ma réponse ne peut être correctement décrite comme de la pitié, ou au moins pas à l'égard de *Winnie*. Par exemple, Ryle a écrit que « les lecteurs de romans et les spectateurs au théâtre ressentent d'authentiques coups au cœur et de réels arrachements sentimentaux, tout comme ils peuvent verser de vraies larmes et faire vraiment la grimace. Mais leur détresse et leur indignation sont feintes »[1]. Plus récemment, Malcolm Budd a montré qu'« il ne peut pas être littéralement dit que nous avons pitié de Desdémone, que nous sommes horrifiés par l'aveuglement d'Œdipe, envieux du talent musical d'Orphée ou peiné par la mort d'Anna Karénine – même si des larmes peuvent nous venir aux yeux quand nous lisons le récit de son suicide. Nous savons fort bien que ces gens n'ont jamais existé. »[2] Mais si cette conclusion est correcte, comment décrire *alors* celles de nos réponses affectives qui paraissent « dirigées » vers des personnages et des événements fictionnels? À cet égard, plusieurs stratégies ont été tentées. L'une des plus fréquentes consiste à essayer de décrire autrement ce que nous serions spontanément tentés de présenter comme de la pitié à l'égard de Winnie Verloc (par exemple): il s'agirait d'une pitié pour des personnes réelles auxquelles nous pensons grâce au roman de Conrad et au sujet desquelles nous entretenons les croyances pertinentes[3]. Également, nos réponses à la fiction

---

1. G. Ryle, *The Concept of Mind*, Harmondsworth, Penguin Books, 1949, p. 103, *La notion d'esprit*, trad. fr. S. Stern-Gillet, Paris, Payot, 1978, p. 103 [traduction revue].

2. M. Budd, *Music and the Emotions*, Londres, Routledge & Kegan Paul, 1985, p. 128. A. Kenny parvient aux mêmes conclusions dans *Action, Emotion and Will*, *op. cit.*, p. 49, également K. Walton dans « Fearing Fictions », *Journal of Philosophy*, 75, 1978, p. 6.

3. C'est à peu près ce que défend Johnson dans sa *Préface aux pièces de Shakespeare*; plus récemment, des versions de cette thèse ont été présentées par M. Weston, « How Can We Be Moved by the Fate of Anna Karenina? (II) », *Proceedings of the Aristotelian Society*, Suppl. Vol. 49, 1975; B. Paskins, « On Being Moved by Anna Karenina and *Anna Karenina* », *Philosophy*, 52, 1977;

peuvent peut-être être adéquatement décrites en termes d'états affectifs, comme des humeurs, qui, à la différence des émotions, ne dépendent pas de croyances (même si c'est moins plausible)[1]. Ou encore, elles peuvent peut-être être considérées comme des émotions « imaginaires » ou « simulées »[2].

Quoi qu'il en soit, en laissant de côté les difficultés propres à ces différentes stratégies, les adopter reste prématuré. Comme nous l'avons vu, notre problème trouve son origine dans l'affirmation selon laquelle, étant donné que nous savons qu'ils *sont* fictionnels, nous ne pouvons entretenir certaines croyances au sujet de personnages fictionnels, comme la croyance en leur infortune. Mais à vrai dire cette affirmation est fort étrange. Car nous croyons *vraiment* que, par exemple, Emma Woodhouse est belle, intelligente et riche. Le croire constitue en fait un critère de notre compréhension du roman de Jane Austen. Ne *pas* y croire, être incrédules, montrerait que nous avons lu *Emma* avec si peu d'attention que c'est tout à fait comme si nous ne l'avions pas lu du tout, ou que nous n'y avons simplement rien compris.

Comme certains philosophes l'ont remarqué, pour lever ce mystère, on pourrait tenir un énoncé comme « Winnie Verloc a vraiment passé de mauvais moments » comme un raccourci d'un énoncé de la forme « Dans la fiction *L'Agent secret*, Winnie Verloc a vraiment passé de mauvais moments ». Dès

---

D. Mannison, « On Being Moved by Fiction » *Philosophy*, 60, 1985 ; W. Charlton, « Feelings the Fictitious », *British Journal of Aesthetics*, 34, 1984.

1. C'est peut être ce que suggère une remarque de W. Charlton dans son *Aesthetics*, Londres, Hutchinson, 1970, p. 97 : « en général, les œuvres d'art semblent affecter nos sentiments en nous mettant d'une certaine *humeur*, plutôt qu'en excitant une *émotion* dirigée vers quelque chose ».

2. R. Scruton parle (très brièvement) d'« émotions imaginaires » dans « Fantasy, Imagination and the Screen », in *The Aesthetic Understanding*, *op. cit.*, p. 132. Le rôle de la simulation dans nos réponses aux fictions, la compréhension que nous en avons et leur appréciation, est un thème que K. Walton s'est accaparé : voir particulièrement son livre *Mimesis as Make-Believe*, Cambridge, Mass., Cambridge U.P., 1990.

lors, même s'il n'est pas vrai que Winnie ait passé de mauvais moments, il est vrai qu'elle a *fictionnellement* passé de mauvais moments ; alors que nous ne pouvons pas croire (de façon cohérente) que Winnie ait passé de mauvais moments, nous pouvons – et c'est cohérent – croire qu'elle les a passés *fictionnellement*. Cette croyance ne suppose en rien celle que Winnie ait existé [1].

Si cette thèse est en gros exacte, elle fait alors apparaître une solution simple au problème des réponses affectives à ce que nous savons être fictionnel. Car si nos réponses affectives dont les objets semblent être des personnages et des événements fictionnels *sont* fondées sur des croyances – justement au sujet de ce qui est fictionnel –, alors peut-être respectent-elles *vraiment* les contraintes imposées par la théorie cognitive de l'émotion et constituent-elles *vraiment* des émotions « justifiées ». C'est cette possibilité que je veux maintenant examiner [2].

II

Ma croyance que la souffrance de Winnie Verloc (par exemple) est fictionnelle, s'ajoutant à d'autres faits me concernant, peut-elle faire qu'il soit vrai que j'ai *pitié* d'elle ?

---

1. D. Matravers propose une théorie des croyances relatives à ce qui est fictionnel dans son article « Who's Afraid of Virginia Woolf ? », *Ratio*, New Series, 4, 1991. Je tiens à préciser que, dans ce qui suit, ma thèse ne dépend en rien d'une théorie particulière des croyances fictionnelles ; simplement, je suppose qu'à ce sujet nous sommes tenus de parvenir à une théorie correcte.

2. Je ne suis pas le premier à prendre en compte cette possibilité. Que les réponses affectives fondées sur des croyances au sujet de ce qui est fictionnel puissent être vraiment des émotions a été montré par E. Schaper dans « Fiction and the Suspension of Disbelief », *British Journal of Aesthetics*, 18, 1978, R.T. Alle, dans « The Reality of Responses to Fiction », *British Journal of Aesthetics*, 26, 1986 et plus récemment par D. Matravers dans « Who's Afraid of Virginia Woolf ? », art. cit. Comme cela apparaîtra, je suis en gros d'accord avec leurs conclusions, mais je suis une voie différente pour y parvenir.

On peut immédiatement objecter que poser ainsi le problème n'est pas une bonne chose. Après tout, ne pourrait-on pas dire que, dans des cas de ce genre, nous ne croyons pas *réellement* que quiconque souffre ou subisse une infortune. Bijoy Boruah donne du crédit à cette objection en caractérisant des attitudes de cette sorte par les expressions « croyances putatives », « attitudes hypothétiques et non sincères », ou par la formule selon laquelle il ne s'agit de « rien de plus que d'un assentiment provisionnel à des propositions au sujet de phénomènes fictionnels »[1]. Mais ces caractérisations sont trompeuses. S'agissant de ma croyance qu'Emma Woodhouse est belle, intelligente et riche, il n'y a certainement rien de « putatif » de « non sincère », d'« hypothétique » ou de « provisionnel ». Je crois *réellement* qu'Emma (fictionnellement) possède toutes ces qualités. Des croyances de cette sorte n'ont rien de fictionnel ; c'est leur contenu qui l'est. Les croyances au sujet de ce qui est fictionnellement le cas sont exactement ce qu'elles sont : des croyances. Ce ne sont pas « des pensées sans assertion »[2] ; en croyant que fictionnellement *p*, mon attitude intellectuelle correspond au jugement dont l'expression linguistique est l'assertion. En croyant qu'il est fictionnel que *p*, je crois qu'il est *vrai* qu'il est fictionnel que *p*. Les croyances concernant ce qui est fictionnel, comme les croyances au sujet du monde réel, peuvent faire l'objet d'assertions vraies et rationnelles.

Cependant, même si on accepte l'idée que les croyances au sujet de ce qui est fictionnel sont d'authentiques croyances, on peut dire que cela n'a que peu d'effet sur le véritable problème auquel nous faisons face. Ce problème, dira-t-on, ne tient pas au fait que notre réponse à *L'Agent Secret* ne suppose pas notre

---

1. B. Boruah, *Fiction and Emotion*, Oxford, Oxford U.P., 1988, p. 60-63 et p. 68-70.

2. F. Schier, « The Claims of Tragedy : An Essay in Moral Psychology and Aesthetic Theory », *Philosophical Papers*, 18, 1989, p. 13.

croyance réelle que quelqu'un souffre – nous croyons bien que Winnie souffre (fictionnellement) – mais plutôt que, dans de tels cas, nous ne croyons pas que *quelqu'un* souffre *réellement*. On veut dire ici que pour qu'on puisse nous décrire comme ayant pitié de quelqu'un, nous devons croire que la souffrance ou l'infortune dont il s'agit est réelle, qu'il s'agit de l'expérience de quelqu'un qui existe. Autrement dit, lorsqu'on a pitié, ces croyances sont si centrales qu'une personne qui en est privée, une personne qui croit plutôt qu'il est fictionnel que l'objet impliqué souffre et donc qu'il est fictionnel que l'objet existe, ne peut pas vraiment être décrite comme faisant l'expérience de la pitié.

À l'appui de cette remarque, on affirme parfois que les croyances au sujet des fictions sont dépourvues du pouvoir *causal* de nous émouvoir. Boruah montre ainsi que ces croyances ne sont rien de plus que « pour nous, des façons de reconnaître que, fictionnellement, il se passe bien quelque chose » ; il ajoute qu'« une simple façon de reconnaître n'a pas suffisamment de force causale pour expliquer pourquoi nous ressentons de l'émotion à l'égard d'une fiction »[1]. Mais ce n'est pas convaincant. Car, pour autant que ma croyance que fictionnellement Shylock est victime d'une injustice puisse être comprise comme « une simple façon de reconnaître que, fictionnellement, il se passe bien quelque chose », sur la même base, ma croyance que de nombreux réfugiés guatémaltèques sont victimes d'une injustice peut être comprise comme « une simple façon de reconnaître que, réellement, il se passe quelque chose ». Dès lors, il n'y a aucune raison de supposer qu'« une simple façon de reconnaître » ce qui est fictionnel soit d'une efficacité causale moindre pour la production d'une émotion qu'« une simple façon de reconnaître » ce qui est réel.

---

1. B. Boruah, *Fiction and Emotion*, *op. cit.*, p 64. B.J. Rosebury dit la même chose dans « Fiction, Emotion and Belief : A Reply to Eva Schaper », *British Journal of Aesthetics*, 19, 1979, p. 121-124.

Pour expliquer l'apparition des multiples sortes de réponses émotionnelles, la notion d'une sorte de «perspective» adoptée est largement plus utile que celle du recours à de «simples façons de reconnaître» ou de simples croyances; en gros, il s'agit de *voir les choses d'un autre point de vue que le sien*. Dans la genèse d'une possible émotion, ce qui donne une efficacité causale à ma croyance que de nombreux réfugiés guatémaltèques sont victimes d'injustice, c'est le fait que, d'une certaine façon, je peux saisir ce que cela ferait d'être à leur place; jusqu'à un certain point, au moins, je peux saisir les choses de leur point de vue. Il n'y aucune raison de penser que nous ne pouvons pas adopter une attitude imaginative de cette sorte à l'égard des personnages de fiction. En fait, on pourrait même dire que de nombreuses œuvres de fiction *exigent* une attitude de cet ordre; le lecteur qui ne voit pas le monde de *Tom Sawyer* à travers les yeux de Tom n'aura compris le roman qu'en un sens très étroit du terme «comprendre», s'il l'a même compris. Un critère courant de la réussite d'un auteur est justement de permettre au public ou au lecteur de saisir et de comprendre son monde fictionnel à partir de multiples perspectives et des différents points de vue des personnages.

La question de l'efficacité causale de nos croyances au sujet des fictions semble donc sans fondement. D'un côté, si on considère la croyance comme le facteur crucial dans la production d'une émotion, il n'y a aucune raison de supposer que nos croyances à l'égard de ce qui est fictionnel auront moins d'efficacité causale dans la genèse d'une émotion que nos croyances sur la réalité. D'un autre côté, si on adopte la thèse (dont la plausibilité est, à mon sens, plus grande) selon laquelle le facteur crucial dans la genèse d'une émotion est quelque chose comme l'adoption d'une certaine perspective, un tel facteur peut manifestement jouer un rôle dans notre rapport aux fictions (on peut même affirmer qu'il y joue de fait un rôle central).

Pourtant, n'allons pas trop vite. Même si on peut reconnaître la similarité de la genèse causale de nombre de nos réponses à l'égard des fictions et à l'égard de la réalité, la question soulevée au début de cet article reste entière : de quelles sortes de réponses s'agit-il ? De plus, même si certaines émotions résultent du fait de « voir les choses du point de vue de quelqu'un d'autre », cela ne vaut certainement pas pour toutes les expériences émotionnelles. Quand le chien féroce du voisin se jette sur moi, la mâchoire écumante, le seul point de vue qui m'intéresse est vraisemblablement le mien ! Quand le spectateur d'un film d'horreur hurle et s'enfonce profondément dans son siège, ce qui l'intéresse, ce n'est vraiment pas la perspective du monstre sur l'écran. Toutes les émotions ne résultent évidemment pas de l'adoption d'une perspective étrangère. Cela signifie que les multiples émotions auxquelles nous faisons couramment appel en essayant de décrire nos réponses affectives aux fictions pourraient bien ne pas former un ensemble monolithique ; dès lors, dans l'examen de ce problème, méfions-nous des généralisations et soyons attentifs aux différences entre les multiples sortes d'émotions et de réponses affectives.

III

De nouveau, la question qui me préoccupe est de savoir si finalement certaines émotions peuvent être fondées aussi bien sur des croyances au sujet de ce qui est fictionnel que sur des croyances portant sur la réalité. Je vais maintenant montrer qu'il existe au moins une sorte d'émotions qui peut être fondée sur des croyances au sujet de ce qui est fictionnel. Cependant, nous devrions d'abord remarquer qu'il existe au moins une espèce de réponses émotionnelles qui n'est pas de cette sorte-là : je veux parler de la peur qu'on a pour soi. Comme je l'ai déjà indiqué, une croyance d'être menacé par un danger ou d'être en danger, qui est l'objet même de ma réponse, est (en gros) centrale dans le cas de la peur qu'on a pour soi. Tout comme je ne peux pas croire de façon cohérente que je suis réellement menacé par quelque chose que je sais être fictionnel (les seuls monstres qui puissent *me* menacer sont réels), je ne peux pas croire de façon cohérente que je suis réellement menacé par quelque chose que je sais être fictionnel (les seules personnes que Nosferatu et ses congénères puissent menacer sont des êtres fictionnels) [1]. De plus, parce que je ne crois pas être effrayé (réellement ou fictionnellement) par Nosferatu, je n'ai pas les *désirs* caractéristiques de la peur qu'on a pour soi ; je ne désire pas échapper à son emprise, mettre en garde mes amis et ma famille, etc. Je n'ai donc pas peur de Nosferatu ni d'aucune créature que je sais être fictionnelle. Je ne peux pas plus être jaloux d'un personnage que je sais être fictionnel. Au centre de la jalousie, on trouve (une fois de plus : en gros) la croyance que la personnage dont je suis jaloux a déjà eu (ou a) des visées sur ce qui à juste titre m'appartient, voire qu'il a le désir de le reprendre ou de le conserver – quelle que soit la chose dont on parle. C'est cette combinaison de croyance et de désir que je peux entretenir de façon cohérente tout en sachant que l'objet de ma réponse est fictionnel. La fracture onto-logique entre nous et les personnages fictionnels interdit toute rivalité entre eux et nous ; elle interdit qu'ils nous menacent et que nous leur échappions.

La peur pour soi-même et la jalousie sont deux sortes de réponses qui d'habitude ne résultent pas de l'adoption d'une

---

1. Dans *Mimesis as Make-Believe, op. cit.*, K. Walton affirme qu'il peut être fictionnel que je croie être effrayé par un personnage fictionnel si, en répondant à l'œuvre auquel ce personnage appartient, je joue un jeu de simu-lation, faisant ainsi de l'œuvre une « incitation » (« *prop* »). Dès lors, selon Walton, que je sois effrayé par un personnage peut être fictionnel plutôt que réel. J'ai discuté la thèse de Walton dans « Fear, Fiction and Make-Believe », *Journal of Aesthetics and Art Criticism*, 49, 1991.

perspective étrangère : de voir les choses du point de vue d'une autre personne. Cependant, ce ne sont pas les causes des réponses de ce type qui posent un problème ici, c'est plutôt le type de croyances et de jugements qu'elles supposent. La peur pour soi et la jalousie (et à mon sens ce ne sont pas les seules réponse de ce type) partagent une caractéristique : toutes deux supposent que le sujet se voit lui-même comme entretenant une relation d'un certain ordre avec l'objet de la réponse ; cette relation n'existe pas entre les habitants de « mondes » ontologiques différents.

Le fait que nous ne puissions pas avoir peur ou être jaloux des personnages que nous savons fictionnels est cohérent avec notre expérience ; après tout, pouvons-nous jamais être conduits à vouloir réellement nous dire jaloux d'un personnage fictionnel ? Peut-être est-ce moins évident dans le cas de la peur pour soi-même, mais il me semble que dans la plupart des cas dans lesquels nous pourrions être enclins, de façon préréflexive, à nous dire effrayés par quelque chose que nous savons être fictionnel, à la réflexion, notre réponse s'avèrerait mieux décrite en termes de peur à l'égard de contreparties réelles de ce qui est représenté dans la fiction, ou en termes d'états réactifs qui ne dépendent d'aucune croyance. Par exemple, voir *Poltergeist* de Spielberg peut me conduire à avoir peur des fantômes *réels* qui, pour ce que j'en sais, peuvent hanter les placards de ma chambre à coucher ; voir ce film peut aussi me faire soupçonner et craindre *l'existence* de fantômes réels. À l'inverse, si ce n'est pas en plus, ma réponse au film peut être écrite en termes d'états mentaux comme le choc ou l'inquiétude, des états mentaux dont *l'impression* est fort proche de la peur et qu'un bon réalisateur saura provoquer par des prises de vue, un montage et une bande sonore adéquats. Nous devons aussi nous rappeler que toute peur n'est pas peur pour soi-même ; nous pouvons faire l'expérience d'une peur par sympathie, *pour* d'autres, et d'une peur empathique, *avec* d'autres. Dès lors, même s'il n'est pas possible d'être effrayé *par* des personnages que nous savons fictionnels, nous pouvons avoir peur pour eux ou avec eux.

À la différence de la peur pour soi-même, la peur pour et la peur avec sont toutes les deux des sortes de réponses dont nous faisons l'expérience – au moins, en général – en adoptant, de façon imaginative, la perspective que d'autres ont sur les choses. Dans la suite de l'article, je montrerai qu'au moins une autre émotion de cette sorte peut être fondée sur des croyances au sujet de ce qui est fictionnel. Cette émotion est la pitié. Tout comme la peur, la pitié a fait l'objet d'une grande attention dans le débat contemporain sur les problèmes que nous examinons, vraisemblablement parce que c'est une des émotions auxquelles nous sommes enclins à faire allusion en décrivant nos réponses affectives aux fictions. Dans ma perspective, la pitié est aussi un bon « révélateur » puisqu'il est possible d'affirmer, de façon plausible, qu'un cas paradigmatique d'émotion possèdera toutes les caractéristiques ou « ingrédients » qu'une émotion de cette sorte peut avoir. (À cet égard, on peut opposer la pitié et l'envie, par exemple : cette dernière, souvent, n'implique pas de sentiments physiologiques ou des sensations ; on peut aussi opposer la pitié et certaines sortes de colère, lesquelles peuvent n'impliquer aucun désir d'aucune sorte). Ma méthode consistera à me demander s'il existe des traits nécessaires ou caractéristiques de la pitié tels que, si une réponse est fondée sur des croyances concernant ce qui est fictionnel, plutôt que sur des croyances au sujet de ce qu'on considère comme des états de choses réels, alors ces caractéristiques de l'émotion seront absentes de cette réponse. Si de telles caractéristiques n'existent pas, je considère alors qu'il n'existe aucune raison de ne pas décrire certaines réponses fondées sur des croyances au sujet de ce qui est fictionnel comme des réponses de pitié.

IV

Si elle n'est pas même nécessaire, une caractéristique de beaucoup d'émotions, y compris la pitié, est à la fois physiologique et phénoménologique. À cet égard, il est indéniable que nous pouvons être émus, au sens où nous avons des sentiments physiologiques ou des sensations, par ce que nous savons être fictionnel. Comme le dit Radford, « nous versons de vraies larmes sur Mercutio. Ce ne sont pas des larmes de crocodile ; ce n'est pas cette sorte de larmes produites au théâtre avec la fumée d'une cigarette. Nous avons une boule dans la gorge et cela n'a rien à voir avec ce qui se passe quand on a avalé une arête de poisson » [1]. Manifestement, l'apparition de sentiments et de sensations de cet ordre ne dépend pas d'une croyance dans la réalité de la situation rapportée ou décrite.

On doit cependant reconnaître qu'en général les sentiments et les sensations dont nous faisons l'expérience en réponse aux fictions tendent à être assez différents de ceux qui résultent de nos croyances en la réalité d'une situation. Comme le dit Hume, « excitées par des fictions poétiques, les sentiments de passion sont très différents de ce qu'ils sont quand ils naissent de la croyance et de la réalité ». Hume remarque qu'une émotion dont nous faisons l'expérience en tant que réponse à la poésie « ne pèse pas sur nous d'un tel poids : elle semble moins ferme et solide » [2]. Tout à l'heure, j'en dirai plus long à cet égard, mais deux choses doivent encore être remarquées pour le moment. Premièrement, quoi que Hume ait pu vouloir dire par « poids », « fermeté » et « solidité », la différence entre les sentiments dont je fais l'expérience en répondant à un personnage ou à une situation fiction-

---

1. *Cf.* dans ce volume, p. 332.
2. D. Hume, *A Treatrise of Human Nature*, Oxford U.P., 1978, p. 631, trad. fr. *Traité de la nature humaine*, Livre I et Appendice, Paris, GF-Flammarion, 1995, p. 379.

nels, et ceux dont je fais l'expérience en réponse à ce que je tiens pour réel, ne peut pas simplement être comprise en termes d'*intensité*. Ce que je ressens pour ou au sujet d'un personnage fictionnel peut en fait être plus intense que mes sentiments pour ou au sujet des Éthiopiens affamés ou des réfugiés guatémaltèques dont la radio et la télévision m'informent de la situation dramatique. Moralement, c'est peut-être ennuyeux, mais cela n'en est pas moins parfaitement possible. Deuxièmement, même s'il pouvait être établi que des croyances au sujet de ce qui est fictionnel résultent généralement de sentiments moins intenses ou plus « faibles », comparés à ceux qui proviennent de croyances portant sur la réalité, cela n'impliquerait pas pour autant que des réponses fondées sur des croyances de la première sorte ne peuvent pas vraiment être considérées comme des émotions. Car les émotions ne peuvent pas être définies par les sentiments et les sensations qui en sont des éléments [1]. Dès lors, qu'il soit ou non une part nécessaire de la pitié, l'aspect « sentiment » de l'émotion ne semble pas être une difficulté pour la conception que j'entends défendre ici, c'est-à-dire pour l'idée qu'une personne peut être correctement décrite comme ressentant de la pitié pour ce qu'elle sait être fictionnel.

Hume signale cependant une autre difficulté potentielle que nous devons examiner. Il remarque qu'« une passion, désagréable dans la vie réelle, peut offrir un divertissement de choix dans une tragédie ou un poème épique ». L'émotion en jeu, dont l'expérience est alors une part de la réponse à ce que l'on sait fictionnel, a « l'effet agréable d'exciter les esprits et d'attirer l'attention » [2]. Ces remarques nous conduisent à

---

1. Comme le montre G. Pitcher, « Emotion », *Mind*, 74, 1965, E. Bedford, « Emotions », *Proceedings of the Aristotelian Society*, 57, 1956-1957 et W. Alston, « Emotion and Feeling », *Encyclopedia of Philosophy*, vol. 2, New York, Macmillan and the Free Press, 1967.

2. Hume, *A Treatrise of Human Nature*, *op. cit.*, p. 631.

affronter un problème bien connu en esthétique et que Hume a examiné de façon plus détaillée dans son essai « De la tragédie ». Dans ce dernier texte, son sujet est « le plaisir que les spectateurs d'une tragédie bien écrite prennent à l'affliction, à la terreur, à l'anxiété, à toutes ces passions qui par elles-mêmes sont des causes de désagrément et de tourment »[1]. Dans notre perspective, voyons comment le problème qui intéresse Hume peut être exprimé lorsqu'il s'agit de la pitié. Une croyance en la souffrance de l'objet d'une réponse n'est manifestement pas une condition suffisante de la pitié; pour qu'on puisse dire de quelqu'un qu'il ressent de la pitié, il doit aussi être *affligé* par la souffrance. Si l'on réagit par du plaisir à la souffrance d'un autre, cette réponse sera une forme de *Schadenfreude*[2]; si l'on y est simplement indifférent, c'est simplement l'expérience même de l'émotion qui disparaît. Cependant, en répondant à la tragédie, nous semblons prendre plaisir à faire l'expérience d'émotions comme la pitié. Cela soulève la question (même si ce n'est pas exactement celle de Hume) de savoir si, dans des contextes de ce genre, les réponses d'une personne constituent réellement de la *pitié*.

La première chose à remarquer en posant cette question, c'est que nos réponses aux descriptions fictionnelles de la souffrance et de la détresse n'impliquent *pas* toujours du plaisir; ce qui est décrit dans une œuvre de fiction peut être si poignant que nous sommes forcés de fermer le livre ou de quitter le théâtre. Si nous ne le fermons pas, si nous ne partons pas, ce n'est pas nécessairement parce que nous prenons du *plaisir* à cette description, mais plutôt parce que nous ressentons, pour une raison ou une autre, que nous *devons* endurer cela, tout comme nous ressentons l'obligation de supporter la lecture des rapports d'*Amnesty International* sur la torture ou la peine capitale. Cependant, il semble manifeste que, dans de

---

1. Hume, « De la tragédie », *op. cit.*, p. 257.
2. En allemand dans le texte : joie mauvaise [N.d.T.].

nombreux cas, notre expérience de fictions affligeantes
implique du plaisir ; on peut affirmer que, au moins dans de tels
cas, notre réponse n'est pas correctement décrite en termes
d'émotions provoquant intrinsèquement l'affliction, comme
l'est la pitié. Car comment pourrait-on dire que nous avons
pitié de quelque chose si nous prenons plaisir à le regarder ou à
lire quelqu'un au sujet de sa souffrance ?

Pourtant, tout ce qui vient d'être dit n'est pas convaincant.
Car, premièrement, il n'est simplement pas évident que le
plaisir considéré comme une part de notre réponse à une œuvre
de fiction entre en conflit avec l'affliction, laquelle peut *aussi*
être une partie de cette réponse, et moins encore qu'elle en
supprime la possibilité. En répondant à une œuvre de fiction,
comme à n'importe quoi d'autre, notre attention peut avoir
plus d'un objet ; dès lors, il est possible que notre plaisir et
notre affliction aient différents objets. (Nous pouvons donc
être affligés par ce qu'une œuvre dépeint, mais enchanté par sa
manière de le faire). Si l'objet de plaisir que nous dérivons
d'une œuvre de fiction est *réellement* la souffrance qu'elle
dépeint, il y aura alors une bonne raison de dénier que nous y
répondions par la pitié. Mais il n'y a pas de raison de supposer
que nous soyons en général plus portés à éprouver du plaisir à
l'égard de la souffrance fictionnelle que nous ne le sommes à
l'égard de la souffrance réelle. Deuxièmement, comme l'a
remarqué Flint Schier, l'idée que nous éprouvions du *plaisir*
en voyant ce qui advient d'Œdipe ou de Gloucester est pour le
moins une peu bizarre [1]. Dans les discussions sur ce problème,
le sens donné alors à « plaisir » serait quelque peu inhabituel, et
il conviendrait de l'expliquer clairement. Dans notre perspective, ce qui importe est que le critère majeur d'adéquation pour
toute théorie du « plaisir tragique », c'est qu'elle puisse
montrer comment un plaisir de cette sorte est compatible avec

---

1. F. Schier, « Tragedy and the Community of Sentiment », *in* P. Lamarque
(éd.), *Philosophy and Fiction*, Aberdeen, Aberdeen U.P., 1983, p. 76.

(et même peut-être implique) l'affliction que la fiction tragique peut aussi évoquer en nous[1]. Quel que soit le sens de « plaisir » ici, le fait que nous puissions prendre un certain plaisir à une fiction tragique ne conduit pas vraiment à éliminer la possibilité que nos réponses à la tragédie puissent aussi impliquer l'affliction, qui est intrinsèquement une part des émotions comme la pitié.

V

Bien loin de jeter des doutes sur l'idée que certaines de nos réponses affectives aux fictions puissent en fait être décrites, très correctement, comme de la pitié, un examen des sentiments et des sensations caractéristiques de la pitié le confirme. Le seul élément de la pitié qu'il nous reste pourtant à examiner est le désir. S'il peut être démontré qu'une réponse fondée sur une croyance au caractère fictionnel de la souffrance de quelqu'un peut impliquer des désirs, comme c'est le cas des sentiments et des sensations caractéristiques de la pitié, alors nous aurons montré que nous avons parfaitement raison de décrire une telle réponse comme de la pitié.

On peut raisonnablement considérer qu'une caractéristique centrale et même nécessaire de la pitié est une volonté ou un désir que le malheur enduré par la personne ou la chose dont nous avons pitié s'arrête ou l'épargne. On peut encore raisonnablement considérer qu'en répondant à ce que nous savons être une souffrance fictionnelle, un tel désir fasse défaut – précisément parce que nous savons que la souffrance *est* fictionnelle. Dès lors, dira-t-on, on ne peut pas dire que les personnages fictionnels nous font pitié. Cependant, sous cette

---

1. À cet égard, la conception que F. Schier a commencé à développer dans les deux articles cités dans des notes précédentes va plus loin que tout ce que j'ai lu à ce sujet.

forme, l'argument n'est pas persuasif. En répondant à une œuvre de fiction, nous pouvons en fait désirer que (fictionnellement) la souffrance d'un personnage prenne fin, que (fictionnellement) cette situation, terrible pour lui, prenne fin. « Oh, comme j'aimerais que son père se laisse enfin fléchir », pouvons-nous penser, ou « Comme j'aimerais qu'il n'ait pas à mourir ». Nous sommes là, tout tendus sur le bord de nos sièges, à espérer que l'héroïne parviendra à se défaire de ses liens avant que la scie circulaire ne la découpe en tranches, à vouloir qu'un personnage réalise son erreur avant qu'il ne soit trop tard, etc.

Cependant, pour tous les lecteurs ou les spectateurs, mis a part les plus simplets, les désirs en jeu seront vraisemblablement bien plus complexes que cela. Chaque fois que nous voyons *Roméo et Juliette*, nous pouvons souhaiter que Mercutio n'ait pas à mourir; à chaque représentation du *Roi Lear*, nous pouvons souhaiter que Cordélia survive. Supposons toutefois que nous assistions à une représentation de *Roméo et Juliette* (plutôt, ce que nous avons d'abord pris pour tel) et que le metteur en scène ait manifestement à ce point ressenti le même désir qu'il ait fait survivre Mercutio, le laissant quitte avec une légère blessure à l'épaule. Ou bien, supposons que nous n'ayons pas été suffisamment attentifs aux affiches à l'entrée et que nous réalisions, pendant la représentation du *Roi Lear*, qu'il s'agit de la version de Nahum Tate, celle dans laquelle Cordélia survit. Notre réponse consistera à être désappointés, voire scandalisés. On peut alors penser que nous ne voulons pas *réellement* que Mercutio et Cordélia survivent; au mieux, la souffrance des personnages fictionnels produit en nous un conflit de désirs : on désire et l'on ne désire pas, tout à la fois, qu'ils échappent à leur souffrance. Un tel conflit de désirs signifie-t-il qu'il n'est pas possible de dire que nous ressentons de la pitié à l'égard de ces personnages ?

Deux remarques s'imposent. Premièrement, dans les cas précédents, il n'est pas évident qu'une description exacte puisse mettre en évidence un conflit de désirs. Nous pouvons vraiment souhaiter, de tout notre cœur, que Mercutio *puisse* survivre ; notre objection à sa survie n'est pas fondée sur le désir opposé qu'il meure, et il n'indique pas non plus que nous ne désirons pas réellement sa survie. Notre objection est en revanche fondée sur ce que nous savons : si Mercutio survit, alors nous n'assisterons plus à *Roméo et Juliette* mais à une autre pièce, et très vraisemblablement à une pièce qui ne sera pas du même niveau. Que nous soyons scandalisés si cela finit « bien » n'entre pas nécessairement en conflit avec notre désir que la souffrance en jeu puisse avoir été évitée et cela ne montre pas plus que nous n'avons pas réellement ce désir. Deuxièmement, même si nous ressentons vraiment un conflit de désirs à l'égard de la souffrance des personnages fictionnels, cela n'implique nullement qu'il soit impossible de dire que nous avons pitié d'eux. À l'égard de la souffrance de quelqu'un d'autre, des désirs mixtes ou contradictoires ne sont pas spécifiques aux cas de souffrance fictionnelle ; il est évident que nous pouvons ressentir des désirs contradictoires à l'égard de souffrances tenues pour réelles. Nous pouvons souhaiter la fin du supplice mental et de la souffrance supportés par une personne dont le deuil est récent, mais penser aussi que cette personne doit traverser cette souffrance afin de faire son deuil. De la même façon, nous pouvons à la fois souhaiter que la souffrance de Lear puisse être évitée et croire, pour une raison ou une autre, qu'il doive souffrir. Ce conflit de désirs n'a rien d'altruiste ; notre pitié peut simplement être mêlée d'une touche, voire plus, de *Schadenfreude*. Pour déterminer si nous avons *pitié* ou non de Lear, on doit s'y prendre de la même façon que s'il s'agit de savoir si nous avons réellement pitié d'une personne endeuillée ; nous examinerons donc attentivement nos désirs et nos croyances à leur sujet. À supposer que nous ressentions des désirs contradictoires à l'égard de la souffrance en jeu, cela ne signifie pas que nous ne puissions pas à juste titre être considérés comme ressentant de la pitié dans un cas et pas dans l'autre.

Charlton a remarqué un aspect différent et plus problématique des désirs qui sont au cœur de la pitié : « L'émotion implique l'action. Pour être ému par la situation terrible dans laquelle se trouve quelqu'un, il faut vouloir l'aider »[1]. (Charlton semble ici comprendre « être ému » comme l'équivalent de quelque chose comme « ressentir de la pitié » ; il n'est pas vrai que le concept d'émotion implique celui d'action – celui de chagrin par exemple peut fort bien ne pas le faire). Il reste que l'idée selon laquelle un élément central de la pitié est un désir d'aider la personne dont la souffrance nous émeut semble vraisemblable. Si l'on pouvait montrer que c'est en fait un élément *nécessaire* de la pitié, cela fournirait des bases pour contester que toutes nos réponses affectives à l'égard de personnages fictionnels puissent être correctement décrites comme des cas de pitié. En effet, généralement nous ne désirons *pas* venir en aide à des personnages que nous savons fictionnels. En fait, il est possible d'affirmer que nous ne *pouvons* pas avoir un tel désir. Car s'il existe une telle « fracture ontologique » entre nous et les personnages fictionnels, nous ne *pouvons* pas, d'un strict point de vue logique, leur venir en aide, pas plus que nous ne pouvons leur échapper ou exiger qu'ils nous rendent ce qui nous appartient ; on peut aussi vraisemblablement affirmer l'impossibilité de désirer, de façon cohérente, ce que l'on sait être impossible. Cependant, même si le désir d'aider des personnages que nous savons être fictionnels était possible, l'entretenir aurait quelque chose de

1. W. Charlton, « Feelings to Fictitious », p. 206. De la même façon, R. Solomon affirme qu'un désir « de soulager, de sauver ou, au moins, de conforter les autres » est au cœur de la pitié : *The Passions*, Notre Dame, University of Notre Dame Press, 1983, p. 344.

bizarre. Car si nous comprenons que les personnages auxquels nous sommes confrontés sont fictionnels, nous savons alors que rien de ce qu'il nous est possible de faire ne pourra être *compté* comme de l'aide. Ce qui explique pourquoi la plupart d'entre nous, en fait, ne ressentent jamais le désir de monter sur la scène afin d'arracher Desdémone à l'emprise d'Othello ; c'est aussi pourquoi nous considérons que ceux qui écrivent à des personnages de sit-coms, en leur faisant part de toute leur sympathie et en leur donnant des conseils, n'ont pas vraiment tout compris.

En suivant la suggestion de Charlton, nous devons alors demander d'abord si un désir d'aider la personne dont la souffrance nous émeut est en fait un élément nécessaire de la pitié. Le fait que je puisse expliquer une action dont le but est d'aider ou de conforter quelqu'un en disant que j'ai pitié de lui montre que la pitié *peut* impliquer ce désir[1]. Dois-je cependant avoir un désir d'aider la personne dont la souffrance m'émeut afin de pouvoir être à juste titre considéré comme ayant pitié de lui ? Considérons un cas dans lequel on peut voir que quelqu'un souffre, dans lequel, également, on croit (a) avoir le pouvoir de l'aider, et (b) ne pas avoir de raisons particulières ou irrésistibles de ne pas le faire. (Ceci exclut certains cas : ceux dans lesquels nous pouvons avoir des raisons de croire que, d'une façon ou d'une autre, la personne en question tirera finalement bénéfice du fait de se débrouiller toute seule, ou ceux dans lesquels nous croyons que de lui venir en aide nous causerait plus de désagrément que nous ne lui en éviterons). Dans ces cas-là, si simplement vous n'avez aucune inclination à aider la personne en question, alors il est vraisemblable qu'on ne puisse dire, pour être exact, que vous avez pitié de lui. L'absence de tout désir ou de toute inclination de cet ordre

---

1. Le fait que les émotions puissent fonctionner comme des motifs du comportement est partiellement expliqué par le fait qu'elles impliquent souvent des désirs de cette sorte en plus des croyances, des sentiments et des sensations.

montre à l'évidence que vous êtes indifférents à la situation terrible dans laquelle il se trouve (ou même peut-être que cela vous plaît). Votre réaction montre (même si bien sûr elle ne l'établit pas) que vous n'êtes pas *affectés* par sa situation; elle constitue donc une bonne raison, *prima facie*, pour nier que vous puissiez être à juste titre considérés comme ressentant de la pitié à son égard.

Cependant, cette façon d'envisager les choses ne montre pas qu'un désir d'aider la personne dont les souffrances nous émeuvent est un élément de la pitié, en tant que telle, mais, au plus, qu'un tel désir est, dans certains cas, un élément de la pitié. Je veux dire que dans certains cas de pitié, la question d'un sujet ayant un désir d'aider l'objet de sa pitié ne se pose pas. La pitié pour des gens du passé n'apparaît pas incohérente – je peux vraiment être désolé en pensant à la vie de mon oncle ou à Lady Jane Grey, même s'il semble évident que, dans ces cas-là, notre expérience émotionnelle n'implique pas un désir d'aider la personne en question; de toute façon, ce qui importe est que nous ne *puissions* aider ces personnes (en aucun sens vraiment clair, au moins). C'est parce que nous le savons qu'un désir d'aider ne joue aucun rôle dans notre réponse émotionnelle. Un cas d'un autre genre : je peux très bien savoir que je suis tout à fait impuissant à faire quoi que soit pour aider une cordée d'alpinistes prise sous une avalanche ou un groupe de marins enfermé dans un sous-marin incapable de remonter à la surface; parce que je le sais, mes sentiments à leur égard ne vont probablement pas comprendre le désir de leur venir en aide. Cependant, cela n'implique pas immédiatement que je sois indifférent à leur sort, encore moins que cela me plaise, et dès lors que je n'aie pas pitié d'eux. Tout comme dans les cas de pitié à l'égard de figures historiques, la détresse que je ressens en pensant à leur destin s'exprimera par des désirs d'un autre ordre : en gros, il s'agira d'un désir que leur souffrance prenne fin ou puisse bientôt s'achever (peut-être grâce à l'aide de quelqu'un qui *peut* faire quelque chose), ou, s'agissant de la souffrance d'une figure historique, il s'agira d'un désir que leur souffrance ait pu leur être épargnée[1]. Même si je sais que je ne peux rien faire pour aider, que je suis tout à fait impuissant à agir sur le cours des choses dans lequel se trouvent des personnes ou celui dans lequel elles ont été prises (ce qui va tout à fait de soi pour les figures historiques), et donc que je ne peux pas désirer faire quoi que ce soit, je *peux* désirer que, pour ces personnes, les choses aient pu ou auraient pu en aller autrement. Si je ressens ce désir, cela constituera vraiment une bonne base pour considérer ma réponse comme de la pitié.

Dès lors, contrairement à ce que dit Charlton, le désir d'aider une autre personne n'est pas une condition *nécessaire* pour en avoir pitié. Le fait donc que, en répondant aux souffrances d'un personnage que nous savons être fictionnel, nous ne ressentions pas un tel désir, en soi n'élimine pas la possibilité de considérer cette réponse comme étant de la pitié; le fait que nos réponses aux personnages fictionnels n'implique pas de désirs de cette sorte (au moins en général) reflète simplement l'évidence pour nous de l'impossibilité – une impossibilité logique – de les aider, sauver, soulager ou réconforter. Le désir nécessaire pour la pitié peut être expliqué d'une façon plus large que celle proposée par Charlton : en gros, comme un désir que les choses aient été autres ou meilleures pour l'objet de notre pitié. Nous devons alors poser la question de savoir si un désir de *cette* sorte dépend d'une croyance dans la réalité, actuelle ou passée, de l'objet de notre réponse et de la situation dans laquelle il se trouve. Est-ce un désir que nous

---

1. Ma détresse peut aussi être exprimée par le souhait que je *puisse* les aider (ce qui n'est évidemment pas la même chose que le désir *de* les aider), mais ce n'est pas indispensable. Contrairement à ce que dit Charlton dans « Feelings for Fictitious », art. cit., il n'est pas non plus nécessaire que ma réponse implique un désir de pouvoir aider n'importe qui se trouvant dans la situation dans laquelle s'était trouvée Lady Jane Grey.

puissions avoir à l'égard de ce que savons être un personnage fictionnel ?

Comme cela a déjà été dit, la réponse est non. Je ne peux pas désirer que les choses aient été différentes ou plus heureuses pour Anna Karénine, simplement parce que je ne crois pas qu'Anna ait jamais existé. Cependant, je *peux* croire que fictionnellement Anna a bien existé et qu'elle a bien eu fictionnellement le destin, plutôt misérable, qui fut le sien. Puisque j'entretiens ces croyances, je peux aussi désirer que fictionnellement les choses aient été différentes et meilleures pour Anna. (Remarquons qu'il n'y a rien de fictionnel dans un tel désir ; tout comme pour les croyances au sujet de ce qui est fictionnel, la « fictionalité » s'attache seulement au *contenu* de ces désirs). Si j'ai un tel désir, s'il est fondé sur la croyance que fictionnellement Anna a souffert, si la description de sa souffrance produit chez moi l'expérience de sentiments de détresse caractéristiques de la pitié, alors il me semble qu'il n'y a pas de bonnes raisons de contester que ma réponse à Anna Karénine soit bien décrite comme de la pitié.

VI

Parvenus à ce point, il peut cependant apparaître que nous débouchons sur un problème assez différent[1]. En souhaitant fictionnellement que les choses aient été différentes pour Anna, il semble que je veuille en fait que le roman de Tolstoï ait été écrit différemment, qu'*Anna Karénine*, aussi bien qu'Anna Karénine, ne soient pas ce qu'ils sont. Je pourrais

---

1. Pour m'avoir montré cela, je suis très reconnaissant à A. Ridley. Une discussion très éclairante de ce problème – je lui dois beaucoup – se trouve dans son article « Desire in the Experience of Fiction », *Philosophy and Litterature*, 16, 1992. C'est le moment de remercier aussi C. Brown et M. Melling de leur aide.

certes le souhaiter. Mais en réalité je ne le souhaite pas, et il semble raisonnable de penser que la plupart de ceux qui diraient d'eux-mêmes qu'ils ont pitié de Mercutio ou de Winnie Verloc ne souhaitent pas que *Roméo et Juliette* ou *L'Agent secret* soient différents de ce qu'ils sont. En fait, on pourrait vraiment affirmer qu'avoir un tel désir manifesterait une incapacité de comprendre l'œuvre, adéquatement et pleinement, en tant qu'œuvre d'art, et donc que ressentir de la pitié pour des personnages fictionnels, pour autant que cela implique d'avoir un tel désir, n'est pas dans ce cas une réponse d'un type approprié. De plus, leur pouvoir de tirer de nous certaines émotions à l'égard des personnages qu'elles comprennent, par exemple la pitié, n'est pas la moindre raison pour laquelle nous accordons une *valeur* à certaines œuvres de fiction. Cependant, si des réponses de cet ordre impliquent notre désir que l'œuvre ne soit pas ce qu'elle est, nous semblons être acculés à la conclusion douteuse qu'une partie de ce que nous considérons comme la valeur même de certaines œuvres de fiction suppose le souhait qu'elles ne soient pas ce qu'elles sont.

Nous faisons face, semble-t-il, à une alternative dont les deux membres sont aussi dérangeants l'un que l'autre. D'un côté, en ayant pitié d'un personnage fictionnel, et donc en souhaitant que fictionnellement, pour lui, les choses aient été tout autres, je souhaite aussi que l'œuvre dont il est un élément ait été différente de ce qu'elle est. Le fait d'avoir ce désir montre que ma réponse à l'œuvre en question est suspecte, d'une façon ou d'une autre. D'un autre côté, il est possible qu'en ayant pitié d'un personnage fictionnel je souhaite que, fictionnellement, pour lui, les choses aient été différentes, mais aussi je veux que l'œuvre dont il est un élément soit exactement ce qu'elle est. Ce second scénario nous rapprocherait beaucoup de la thèse de Radford, selon laquelle des réponses comme la pitié pour des personnages fictionnels signifient notre incohérence et notre irrationalité. Car il est logiquement impossible a) qu'*Anna Karénine* (par exemple) soit juste ce qu'il est, *et* b) que fictionnellement, pour Anna Karénine, les choses puissent être différentes. Si le désir de ce qui est logiquement impossible ne peut pas être cohérent, notre double désir de (a) et de (b) fait notre incohérence.

Cette manière de présenter les choses néglige cependant une troisième possibilité : en ayant pitié d'un personnage fictionnel nous désirons que, fictionnellement, pour lui, les choses aient été différentes, sans que nous ayons aucun désir à l'égard de l'œuvre dont il est un élément. Il est vrai que s'il était fictionnel qu'Anna ait échappé à son destin, *Anna Karénine* ne serait pas le roman qu'il est. Pourtant, il ne s'ensuit pas qu'en *souhaitant* que, fictionnellement, les choses aient été différentes pour Anna, je *veuille* en effet que le roman de Tolstoï soit différent. De la même façon, même si pour perdre du poids je dois arrêter de manger des profiteroles, mon désir de perdre du poids n'est en fait pas un désir d'arrêter les profiteroles : je peux désirer perdre du poids sans avoir, au sujet des profiteroles, de désir corrélatif.

Il est important de reconnaître que lorsque je ressens de la pitié pour Anna, et donc quand je souhaite que les choses aient été pour elle différentes, je me concentre sur un aspect particulier d'*Anna Karénine* : en gros, sur *l'histoire* que Tolstoï raconte. En me concentrant sur cet aspect, je n'ai pas de désirs à l'égard d'autres aspects du roman, comme sa structure narrative ou la langue dans laquelle il est écrit. À son égard, quand j'adopte une autre attitude – quand je le considère *en tant que* roman, en tant qu'œuvre d'art ou en tant qu'élément du *corpus* tolstoïen – mes désirs et mes sentiments vont alors vraisemblablement être différents. En particulier, considérant l'œuvre de cette façon, il est peu vraisemblable que j'entretienne un désir à l'égard d'Anna elle-même. Reconnaître la pluralité des perspectives qu'il est loisible d'adopter en réponse à une œuvre de fiction, par la concentration sur l'un ou l'autre aspect de cette œuvre, nous permet de voir que le souhait, à l'égard d'un personnage fictionnel, que les choses n'aient pas été ce qu'elles furent, ne nous accule pas au dilemme examiné. Nous pouvons souhaiter que, pour Anna, les choses aient été différentes, plus heureuses, sans du même coup verser dans l'incohérence ou répondre de façon suspecte au roman.

Reconnaître cette caractéristique de nos réponses aux fictions nous permet aussi de tirer la vérité de la remarque de Hume selon laquelle une réponse émotionnelle aux fictions « ne pèse pas sur nous d'un tel poids » ; nous pouvons maintenant expliquer pourquoi nos réponses émotionnelles aux personnages et événements fictionnels sont généralement (mais pas invariablement) d'une plus courte durée, et sont aussi (mais, de nouveau, pas invariablement) moins intense que nos réponses émotionnelles à des personnes et des événements réels similaires. En répondant à une œuvre de fiction, nous sommes conduits à adopter une multiplicité d'attitudes à l'égard de l'œuvre ; notre intérêt se concentre alternativement sur ses multiples aspects. Lors d'une représentation du *Roi Lear*, je peux faire l'expérience d'une multiplicité de réponses émotionnelles plus ou moins intenses à l'égard d'un ou plusieurs personnages ; quand les lumières se rallument, mon attention est cependant nécessairement dirigée sur le fait que ce que j'ai vu est une *pièce de théâtre*, et dans ce cas une suprême œuvre d'art. Mes réponses changent, la concentration de mon attention passe du roi Lear au *Roi Lear*. Si je suis toujours ému, ce sera par la représentation, la pièce ou l'art de Shakespeare. De la même façon, si je suis « pris » dans un bon thriller ou un roman d'espionnage, mon attention et mes réponses affectives se concentreront sur les personnages et les événements décrits. Quand je laisse tomber le livre, l'objet de ma concentration change : je pense à l'œuvre en tant que roman – « le dernier Le Carré », par exemple – ou en fonction de sa structure. Je peux réaliser maintenant que mon attention et mes réponses n'étaient pas du tout méritées, que ce qui m'a occupé si intensément pendant une heure ou plus n'en valait pas la peine. Certains écrivains et certains réalisateurs – par exemple John Fowles – parviennent à nous forcer constamment à passer d'une attention à un aspect de l'œuvre, puis à l'autre ; notre capacité d'en faire une part fondamentale de notre expérience de l'œuvre, bien loin d'être une distraction gênante, constitue un critère de notre maîtrise de l'art de la fiction.

Le fait que nos réponses émotionnelles aux personnages fictionnels tendent à être de plus courte durée et moins intenses que nos réponses à des personnes réelles ne signifie pas que nous ne nous *préoccupons* pas réellement ou que nous ne pouvons pas réellement nous *préoccuper* des personnages fictionnels, et pas plus alors que nos croyances, nos sentiments ou nos désirs à leur égard sont en un sens « normaux ». Cela montre plutôt que ces personnages fictionnels dont nous nous préoccupons sont manifestement des éléments de quelque chose d'autre, qui exige et retient notre attention.

VII

Au début de cet article, j'ai montré la possibilité que certaines émotions puissent être fondées sur des croyances au sujet de ce qui est fictionnel, aussi bien que sur des croyances concernant ce qui est réel. Grâce à l'examen de la structure de la pitié, j'ai indiqué que c'est bien ce qui se passe, ne serait-ce que pour cette émotion. Toutes les caractéristiques qu'on peut présenter comme nécessaires à la pitié – certains sentiments et certaines sensations, une attitude de détresse et un certain désir – peuvent se retrouver dans une réponse affective fondée sur des croyances au sujet de ce qui est fictionnel. Ce qui vient d'être montré pour la pitié est confirmé pour certaines autres émotions. Tout comme on peut à juste titre dire que nous ressentons de la pitié pour des personnages fictionnels, je pense qu'un examen détaillé de la structure des émotions en question montrera que certaines de nos réponses aux personnages fictionnels peuvent aussi être correctement décrites en termes de *Schadenfreude*; sans distordre les réponses elles-mêmes ou les concepts en question, nous pouvons nous considérer nous-mêmes comme envieux ou admiratifs de certains personnages fictionnels, comme ayant peur pour eux et avec eux. Cependant, nous devons ici nous méfier de la généralisation; il serait inutile de traiter de façon monolithique nos réponses affectives aux fictions, ou comme si elles formaient une classe homogène. Ce qui a été défendu ici n'implique certainement pas la possibilité de n'importe quelle émotion à l'égard et au sujet des fictions, pour autant qu'il ne s'agisse ni de la peur pour soi-même ni de la jalousie. Cependant, la discussion a montré, de façon manifeste, que certaines émotions, y compris la pitié, peuvent faire l'objet d'une expérience de cet ordre; elle a indiqué aussi quel genre de recherches est nécessaire si nous voulons parvenir, sur ce sujet, à une certaine clarté.

Traduit par Roger POUIVET

PETER LAMARQUE

PEUR ET PITIÉ [*]

> *Dans la tragédie, la terreur n'est rien d'autre que d'être surpris par la pitié, que je connaisse ou non l'objet de ma pitié. Par exemple, le prêtre s'exclame finalement : « Toi, Œdipe, tu es le meurtrier de Laïus » ; brusquement, je suis terrifié en voyant l'infortune d'Œdipe, celui qui est droit, et immédiatement ma pitié est excitée.*
>
> Gotthold Ephraim Lessing,
> *Lettre à Nicolai du 13 novembre 1756.*

> *La peur et la pitié tragiques peuvent être excités par le spectacle ; mais elles peuvent aussi être excitées par la structure et les incidents eux-mêmes de la pièce – ce qui est préférable et montre un meilleur poète.*
>
> Aristote, *Poétique.*

I

Desdémone est couchée sur le lit, innocente et sans défense. Au dessus d'elle, Othello, inflexible et solennel, déclare : « Thou art to die ». L'atrocité et l'horreur de ce qui

[*] P. Lamarque, « Fear and Pity », in *Fictional Points of View*, Ithaca, Cornell U.P., chap. 7, p. 113-134 ; publication originale « How Can We Fear and Pity Fictions », dans le *British Journal of Aesthetics*, en 1981.

arrive là nous envahit, mais aussi la colère et la consternation. Desdémone plaide pour sa vie. Mais, « il est trop tard ». Othello est résolu à agir, il est sourd aux si pitoyables excuses de sa femme ; il suffoque et la tue.

Quand nous assistons à cette tragédie, serait-il possible de dire que nous ressentons de la peur et de la pitié ? Sommes-nous réellement *effrayés* par la violente jalousie d'Othello et *émus* par la souffrance innocente de Desdémone ? Comment est-ce possible alors que nous savons fort bien que ce que nous voyons est simplement une pièce de théâtre ? Ces questions ne sont pas originales, mais leur discussion récente suggère de nouvelles perplexités. Par exemple, on a affirmé que notre peur, quand nous allons voir des films d'horreur, n'est qu'une « quasi peur », participant d'un « jeu de simulation » dont les images sur l'écran sont la base[1]. On a dit aussi que même si notre peur et notre pitié peuvent être authentiques et tout à fait naturelles, elles n'en sont pas moins « contradictoires » et « incohérentes »[2]. Contre Aristote, certains considèrent que nos réponses émotionnelles à l'égard des fictions, non seulement ne ressemblent pas du tout « aux émotions de la vraie vie », mais ne relèvent nullement d'une réponse littéraire correcte[3].

C'est un paradoxe portant sur les croyances qui, selon toute apparence, se trouve au cœur du problème. D'un côté, on suppose qu'en tant qu'adultes faisant preuve d'une certaine raison, nous ne sommes pas *pris* par la fiction : quand nous regardons, en le sachant, un spectacle de fiction, nous ne croyons pas ou nous n'en venons pas à croire que les souf-

---

1. K. L. Walton, « Fearing Fictions », *Journal of Philosophy*, 75, 1978 ; voir aussi K. Walton, *Mimesis as Make-Believe*, Cambridge, Mass., Harvard U.P., 1990.

2. C. Radford, « How Can We Be Moved by the Fate of Anna Karenina ? », voir la traduction de cet article dans ce volume.

3. S. Haugom Olsen, *The Structure of Literary Understanding*, Cambridge, Cambridge U.P., 1978, chap. 2.

frances ou les dangers dépeints impliquent une souffrance ou un danger réels. Dans une représentation d'*Othello*, personne n'est en fait assassiné, tout comme personne n'est en fait jaloux ou innocent. Nous le savons bien. D'un autre côté, notre réponse est souvent d'ordre émotionnel et comprend peur et pitié; ces émotions ne semblent pas explicables par la croyance à la présence d'une souffrance ou d'un danger réels. Comment pouvons-nous en effet ressentir de la peur alors que nous ne croyons pas qu'il y ait le moindre danger? Comment pouvons-nous ressentir de la pitié alors que nous ne croyons pas qu'il y ait la moindre souffrance?

Cette tension apparente entre les croyances entretenues au sujet de la nature de la fiction et les croyances nécessaires à l'explication de nos réponses à l'égard de la fiction semble battre en brèche au moins certaines intuitions du sens commun[1]. Pourtant, une autre intuition, me semble-t-il, nous dit que nos croyances au sujet de ce qui est réel ou non sont placées à l'arrière-plan quand nous regardons une fiction. Croyance et incrédulité ne semblent pas faire justice à la véritable nature de notre attention. Pourquoi? À mon sens, le meilleur moyen de réconcilier nos intuitions et de rendre les choses plus claires à cet égard, c'est de faire passer le centre de la discussion des croyances aux fictions elles-mêmes et, parallèlement, des émotions aux objets des émotions. En suivant cette voie, quand les problèmes de base auront été examinés, j'espère voir disparaître le paradoxe des croyances. Au centre de mon interrogation se trouve donc cette question: À quoi

---

1. Dans « Fiction and the Suspension of Disbelief », *British Journal of Aesthetics*, 18, 1978, E. Shaper propose une analyse détaillée de la relation entre ces deux ensembles de croyances, en affirmant que, bien loin d'être contradictoires, on peut considérer qu'un des deux ensembles, bien compris, présuppose l'autre. On trouve des critiques de cette conception dans B.J. Rosebury, « Fiction, Emotion, and "Belief" A Reply to Eva Shaper », *British Journal of Aesthetics*, 19, 1979.

réagissons-nous quand nous craignons Othello et avons de la pitié pour Desdémone ?

Kendall Walton nous a rappelé les bizarreries logiques de nos relations avec les personnages fictionnels[1]. Par exemple, nous pouvons dire qu'ils nous affectent, mais nous ne pouvons pas dire, purement et simplement, que nous pouvons les affecter. Ils peuvent provoquer en nous du chagrin, de la peur, du mépris, de la joie, de la gêne. Mais, en retour, nous ne pouvons rien leur faire. Nous ne pouvons pas les remercier, les congratuler ou les effrayer, leur venir en aide ou les mettre en garde. Entre eux et nous, il y a une fracture logique ; ceux pour lesquels fiction et réalité sont inextricablement entremêlés devraient réfléchir à sa profondeur. Cette étude est essentiellement l'exploration de cette fracture.

Entre le monde réel et les mondes fictionnels, Walton met en évidence une apparente asymétrie de l'interaction physique et psychique. Aucune interaction *physique* entre ces mondes ne semble possible, dans un sens ou dans l'autre. Dans leur monde, Othello peut tuer Desdémone, dans le nôtre je peux vous tuer, mais une barrière logique les empêche de nous tuer et nous de les tuer. En revanche, tout se passe comme si la barrière empêchant l'interaction *psychologique* entre les mondes était plus facile à franchir. Des êtres d'un monde fictionnel ne peuvent-ils pas nous effrayer, nous amuser et nous mettre en colère ? Walton met en garde contre l'acceptation de quelque interaction que ce soit entre les mondes, même quand elle semble manifeste, comme dans les cas d'interaction psychologique à sens unique. Il remarque finement que l'effet psychologique apparent qu'auraient sur nous les personnages fictionnels ne passe pas d'un monde à l'autre mais se situe *dans un monde fictionnel*. Nous ne sommes pas réellement

1. K.L. Walton, « How Remote Are Fictional Worlds from the Real Worlds ? », *Journal of Aesthetics and Art Criticism*, 37, 1978 ; voir aussi K. Walton, « Fearing Fictions ».

effrayés ou émus, nous ne le sommes que fictionnellement. Dans ce monde fictionnel, les symptômes physiques de nos émotions, les mains moites et les yeux qui piquent, ne signalent qu'une « quasi émotion ». Pour Walton, afin d'interagir d'une quelconque façon avec un personnage fictionnel, nous devons « entrer » dans un monde fictionnel.

Même si j'éprouve de la sympathie pour bien des aspects dès thèses de Walton et si je me soucie fort de sa recommandation d'éviter, si possible, l'affirmation de l'interaction entre les mondes, à mon sens il n'existe pas moins une façon plus simple et moins paradoxale de s'en sortir. Il est plus satisfaisant de faire entrer les personnages fictionnels dans notre monde plutôt que de prétendre entrer dans des mondes fictionnels, nous éviterons ainsi les problèmes de savoir dans quels mondes fictionnels nous pouvons entrer et si nous pouvons jamais entrer dans les *bons*[1]. Contre Walton, je vais ainsi montrer que c'est *dans le monde réel* que nous interagissons psychologiquement avec les personnages fictionnels. Si cette thèse est correcte, nous pouvons alors être réellement effrayés et réellement émus, comme nos intuitions le suggèrent.

II

Comment des personnages fictionnels peuvent-ils entrer dans notre monde ? À quoi dans notre monde réagissons-nous quand nous sommes effrayés par Othello et que nous avons pitié de Desdémone ? À mon avis, les personnages fictionnels entrent dans notre monde sous la forme terre-à-terre de descriptions (ou, plus strictement, sous la forme du sens des descriptions) ; ils deviennent les objets de nos réponses émotionnelles

1. Voir R. Howell, « Fictional Objects : How They Are and How They Aren't », *Poetics*, 8, 1979, un article qui examine les difficultés rencontrées à cet égard par la conception de Walton.

en tant que représentations mentales ou en tant que contenus
de pensée – c'est ainsi que je les appellerai – caractérisés par
ces descriptions. Dit simplement, la peur et la pitié ressenties à
l'égard de fictions sont en fait dirigées vers des pensées dans
nos esprits.

Commençons par un mot au sujet des pensées. En adoptant
quelque chose comme la distinction scolastique entre réalité
« formelle » et « objective » d'une pensée, je ferai la distinction
entre les pensées comme états de conscience et comme représentations, pour utiliser mes propres termes. Comme états de
conscience, les pensées sont individuelles et uniques ; ce sont
des propriétés d'une personne à un moment, probablement des
propriétés du cerveau. Comme représentations, les pensées
sont des types ; elles peuvent être partagées et répétées. En tant
que telles, elles sont « intentionnelles » parce que dirigées vers
un objet : elles *visent* quelque chose ou elles sont *au sujet* de
quelque chose. Pour éviter toute confusion dans le contexte
d'une discussion de la fiction, je préfère parler du *contenu*
d'une pensée plutôt que de son *objet*. Deux pensées en tant que
représentations sont identiques si et seulement si elles ont le
même contenu. Le contenu d'une pensée est identifié sous une
certaine description, de telle façon que deux pensées ont le
même contenu si et seulement si elles sont identifiées sous la
même description. L'identification des descriptions de pensées
peut être de deux sortes : « propositionnelle » et « prédicative ». La pensée « Le monde est constitué de fromage vert » a
un contenu sous une description propositionnelle, la pensée
« un morceau de fromage » est identifiée sous une description
prédicative. Si j'accepte les deux types de descriptions, c'est
que je souhaite admettre comme pensée tout ce que nous
pourrions considérer comme des contenus mentaux, y compris
des images mentales, des fantasmes, des suppositions, et tout
ce que Descartes appelle des « idées ». On peut affirmer que
ce n'est qu'en tant que représentations, eu égard aux descrip-

tions grâce auxquelles nous identifions leur contenu, que nous avons, d'un point de vue épistémologique, un accès privilégié à nos pensées [1].

Il est important de remarquer les relations entre contenu de pensée, tel qu'il est conçu ici, valeur de vérité et croyance. À strictement parler, même s'il est identifié sous une description propositionnelle, un contenu de pensée ne peut être tenu pour vrai ou faux. Le même contenu propositionnel pourrait certainement être incorporé dans un jugement ou une assertion, et en tant que jugement ou assertion il pourrait avoir une valeur de vérité [2]. Mais en tant que propriété permettant d'identifier une pensée, la description propositionnelle ne comprend ni jugement ni assertion. Pour cette raison, que l'occurrence d'une pensée soit rapportée par l'expression « A pense que p », qui devrait normalement impliquer que A croit que p ou veut affirmer que p, cela pourrait être trompeur. Tel que nous envisageons les choses, la présence d'une croyance ou d'une volonté de cet ordre n'est pas requise. « Avoir une pensée que p » signifie seulement être dans un état mental caractérisé par la description propositionnelle « que p ». Un contenu de pensée se différencie d'une croyance. La croyance est une attitude psychologique adoptée relativement à un contenu propositionnel. C'est l'une parmi de multiples attitudes – y compris détester, rejeter, se souvenir et contempler – que nous pourrions adopter à l'égard des contenus de nos pensées. Dans ce qui suit, cette distinction entre pensée et croyance est importante,

1. Pour une discussion de questions apparentées, voir D. Dennett, « On the Absence of Phenomenology », *Body, Mind, and Method*, D. F. Gustafson and B. L. Tapscott (éd.), Dordrecht, Kluwer, 1979.
2. Cette notion de contenu propositionnel vient de J.R. Searle, *Speech Acts*, Cambridge U.P., 1969, trad. fr. *Les actes de langage*, Hermann, 1972, chap. 2.4; voir aussi J.R. Searle, « What Is an Intentional State? », *Mind*, 88, 1979, et *Intentionality*, Cambridge U.P., 1983, trad. fr. *L'intentionnalité, essai sur la philosophie des états mentaux*, Paris, Minuit, 1985.

car comment croire que nous ayons à craindre des contenus de pensée dérivés des fictions?

Les pensées en tant que représentations peuvent être les objets propres de réponses émotionnelles telles que la peur et la pitié. Être un objet de peur : en quoi cela consiste-t-il? Tout ce dont nous avons peur n'existe pas ou n'est pas réel; nous pouvons avoir peur des fantômes, des lutins ou des Martiens. Il peut être utile de faire la distinction entre être effrayé *de* quelque chose et être effrayé *par* quelque chose. « A est effrayé par X » implique normalement l'existence de X; c'est X qui en fait est la cause de la peur, même si A ne le sait pas nécessairement. « A est effrayé de Φ » n'implique pas l'existence de Φ, puisque Φ serait l'une des descriptions sous lesquelles A identifie ce qui l'effraie. Ce *par* quoi nous sommes effrayés, je dirai que c'est l'objet « réel » de notre peur; ce dont nous sommes effrayés, c'est l'objet « intentionnel » de notre peur [1]. À mon sens, dans les cas de fiction, les objets réels de notre peur sont des pensées. Nous sommes effrayés *par* des pensées, même si nous ne sommes pas effrayés *des* pensées, sauf dans des circonstances spéciales. Le parallèle est possible avec les objets de pitié. Nos sentiments de pitié peuvent avoir des objets réels ou intentionnels. L'objet réel de notre pitié, ce *par* quoi nous sommes émus, est la cause de notre émotion. Cela peut aussi être une pensée, comme dans le cas de la peur. L'objet intentionnel de notre pitié sera le complément d'objet direct du verbe « avoir pitié de » et sera identifié sous une certaine description intentionnelle. Nous n'avons pas pitié de pensées, mais des pensées peuvent être pitoyables; elles peuvent nous remplir de pitié.

---

1. Cette conception de l'« objet intentionnel » est similaire à celle de G.E.M. Anscombe, « The Intentionality of Sensation : A Grammatical Feature », dans *Analytical Philosophy*, R.J. Butler (éd.), 2nd series, Londres, 1965.

C'est notre paradoxe de la croyance, déjà rencontré, qui nous a conduits à introduire les pensées comme objets réels de nos réponses aux fictions. Nous ne prétendons pas donner une explication générale des objets intentionnels. Mais, supposons que nous affirmions avoir peur des Martiens, alors que les Martiens n'existent pas. Si nous croyons qu'ils existent, comme tentative pour éliminer les objets intentionnels, introduire des *pensées* de Martiens ne nous sera d'aucune aide. Car avec la croyance elle-même, on se retrouve déjà avec de tels objets. Mais si nous ne croyons pas en l'existence des Martiens et si nous continuons à les trouver effrayants, alors l'introduction de pensées, comme intermédiaires, possède une véritable valeur explicative. Leur valeur provient partiellement de l'indépendance de la pensée et de la croyance. Nous pouvons être effrayés par la pensée de quelque chose sans croire que rien de réel ne correspond au contenu de la pensée. Nous trouvons la pensée effrayante et pouvons la croire effrayante, mais cette croyance n'entraîne aucun paradoxe lié à nos autres croyances au sujet de la fiction.

Au sujet de la peur à l'égard des pensées, je ferai quatre remarques. Premièrement, la propension d'une pensée à être effrayante va vraisemblablement s'accroître selon le degré de réflexion ou d'engagement imaginatif dirigé vers elle. De plus, les pensées peuvent être différentes en fonction de leur *vivacité* et notre réflexion sur les pensées d'un degré correspondant à notre *engagement*. Ce que je veux dire par un *engagement* à l'égard d'une pensée tient en partie au niveau d'attention que nous lui accordons; il peut par exemple être accru quand on fournit à l'esprit des images mentales qui l'accompagnent ou quand on « suit » ses conséquences. Pour cette raison, souvent, ce ne sont pas des pensées isolées qui sont effrayantes (même si elles peuvent être troublantes ou inquiétantes), mais des ensembles de pensées. Pour trouver une pensée effrayante, on doit se trouver dans l'« état d'esprit » approprié, consistant en partie en une tendance à développer des ensembles de pensées.

Deuxièmement, à un moment donné, je peux être effrayé par une pensée ou un ensemble de pensées, alors que je ne suis pas réellement en danger et que je ne me crois pas en danger. Que je ne coure aucun risque d'être déchiqueté par un lion n'est pas une bonne raison pour dire qu'il serait absurde et irrationnel pour moi de craindre, à ce moment-là, d'être déchiqueté par un lion. Ce n'est ni absurde ni irrationnel, mais naturel et vraisemblable, d'être effrayé, ici et maintenant, par la pensée d'être déchiqueté, devrais-je pour cela penser aussi à une mâchoire hargneuse, à des griffes arrachant les chairs, à la douleur atroce qui s'ensuit, etc.

Troisièmement, nul besoin qu'il soit même vaguement probable ou vraisemblable que j'aie jamais à faire face au danger envisagé dans une pensée effrayante ; je n'ai pas même à croire que cela puisse m'arriver. Il m'est possible de trouver effrayante la pensée d'être bloqué sur une lointaine planète ou celle d'être un monarque déposé par un coup d'état militaire, sans avoir dès lors à supposer que cela m'arrivera ou puisse même m'arriver.

Finalement, c'est une véritable peur qui est associée à une pensée effrayante ; ce n'est pas une « quasi-peur » ou une peur fictionnelle. Revenons alors à Walton, pour lequel les peurs associées aux fictions ne sont pas des peurs réelles. Walton a-t-il des arguments contre l'idée de contenus de pensée évoquant des peurs réelles ? Il imagine quelqu'un comme vous et moi, Charles, regardant un film d'horreur dans lequel apparaît une entité abominable, gluante et verdâtre. Quand cette entité s'avance implacablement vers lui, Charles hurle et se recroqueville dans son fauteuil. Premièrement, selon Walton, puisque *Charles est pleinement conscient du caractère fictionnel de cette entité*, on ne peut pas dire qu'il soit véritablement effrayé. Au mieux, il est fictionnellement effrayé ou il simule l'effroi.

Cet argument n'affecte cependant pas la peur associée à une pensée effrayante ; c'est cette peur qui est réelle. Les deuxième et troisième remarques montrent que nous pouvons être effrayés par une pensée indépendamment de la croyance d'être en danger et de la croyance en la vérité ou la probabilité du contenu de la pensée. L'argument de Walton peut bien établir que Charles n'a pas peur *que l'entité le menace* ou *que l'entité lui fasse courir un danger*, et qu'étant données ses croyances, il ne peut pas ressentir cette peur, mais il ne montre pas que Charles n'est pas effrayé. Nous devons distinguer entre deux formules : Charles est effrayé *par l'entité* et Charles est effrayé *par la pensée de l'entité*. La première présuppose la réalité de l'entité et elle ne peut donc être vraie ; mais ni la réalité de l'entité ni la croyance de Charles en sa réalité ne sont présupposées par la seconde. Pour Charles, avivée par les images sur l'écran, la pensée de l'entité est effrayante – et nul doute qu'il ne soit effrayé.

La seconde partie de l'argument de Walton pour montrer que Charles n'est pas véritablement effrayé, c'est qu'il n'a pas le comportement manifeste que nous nous attendons à observer chez quelqu'un qu'une chose effraie ; il n'appelle pas la police ou n'avertit pas ses amis. Évidemment pas, puisqu'il sait fort bien qu'il n'existe aucune entité effrayante que la police puisse traquer. Néanmoins, Charles peut avoir le comportement manifeste de quelqu'un qui est effrayé par la pensée d'une entité. Il peut fermer les yeux et essayer de penser à autre chose – une pratique commune chez le public des films d'horreur. C'est une indication, je pense, que nous sommes dans la bonne voie en identifiant les pensées comme objets appropriés de notre peur des fictions.

À cette étape de l'argument, ma conclusion est qu'une représentation mentale ou des contenus de pensée peuvent être la cause d'émotions telles que peur et pitié, indépendamment de croyances que nous pouvons entretenir sur le danger personnel que nous encourrons ou sur l'existence d'une souf-france ou d'une douleur réelles. C'est la première étape vers la résolution du paradoxe de la croyance dont nous sommes partis.

III

Quand nous avons peur d'Othello ou de l'entité monstrueuse, ou quand nous avons pitié de Desdémone, nos peurs et nos pleurs sont dirigés vers des contenus de pensée – c'est ce que je dois maintenant montrer. Je dois aussi montrer comment ces contenus de pensée sont dérivés des fictions et ainsi comment les contenus de pensée pertinents peuvent être identifiés. De façon générale, j'affirme que le contenu propo-sitionnel explicite ou implicite d'une présentation fictionnelle détermine et identifie les contenus de pensée auxquels nous réagissons. J'affirme également que la relation entre ce contenu, la vérité et l'assertion est du même ordre que celle entre le contenu des pensées, la vérité et la croyance. J'espère aussi qu'une conception claire de la logique de la fiction fournira une explication de la fracture logique entre nous et les mondes fictionnels.

Tout ce que nous savons sur les mondes fictionnels des romans et des histoires dérive finalement des contenus descriptifs des œuvres de fiction elles-mêmes. Ce qui déter-mine le caractère fictionnel n'est pas un type spécifique de signification ou un contenu propositionnel, mais la « force » ou l'intention avec laquelle le contenu est présenté conformé-ment aux conventions d'une pratique du récit. Ces conven-tions dictent la « pertinence » de l'énonciation fictionnelle, la façon dont elle encourage une réponse complexe de supplé-mentation imaginative. Les conventions standard des actes de langage sont suspendues. Un auteur n'affirme pas la vérité du contenu et, à son tour, un lecteur informé ne croit pas en sa vérité ; il ne fait que l'imaginer comme vrai.

Quand nous posons la question de savoir quelle est la référence des noms « Othello » et « Desdémone », on pense à une référence *interne* ou *externe* : dans la perspective interne, à ce à quoi les noms font référence dans le monde de la fiction, ou, dans la perspective externe, à ce à quoi ils font référence dans le monde réel. Dans la pièce de théâtre (dans le monde fictionnel dépeint par la pièce de théâtre), les noms s'appliquent à des personnes au destin tragique auxquelles notre imagination nous fait nous intéresser. Dans la perspective externe, laquelle assume le caractère fictionnel d'Othello et de Desdémone, on fait référence à des personnages fictionnels. Dans cette perspective, les personnages sont des ensembles de qualités abstraites correspondant au contenu descriptif des récits qui les introduisent (et à tout ce qu'il est possible d'en dériver correctement) [1].

Rappelons la remarque faite par Frege : quand nous affirmons à juste titre « Dans la pièce de Shakespeare, Othello tue Desdémone », les noms « Othello » et « Desdémone » ne font référence qu'à leurs sens (dans la pièce), et non à des objets non existants. Le sens d'un nom sera donné par les descriptions utilisées dans la fiction ou par des descriptions qu'il est possible d'en dériver – elles caractérisent et identifient sa référence interne. Le sens du nom « Desdémone » est donc donné par ces descriptions : c'est celui de la personne qui s'appelle « Desdémone » dans la pièce de Shakespeare, *Othello*, qui perd son mouchoir, qui parle en toute innocence à Cassio, qui est tuée par son mari jaloux, etc. C'est seulement le sens de ces descriptions qui passe dans le monde réel et non la référence à la personne. Quand Desdémone entre dans notre monde, elle n'y entre pas comme personne, ni comme un

---

1. Voir les chapitres 3 et 4 de P. Lamarque, *From a Fictional Point of View*, Ithaca, Cornell U.P., 1996 [N.d.T.].

individu, pas même comme un être imaginaire, mais comme un ensemble complexe de descriptions accompagnées de leur sens habituel – même s'il est malheureux de le dire de cette façon.

Nous avons donc maintenant une explication de la fracture logique entre notre monde et les mondes fictionnels. Comme références au monde réel, les références fictionnelles ou internes sont bloquées, parce qu'elles sont des références prétendues dans des usages fictionnels de phrases ou parce qu'elles apparaissent dans la portée de préfixes intensionnels tels que « Dans la pièce _ _ _ _ _ _ », ce qui transforme les références fictionnelles en références non fictionnelles et donc en sens. Comme tels, les personnages fictionnels ne peuvent jamais traverser ces barrières logiques. Dans le monde fictionnel, ils existent en tant que personnes ; dans le monde réel, ils n'existent qu'en tant que sens de descriptions. Le mot *personnage* est un moyen commode pour parler de sens tout en faisant comme si nous faisions référence à des personnes, mais c'est aussi une source infinie de confusion. « Faire référence à un personnage » signifie seulement prétendre faire référence à une personne ou faire réellement référence à des significations présentes dans une œuvre de fiction, ou qui peuvent en être dérivées, et tout cela à travers les conventions du récit.

IV

Nous avons maintenant tout l'appareillage logique nécessaire pour montrer que, dans la peur et la pitié à l'égard de caractères fictionnels, nos émotions sont dirigées vers des objets réels, quoique psychologiques. Nous n'avons pas à postuler que les émotions sont fictionnelles ou qu'elles ne sont dirigées vers rien, en toute irrationalité. Afin d'expliquer ces émotions, nous n'avons pas plus à postuler des croyances que nous savons être fausses. D'un côté, nous avons la notion d'un contenu de pensée qui peut être l'objet propre de l'émotion. De l'autre, nous avons les contenus propositionnels des phrases fictionnelles dans lesquelles les sens des noms fictionnels ont remplacé les références fictionnelles – et cela à travers la médiation des intentions illocutionnaires suspendues (dans l'usage qu'en fait l'auteur) ou les opérateurs intensionnels implicites (dans l'usage qu'en fait le lecteur informé). Le dernier obstacle consiste à montrer quelles sont les relations entre les contenus de pensée dans nos esprits et les contenus propositionnels des fictions.

À quels contenus de pensée devons-nous réagir pour que nous puissions dire avoir véritablement peur d'Othello ou avoir réellement pitié de Desdémone? Les larmes pour Desdémone ou les pensées au sujet d'Othello ne sont pas n'importe lesquelles. Afin d'identifier les larmes et les pensées correctes, nous devons appliquer des critères stricts. Voici l'un d'eux, un critère important.

En général, entre les pensées dans nos esprits et les phrases et descriptions dans la fiction, il doit y avoir une connexion à la fois causale et fondée sur un contenu. Une connexion causale est nécessaire pour exclure la possibilité de réponses aux descriptions identifiant des propriétés qui appartiennent certes au personnage fictionnel, mais sur lesquelles notre attention a été attirée à partir d'une tout autre source, même non fiction-nelle. On ne peut même pas dire que les pleurs à la pensée d'une femme innocente tuée par un mari jaloux, lequel se trouve être un Maure de Venise sont *ipso facto* des larmes versées sur Desdémone. Il semble aussi y avoir une condition nécessaire : l'existence d'un lien causal qui remonte de la pensée à la pièce de Shakespeare. C'est-à-dire que la pièce de Shakespeare doit avoir un certain rôle explicatif quand on retrace la genèse de la pensée.

Cependant, une connexion causale ne suffit pas. Il doit y avoir un lien plus étroit entre le sens des phrases de Shakespeare et les pensées auxquelles nous réagissons. La relation d'identité de contenu serait paradigmatique : les mêmes propositions exprimées par Shakespeare, ou les prédicats qu'il emploie, identifient donc nos pensées de telle façon qu'en saisissant le sens de ses phrases nous avons directement des représentations mentales corrélatives, lesquelles sont identifiées à travers ses propres descriptions propositionnelles ou prédicatives. Un tel lien direct suffirait à garantir les pensées appropriées, mais il n'est pas nécessaire. La plupart du temps, nous avons les pensées pertinentes à partir d'une combinaison de nos propres descriptions et d'un sous-ensemble adéquat des descriptions d'un auteur.

Il existe de nombreuses façons de dévier de cette connexion paradigmatique, fondée sur un contenu. Premièrement, supposons que nous n'ayons jamais lu l'*Othello* de Shakespeare ou même que nous n'en ayons jamais entendu parler ; c'est parce qu'on nous raconte l'histoire – ou une partie de cette histoire, sous forme de résumé ou de paraphrase – que nous apprenons la situation tragique de Desdémone, et ce récit ne comporte même peut-être aucune des descriptions faites par Shakespeare. Est-ce sur Desdémone que nous pleurons ? Cela va dépendre beaucoup du récit qu'on nous fait de l'histoire. Je pense que nous pouvons au moins dire que si les descriptions sont logiquement impliquées par des descriptions pertinentes dans la pièce, alors les pensées identifiées *via* ces descriptions porteront sur Desdémone.

Poursuivons le raisonnement : la majeure partie de ce que nous croyons être fictionnellement vrai au sujet de Desdémone ne sera pas dérivé directement du sens des phrases de Shakespeare ou du sens des phrases qu'elles impliquent logiquement. La prose fictionnelle ou la poésie est lue sur un arrière-fond intellectuel et imaginaire ; une bonne partie de ce que nous entendons par la compréhension d'une œuvre de fiction suppose une supplémentation du contenu explicite par l'information tirée de cet arrière-fond. Dès lors, de la reconstruction imaginative que les lecteurs ou les metteurs en scène ajoutent aux événements conduisant à la mort de Desdémone et aux personnalités impliquées dans cette mort peuvent résulter des représentations mentales fort différentes de celles qui sont directement ou logiquement liées aux contenus propositionnels dans le texte original. Cependant, ces divergences peuvent être autorisées à travers des formes moins strictes d'implication qui prennent leur source dans des conventions gouvernant les réponses appropriées aux fictions. Nous ne pouvons nier une véritable indétermination de certaines de nos réactions aux personnages et aux événements fictionnels. Quand on s'est ainsi éloigné de la norme, aucune formule simple ne peut régler la question de savoir si notre peur ou notre pitié s'adresse à l'Othello et à la Desdémone de Shakespeare ou, seulement, à des constructions imaginaires qui nous sont propres. Mais nous ne cherchons ici qu'à montrer comment ces réponses émotionnelles sont possibles. Dans la perspective proposée, la question devient maintenant de savoir si nous répondons à des pensées identifiables sous des descriptions correctement dérivées à partir de celles qui sont proposées dans la pièce. Une rétro-connexion avec les phrases originales doit être maintenue [1]. En pratique, cette affaire requiert une sensibilité critique aiguë, à la mesure de ce qu'exige la signification complexe de certaines phrases fictionnelles. Cependant, en général, nous pouvons dire que nous réagissons à un personnage fictionnel, si en fonction d'une histoire causale requise, nous répondons aux pensées identifiées à travers le contenu descriptif ou propositionnel des phrases de la fiction,

---

1. P. Lamarque examine les critères appropriés de la supplémentation des fictions dans le chapitre 4 de *From a Fictional Point of View*, *op. cit.* [N.d.T.]

des phrases logiquement dérivées de la fiction ou de phrases supplémentant correctement celles de la fiction.

Dans la fiction, il existe une supplémentation d'ordre supérieur, sous la forme de l'interprétation littéraire ; elle porte sur la signification esthétique du contenu des phrases fictionnelles. Il est possible que les descriptions d'ordre supérieur apparaissant dans les interprétations puissent elles-mêmes donner naissance à des contenus de pensée qui, à leur tour, manifestent des émotions supplémentaires – par exemple, quand nous disons qu'*Othello* porte sur la sophistication machiavélique et sur la destruction de l'innocence. Nul doute que ces réponses d'ordre supérieur aient leur importance, mais elles ne doivent pas entraver des réponses plus immédiates et moins générales[1].

V

Ma conclusion est dès lors simple : une réponse émotionnelle à des personnages fictifs, est une réaction à des représentations mentales ou à des contenus de pensée identifiables à travers des descriptions correctement dérivées du contenu propositionnel d'une présentation fictionnelle originale. Grâce aux arguments qui y conduisent, cette conclusion explique un certain nombre de caractéristiques troublantes des fictions. Par exemple, elle montre comment nous pouvons savoir que quelque chose est fictionnel, tout en continuant à le prendre au sérieux, sans non plus avoir à y croire, ne serait-ce qu'à moitié. Nous pouvons réfléchir sur une pensée, qu'elle nous émeuve,

1. Dans sa tentative pour expliquer nos réponses à un niveau thématique, l'article de M. Weston, « How Can We Be Moved by the Fate of Anna Karenina ? (II) », *op. cit.*, a été critiqué à la fois par C. Radford, « Tears and Fiction : A Reply to Weston », *Philosophy*, 52, 1977, et B. Paskins, « On Being Moved by Anna Karenina and *Anna Karenina* », *Philosophy*, 52, 1977. La conception que je défends garantit la particularité des réactions émotionnelles que Radford et Paskins exigent.

sans pour autant l'accepter comme vraie. Cela donne ainsi du poids à l'idée selon laquelle la croyance ou l'incrédulité restent à l'arrière plan quand nous nous intéressons à une fiction. Avec toute sa vivacité, l'imagination remplace la croyance. Ce qui explique toute dissemblance apparente entre nos réponses émotionnelles aux fictions et les « émotions de la vraie vie ». Même si nous ne réagissons pas au meurtre de Desdémone comme s'il avait eu lieu devant nos yeux, dans une grande mesure nous réagissons comme nous le ferions à la pensée d'un meurtre réel. La pensée et l'émotion sont réelles. Dès lors, même si nous avons une conception *de dicto* des personnages fictionnels (en tant que constructions linguistiques), les objets possibles de cette conception n'en sont pas moins *de re*. Les fictions sont constituées d'ensembles d'idées dont beaucoup ont des corrélats dans la réalité; ces idées invitent à une supplémentation et une exploration imaginatives. Par ce processus d'« investissement imaginatif » – ce en quoi consiste de *connaître un autre être humain* est assez proche d'un tel processus – les personnages fictionnels acquièrent de l'« étoffe », une certaine « complétude » et une certaine « objectivité ». Tout aussi bien, on explique ainsi l'asymétrie logique de nos interactions psychologiques avec les personnages fictionnels : pourquoi nous pouvons les craindre mais pas les réprimander, les admirer mais pas leur donner des conseils; ces différences sont liées à leur statut de représentations mentales.

Nous pouvons pousser un peu plus loin nos conclusions en les utilisant pour expliquer pourquoi nos réponses fictionnelles sont si étroitement liées à nos réponses à l'ensemble de l'œuvre à laquelle elles s'appliquent. Une partie de la réponse tient au passage de la référence au sens des noms fictionnels. Ce qui donne une force émotionnelle à *Othello*, ce n'est pas seulement que *quelqu'un* soit tué par un mari jaloux, mais que la description du meurtre soit liée d'une façon tout à fait particulière à un grand nombre d'autres descriptions dans la pièce, y compris celles de Desdémone. Les descriptions qui donnent sens à « Desdémone » vont tendre à se transformer en ensemble, dont j'ai déjà montré qu'il peut accroître notre implication dans une pensée et donc l'intensité de la réponse que nous lui donnons. Finalement, je pense que cette conception ouvre une perspective intéressante : l'étude de la manière dont l'organisation structurelle du langage dans une œuvre littéraire détermine l'agencement des pensées chez un lecteur. Une grande part de la valeur esthétique et cognitive de la littérature tient à son pouvoir de créer, dans nos esprits, des structures complexes de pensée.

APPENDICE

Si certains dans la communauté philosophique[1], ont adopté la théorie de la réponse émotionnelle à la fiction qui vient d'être exposée, d'autres ne lui ont pas accordé leur faveur. Je vais maintenant examiner deux objections ; elles mettent en question des aspects fondamentaux de cette théorie. La première objection est proposée par Kendall Walton lui-même : dans les cas où les spectateurs prétendent être « effrayés », par exemple par un film d'horreur, les *pensées* ne sont pas des candidats plausibles comme objets de peur. La seconde objection a été faite par Bijoy Boruah, par exemple : dans les conceptions *de dicto* de la fiction, les réponses émotionnelles aux personnages fictionnels auront toujours pour objet quelque chose dont la caractérisation peut se faire en termes *généraux* et qui perdra ainsi sa particularité. Quand j'aurai examiné ces objections, je reviendrai finalement au contexte historique du débat.

1. Notamment N. Carroll dans *The Philosophy of Horror, or Paradoxes of the Heart*, London, Routledge, 1990.

I

Walton insiste sur le fait que Charles, le spectateur typique, « ne tient pas pour dangereuse la pensée [du monstre dépeint que le film d'horreur lui met dans l'esprit] ou ne la traite pas comme dangereuse, pas plus qu'il n'a l'expérience d'une certaine inclination à vouloir lui échapper » [1]. Dès lors, les pensées ne peuvent donc pas être objets de peur. Cependant, Walton accepte que Charles puisse avoir une véritable peur dont l'origine serait un film : par exemple, il peut avoir peur de l'existence extérieure, dans le monde, de monstres réels *comme* ceux de la fiction. L'idée de Walton est seulement que *Charles n'a pas peur du monstre* parce qu'il sait qu'il n'y en a pas. À cet égard, nous sommes d'accord. Pour les raisons données par Walton, il ne peut en effet pas être littéralement vrai que Charles ait peur du monstre. Que les expériences et le comportement de Charles composent ce que Walton appelle une « quasi-peur », que cela ne suffise pas pour établir une véritable peur, je l'accorde aussi. Toutefois, j'affirme que le caractère fictionnel du monstre (et la claire reconnaissance qu'on peut en avoir) n'empêche pas Charles d'avoir une peur réelle. Walton accepte que les œuvres de fiction puissent être la cause de véritables peurs ou de véritables sentiments. La lecture d'une œuvre peut rendre quelqu'un joyeux ou lugubre, ce qui dès lors, et de façon significative, fait que sa joie et sa morosité sont fictionnelles [2]. Certains états psychologiques survivent donc en passant d'un monde à l'autre. Pour ma part, il me semble qu'être effrayé, c'est avoir peur dès que certaines conditions, aisément satisfaites, sont réalisées.

Walton prend pour prémisse que Charles « joue un jeu de simulation » avec les images sur l'écran. J'accepte cette prémisse, au moins si elle signifie que Charles s'imagine lui-

1. K. Walton, *Mimesis as Make-Believe*, *op. cit.*, p. 203.
2. *Ibid.*, p. 253.

même être dans un monde avec le monstre vert et qu'il est fictionnel que le monstre s'approche de lui (pour reprendre l'idiome de Walton). Mais à mon sens, cette participation, si elle est d'un degré suffisant d'engagement imaginatif, est *la cause d'une peur réelle* chez Charles. Comme toute peur, elle peut motiver la fuite ; s'il est trop effrayé, Charles *ne participe plus* : il pense à quelque chose d'autre, il se concentre sur des aspects techniques du film, il ferme les yeux ou il sort.

Ce que Charles imagine, ses représentations mentales, cela l'effraie. Mais de quoi a-t-il peur ? Comme je l'ai dit, à strictement parler, il n'a pas peur d'*imaginer le monstre*, au sens de ce qu'on pourrait dire au sujet du patient d'un psychanalyste ou de quelqu'un qui souffre d'une affection cardiaque. Comme on l'a déjà fait remarquer, dans ce que Charles trouve effrayant – une particularité d'un type général (les choses monstrueuses) ou une certaine caractéristique d'une instance particulière – nous devons distinguer *ce par quoi* il est effrayé : c'est la cause de la peur, et *ce dont* il s'effraie : le contenu intentionnel de la peur. Pour Charles, la pensée d'être dévoré par le monstre est effrayante. Avivée par les images du film, c'est cette pensée qui l'effraie. Ce dont il est effrayé, c'est du *monstre imaginé* : ce n'est pas une mystérieuse « entité fictionnelle », ce n'est certainement pas une sorte de monstre, mais c'est une façon d'imaginer quelque chose. « Monstre » caractérise le contenu intentionnel de sa peur (et de ce qu'il imagine) ; c'est une peur-de-monstre et non pas, disons, une peur-de-vampire. Il ne fait pas de doute que si Charles n'avait pas une disposition à trouver les choses monstrueuses effrayantes, il n'aurait pas été effrayé à la pensée de ce monstre. Le film a peut-être activé en Charles une peur profonde (primale) ; cette peur a peut-être une base psychanalytique ; il y a peut-être une explication évolutionniste de la raison pour laquelle Charles, en tant qu'être humain, devrait avoir peur des choses monstrueuses ; mais toutes ces explications ne sont rien d'autre que des élaborations empiriques évoquées pour rendre compte d'un cas particulier. Notons que tous les spectateurs n'ont pas à réagir comme le fait Charles. Seules les données disponibles importent, et elles ne permettent de rien dire en théorie contre la thèse que Charles a une peur réelle.

Walton écarte la théorie en affirmant que c'est seulement dans des cas spéciaux – par exemple s'il a une faiblesse cardiaque – que Charles pourrait être dit « avoir peur à la pensée du monstre »[1]. Mais quelqu'un qui souffre d'une faiblesse cardiaque a peur de l'*acte* de penser au monstre, non pas du *contenu* de la pensée. L'objection que « son expérience n'est simplement pas ressentie comme celle de la peur à l'égard d'une pensée »[2] n'est pas meilleure; en effet, quand la nuit les images du monstre reviennent hanter Charles et l'empêchent de dormir, il s'agit bien en fait de ce que l'on ressent quand on a peur d'une pensée, même si cela ressemble phénoménologiquement à ce que Charles ressent au théâtre. Finalement, Charles *sait* bien sûr qu'il a peur du monstre; et il n'a pas besoin qu'on lui explique clairement sa nature imaginaire.

Qu'est-ce qui est en jeu ici? Ce n'est pas la phénoménologie de l'expérience consistant à regarder des films d'horreur, puisque, avec l'idée de « quasi-peur », Walton accepte toutes les sensations du spectateur effrayé. Ce n'est pas plus la nature des émotions; il est inutile d'affaiblir la notion d'émotion pour maintenir la réalité de la peur de Charles et il n'est pas difficile non plus de trouver chez Charles des états cognitifs appropriés. Le véritable enjeu est de savoir jusqu'où va la simulation, le « jeu » auquel Charles est supposé se livrer avec le film. Les réponses à la fiction peuvent-elles être vraiment pensées comme une façon de « jouer »? Nous avons un paradigme d'« émotions simulées » : les enfants qui jouent à être tristes,

1. K. Walton, *Mimesis as Make-Believe*, *op. cit.*, p. 203.
2. *Ibid.*

en colère ou effrayés ; mais la situation de Charles ne semble avoir aucun rapport avec cela.

La question est de savoir comment comprendre ce que dit Charles : « J'ai peur du monstre ». Walton et moi, nous nous accordons pour dire que ce n'est pas littéralement vrai et cela requiert donc une interprétation. Pour Walton, l'énoncé exprime le fait qu'il est fictionnel que Charles ait peur du monstre et que Charles imagine en avoir peur. Ce que Walton met en parallèle direct avec d'autres choses que dit Charles, comme « Le monstre se ramène ». Selon Walton, cet énoncé est aussi une façon pour Charles d'exprimer le fait qu'il est fictionnel que le monstre se dirige vers lui et qu'il l'imagine se diriger vers lui. Cependant, l'ennui, avec ce parallèle, c'est qu'en rendant imaginaires à la fois les croyances et les émotions, on fait des manifestations comportementales de Charles quelque chose de mystérieux. Pourquoi le fait d'imaginer avoir peur de quelque chose produirait-il des symptômes de « quasi-peur » ? Selon mon analyse, quand Charles dit « J'ai peur du monstre », c'est qu'il a peur et qu'il veut le dire ; il sait que la cause de sa peur est l'image du monstre sur l'écran et il n'a pas besoin de rappeler à son interlocuteur que le monstre n'est que fictionnel. Dès lors, ses symptômes de peur cessent d'être mystérieux et ne sont rien d'autre que ce qu'ils semblent être : Charles a véritablement peur.

Sans doute y a-t-il bien des choses à dire encore sur cette façon de se dire effrayé. Normalement, quand les gens ont peur de quelque chose, c'est de quelque chose de mauvais qui va leur arriver ou pourrait leur arriver. Ce que Charles pense devoir ou pouvoir lui arriver, là et maintenant dans le cinéma, n'est pas immédiatement clair. Sachant que le film est fictionnel, il ne *croit* pas que le danger soit immédiat. Pouvons-nous trouver un contenu propositionnel pertinent et un objet intensionnel à la peur de Charles ? Ce n'est pas qu'il ait peur que *ceci* (le monstre) le dévore, puisqu'il ne croit pas que ce qu'il voit est réel. La solution réside encore dans ce que Charles a à l'esprit : *être attaqué par un monstre féroce*. Il imagine vivement *qu'il est ou va être attaqué par un tel monstre*; le contenu imaginé est aussi le contenu de cette peur. Entretenir la pensée que quelque chose de mauvais (être dévoré par un monstre) *pourrait* lui arriver et imaginer que cela lui *arrive réellement*, les deux semblent très proches. N'ayant aucun composant indexical ou référentiel, le contenu *être attaqué par un monstre féroce* est général par nature et ne présuppose pas l'existence d'un monstre réel (ou la croyance en son existence).

II

Avec la seconde objection, nous passons de la peur à la pitié et nous avons une critique du recours fait à la généralité – ce recours sape le caractère fondamentalement particulier de la réponse émotionnelle à la fiction. Par exemple, Colin Radford a souvent insisté sur l'idée que nos réponses à Anna Karénine ne peuvent pas être dirigées vers toute personne se trouvant dans sa situation ou partageant ses propriétés marquantes (par exemple, quelqu'un que le lecteur connaîtrait); car, en ce cas, ce ne serait pas une réponse particulière dirigée vers *Anna* elle-même : « Les sentiments de pitié et d'autres, ceux que nous avons pour Anna quand nous lisons le livre ou que nous y réfléchissons, sont pour *elle* (et donc pas pour toutes les personnes réelles qui peuvent bien sûr se trouver dans la même situation). Puisque c'est une tautologie, il y a peu de choses à dire et on ne peut même pas dire grand chose pour défendre cette idée »[1]. À l'encontre de ma conception, Bijoy Boruah a insisté sur une idée similaire :

1. C. Radford, « The Essential Anna », *Philosophy*, 54, 1979, p. 391.

Dire que notre réponse est dirigée vers les sens des pensées ou
des idées au sujet de la vie, cela implique que l'objet d'une
émotion fictionnelle est toujours général. Par exemple, quand
notre réponse à Anna Karénine est la tristesse, ce à quoi nous
répondons n'est pas Anna, mais à l'idée générale selon laquelle
il est malheureux et regrettable qu'une femme puisse se trouver
dans cette condition misérable que décrit Tolstoï. Cette interprétation empêche le personnage fictionnel d'être au centre de
l'attention dans notre état émotionnel (…) Il transforme ce
personnage en un ensemble d'idées : le personnage est réduit à
l'illustration de la possibilité d'un certaine sorte de vie. Ce n'est
pas correct [1].

Les objections de Radford et de Boruah ne représentent
cependant pas un véritable problème pour la conception que
j'entends défendre. Bien qu'en un sens un personnage fictionnel soit analysé comme un ensemble de propriétés correspondant en gros aux descriptions caractéristiques dans une
œuvre de fiction, ou qui peuvent en être dérivées, cela ne
signifie aucunement qu'un personnage devienne simplement
une « illustration de la possibilité d'une certaine sorte de vie ».
Ma théorie des réponses émotionnelles aux fictions ne
comprend pas plus l'idée selon laquelle ces émotions sont
simplement dirigées vers quelqu'un, qui que ce soit, pour
autant qu'il possède les propriétés pertinentes. La spécificité
requise des personnages fictionnels pour expliquer les attitudes cognitives et émotionnelles appropriées tient à certains
facteurs : la particularité du contenu caractéristique (descriptif), la connexion causale des pensées « au sujet » des personnages fictionnels avec les œuvres particulières (celles dans
lesquelles les descriptions ou les images trouvent leur origine),
surtout l'imagination elle-même. La « particularité » d'Anna
Karénine – la pensée qu'elle est une personne particulière dans
un unique ensemble de circonstances – tient au fait que les

1. B. H. Boruah, *Fiction and Emotion*, *op. cit.*, p. 44.

lecteurs *imaginent* précisément un unique individu dont l'histoire (vraie) est racontée; c'est ce que j'ai appelé la perspective « interne » dans un monde fictionnel. À l'intérieur du monde imaginé, Anna a l'entière particularité de chaque être humain réel.

Radford et Boruah ont raison de dire que l'explication de notre réponse émotionnelle à Anna Kanénine doit en un sens faire référence à *Anna*. Mais comme il s'agit d'un personnage fictionnel – et par exemple d'un monstre – on a besoin d'une explication supplémentaire de ce que l'affirmation selon laquelle, disons, un lecteur « a pitié d'Anna », peut vouloir dire; tout comme il ne peut pas être littéralement vrai que Charles « a peur du monstre », (il semble que) il ne peut pas être littéralement vrai que Smith (un lecteur) « ait pitié d'Anna ». Je l'ai déjà indiqué : la réponse consiste à invoquer la *pensée* d'Anna et de sa situation (une pensée qui elle-même n'a rien de fictionnel ou de non réel), pensée à laquelle s'ajoute une sympathie imaginative à l'égard de *ce que cela fait* d'être justement dans une telle situation. La véritable pitié peut accompagner cette activité de l'imagination; elle n'est pas simplement dirigée vaguement vers une personne ou une autre qui pourrait partager des propriétés communes avec Anna, mais elle est éveillée par le fait d'imaginer précisément *cet* ensemble de choses qui arrivent à *cette* personne[1]. C'est seulement à partir d'une perspective « externe » qu'Anna devient un personnage fictionnel qu'on peut décrire en termes généraux sans engagement à l'égard de la réalité d'une instantiation individuelle des propriétés qui le définissent.

1. Dans « Fiction and the Emotions » [voir l'article précédent dans ce volume], A. Neill propose une explication détaillée et convaincante de la façon dont on peut ressentir de la pitié pour des personnages fictionnels. Dans un autre article, « Fear, Fiction, and Make-Believe », *Journal of Aesthetics and Art Criticism*, 49, 1991, Neill affirme, contre Walton, que les spectateurs des films d'horreur n'ont pas de peur réelle ou simulée; s'il font une expérience, c'est celle de réactions non cognitives, de choc ou de frayeur.

Ce que la discussion de la généralité et de la particularité
montre, c'est combien il est important à l'institution de la
fiction (et de la littérature) que les particularités de la fiction
puissent donner du crédit à l'universalité d'une vision – une
conception proposée par Iris Murdoch, développant celle
d'Aristote. En tenant compte des différentes perspectives
qu'on peut adopter à leur égard, la façon dont les personnages
fictionnels combinent à la fois le particulier et l'universel
devrait maintenant apparaître clairement. Quand nous *voyons*
(à travers l'imagination) les vies des personnages fictionnels,
finement dessinées, dans toutes leurs particularités, par un
artiste, une possibilité nous est offerte : réfléchir d'une façon
plus universelle et plus objective à des choses comparables
dans le monde réel. L'imagination livre à notre esprit des
individus uniques, mais intellectuellement, ce sont des universaux que nous reconnaissons. Nos réponses émotionnelles à
la fiction, à partir de perspectives jumelles, sont dirigées à la
fois vers les détails des vies individuelles imaginées et vers
des pensées d'une nature fondamentalement générale, par
lesquelles nous allons au-delà des mondes imaginaires, tout en
retournant vers le monde réel.

III

Du monstre de Walton à l'Œdipe de Sophocle, le chemin
en arrière est bien long ; il n'est pas évident que la discussion
sur le cas de l'un puisse apporter beaucoup à la compréhension
de l'autre. Pourtant, dans son traitement de la fiction, la place
centrale accordée par Aristote à la peur et à la pitié quand nous
y réagissons, montre qu'une conception générale des émotions
en jeu doit avoir une véritable pertinence pour la compréhension de la tragédie. Comme le dit Aristote, « il faut en effet

qu'indépendamment du spectacle l'histoire soit ainsi constituée qu'en apprenant les faits qui se produisent l'on frissonne et soit pris de pitié devant ce qui se passe : c'est ce qu'on ressentirait en écoutant l'histoire d'*Œdipe* »[1]. Cela semble vouloir simplement dire que la réflexion sur l'histoire correctement racontée, même sans voir ce qui se passe sur la scène, suffit à provoquer ces émotions. De nouveau, à suivre cette thèse, dans l'explication de la réponse émotionnelle, les *pensées* ont la prééminence. Dans la conception d'Aristote, ce qui est plus difficile à comprendre est la nature de la « peur » associée au personnage d'Œdipe. Dans le cas de Charles et du monstre, selon Walton, la peur est centrée sur Charles lui-même ; pour autant que Charles ressente de la peur, c'est de la peur *pour lui-même*. En revanche, dans le cas d'Œdipe, quand de terribles révélations sont faites, le public ressent de la peur *pour Œdipe*. Les deux cas sont peut-être après tout assez différents.

Les choses sont cependant plus complexes et intéressantes qu'elles le semblent à première vue. D'un côté, nous avons la conception de la peur que défend Aristote : la peur serait celle du personnage lui-même ; de l'autre, nous avons ces remarques sur la nature « universelle » de la poésie, lesquelles montrent qu'Aristote conçoit les descriptions de personnages, par exemple Œdipe, comme ayant une visée toute différente des descriptions historiques centrées sur des

1. Aristote, *Poétique*, 1453 b 3-7. [N.d.T. : J'ai repris ici la traduction de R. Dupont-Roc et J. Lallot dans leur édition de la *Poétique*, Paris, Seuil, 1980, mais cette traduction française et la traduction anglaise utilisée par P. Lamarque sont vraiment différentes. Il faut dire qu'en général, la comparaison des traductions françaises et anglaises d'Aristote conduit à avoir non pas un Aristote traduit en deux langues, mais deux Aristotes. Voici comment on pourrait traduire en français la traduction anglaise du même passage : « L'intrigue [d'une tragédie] devrait en fait être ainsi faite que, même sans voir les choses arriver, celui qui simplement entend le récit de ce qui arrive, sera pris de peur et de pitié face aux événements ; c'est justement l'effet que le simple récit de l'histoire dans *Œdipe* aurait sur quelqu'un »].

individus. Regroupées, ces remarques conduisent à une idée fondamentale au sujet des émotions « tragiques ».

Dans la *Rhétorique*, Aristote définit la peur comme « une peine ou un trouble consécutifs à l'imagination d'un mal à venir pouvant causer destruction ou peine ; car on ne craint pas tous les maux, par exemple d'être injuste ou lent d'esprit, mais seulement ceux qui peuvent amener ou peines graves ou destructions ; encore faut-il que ces maux apparaissent non pas éloignés, mais proches et imminents » [1]. La pitié est « une peine consécutive au spectacle d'un mal destructif ou pénible, frappant qui ne le méritait pas, et que l'on peut s'attendre à souffrir soi-même dans sa personne ou la personne d'un des siens, et cela quand ce mal paraît proche » [2]. La relation entre la peur et la pitié est symétrique : nous avons pitié de ceux qui justement souffrent des peines qui nous feraient ressentir de la peur, et nous avons justement peur de ce qui nous ferait ressentir de la pitié pour d'autres. Dans la pitié, il existe aussi un élément qui nous concerne personnellement, comme le montre la définition. L'idée d'imaginer (*phantasia*) un mal imminent implique seulement que le mal soit présent à l'esprit ; il n'a pas besoin d'apparaître réel. Peur et pitié sont toutes les deux causées par la pensée de ce qui *pourrait* arriver.

La tragédie implique nécessairement « d'imaginer un mal destructif ou pénible ». Mais s'agit-il d'un mal que le specta-teur associe à lui-même ? La réponse semble être positive, quoique d'une façon indirecte. Premièrement, un personnage tragique doit, de façon significative, être « comme nous » (*Poétique*, 1453 a 4), car c'est ce qui rend les incidents parti-culièrement effrayants et pitoyables ; montrer simplement combien la souffrance tragique est moralement parfaite ou moralement cruelle, cela ne provoquerait pas les sentiments

1. Aristote, *Rhétorique*, II, 5, 1382 a 21-23, trad. fr. M. Dufour, Paris, Les Belles Lettres, 1967.

2. *Ibid*, II, 8, 1385 b 12-16.

appropriés (et dans le premier cas, ce serait simplement
« choquant »). Dès lors, deuxièmement, parce que la poésie
tragique est plus « universelle » que l'histoire, en montrant ce
qui « pourrait arriver », plus que ce qui est arrivé, le sujet
lui-même met l'accent sur « ce qu'un type d'homme, ou un
autre, dira ou fera, vraisemblablement ou nécessairement »
(*Poétique*, 1451 b 4); cela nous conduit donc au-delà des particularités immédiates vers la prise en compte des « sortes » de
personnes – et chacun d'entre nous peut être d'une des ces
sortes-là. Il ne s'agit pas de nier la remarque de Radford selon
laquelle les émotions sont dirigées vers des personnes et des
incidents particuliers, mais d'insister, de nouveau, sur l'aspect
délibérément « universel » de ces incidents et de ces personnes
considérés comme des éléments de l'art poétique. La chute
terrifiante d'Œdipe – sans que cela soit de sa faute, même si à
cet égard il reste une équivoque – nous rappelle brutalement
notre vulnérabilité aux caprices du hasard. Par la sympathie
et l'imagination, nous sommes impliqués dans le drame
d'Œdipe : cela accroît notre « pitié » à son égard et la crainte
que nous nourrissons pour nous-mêmes, au moins indirectement, quand nous remarquons finalement combien nous lui
ressemblons[1].

Cette conception de la « peur », reliée à la tragédie, n'est
pas incompatible avec la perspective adoptée par Walton. Bien
qu'il prétende que « Charles n'a pas peur du monstre », il
reconnaît volontiers que le film peut être la cause de peurs
réelles; Charles « peut vraiment […] craindre des dangers
réels probables »[2]. Ce sont ces peurs réelles concernant leur
propre destin dont font l'expérience les spectateurs d'une

---

1. J'ai ici tiré profit de l'argument proposé par A. Nehamas dans « Pity and
Fear in the Rhetoric and the Poetics », in *Aristotle's* Rhetoric : *Philosophical
Essays*, D.J. Furley et A. Nehamas (éd.), Princeton U.P., N.J., 1994. Voir aussi
M.C. Nussbaum, *The Fragility of Goodness*, Cambridge, Cambridge U.P.,
1986, p. 386.

2. K. Walton, *Mimesis as Make-Believe*, p. 202.

tragédie. Cependant, à mon sens, l'intérêt de la conception qui vient d'être proposée – invoquer des pensées auxquelles nous parvenons à travers un engagement imaginaire – tient à la possibilité qu'elle offre d'une explication unifiée des multiples cas dans lesquels quelqu'un a peur pour les autres et pour lui-même, et ceux dans lesquels l'attention est attirée sur les personnages, mais aussi au-delà d'eux. Il est alors inutile de faire appel à cette catégorie par trop particulière de « quasi-peur ».

IV

Pour finir, quelques brèves remarques au sujet d'une autre application historique de ce débat ; elle se situe au dix-huitième siècle, dans l'étonnant échange entre le Dr Johnson et William Kenrick – un échange dans lequel sont anticipées certaines réponses actuelles. Le Dr Johnson dit ainsi :

> On demandera comment, si on n'y croit pas, une pièce de théâtre peut émouvoir. On y croit à la manière dont on doit croire à une pièce de théâtre. Quand elle nous émeut, on y croit comme à une juste image d'un original réel, comme représentant à l'auditeur ce qu'il ressentirait lui-même s'il avait à faire ou à souffrir ce dont la souffrance ou l'action est feint. La pensée qui va jusqu'à nous chavirer le cœur n'est pas que les maux devant nous sont réels, mais que ce sont bien des maux auxquels nous pouvons nous-mêmes être confrontés. L'imagination ne vise pas ici ceux qui jouent les personnages, mais notre propre tristesse au moment de la pièce ; nous nous lamentons plutôt sur la possibilité d'un état miséreux que sur sa réalité actuelle, tout comme une mère pleure sur son enfant quand une mort qui pourrait l'emporter loin d'elle lui vient à l'esprit. Le délice de la tragédie procède de notre conscience de la fiction ; si nous pensions réels ces meurtres et ces trahisons, cela ne nous plairait plus du tout.

Les imitations produisent de la douleur et du plaisir non pas parce qu'elles sont trompeuses à l'égard de la réalité, mais parce qu'elles nous font penser à des réalités [1].

La suspicion rationaliste de Johnson à l'égard de l'imagination lui fait sous-estimer l'idée que le public puisse en venir à être « pris » par une représentation fictionnelle, et son acceptation de la théorie poétique classique de la *mimesis* (ou « imitation ») lui permet de localiser la valeur poétique exclusivement dans la capacité de « représenter » la réalité. Ces deux éléments réunis conduisent à une conception externaliste et austère du théâtre – une conception qui met l'accent sur la « conscience de la fiction » plutôt que sur l'empathie imaginative avec ses personnages, et qui finalement a pour Johnson la conséquence, telle qu'on la voit dans le passage cité, que les réponses émotionnelles dont une pièce de théâtre nous fait faire l'expérience sont toujours dirigées vers nous-mêmes. Le public ne fait jamais que réfléchir aux maux qui pourraient le toucher ou à ce que cela pourrait faire d'être placé dans des situations aussi difficiles. Bien qu'on trouve ici un élément de la conception aristotélicienne des émotions tragiques (elles sont dirigées vers nous), Johnson ne semble laisser aucune place pour un autre élément de la théorie d'Aristote : l'identification sympathique avec les personnages tragiques.

Un critique contemporain de Johnson, William Kenrick, discute justement cette idée. Kenrick adopte la perspective internaliste, selon laquelle les spectateurs sont « pris » dans la

---

1. Dr Johnson, « Préfaces aux pièces de Shakespeare », in *Shakespeare : The Critical Heritage*, B. Vickers (éd.), Londres, 1974, p. 5, 71. Le contexte des commentaires de Johnson est une discussion des unités de temps et de lieu au théâtre, particulièrement de la question de savoir si Shakespeare se conforme aux unités telles qu'elles furent originellement conçues par Aristote dans la *Poétique*. Pour Johnson, les unités ne servent qu'à rendre la pièce « crédible », mais ceux qui « croient » à la pièce (*i.e.*, ceux qui croient à sa véracité) sont de naïves victimes d'une tromperie. Donc, en ce sens, les unités ne sont pas justifiées.

fiction : « Nous ne voulons pas dire que les spectateurs ont
perdu l'esprit ou qu'il ne savent pas que la pièce est seulement
une pièce et que les comédiens sont seulement des comédiens
(à supposer qu'on les interroge à ce sujet). Nous irions jusqu'à
dire que l'attention qu'ils portent à ce qui se passe sur la scène
est souvent si forte qu'ils sont souvent absents pour tout le
reste. Un spectateur vraiment ému par une représentation
dramatique ne réfléchit pas sur la fiction ou sur sa réalité »[1]. Il
en vient alors à dire que, dans leurs émotions, les spectateurs
sont pris ou « trompés » : « Pas de doute, le spectateur est
trompé, mais la tromperie ne va pas plus loin que les passions,
elle affecte notre sensibilité pas notre entendement ; en aucun
cas elle n'est assez puissante pour affecter notre *croyance* »[2].
Kenrick semble soutenir une conception causale des émotions : « Le public n'est ému que mécaniquement ; les gens
rient et pleurent pour cause de simple sympathie avec ce dont
un moment de réflexion les détournerait complètement d'en
rire et d'en pleurer [...]. Dans ce cas, nous sommes simplement passifs, nos organes sont à l'unisson avec les comédiens
sur la scène et les convulsions de colère et de rire sont purement involontaires »[3]. Même si l'emphase sur la causalité fait
sous-estimer le rôle de la connaissance dans la réponse émotionnelle, la position de Kenrick semble cependant plus
convaincante que celle de Johnson, ne serait-ce que par la
reconnaissance de l'engagement émotionnel des spectateurs
dans la fiction. Si on accepte ce que dit Kenrick, le problème
serait d'avoir une théorie acceptable des émotions expliquant
qu'elles puissent être « trompeuses » indépendamment des
croyances. Finalement, peut-être voudrait-on encore postuler
dans cette théorie une classe particulière de « quasi-émotions »
waltoniennes. Mais on a déjà remarqué qu'une conception de

1. W. Kenrick, *in* B. Vickers, *Shakespeare*, p. 190.
2. *Ibid.*, p. 191.
3. *Ibid.*, p. 192.

cet ordre ne rend pas compte de la peur et de la pitié véritables, que Kenrick et les autres seraient bien en mal d'expliquer.

Finalement, je crois que la solution correcte est un « heureux juste milieu » aristotélicien, un équilibre entre le strict externalisme (intellectualisme) de Johnson et l'internalisme (la théorie de la tromperie) de Kenrick. J'espère que la théorie présentée ici aide à jeter les bases d'une telle solution.

Traduit par Roger Pouivet

DAVID NOVITZ

L'ANESTHÉTIQUE DE L'ÉMOTION*

Certaines choses semblent si évidentes que peu de gens les mettent en question. Sauf si je fais de la philosophie ou si je suis stupide, je ne doute pas, ne serait-ce qu'un court moment, du fait que les personnes auxquelles je parle sont des êtres humains conscients, capables de pensée et d'émotions. Je ne doute pas non plus qu'elles comprendront au moins une part de ce que je dis et écris, et qu'une écrasante majorité de mes paroles sont douées de sens. Avec une certitude presque aussi grande, je crois qu'il est mal de torturer les chatons ou les chiots, de battre les gens sans défense, d'exploiter l'innocent, de faire l'amour en public, de tromper sa femme. Ces croyances et ces valeurs ne peuvent pas aisément être abandonnées – non pas tant du fait de leur contenu que du rôle qu'elles jouent dans ma vie. J'organise mon existence, mon monde, à partir de ces croyances; c'est précisément parce qu'elles donnent sens et ordre à ma vie que j'ai de considérables difficultés à la simple idée qu'elles puissent être trompeuses ou fausses. Ce serait d'un trop grand coût, même si cela ne signifie pas que je sois

* D. Novitz, « The Anaesthetics of Emotion », in *Emotion and the Arts*, M. Hjort & S. Laver (éd.), Oxford, Oxford U.P., 1997, chap. 15, p. 246-262. Je remercie S. Davies, P. Livingston, W. Lyons et S. Stich de leurs commentaires sur des versions antérieures de ce texte.

totalement incapable de reconnaître leurs limites. Mettre en
question ces croyances revient à saper les fondements de mon
monde, à menacer non seulement sa stabilité, mais ma propre
sécurité, mon sens des valeurs.

Pour toutes ces raisons, quand nos convictions les plus
profondes sont attaquées, il est vraisemblable que nous répondions par une réponse émotionnelle. Nous pouvons en être
bouleversés, outragés, déroutés, choqués et, parfois, quand
cela va trop loin, notre irritation peut aller au-delà des mots ou
même se réduire à un rire désespéré. Par exemple, si la majeure
partie de votre vie tourne autour de l'idée du caractère sacré du
mariage et que j'attaque publiquement la valeur du lien conju-
gal, cela risque de provoquer colère et affliction, peut-être un
rire désabusé, plus sûrement un rejet méprisant. De la même
façon, si je mets en question vos convictions politiques ou
religieuses les plus profondes, vous serez outragé et vraiment
en colère; si je mets en question vos croyances au sujet de la
stabilité de la croûte terrestre, vous serez plutôt incrédule,
peut-être exaspéré, voire convaincu et inquiet.

Il est manifeste que les œuvres d'art – peintures, pièces de
théâtre, romans, films, poèmes – mettent fréquemment en
question nos conceptions ordinaires; elles tentent ainsi de
nous faire voir les choses et de les penser différemment. Modi-
fiant nos façons de voir et de penser ce qui nous entoure, elles
agressent et, en quelque sorte, elles testent les valeurs et les
croyances qui sont pour nous les plus sacrées, celles à l'égard
desquelles dans nos vies nous semblons engagés[1]. La fiction
littéraire propose d'autres façons d'évaluer, d'élaborer et
éventuellement de comprendre nos convictions – et ceci de
façon subtile, sans s'y opposer frontalement. Pensez à l'effet

1. Sur les mécanismes impliqués dans les phénomènes décrits ici, voir mon
livre *Knowledge, Fiction and Imagination*, Philadelphia, Temple U.P., 1987,
chap. 6. Voir aussi G. Currie, « The Moral Psychology of Fiction », *The
Australasian Journal of Philosophy*, 73, 1995.

de *Madame Bovary* sur une certain conception du mariage et de l'adultère; pensez à l'effet de *Catch 22* de Joseph Heller sur une certaine conception du patriotisme, à celui de *Cider House Rules* sur nos croyances concernant le caractère sacré de la vie, à celui de *Middlemarch* sur certaines conceptions de l'érudition et du travail intellectuel. Aucune de ces œuvres ne propose des réponses définitives aux questions qu'elles soulèvent ou des doutes qu'elles provoquent, mais toutes mettent en question certaines idées, profondément enracinées, que d'aucuns entretiennent sur le monde et la place qu'ils y occupent. Je me propose alors d'examiner quelque chose qui me semble intéressant : quand l'art agit de la sorte, il parvient souvent à prévenir le genre de réactions émotionnelles accompagnant normalement les mises en question des croyances et des valeurs qui sont en nous les plus profondément implantées. Ce problème examiné, je me demanderai pourquoi ce n'est pas toujours vrai, pourquoi, en certains cas, les gens *sont* mis en colère, choqués et outragés par des œuvres d'art interrogeant leurs valeurs et leurs croyances. Ma façon de traiter ces sujets conduit à poser d'importants et difficiles problèmes dans le domaine de la réflexion théorique sur la critique. Je tenterai donc aussi d'affronter ces difficultés.

ART ET ANESTHÉSIE

Si je ne me trompe pas, certaines œuvres ne nous rendent pas seulement sensibles à de nouvelles valeurs, croyances et idéologies, elles ne nous rendent pas seulement capables de les adopter, mais elles nous anesthésient contre le malaise qui souvent accompagne les bouleversements qu'elles provoquent en nous[1]. Lié à ce constat, le problème philosophique

1. Voir le chapitre 9 de mon livre *The Boundaries of Art*, Temple U.P., Philadelphia, 1992, dans lequel je présente les dimensions sociales de ce phéno-

intéressant revient à essayer de découvrir comment c'est possible : pourquoi des gens qui normalement réagiraient de façon hostile à une mise en question de leurs croyances et attitudes de base, non seulement se révèlent capables de tolérer, mais même encouragent tout cela dans la littérature, le théâtre ou le cinéma ?

Il est important de bien distinguer ce phénomène d'autres façons dont l'art émousse les émotions. Par exemple, on affirme souvent que les œuvres violentes et érotiques nous désensibilisent à la violence, à la nudité, au sexe, au langage cru. C'est exact : nous nous apercevons souvent que nos réponses émotionnelles aux scènes violentes dans les films ou à la télévision se tempèrent quand nous sommes exposés de façon récurrente à la représentation d'actes de ce genre. Mais de cela, le phénomène que je cherche à expliquer diffère profondément. Car dans les cas dont je viens de parler, il y a bien une réponse émotionnelle aux œuvres d'art – même si par la suite ces œuvres favorisent une désensibilisation aux émotions qu'elles évoquent. Ce que pour ma part je cherche à expliquer est la façon dont des œuvres d'art peuvent complètement nous empêcher d'être émus par des idées qui normalement nous dérangeraient, et non pas comment ces œuvres peuvent tempérer ou émousser les réponses émotionnelles qu'elles ont déjà suscitées en nous. Quelle que soit donc l'explication de cette anesthésie de l'émotion, elle ne consistera pas à montrer comment l'art atténue les émotions[1]. Cette

mène, en montrant qu'il transforme réellement l'art en un instrument politique qui peut encore être efficace quand tout le reste a échoué à nous convaincre.

1. Une explication de cet ordre est meilleure lorsqu'elle est donnée en termes de dissonances cognitive et affective. Voir, par exemple, les travaux de L. Festinger, *A Theory of Cognitive Dissonance*, Stanford, Stanford U.P., 1957 ; *Retrospections on Social Psychology*, New York, Oxford U.P., 1980, dans lesquels l'auteur explicite d'un point de vue empirique l'idée que les gens ajustent leurs croyances à leurs sentiments. Voir également le livre marquant de W. Sargant sur le lavage de cerveau, *Battle for the Mind : A Physiology of*

explication, je dois le préciser, ne peut pas plus consister à faire appel à la *catharsis*, car quand bien même il pourrait y avoir *catharsis*, celle-ci nous débarrasse des émotions d'une façon thérapeutique, et elle opère, au moins pour une part, en excitant en nous des états émotionnels correspondants[1]. La *catharsis* ne nous empêche donc pas d'avoir définitivement ces émotions.

La façon dont les œuvres d'art anesthésient les émotions devra recevoir une toute autre explication. Sur cette voie, remarquons d'abord qu'une œuvre d'art qui cherche à nous donner de bonnes raisons d'abandonner certaines valeurs et certaines croyances centrales nous signale tout de suite que nos convictions profondes vont être menacées, ce qui va vraisemblablement susciter une réponse émotionnelle. La persuasion rationnelle est candide : pour vous convaincre, je dois vous rendre conscient des raisons de croire ou d'agir différemment, et ce faisant je dois mettre explicitement en question ce que vous croyez déjà. À cet égard, aucun subterfuge n'est possible : si je mets en question vos croyances en présentant contre elles des raisons, c'est de façon nécessairement explicite, et cela vous trouble ouvertement.

Les artistes qui affichent honnêtement leurs convictions provoquent fréquemment l'hostilité de ceux qui fréquentent leurs œuvres. C'est vrai de William Blake, dont les souffrances le faisaient tenir pour fou ; c'est vrai aussi d'Alexandre Soljenitsyne, d'André Brink et d'Alice Walker (dans *The Temple of My Familiar*) – qui défendent de façon tout à fait franche des conceptions sociales particulières. Mais tous les artistes n'ont pas cette honnêteté. Ceux dont les œuvres anes-

---

Conversation and Brainwashing, London, Pan Books, 1956, même s'il est quelque peu anecdotique.

1. C'est évidemment plus compliqué que cela n'en a l'air ici. Sur la *catharsis*, voir M.C. Nussbaum, *The Fragility of Goodness : Luck and Ethics in Greek Tragedy and Philosophy*, Cambridge, Cambridge U.P., particulièrement p. 388-391.

thésient les émotions ne tentent pas de donner des raisons en faveur des idées qu'ils défendent de façon tacite; c'est à un niveau plus profond et plus obscur qu'ils nous persuadent; ils exploitent les conventions du médium en trouvant parfois le moyen de jouer sur nos faiblesses. Ils nous poussent en effet à abandonner certaines croyances et certaines valeurs pour en adopter d'autres. Ces œuvres persuadent, mais ce n'est pas par la force de la raison. Simplement, elles nous séduisent. Leur forme de persuasion n'est ni rationnelle ni menaçante; elle nous attire en jouant sur les bonnes cordes émotionnelles, sans jamais nous inquiéter ni nous contraindre. Lecteurs de romans ou spectateurs de cinéma peuvent simplement découvrir que leurs valeurs et leurs croyances profondes au sujet du monde ont changé ou qu'elles sont devenues quelque peu instables; même s'ils peuvent faire remonter ces modifications à certaines œuvres d'art, souvent ils ne savent pas précisément pourquoi ils en sont venus à penser et à se comporter diffé-remment. Quand il s'agit d'être rationnellement convaincu, le prix à payer est une extrême attention à ce qui est en jeu et pourquoi – ce qui aura vraisemblablement pour conséquence une forte réaction émotionnelle; le prix à payer pour une séduisante persuasion c'est d'être déconcerté, c'est une incapacité de comprendre précisément comment on en est venu à penser et à agir comme on le fait maintenant.

J'ai par ailleurs expliqué qu'il n'existe pas de meilleure façon de séduire les gens que de les convaincre sincèrement ou, sinon, de les persuader que nous partageons leurs intérêts et que nous leur voulons du bien, en ajoutant que nous sommes par ailleurs parfaitement indifférents à ce qu'ils adoptent ou non nos croyances et nos valeurs[1]. Dans l'art, on trouve souvent quelque chose de cet ordre. La conception esthétisante affirme que les grandes œuvres picturales ou littéraires ne sont

---

1. Voir *The Boundaries of Art*, *op. cit.*, chap. 10.

supposées exister que pour notre plaisir, notre édification et pour faire nos délices. Elles fourniraient une occupation ou procureraient un divertissement, elles pourraient même être des stimulants intellectuels, mais elles n'auraient finalement pas d'effets cognitifs et ne pourraient donc pas modifier nos multiples engagements et allégeances. La même chose pourrait être dite des arts populaires : on les considère le plus souvent comme des divertissements frivoles, généralement inoffensifs – tout comme les magazines, les bandes dessinées, les séries télévisées et les romans. Ce qui est au centre de notre réflexion n'est pas la vérité des ces conceptions, mais la question de savoir si le fait d'y souscrire – ce que font nombre d'entre nous – ne nous rend pas plus (et non moins) susceptibles d'être séduits par ces œuvres [1].

Ces œuvres d'art subvertissant nos valeurs fondamentales par un processus de séduction ne provoquent pas de bouleversements émotionnels. C'est tout simplement que la séduction est une forme de persuasion douce ; elle attire en jouant sur nos désirs. Pourtant, cette remarque n'explique que fort peu les différents modes de séduction artistique. Même si on ne peut espérer expliquer ici tous les mécanismes alors à l'œuvre, l'un d'eux est assez manifeste dans le cas de la littérature de fiction, du théâtre et du cinéma. Les conventions qui règlent ce que Peter Lamarque et Stein Olsen appellent « la pratique de la fiction » exigent en effet de nous l'identification imaginaire et émotionnelle avec des créatures de fiction [2]. C'est en imaginant les détails de la situation de Dorothea Brooke que, en tant que lecteurs, nous sommes à même de comprendre sa situation, non pas de notre point de vue mais du sien, et que nous

1. J'ai rejeté des conceptions de cette sorte : voir *The Boundaries of Art*, *op. cit.*, chap. 1-4 et 8-10.
2. Voir P. Lamarque et S. Haugom Olsen, *Truth, Fiction, and Littérature : A Philosophical Perspective*, Clarendon Press, Oxford, 1994, qui considèrent la fiction comme une pratique constituée par certaines conventions.

sommes dès lors en ce sens capables de nous identifier à elle par l'imagination et l'émotion[1]. Notre compassion est mise à contribution, développée ; nous sommes conduits à comprendre (toujours par l'intermédiaire de nos propres croyances et de nos propres valeurs), éventuellement à « pénétrer », un nouveau monde pour lequel nos modes de pensée établis ne sont pas toujours entièrement adéquats – ce qui nous rend dès lors susceptibles, au moins pour un moment, d'autres croyances, de règles morales différentes, de valeurs religieuses jusqu'alors inconnues, etc.[2].

Puisque nous parvenons à ces nouveaux modes de pensée et à ces nouvelles façons de sentir par notre propre effort et notre rapport empathique aux personnages dans l'œuvre fictionnelle, nous ne nous sentons en rien menacés par eux. Du reste, cette implication dans la fiction nous distrait et nous plaît ; dès lors, cela tend à nous empêcher de prêter attention aux conséquences pour nous de modifications possibles d'attitude et d'opinion. Si nous manquons trop longtemps d'y penser, si à la place nous sommes absorbés par les fortunes et les infortunes de Dorothea et ses tentatives pour résoudre les problèmes qui l'assaillent, nous ne nous sentirons pas menacés par le roman, nous n'aurons aucune raison manifeste de protéger ce à quoi nous étions engagés et nos anciennes convictions ou de répondre de façon émotionnelle à leur mise en question.

Nous trouvons ainsi des gens qui auparavant auront pu accorder de l'importance à l'idéal de vie de la bonne épouse et rejeter avec horreur l'idée d'un amour hors du mariage, devenir graduellement capable de comprendre et de sympathiser avec certains aspects des sentiments de Dorothea pour Will

---

1. D. Brooke est le personnage principal du roman de G. Eliot, *Middlemarch* [N.d.T.].

2. Pour plus de précision, voir H. Putnam, « Literature, Science, and Reflection », *Meaning and the Moral Sciences,* Londres, Routledge & Kegan Paul, 1978.

Ladislaw, jusqu'à en venir aussi à mépriser le devoir de dévotion illimitée qu'elle s'impose à l'égard de Casaubon. Les lecteurs de *Color Purple* peuvent en venir à s'apercevoir que leurs attitudes à l'égard de la famille nucléaire traditionnelle se sont petit à petit modifiées, qu'ils ne sont finalement plus hostiles aux relations sexuelles entre femmes, qu'ils sont maintenant méfiants à l'égard de la figure masculine dans la vie familiale. Tous ces changements d'attitude surviennent sans même que nous en soyons conscients; le temps passe et nous découvrons finalement que nous avons changé; or, à bien y réfléchir, nous pouvons faire remonter ce changement au fait d'avoir été exposé à certaines œuvres d'art littéraires ou à certaines œuvres théâtrales.

Même si ces changements sont indépendants des réponses émotionnelles qu'on pourrait attendre de personnes dont les valeurs et les croyances fondamentales sont attaquées, cela ne signifie pas l'absence de toute émotion dans ce processus. Tout au contraire. Quand nous nous identifions à des créatures de fiction, des sentiments sont en jeu : nous partageons certaines de leurs émotions ou nous ressentons certaines émotions à leur égard. Nous partageons le mépris que ressent Martha Quest pour son premier mari, et l'amour servile de David Copperfield pour Dora Spenlaw nous amuse un peu, autant qu'il nous agace. Notre intérêt pour les vies de Martha Quest et de David Copperfield se remarquent à la manière dont elles provoquent nos émotions; sur le moment du moins, cela affaiblit notre vigilance à l'égard des croyances et des valeurs qui confèrent un ordre à notre monde, les valeurs qui permettent de stabiliser la place que nous y tenons.

La question inévitablement se pose : si ce que je viens de dire est vrai, pourquoi les gens lisent-ils tout de même des fictions? Après tout, sachant que cela peut mettre en péril et même subvertir des croyances structurelles importantes, nos

valeurs et notre mode de vie eux-mêmes, la seule chose
rationnelle à faire (à supposer que nous souhaitions stabilité et
équanimité dans notre propre vie) est d'éviter la littérature de
fiction et non de la rechercher. Le fait que les gens continuent à
se précipiter au théâtre et au cinéma, d'acheter et de lire des
romans, le fait aussi qu'ils regardent à forte dose des séries
télévisées, cela montrerait que tout ce que j'ai dit jusqu'ici est
simplement faux ou au moins très excessif.

Pour une multitude de raisons, les gens lisent de la
littérature de fiction, vont au théâtre et au cinéma, apprennent
et récitent de la poésie – je veux montrer que ces raisons, prises
ensemble, l'emportent sur la peur de la subversion de leurs
valeurs et de leurs croyances. Et cela parce que les activités
de lire et de réagir à la fiction, tout comme celles d'aller au
cinéma ou de se rendre au théâtre, procurent en soi du plaisir.
Comme le dit Aristote, tout simplement nous prenons du
plaisir à la représentation de scènes, de gens et de situations qui
nous sont familiers[1]. Plus encore, nous prenons plaisir à ces
rapports émotionnels avec des créatures de fiction; nous
apprécions les bonnes tragédies, comme nous apprécions aussi
les sentiments éprouvés à l'égard d'Elizabeth Bennett ou de
Marianne Dashwood et l'aversion ressentie pour Uriah Heep[2].
La fascination qu'exerce sur nous nos congénères et leurs
modes de vie différents, la façon dont nous en sommes
curieux, sont tout aussi remarquables. Les romans, les pièces
de théâtre et la poésie nous permettent de les connaître sans
les efforts et les bouleversements qui, dans le cours ordinaire
des choses, pourraient accompagner l'acquisition d'une telle
connaissance.

---

1. Aristote, *La poétique,* chap. 4, 29.
2. Ce phénomène est examiné par S. Feagin dans « The Pleasures of
Tragedy », *American Philosophical Quaterly,* 20, 1983, et N. Carroll dans *The
Philosophy of Horror, or, Paradoxes of the Heart, op. cit.*, chap. 4.

Pourtant, malgré la promesse de toutes ces récompenses, certains ne souhaitent pas lire ou voir des fictions, développer leur connaissance de toute cette littérature fictionnelle, à moins que la pratique de la fiction ne soit socialement approuvée et encouragée. Ce qui est arrivé à Salman Rushdie et à d'autres montre qu'elle n'est pas toujours approuvée[1]. Même les sociétés dans lesquelles l'innovation artistique et la bonne littérature sont bienvenues entretiennent un respect suspicieux à l'égard des œuvres d'art qui subvertissent nos croyances et nos valeurs les plus fondamentales – ce que montre l'institution de la censure. Pourtant, en Occident, même des œuvres subversives ne sont que rarement censurées – c'est peut-être, comme je l'ai déjà indiqué, l'influence marquante de la conception esthétique, qui pense l'art comme une fin soi, comme une source de satisfaction et de plaisir, mais jamais comme un moyen de s'instruire ou d'élévation morale, et moins encore comme une menace pour la structure sociale[2]. Dès lors, l'art n'a rien à dire au sujet des idées les plus profondément enracinées qui règlent nos vies et il ne peut donc jamais les subvertir. Ironie du sort, nous avons déjà vu que c'est justement

---

1. On peut penser à la mise à l'Index, dans la religion catholique, et chez les Musulmans, à la *fatwa* lancée contre Salman Rushdie lors de la publication de son livre *Les versets sataniques*, mais aussi contre des auteurs aussi divers que la doctoresse féministe Taslima Nasrin au Bangladesh ou le Prix Nobel Naguib Mahfouz en Égypte.

2. Sur les sources de cette conception, voir mon article « Ways of Artmaking : The High and the Popular Art », *British Journal of Aesthetics,* 29, 1989. Pour des exemples de cette conception, voir J. McNeill Whistler, « Ten O'Clock Lecture », Londres, Chatto and Windus, 1988, et O. Wilde, « The English Renaissance of Art », in *Miscellanies,* Londres, Methuen and Co, 1908. À un moment, Wilde nous dit que « dans la maison vraie et sacrée de la Beauté, le véritable artiste n'admettra rien qui soit sévère ou qui le dérange, rien qui fasse souffrir, rien qui soit l'objet de discussion et d'argumentation » (p. 257). Il continue en disant que « pour le poète, il n'y a qu'un temps […], celui du mouvement artistique, qu'une loi, celle de la forme, qu'un pays, celui de la Beauté – un pays en fait éloigné du monde réel » (p. 258).

cette croyance dans l'innocuité de l'art qui nous rend plus
sensibles à ses charmes et nous livre à son influence.

L'ART, LA COLÈRE ET LE PARADOXE CRITIQUE

Il reste que c'est tout simplement un fait que beaucoup de
gens – plus peut-être que je ne l'ai reconnu précédemment –
sont choqués par ces œuvres de fiction qui menacent leurs
croyances fondamentales; ils y réagissent par l'indignation,
l'hostilité et la colère; l'art manifestement ne parvient pas à les
anesthésier. Beaucoup de catholiques irlandais furent scandalisés par *Un portrait de l'artiste en jeune homme* de James
Joyce, sans doute à cause de la menace que ce livre constituait
à l'égard de leurs croyances sur l'éducation et sur l'Église
catholique. Les critiques du judaïsme hassidique contenues
dans *La promesse* de Chaïm Potok ont mis certains en colère;
d'autres encore ont été choqués et consternés par la critique
implicite des conceptions traditionnelles du mariage dans
Martha Quest de Doris Lessing. Cette fois au moins il est
facile de comprendre pourquoi : ceux que ces œuvres mettent
en colère tout simplement refusent d'y répondre *en tant que*
fictions. Ils les considèrent plutôt comme des menaces réelles
à un mode de vie considéré comme meilleur.

Comme nous le savons bien aujourd'hui, les conventions
organisant la pratique de la fiction exigent des lecteurs ou des
spectateurs qu'ils répondent sur un mode défini aux œuvres de
fiction. Au lieu de considérer les romans, les films et les pièces
de théâtre en fonction de leurs effets sur les croyances et les
valeurs courantes, la pratique de la fiction suppose de considérer certaines phrases, certaines images ou certains gestes en
imaginant des scènes et en simulant certains états de choses.
Comme nous l'avons déjà vu, le lecteur doit pénétrer, par
l'imagination et l'émotion, dans le monde de la fiction.

Mais parfois les gens n'y parviennent pas, simplement parce que la pratique de la fiction ne leur est pas familière et qu'ils ne savent vraiment pas comment répondre aux romans, pièces de théâtre et poèmes. Plus souvent peut-être, ils ne parviennent pas à une réponse adéquate parce que l'exigence imposée par ces fictions à leur imagination et à leurs émotions leur semble excessive – peut-être ressentent-ils aussi une certaine insécurité qui ne les incite pas à imaginer des mondes et des modes de vie différents. Fréquemment, le refus d'entrer dans une fiction tient à des valeurs propres, à des engagements idéologiques ou à des convictions sociales et politiques particulières. Quelle que soit la cause, l'incapacité de répondre adéquatement à la fiction est une impossibilité de la comprendre comme il convient, puisque cette incapacité d'être emporté sur le mode imaginaire et émotionnel par la fiction nous empêche de faire « de l'intérieur » l'expérience des situations auxquelles les créatures de fiction sont confrontées. Dès lors, nous ne parvenons pas à avoir cette forme d'attention particulière grâce à laquelle nous appréhendons ce qui importe ou non dans l'action racontée par une histoire et nous sommes alors empêchés d'avoir les attitudes appropriées à l'égard des personnages, de leur comportement et des situations qui règlent leurs vies.

Selon Lamarque et Olsen, l'une des conséquences de l'adoption d'une certaine attitude à l'égard des fictions, ce qu'ils appellent « l'attitude fictionnelle », c'est que « nombre d'inférences (même si ce n'est probablement pas toutes les inférences) qu'il serait possible de faire à partir d'un énoncé fictionnel vers le locuteur ou l'écrivain, particulièrement celles qui concernent leurs croyances, sont bloquées. Ce désengagement à l'égard des règles conversationnelles normales revient à l'idée de "distance cognitive", une idée associée à la fiction »[1]. À supposer que cette affirmation soit correcte, se mettre en colère à l'égard des croyances et des valeurs supposées de l'auteur revient à mal répondre à la fiction. Pour le dire autrement, ceux qui répondent ainsi ne parviennent pas à répondre à la fiction *en tant que* fiction.

Aussi étrange qu'il puisse paraître, entre autres choses, cela signifie qu'il n'est pas approprié, et en un sens, que c'est le résultat d'une incompréhension, de critiquer une œuvre pour son racisme ou son sexisme, pour sa critique des attitudes humanistes ou libérales, pour sa défense de la pédophilie ou pour son flagrant antisémitisme. Nous savons pourtant bien que les œuvres d'art peuvent créer des modes, que ces modes imprègnent le paysage intellectuel et attirent des milliers de personnes vers des conceptions nouvelles, parfois dange-reuses[2]. C'est la raison pour laquelle il semble parfaitement approprié de répondre de façon critique et d'être ému par certaines œuvres d'art parce qu'elles promeuvent ou parce qu'elles subvertissent certaines croyances et certaines valeurs.

Pour la critique d'art, le problème est clair. D'une part, une réponse appropriée à la littérature de fiction (et aussi, comme nous le verrons, à d'autres formes d'art) exige notre ignorance de la subversion, par ces œuvres, de nos croyances et de nos valeurs fondamentales. D'autre part, il est simplement irres-ponsable de fermer les yeux sur les effets que certaines œuvres ont sur nos attitudes et nos croyances et, donc, sur la structure de notre société. Dès lors, c'est parfaitement approprié de répondre par la colère à certaines œuvres d'art parce qu'elles menacent nos systèmes de croyances et de valeurs. Il s'ensuit

1. P. Lamarque et S. Haugom Olsen, *Truth, Fiction, and Literature, op. cit.*, p. 43-44. Voir aussi p. 44-52.

2. Je pense à des œuvres littéraires comme « Les chants de l'innocence et de l'expérience » de W. Blake, *Jane Eyre* de Ch. Brontë, *Une maison de poupée* d'H. Ibsen, les œuvres de Ch. Dickens et d'É. Zola, *Résurrection* de L. Tolstoï, *Pleure, ô mon pays bien aimé* d'A. Paton et *Martha Quest* de D. Lessing. La liste peut être indéfiniment étendue.

qu'une réponse critique inappropriée à certaines œuvres est appropriée d'un point de vue critique. C'est ce que j'appelle « le paradoxe critique ».

COMMENT FAIRE FACE AU PARADOXE CRITIQUE ?

Pour résoudre précipitamment le paradoxe critique, on peut dire qu'il repose sur la confusion entre une réponse appropriée *critique* à une œuvre (c'est-à-dire le type de réponse qui nous permettra le mieux de comprendre le contenu d'une œuvre) et ce qu'on pourrait appeler, de façon assez vague, une réponse appropriée *morale* (c'est-à-dire une réponse qui nous permettra le mieux de saisir les effets qu'une œuvre peut avoir sur son public et une communauté). Approprié se dit en plusieurs sens ; c'est pourquoi notre paradoxe est spécieux ou, au mieux, superficiel.

Cependant, le problème posé par cette tentative de résolution du paradoxe, c'est qu'il n'est absolument pas évident pour une écrasante majorité de personnes qu'une réponse critique à une œuvre d'art ne peut pas aussi tenir compte des questions morales. La raison pour laquelle, sur la base d'une évaluation critique, on devrait considérer comme inapproprié d'être en colère, contrarié ou agacé par un roman, n'est pas plus évidente. S'il fut un temps, celui de la Nouvelle Critique, où la critique littéraire était supposée se tenir à distance des questions morales, ce n'était rien d'autre qu'une convention littéraire empruntée à une théorie particulière de la littérature. Aujourd'hui, notre sensibilité aux questions morales et politiques nous conduit à considérer comme normal de répondre de façon critique aux multiples dimensions des fictions littéraires : morale, politique, religieuse, et celle qui concerne la

relation entre l'homme et la femme[1]. C'est devenu une
caractéristique bien établie dans la pratique de la critique d'art
de signaler qu'un texte fait l'«impasse sur certaines singu-
larités» et d'isoler la «perspective propre» non seulement de
l'auteur impliqué mais aussi de l'auteur réel[2], mettant ainsi
l'accent sur la possible défense d'attitudes et de croyances
minoritaires[3].

Si cette conception est correcte et si vraiment une réponse
critique appropriée, par exemple à un roman, doit s'adresser
à la fiction *et aussi* être morale, alors aucun doute : il y a bien
un paradoxe. Même si notre colère, un certain sentiment
d'outrage moral, semble violer les exigences d'une réponse
appropriée à l'œuvre en tant que fiction, elle s'accorde aux exigences de la critique d'art – et c'est bien ainsi qu'un nombre
croissant de spécialistes la pratiquent.

Pour traiter et résoudre le paradoxe, observons qu'un
critique peut répondre à un roman *en tant que* fiction sans
s'enfermer à jamais dans l'attitude fictionnelle. On peut lire
une histoire en tant que fiction, sans renoncer à d'autres
réponses. Nous constatons que notre implication imaginaire
dans la fiction ne se maintient pas d'elle-même indéfiniment et
que nous ne pouvons pas la maintenir; nous entrons et nous
sortons de la fiction, nous réfléchissons sur nos réponses, et
nous pouvons donc nous interroger sur les implications morales
et politiques de nos expériences d'empathie. À l'inverse, nous

1. Des genres masculin et féminin, bien évidemment, dans le cadre anglo-
américain des *Gender Studies* [N.d.T.].

2. La distinction entre auteur réel et auteur impliqué est fréquente dans
l'esthétique et la critique littéraire anglo-américaines. Le second est impliqué
par le texte qu'on lit; ces caractéristiques psychologiques peuvent bien sûr être
différentes de celles de l'auteur réel [N.d.T.].

3. Voir, par exemple, M. Devereaux, «Oppressive Texts, Resisting
Readers and the Gendered Spectator : The New Aesthetics», *The Journal of
Aesthetics and Art Criticism*, 48, 1990 et I. Barwell, «Who's Telling this Story,
Anyway? Or, How to Tell The Gender of a Storyteller», *Australasian Journal
of Philosophy*, 73, 1995.

pouvons faire une pause afin d'admirer la maîtrise technique de l'écriture et du récit, puis nous immerger de nouveau complètement dans la fiction. Par bien des aspects, la lecture d'une fiction comprend ce mouvement de va-et-vient; on comprend mieux alors pourquoi les critiques peuvent répondre à une œuvre fictionnelle *en tant que fiction* et, également, en d'autres occasions, y répondre en insistant sur ces dimensions éthiques, politiques ou religieuses

À cet égard, le paradoxe critique semble disparaître. Car nous pouvons maintenant voir qu'il repose sur l'idée fausse qu'une réponse appropriée à la fiction *en tant que fiction* exclut toute autre sorte de réponses. Manifestement, c'est faux. On peut répondre de façon appropriée à une œuvre en tant que fiction et s'autoriser aussi à prendre comme objet de réflexion morale ou politique sa propre compréhension de la fiction. Ainsi, les critiques cherchent à juger l'impact de la fiction sur leurs systèmes de croyances et de valeurs.

C'est une chose de répondre avec ce qu'il faut d'imagination à *Forrest Gump*, d'être pris dans le monde innocent de l'affection infantile et de la confiance mal placée qui caractérise Forrest. C'en est une autre de réfléchir aux implications de ce monde sur les croyances et les attitudes du spectateur au sujet du système économique libéral et de la société américaine. En voyant le film, un critique peut prendre plaisir à assister aux triomphes commerciaux involontaires de Forrest, il peut être horrifié par la façon dont Forrest enfant est maltraité et tourmenté pour sa stupidité. Et pourtant, à la réflexion, le critique peut être scandalisé par la subtile propagande que ce film constitue, par ce qui semble être une défense du capitalisme et une glorification du mode de vie américain.

En cela, il n'y a aucun paradoxe. Même s'il est vrai que certaines œuvres d'art fictionnelles nous anesthésient contre une certaine sorte de bouleversements émotionnels, ce n'est pas le cas d'une réponse critique appropriée à l'œuvre. Elle

peut fort bien mettre en évidence comment l'œuvre nous attire
vers certaines conceptions, comment elle nous conduit à nous
situer à l'égard des valeurs dominantes dans notre société. Et à
son tour, cela peut être l'occasion d'une réponse émotionnelle
appropriée.

Malgré les leçons du Mouvement Esthétique et de la
Nouvelle Critique, un critique d'art peut fort bien avoir une
réaction affective à la subversion et à la promotion de valeurs
et de croyances à travers l'art. Sans aucun doute, des romans,
des peintures, de la poésie et des films n'encouragent pas
habituellement une réflexion critique de cette sorte et, comme
nous l'avons vu, ils œuvrent souvent pour l'empêcher, mais,
si cette thèse est correcte, les conventions de la critique qui
tendent à interdire ces réponses en imposant un contrôle sur
une pratique critique ne sont rien d'autre qu'une simple mode ;
des conventions de cet ordre ne définissent pas en elle-mêmes
la pratique critique et ne peuvent donc pas montrer qu'il est en
soi inapproprié de répondre aux œuvres de la façon dont je l'ai
indiquée [1].

André Brink et Paul Gauguin

Afin de mieux comprendre la grande complexité de nos
réponses aux œuvres d'art, il peut être utile de se pencher sur
les exemples de deux artistes très différents : l'un est un peintre
du XIXe siècle dont les œuvres sont devenues au XXe siècle
l'objet d'une imperturbable admiration, l'autre est un écrivain
du XXe siècle dont les romans, à l'époque de l'apartheid

1. Je voudrais signaler ici un problème dans le livre de Lamarque et Olsen,
Truth, Fiction, and Literature, op. cit. : ils affirment que des considérations de
vérité ne jouent aucun rôle dans une réponse critique appropriée à la littérature
fictionnelle. Voir mon étude critique de leur livre dans « The Trouble with
Truth : A Critical Study of P. Lamarque and S. Haugom Olsen's *Truth, Fiction,
and Literature* », *Philosophy and Literature*, 19, 1995.

triomphant, furent pour beaucoup d'Afrikaners la source d'une irritation considérable.

Quand Paul Gauguin choisit de quitter sa famille, de rejeter la civilisation occidentale et de peindre avec pour toile de fond des palmiers et le sable doré de Tahiti, chacune de ses peintures porta alors un message clair au sujet de son propre génie et de sa poursuite acharnée de sa vocation d'artiste. Après l'interdiction de son roman en afrikanns, *Kennis van die Aand*, le romancier sud africain André Brink refusa de continuer à écrire dans cette langue; dès lors, chacun de ses romans en anglais constitua une attaque contre un gouvernement qui, jusqu'alors, avait prétendu être le gardien de la culture afrikaner. À partir de ce moment, les romans qu'il publia constituaient des messages fort clairs au sujet des actions du gouvernement sud africain – des messages envoyés à ces Afrikaners qui cherchaient à promouvoir une littérature en afrikaans et pour lesquels la culture anglo-saxonne constituait une menace pour leur identité.

Il est important de comprendre qu'il s'agit certes là de messages dans un sens un peu spécial, puisqu'ils ne sont liés d'aucune façon au contenu d'un tableau tahitien de Gauguin ou d'un roman en anglais de Brink; ces messages ne peuvent pas en être tirés – ce qui signifie qu'on ne va pas les extraire des multiples récits et thèmes des romans ou d'une imagerie, voire d'un symbolisme pictural, dans les peintures. Pourtant, il est évident que des romans aussi différents que *A Dry White Season, States of Emergency, The Wall of the Plague* et *A Chain of Voices* partagent tous ce même message, et que des peintures sur des motifs tous différents – depuis *Nafea Foa Ipoipo (Quand seras-tu mariée?)* jusqu'à *Mahana Maa (Jour de marché), Tapera Mahana (Coucher de soleil)* et *Nevermore O Taiti* – sont tous considérés comme véhiculant un unique message sur le grand sacrifice de Gauguin à son génie. Dès lors, il est difficile de tenir ces messages comme, en quelque sorte, contenus dans ces œuvres d'art : ce ne sont pas des messages *dans* l'art et on ne peut les trouver dans les œuvres d'art elles-mêmes. Ce sont plutôt des messages véhiculés *au moyen* de l'art, ce que j'ai appelé ailleurs des messages « à travers » (et non « dans ») l'art[1].

De plus, le message compris dans les tableaux tahitiens de Gauguin peut être ainsi compris même si Gauguin n'en avait pas l'intention ou s'il n'était pas sincère. Aujourd'hui, nous sommes dans un contexte de désenchantement à l'égard de l'individualisme et il est plus facile de voir les tableaux de Gauguin comme témoignant non pas de son génie mais de son égoïsme, de sa trahison, par indifférence, par insensibilité, à l'égard de sa femme et de sa famille[2]. L'œuvre peut suggérer ce message – non dit et non intentionnel c'est certain, mais néanmoins un message[3].

Le clivage entre messages « dans » et messages « à travers » l'art est crucial, si nous voulons être à même de distinguer entre une réponse à une œuvre d'art nous permettant de saisir son contenu et d'en extraire des idées sur le monde et une réponse à la même œuvre nous permettant de juger les effets de l'œuvre sur les croyances et les valeurs des gens, et donc sur la structure sociale – une distinction que notre solution au paradoxe critique suppose. On saisit les messages

1. Voir mon article « Messages "In" and Messages "Through" Art », *Australian Journal of Philosophy,* 73, 1995, auquel j'emprunte l'exemple de Brink.
2. Une des définitions proposées à l'entrée « message » par le *Dictionnaire abrégé Collins de la langue anglaise* est la suivante : « une signification implicite, comme dans une œuvre d'art ». Ce sens du terme est d'usage courant, même si le *Dictionnaire Oxford de la langue anglaise* ne le donne pas ; c'est un des sens du mot « message » que je cherche à développer dans cet article.
3. Les tableaux tahitiens de Gauguin sont rarement considérés de cette façon, il est vrai, et pour le moment, c'est plutôt une chance pour lui. Cependant, à partir de mes propres commentaires, je me dis que cela pourrait bien toucher à sa fin. Voir B. Williams, « La fortune morale », dans *La fortune morale,* Paris, PUF, 1994.

« dans » les romans et les peintures en répondant à l'œuvre en fonction des conventions qui règlent le médium. En revanche, c'est en suspendant ces conventions que nous discernons les messages « à travers » l'art, c'est en examinant comment l'œuvre affecte les croyances et les valeurs fondamentales de ceux qui s'y intéressent.

Mais cette distinction est-elle correcte ? Non, semble-t-il, ne serait-ce que parce les messages sur le monde tirés du contenu d'un roman sont difficiles à distinguer des réponses morales et politiques d'un tout autre ordre. Mais que la saisie des messages « dans » l'art et la saisie des messages « à travers » soient souvent étroitement liées n'entraîne certainement pas l'absence de différence entre les deux ni même que nous les saisissions de la même façon.

Normalement, un message « dans » une œuvre d'art dérive du contenu de l'œuvre, mais ne porte pas sur elle. Dans *Nafea Foa Ipoipo*, par exemple, que deux femmes tahitiennes soient assises l'une en face de l'autre – l'une portant le vêtement traditionnel et l'autre vêtue à l'occidentale – ne constitue pas un message. « Dans » ce tableau, ce qui peut constituer le message est l'idée, dérivée d'une correcte appréhension de son contenu, que le mode de vie occidental s'introduit lentement dans la vie traditionnelle à Tahiti. Dès lors, quand nous parlons de messages « dans » l'art, ils portent sur le monde réel et non sur le monde imaginaire de l'œuvre. De plus, pour qu'il nous soit possible de considérer ces messages comme présents « dans » une œuvre d'art, il faut aussi que nous puissions raisonnablement considérer qu'une œuvre d'art, du fait de son contenu, parle du monde réel ou nous dit quelque chose à son sujet.

Insistons sur un point : nous ne voulons pas dire que le message « dans » une œuvre serait ce qu'il nous plaît de croire [1]. On peut discerner des messages « dans » à la fois sans

---

1. Je remercie S. Stich, qui m'a signalé que je pouvais être mal compris à cet égard.

qu'ils nous plaisent particulièrement et sans que nos croyances et valeurs fondamentales n'en soient aucunement affectées, car c'est évident qu'un lecteur peut déjà avoir les croyances et accepter les valeurs diffusées par les messages « dans » une œuvre. Le lien entre la séduction d'un lecteur par une œuvre et le discernement des messages « dans » une œuvre est alors le suivant : tout comme il n'y a de séduction que si le lecteur s'accorde avec les conventions qui règlent le médium, c'est seulement en répondant à l'œuvre en fonction des conventions qui lui sont appropriées et qui permettront au lecteur de saisir son contenu que les messages « dans » l'art sont discernés.

Il reste que, comme je l'ai déjà montré, certains messages véhiculés par les œuvres d'art ne sont pas liés à leur contenu. Le tableau de Seurat qui se trouve dans mon bureau montre à tout le monde comme je suis riche ; le tatouage d'un dragon sur mon bras montre comme je suis bête ; *Nafea Foa Ipoipo* rappelle ce que pour sa famille a signifié la poursuite par Gauguin de son destin artistique. Ces messages ne peuvent pas être tirés du contenu d'une de ces œuvres ; ils sont fonction de certaines croyances courantes et de valeurs largement acceptées à l'égard de la production et de la diffusion de ces œuvres. Les messages « à travers » relèvent de la localisation sociale des œuvres d'art ; ils n'ont rien à voir avec ce que nous considérons comme leur contenu.

Ce sera plus clair si nous prêtons attention à l'arrière-plan de ces attitudes, valeurs et croyances « profondes » sur le fond desquelles se manifestent une œuvre et son action – attitudes, valeurs et croyances auxquelles souscrivent la plupart de ceux qui comprennent cette œuvre. Ce sont parfois, je l'ai dit, les croyances et les valeurs fondamentales auxquelles, comme le dit Wittgenstein, chacun tient ferme dans cette société, et qui constitue une « forme de vie »[1]. Il existe pourtant des occa-

---

1. Voir L. Wittgenstein, *De la certitude,* § 234.

sions dans lesquelles certaines tendances intellectuelles nous
encouragent à prêter attention aux croyances et aux attitudes
« profondes » sous-jacentes dans une œuvre. Répondre ainsi à
l'œuvre suppose que certains aient acquis un nouvel ensemble
de croyances et de valeurs relativement à ce qu'ils avaient
jusqu'alors tenu pour garanti, en particulier à ce qu'ils consi-
déraient comme allant de soi dans les œuvres d'art produites
dans leur communauté, et que ce nouvel ensemble fasse leur
admiration ou (c'est plus courant) qu'ils en soient critiques.
Dans ce processus, l'œuvre est présentée comme affirmant ou
véhiculant ce que jusqu'alors elle ne faisait que présupposer.
Ce qui peut bien sûr arriver indépendamment de ce que
l'auteur souhaitait, a recherché ou croyait.

L'une des conséquences d'un tel phénomène est qu'en
certaines circonstances un message « dans » une œuvre peut
produire des messages « à travers » cette œuvre. Nous avons
déjà remarqué que c'est vrai de *Forrest Gump*. Cela vaut aussi
pour *Nafea Foa Ipoipo*, puisque le message « dans » cette
œuvre – à Tahiti, les manières de vivre et les valeurs occi-
dentales supplantent petit à petit le mode de vie indigène – peut
nous conduire à prêter attention à certaines croyances et
valeurs d'arrière-fond au sujet de l'assimilation, de la vie
traditionnelle et du colonialisme. Selon nos croyances privilé-
giées et l'attitude que nous adoptons à cet égard, nous pouvons
comprendre la peinture comme véhiculant le message selon
lequel l'influence européenne à Tahiti est bénéfique pour la
civilisation ou, au contraire, que cette influence est négative,
destructrice et douloureuse. Même si ces messages sont indirectement le produit d'un message « dans » l'œuvre, ce ne sont
pas des messages « dans » *Nafea Foa Ipoipo* : on ne peut pas les
repérer dans son imagerie, dans son contenu ; ce sont donc des
messages « à travers » la peinture et leur existence dépend des
croyances et des valeurs entourant sa diffusion.

De nombreux messages « à travers » l'art ne sont évidemment d'aucune façon le produit des messages « dans » l'art. Ce que montre la sculpture de Degas placée dans les appartements de mes domestiques c'est combien je suis snob ; elle ne le montre pas par son contenu, mais parce qu'elle attire notre attention sur des idées courantes : une sculpture comme cela est hors de prix et elle est mal placée chez les domestiques. On doit ainsi tenir compte de deux sortes de messages « à travers » l'art : certains sont directement produits par le contenu de l'œuvre et d'autres n'en dépendent d'aucune manière. Ils ont en commun de dépendre d'une tendance, à certains moments de notre histoire, de mettre en évidence certaines valeurs et croyances communes, que ce soit pour les approuver ou les désapprouver.

Dès lors, il semble manifeste qu'on doit accepter une distinction entre messages « dans » et messages « à travers » l'art, même si, en la défendant, je ne prétends pas qu'il soit toujours évident de savoir quels sont les messages « dans » et quels sont les messages « à travers » l'art. Dans certaines occasions, les frontières entre les deux sont confuses[1]. Des frontières floues n'impliquent nullement que la distinction en jeu n'existe pas. Comme nous l'avons remarqué, faire cette distinction, dans de nombreux cas, est non seulement facile, mais fort utile.

Pour le montrer plus clairement, réfléchissons un moment aux plaisanteries du niveau de Al, et aussi à son sujet, dans la série télévisée *Mariés avec des enfants* – des plaisanteries portant sur ses insuffisances comme mari et comme père, sur sa sexualité et sur sa bêtise. Que les plaisanteries de Peg soient de la bonne rigolade inoffensive se diffusant dans toute la série est un présupposé jamais mis en question. Pourtant, ce présupposé n'a rien d'évident pour tout le monde. On peut considérer

---

1. Ce que j'explique de façon plus détaillée dans « Messages "In" et Messages "Through" », art. cit., p. 202 *sq.*

que ce genre de plaisanteries subvertit le rôle masculin dans la famille, et d'une façon générale ridiculise et rabaisse les hommes. De temps en temps pourtant, il en est pour affirmer que le dénigrement des mâles et du rôle des hommes dans la famille est bien un aspect de ce qui importe dans *Mariés avec des enfants* – c'est un aspect de son message et de son contenu, c'est bien ce dont parle cette série.

Pour d'autres, une telle analyse est au mieux trompeuse, au pire ridiculement puritaine. *Mariés avec des enfants*, affirment-ils, est une comédie; son message ne comprend nul triomphalisme féministe et aucun dénigrement des hommes. La ligne de bataille est fixée; pourtant, si ma distinction est correcte, ce désaccord peut facilement être résolu. S'il est peu plausible de présenter le dénigrement des hommes comme un message de *Mariés avec des enfants*, et de dire que c'est un aspect de son contenu (de ce que cette serie raconte ou de son thème), il est en revanche plausible de considérer ce dénigrement comme un message présent « à travers » la série, un message véhiculé, par inadvertance ou non, au moyen de cette série, en fonction de l'acceptation non critique de certains présupposés d'arrière-plan fort courants, ou avec l'intention délibérée de les mettre en question.

La distinction que j'ai défendue donne ainsi un fondement à la thèse des féministes selon laquelle certaines œuvres d'art – que ce soit *Hamlet* ou *Death and the Maiden* – contiennent des messages désobligeant à l'égard des femmes. Nous voyons maintenant qu'il n'est pas besoin que ces messages appartiennent à l'action, au thème, au récit dans ces œuvres, pas plus qu'ils ne doivent être intentionnels. Ils n'en sont pas moins extrêmement marquants et, dans certains cas, ils sont vraiment nuisibles. Cette distinction nous donne ainsi un moyen d'expliquer les effets émotionnels compliqués que peuvent avoir les œuvres d'art sur certains publics à certains moments, alors même que ces effets, même s'ils sont cognitifs, ne sont pas à proprement parler tirés de ce que les œuvres disent explicitement. Cette distinction nous donne aussi un moyen de prendre position dans une querelle persistante dans la théorie de la critique, une querelle qu'on retrouve, me semble-t-il, dans ce que j'ai précédemment appelé le paradoxe critique.

La mort de l'artiste

On a montré que les messages « dans » l'art dissimulent souvent ces messages qui sont véhiculés « à travers » l'art. Il faut expliquer pourquoi puisque, nous le savons maintenant, la façon dont nous sommes supposés répondre à une œuvre d'art afin de saisir comme il convient les messages « dans » diffère tout à fait des manières que nous avons de répondre à une œuvre quand, « à travers » elle, on découvre des messages. Les messages « à travers » peuvent bien sûr être insidieux, mais c'est seulement parce que les lecteurs et les spectateurs sont empêchés, du fait des conventions du médium, de prêter atten-tion aux effets de l'œuvre sur leurs croyances et valeurs fonda-mentales. C'est seulement en défiant ces conventions que nous discernons les messages « à travers » de l'art et y répondons par des émotions.

L'incapacité de faire une distinction entre les différentes sortes de messages que nous discernons dans l'art a largement contribué à certaines des affirmations les plus fortes apparues dans le cadre du débat sur « la mort de l'auteur » – un débat issu de la célèbre remarque de Roland Barthes selon lequel « la naissance du lecteur doit se payer de la mort de l'Auteur »[1]. Dans une grande mesure, ce débat avait pour fin de ridiculiser l'idée répandue de l'artiste comme génie romantique et

---

1. R. Barthes, « La mort de l'auteur », *Le Bruissement de la langue*, Paris, Seuil, 1984, p. 67.

inventif possédant une maîtrise absolue sur ce qui peut être tiré de l'œuvre.

Même si le confinement de la discussion critique d'une œuvre à l'intérieur de ce que l'auteur a eu l'intention de transmettre est une profonde erreur, le débat sur la mort de l'auteur conduisit à bon nombre de stupides excès qui auraient pu être évités, me semble-t-il, grâce à la distinction entre messages « dans » et messages « à travers » l'art. Par exemple, on a fini par soutenir que prendre en compte l'intention de l'auteur et les formes structurales qu'il crée, les considérer comme la signification ou les limites d'une œuvre, serait inutile ; l'intention et les formes structurales ne devraient pas plus être considérées comme des contraintes fixant des règles pour les réponses du lecteur ou des spectateurs. L'œuvre et son contenu furent même tenues pour le produit de la propre créativité et de la virtuosité imaginative du lecteur ou du spectateur, voire (de façon encore plus radicale) comme le résultat du libre jeu des signes dans le texte [1].

Selon Barthes, « donner un Auteur à un texte, c'est imposer à ce texte un cran d'arrêt, c'est le pourvoir d'un signifié dernier, c'est fermer l'écriture » [2]. Ceux qui insistent sur la virtuosité du lecteur et la créativité essentielle de l'interprétation critique veulent transcender cette limite. Dès lors, ceux qui cherchent ce dont un texte ne parle pas, qui par exemple découvrent combien *Forrest Gump* valorise le mode de vie américain ou repèrent une forme de défense de la consommation d'alcool dans *Coronation Street*, proposent des explica-

---

1. R. Ingarden avait déjà exposé cette conception. Plus récemment, elle a été exposée par S. Fish, *Is There a Text in this Class ? The Authority of Interpretative Communities,* Cambridge, Mass., Harvard U.P., 1980. C'est une conception renforcée bien sûr par les écrits de J. Derrida. Voir mon livre *Knowledge, Fiction and Imagination, op. cit.,* p. 42-55. Voir aussi les écrits de J. Margolis sur ce thème in *Art and Philosophy,* Atlantic Highlands, N.J., Humanities Press, 1980.

2. R. Barthes, « La mort de l'auteur », *op.cit.,* p. 65.

tions aussi « valides » ou « plausibles » de ce que l'œuvre
« dit », car ce qu'elle « dit » est ce que l'imagination du lecteur
ou du spectateur peut lui imputer.

Pourtant, je l'ai dit, cette thèse n'est pas plausible. Nous
devons distinguer le domaine du contrôle artistique et le
domaine auquel le lecteur contribue. Pour reprendre mon
vocabulaire, généralement les artistes *sont* responsables des
messages « dans » l'art, de ces messages au sujet du monde qui
peuvent à juste titre être considérés comme le contenu de
l'œuvre. Qui plus est, comme nous l'avons remarqué, les
artistes exploitent souvent les conventions du médium afin
d'anesthésier les émotions des spectateurs et des lecteurs – ces
émotions qui autrement pourraient accompagner les mises
en question que ces œuvres imposent à certaines de leurs
croyances et de leurs valeurs profondes. Revenons à Gauguin.
Dans un article intitulé « Paul Gauguin ou le symbolisme en
peinture », paru dans *Le Mercure de France* en mars 1891,
Albert Aurier s'est fait le relais des conceptions de Gauguin
sur ce qu'une peinture doit être. En s'opposant nettement aux
Impressionnistes, Gauguin pensait qu'une peinture doit « être
centrée sur une idée, puisque l'expression d'une idée devrait
être son seul idéal ». Une telle idée transmettrait la perception
subjective de l'artiste au moyen de symboles ou de formes
décoratives « selon une méthode qui peut généralement être
comprise ».

Gauguin ne nous dit pas seulement ce qu'il cherche à
atteindre dans une peinture mais, en inventant et en établissant
les conventions du synthétisme, il nous dit ce que les spectateurs dans ses peintures doivent regarder. À son avis, mais
aussi pour toute personne correctement informée sur le genre
qu'il pratique, une réponse adéquate à ses dernières œuvres
suppose de considérer les marques et les couleurs sur la toile
comme des symboles et des formes décoratives qui véhiculent
une idée déterminée – celle qui est dérivée de sa propre

perception inventive du monde. Dès lors, dans *Nafea Foa Ipoipo*, il faut voir la robe comme un symbole, quelque chose qui véhicule la perception subjective de l'artiste et qui nous parle de l'absorption des îles des mers du sud par la culture européenne.

C'est la raison pour laquelle les messages «dans» l'art résultent bien plus des efforts créatifs de l'artiste qu'ils ne proviennent de ceux du lecteur, du spectateur ou du critique. Quand nous respectons les contraintes de l'auteur sur la façon dont nous devons voir *Nafea Foa Ipoipo*, il en devient totalement inapproprié de considérer ce tableau comme une trahison de sa femme par Gauguin, donc comme contenant un message au sujet des attitudes masculines à l'égard des femmes. Après tout, aucun des symboles et des formes dans la peinture ne suggère vraiment cela; et ce n'était pas plus sa perception subjective que Gauguin cherchait à véhiculer avec cette peinture. Afin d'interpréter ainsi la peinture, le lecteur aurait à prêter attention, de façon critique et créative, à tout un ensemble de détails extérieurs à l'œuvre, des aspects qui n'ont rien à voir avec les conventions du synthétisme : l'histoire de la famille de Gauguin, les croyances profondes que certains, dans l'Europe du XIXe siècle, ont eu sur l'importance de l'art et du génie, les croyances contemporaines au sujet de l'art et la valeur qu'on lui accorde, les croyances sur la famille, les hommes, les femmes, les enfants, la fidélité, etc. C'est alors seulement qu'on peut dériver ce message de *Nafea Foa Ipoipo*, et il s'agira d'un message «à travers», non pas d'un message «dans» la peinture.

Il n'est donc pas vrai que l'artiste soit mort, c'est seulement que l'artiste a souvent été ignoré. Mais rien ne l'exige : il subsiste une sphère spécifique pour l'artiste, son influence et ses décisions, c'est-à-dire pour son autorité. Il existe aussi une sphère pour les décisions créatrices du lecteur. Ces deux sphères ne sont pas exclusives l'une de l'autre.

Si nous ne prêtons attention qu'aux messages «dans» l'art, une réponse «cultivée» à l'œuvre est effectivement attestée, l'artiste ou l'auteur devenant en quelque sorte la seule autorité détenant un empire complet sur ce qui peut à juste titre être dérivé de l'œuvre. La critique pose cependant toutes sortes de problèmes et de questions au sujet d'une œuvre; cette fois les lecteurs décident ce qu'ils veulent savoir et penser à la lumière de l'œuvre. Il n'y a rien à redire à cela[1]. Cela ne pose de problèmes que si l'on confond les messages «à travers» et ceux qu'on peut à juste titre trouver «dans» l'art.

CONCLUSION

J'ai commencé en mettant en évidence et en expliquant les qualités anesthésiques de l'art. Certains romans, poèmes ou certaines peintures empêchent ceux qui en font l'expérience d'avoir les réponses émotionnelles qui normalement accompagnent la subversion des valeurs et des croyances enracinées. En utilisant des exemples empruntés à la littérature fictionnelle et à la peinture, j'ai montré que cette possibilité repose sur l'exigence faite aux spectateurs et aux lecteurs de répondre aux œuvres en fonction des conventions du médium. C'est aussi une réponse de cet ordre qui leur permet de comprendre l'œuvre correctement, de saisir son contenu et donc de découvrir les messages au sujet du monde, s'il en est, qui sont «dans» l'œuvre : on les y place pour qu'un spectateur ou un lecteur attentif, mais pas très inventif, les découvre.

Cependant, j'ai aussi montré que nous n'avons pas toujours à répondre à un roman, à une peinture ou une pièce de théâtre en fonction des conventions qui règlent ces formes

---

1. C'est un aspect inévitable et nécessaire de la critique. Voir mon livre *Knowledge, Fiction and Imagination, op. cit.*, chap. 5.

d'art. Si nous devions toujours le faire, une bonne partie de ce qui passe maintenant pour de la critique d'art serait désavouée, car il est fréquent que les lecteurs ne prêtent pas seulement attention à l'action dans la narration, mais aussi au fait que l'œuvre met en question certaines de leurs croyances fondamentales et des valeurs auxquelles ils sont attachés. En répondant ainsi à une œuvre, on peut fort bien ressentir toute l'émotion résultant d'une menace imposée à nos croyances et à nos valeurs.

Ces remarques montrent que, parfois, une réponse inappropriée aux œuvres d'art est… appropriée. Ce n'est qu'apparemment un paradoxe : il est évident qu'on peut répondre de façon imaginative à une fiction littéraire sans que cette réponse vous pétrifie. On « entre » et on « sort » de la fiction ; en allant au-delà des contraintes conventionnelles du médium, on reconnaît en quoi cette fiction constitue un défi à nos valeurs et à notre conception du monde.

À prendre au sérieux le paradoxe critique, nous serions conduits à « choisir notre camp », à affirmer la totale autorité de l'artiste ou, au contraire, la « mort » de l'artiste et la « naissance du lecteur ». La première conception nous encourage à considérer l'art comme un puissant anesthésique, quelque chose qui nous force à répondre en fonction des conventions du médium, affaiblissant nos défenses rationnelles et émotionnelles, nous attirant vers des points de vue dangereux, excessifs et rationnellement indéfendables – exactement ce dont parle Socrate au sujet du théâtre [1]. D'un autre côté, la thèse de « la naissance du lecteur » insiste sur sa réponse créatrice. Dès lors, elle condamne l'auteur à une mort prématurée et, du même coup, dans une grande part de ce qui passe pour de la critique d'art, elle fait taire l'artiste.

---

1. Platon, *République*, Livre X.

Les extrêmes ne s'imposent pas. En distinguant messages « dans » et messages « à travers » l'art, j'espère distinguer le domaine de l'artiste et celui du lecteur, et montrer que souvent l'art anesthésie – ce qui rend possible l'exploitation, par l'artiste, des conventions qui gouvernent le médium. Cependant, nous pouvons aller au-delà des conventions du médium, nous pouvons les évaluer et estimer l'influence qu'elles exercent sur nous, et dès lors nous pouvons répondre avec toute la gamme des émotions que l'art quelquefois cherche à anesthésier.

Traduit par Roger Pouivet

CONCLUSION

Jerrold Levinson

LE CONTEXTUALISME ESTHÉTIQUE [1]

L'art et les valeurs

Commençons avec une citation : « L'*organum* universel de la philosophie – la pierre de touche de toute son architecture – est la philosophie de l'art » [2].

Par son caractère grandiose et par le contraste avec ce que la plupart des philosophes actuels seraient prêts à dire à ce sujet, cette formule de Schelling est tout à fait frappante. On trouve bien un grain de vérité dans les deux idées qu'il existe une connexion particulière entre l'art et la philosophie, et que l'esthétique est peut-être un domaine central de la philosophie. Tout d'abord, il vaut la peine de remarquer que même si la philosophie de l'art n'a pas joué un rôle dans les systèmes de tous les philosophes indiscutablement grands, et même de la plupart, elle a occupé une place importante chez quelques uns, à savoir Platon, Aristote, Hume, Kant, Hegel, Schopenhauer, Nietzsche, Dewey, et Sartre. Un bon nombre de philosophes de moindre importance – par exemple, Hutcheson, Croce, Collingwood, Bergson, Santayana, Gadamer, Merleau-Ponty,

---

1. Je tiens à remercier R. Pouivet pour la traduction de ce texte inédit.
2. F. Schelling, dans son *Système de l'idéalisme transcendantal* de 1800.

et (évidemment) Schelling – ont eu aussi une philosophie de l'art : on en trouverait peut-être plus qu'à s'être intéressés, disons, à l'éthique. Pourquoi ce lien naturel, même s'il n'est pas inévitable, entre l'art et la philosophie ?

Les deux portent sur les valeurs ultimes : ce qui fait que la vie mérite d'être vécue. Dans les deux cas, expression, clarification et formulation sont en jeu. Toutefois, la question de savoir si le contenu exprimé, clarifié et formulé dans l'art et dans la philosophie sont identiques ou différents constitue encore un autre problème. Par excellence et de façon très significative, art et philosophie sont des produits de l'esprit enracinés dans des cultures. Et c'est peut-être avec plus de force que n'importe quoi d'autre qu'ils témoignent de ce qu'ils sont. Pourtant, cette similarité n'implique pas que la philosophie doive s'intéresser particulièrement à l'art. La véritable raison tient à l'omniprésence de l'art, son importance, sa dimension épiphanique et son rôle de clé indispensable du fonctionnement de l'esprit humain.

Attardons-nous un moment sur cette *dimension épiphanique*. Il est bien possible que l'art joue aujourd'hui dans l'expérience humaine le rôle qu'y tenait autrefois la religion, ou même qu'elle a peut-être encore. Il remplit certaines des fonctions auparavant dévolues plus manifestement à la religion, par exemple : donner du sens aux choses, inviter au dépassement de soi, promettre un contact avec ce qui est le plus profond, accorder un caractère rituel ou cérémonial à l'existence (pensez à certains aspects du comportement adopté lors des concerts, lors des lectures poétiques ou des vernissages). Mais l'art apporte-t-il des vérités, à proprement parler, ou des vérités particulièrement profondes ? Est-ce par des voies différentes du langage ordinaire ou de la science ? Ces derniers temps, ces difficiles questions ont retenu l'attention des esthéticiens, aussi bien à propos des arts abstraits, comme la musique, que des arts de représentation, comme la littérature. Certains n'hésitent pas à affirmer que la musique, au moins certaines œuvres, peut incarner des états d'esprit ou certains traits propres aux êtres humains et les communiquer à l'auditeur, alors que pour lui ils n'avaient rien d'évident. À leur égard, l'expérience de l'écoute attentive de la musique peut constituer un moyen fondamental d'accès. Quant à la littérature, l'expérience d'appréhender une œuvre, roman ou pièce de théâtre, peut permettre une compréhension morale ou psychologique, fondamentalement pratique ou vécue. Et cette compréhension va bien au-delà de ce qu'elle serait si elle provenait de l'éthique ou de la psychologie ou n'était que la simple formulation propositionnelle du message compris dans une œuvre. De tels problèmes d'épistémologie et de psychologie philosophique de l'expérience esthétique sont très difficiles et je ne prétendrais nullement avoir établi ce qui vient juste d'être esquissé.

Pour en revenir à la connexion entre l'art et la religion, nous pourrions faire la supposition suivante : si Dieu existe, si c'est un Dieu personnel ou quasi-personnel, quelle meilleure et plus subtile façon aurait-Il pu avoir de suggérer sa présence, sans la déclarer absolument, que d'accorder aux êtres humains la capacité de créer et d'apprécier de sublimes œuvres d'art – des œuvres qui semblent les porter au delà d'eux-mêmes ou les faire sortir d'eux-mêmes, en démentant ainsi l'idée que nous serions les simples produits de l'évolution naturelle et terrestre ? Apparemment, aucune [1].

Art et philosophie

Quel rôle le philosophe a-t-il alors à l'égard de l'art ? Pourquoi artistes et publics auraient-ils à se préoccuper de ce que les philosophes ont à en dire ? Beaucoup recherchent les expériences que nous avons présentées comme centrales dans

---

1. Cependant, je ne dis pas que je *crois* cela !

l'art – le dépassement de soi, la création de nouveaux états d'esprit, des intuitions morales ou psychologiques. Pourtant, la question reste entière de savoir si les artistes et les esthètes devraient porter plus d'attention qu'ils ne l'ont fait jusqu'alors à certaines idées philosophiques.

Avant tout – à mon sens cela doit vraiment être dit – la justification fondamentale de l'esthétique est d'être philosophique, d'être faite *par* des philosophes et *pour* des philosophes. Les problèmes d'esthétique sont fondamentalement philosophiques. Ils sont apparentés aux problèmes de métaphysique, d'épistémologie, de philosophie de l'esprit, de philosophie du langage, etc.; il en sont au moins des cousins. Dès lors, nous sommes ramenés à la question de savoir pourquoi quelqu'un qui n'est pas philosophe devrait s'intéresser à ce que les philosophes pensent ou disent de quelque chose? Celui qui n'est pas philosophe, pas un professionnel de la philosophie, peut avoir des intérêts philosophiques, une curiosité philosophique, c'est certain. Il peut fort bien se poser des questions de nature philosophique. Dès lors, pourquoi ne consulterait-il pas des professionnels qui passent leur temps à réfléchir à des questions de cet ordre et se sont entraînés à y répondre avec vraisemblablement plus de fécondité, ou au moins plus de cohérence, de rigueur et une argumentation plus ferme que de coutume? Au sujet de ce qu'ils aiment, de ce qui leur apparaît comme important ou au moins leur importe le plus, bien des gens s'essaient à développer une pensée philosophique. Puisque l'art et l'expérience esthétique importent à nombre d'entre eux, en particulier aux artistes et aux amateurs d'art, leur intérêt pour l'esthétique philosophique semble presque garanti.

S'agissant des vérités philosophiques sur le statut, l'ontologie, la signification et l'interprétation des œuvres d'art auxquelles l'esthétique contemporaine pourrait parvenir, pour ma part je serais tenté d'insister sur le contextualisme. Il se distingue, d'un côté, des différentes formes de formalisme, de structuralisme, d'empirisme, et de l'autre, des différentes sortes de déconstructionnisme, de relativisme et de nihilisme.

L'ART EN CONTEXTE

Je vais d'abord expliquer en gros ce que j'entends par le contextualisme en esthétique; à partir de là, par contraste, j'aborderai les autres doctrines ou tendances. Le contextualisme est la thèse selon laquelle une œuvre d'art est un artefact d'une sorte particulière, un objet (même si, dans certains cas, c'est un objet abstrait) qui est le produit d'une invention humaine, à un moment et à un endroit particuliers, par un individu ou des individus particuliers – ce qui a des conséquences sur la façon dont on en fait une expérience adéquate, dont on en a une compréhension appropriée et dont on l'évalue correctement. Les œuvres d'art sont essentiellement des objets incorporés dans l'histoire; elles n'ont jamais un statut d'art, des propriétés esthétiques manifestes, des significations artistiques définies, une identité ontologique déterminée, en dehors ou indépendamment de ce contexte génétique. Ce contexte en fait les œuvres d'art qu'elles sont.

Dans un conception contextualiste, penser ce que sont les œuvres d'art revient à faire des analogies utiles avec les notions d'énonciation, d'action et de résultat. Une œuvre d'art appartenant à un contexte – et il n'en est pas d'autre sorte – s'apparente à une énonciation dans une situation linguistique spécifique, à une action faite dans des circonstances historiques particulières et au résultat d'un travail individuel et particulier, avec des contraintes spécifiques, sur un problème spécifique ou une base préalable spécifiques, dans un domaine donné. Si le contexte historique d'une œuvre avait été différent, l'œuvre elle-même aurait été différente, car l'énonciation artistique qu'elle établit, l'action artistique qu'elle constitue, le résultat artistique qu'elle incarne, et même le style dont nous pouvons dire qu'elle le manifeste, auraient très bien pu avoir été différents. Toutes ces différences en impliquent d'autres, au sujet de ce que l'œuvre exprime, représente ou exemplifie esthétiquement. « Aucune œuvre n'est une île » : ce serait un bon slogan pour le contextualisme en matière d'art. S'il s'agissait de faire une leçon sur cette question, s'il s'agissait d'expliciter la façon dont des œuvres d'art sont créées, interprétées et évaluées, le meilleur objet d'étude, même si c'est une fiction, serait la nouvelle de Jorge Luis Borges, « Pierre Ménard, auteur du Quichotte »[1], car le contextualisme y est inévitable.

Le contextualisme s'oppose à toutes les autres thèses déjà mentionnées. Pour le formalisme, dans l'art, pour autant qu'il s'agisse d'appréciation, la forme manifeste est la seule chose importante ; c'est uniquement dans la forme que résident le caractère, le contenu et la valeur artistiques. Mais si le contextualisme est correct, des objets partageant une forme manifeste peuvent en réalité n'avoir pas, en tant qu'œuvres d'art, le même statut, le même contenu et la même valeur artistiques. L'empirisme en matière d'art affirme que toute l'essence d'une œuvre d'art tient à son aspect perceptif, à ses qualités manifestes ; donc, la compréhension d'une œuvre ne suppose rien d'autre que sa perception, sans que la compréhension de son origine historique ou de la problématique dont elle émerge ne soit concernée. De nouveau, si le contextualisme est correct, alors l'empirisme ne peut pas l'être. Un thème principal du structuralisme en esthétique, lié au formalisme et à l'empirisme, même s'il s'en distingue, serait l'idée que certaines structures, motifs ou modèles manifestes, quels que soient l'art, le style et la période, comportent une valeur ou une force

1. Dans *Fictions,* trad. fr. P. Verdoye, Ibarra et R. Caillois, Paris, Gallimard, 1965.

esthétiques données, indépendamment de la façon dont elles y sont incorporées ou employées. Le structuralisme est donc une forme d'optimisme au sujet des universaux esthétiques, qu'il serait possible de localiser au niveau de la forme manifeste. Mais si le contextualisme est une thèse correcte, les prétentions du structuralisme sont excessives et son optimisme mal fondé.

Pour le relativisme en art, ce qu'une œuvre d'art signifie, son contenu esthétique, la valeur artistique qu'on peut lui accorder, sont relatifs à ceux qui perçoivent, pris individuellement ou en groupe. Si l'on s'oppose à une telle perspective, en préférant un objectivisme modeste, il devient impératif de déterminer, en contexte, ce qui rend possible une œuvre (à mon sens, une certaine forme d'intentionnalité à connotation historique), ce qu'est une œuvre d'art (à mon sens, une structure ou une entité particulière enracinée dans l'histoire) et comment la signification et le contenu d'une œuvre apparaissent (à mon sens, ils apparaissent en fonction de la forme manifeste et du contexte d'émergence de l'œuvre).

Enfin, passons au déconstructionnisme, une variété particulièrement virulente de relativisme ou, peut-être, de subjectivisme. Le déconstructionnisme soutient qu'aucun discours ne comprend de significations stables et consistantes, pas plus celle des textes que d'autres choses, parce que tout discours est en quelque sorte miné de l'intérieur. Je ne compte pas faire ici un traité sur le déconstructionnisme. Son erreur centrale se ramène cependant à dire que si la force ou le contenu d'une énonciation – une remarque dans une conversation, un récit dans un journal, un poème lyrique ou une fiction narrative – peut souvent être mis en question à condition de mettre particulièrement l'accent sur ses « marges », ses « interstices » ou ses « apories », alors l'énonciation n'a aucune force ou contenu qui puisse être déterminable de façon intersubjective. Quoi qu'il en soit, plus ferme et sophistiqué

est notre contextualisme, moins nous serons vraisemblablement tentés de succomber à l'indéterminisme sémantique
défendu par le déconstructionnisme. Remarquons en outre
qu'un tel indéterminisme est amplement encouragé par les
tendances formalistes, empiristes et structuralistes examinées
plus haut : en libérant une œuvre de ses amarres intentionnelles, historiques, stylistiques et catégorielles, on ouvre la
porte toute grande à l'indétermination du contenu. Le déconstructionnisme apparaît comme le fruit, mais le fruit pourri, du
formalisme et du structuralisme en art.

Une perspective non contextualiste (structuraliste, formaliste, empiriste) sur la nature des œuvres d'art, leur signification ou ce qu'elles expriment, sur leurs liens à ceux qui les
produisent et à l'environnement social, est limitée et pauvre.
L'art est plus riche, plus intéressant et plus important si on le
considère de façon appropriée comme le produit d'individus
historiquement situés, dotés de cœurs et d'esprits, d'espoirs et
de craintes, travaillant à communiquer des contenus ou à transmettre des expériences à travers des média concrets. Cette
conception est préférable à une autre dans laquelle les œuvres
d'art, pour autant qu'il s'agisse de les apprécier, sont constituées de formes ou de modèles abstraits dont la provenance, les
antécédents et les significations enracinées dans l'histoire
pourraient tous être mis de côté ou entre parenthèses. Abstraits
de leur contexte humain, les objets d'art ne requièrent pas plus
notre attention que ne le font les formes ou les modèles
naturels, et leur potentiel de signification n'est pas plus étendu.
Bien entendu, les objets naturels peuvent être beaux et posséder d'autres propriétés esthétiques, mais le contenu de l'art va
beaucoup plus loin. Les qualités esthétiques qu'un objet
possède en tant qu'œuvre d'art diffèrent généralement de celles
d'un objet naturel ou d'un artefact qui n'est pas une œuvre
d'art, même s'il ne peut être distingué d'eux par l'observation.

D'un point de vue pratique, une perspective contextualiste sur l'art a aussi un autre intérêt : c'est une ressource utile en vue de combattre certains des réflexes conditionnés du philistinisme face à l'art moderne ou à l'art contemporain (l'art « outré »). Par exemple, « C'est du déjà vu ! », dit-on de quelque chose qu'on ne peut pas distinguer, par la seule observation, d'une œuvre antérieure. Pourtant pour celui pour lequel l'œuvre d'art est *faite*, pour lequel elle ne se réduit pas à une apparence, avoir la même apparence n'implique pas que *cela* ait réellement déjà été fait avant. « Mon petit frère aurait pu en faire autant », entend-on parfois. Mais aurait-il pu réellement faire *cela*, *i.e.* s'agirait-il réellement de la même chose ? Cette œuvre aurait-elle exactement ce sens qu'elle a en tant qu'œuvre de son auteur et compte tenu de son travail préalable ? « D'un point de vue artistique, une copie exacte d'un Rembrandt vaut un Rembrandt ». Mais il n'en est rien si une œuvre d'art a une dimension historique, si elle est une création personnelle dotée d'une signification temporelle, si elle manifeste un style et constitue le résultat d'un travail artistique.

CLARIFICATIONS ET PRÉCISIONS

D'autres clarifications et quelques précisions s'imposent.

1) Ma conception de l'appréciation des œuvres d'art ne concerne pas l'*explication causale* de leur genèse, mais la *compréhension* de ce qu'une œuvre d'art exprime ou communique. C'est pourquoi l'appréhension de leur contexte social, culturel et historique est nécessaire. Quel que soit le rôle que ce contexte joue dans leur genèse, les œuvres d'art ne doivent pas être réduites à des objets naturels.

2) Pour autant qu'il s'agisse de la signification artistique, les intentions réelles (les motivations, les buts) des artistes comptent moins que leurs intentions (motivations, buts) dont

font raisonnablement l'hypothèse un public correctement
disposés, possédant l'information pertinente sur le contexte
dans lequel et à partir duquel l'œuvre de l'artiste peut être
reconnue en tant qu'œuvre. L'énonciation que constitue
l'œuvre de l'artiste peut alors, et seulement alors, être saisie.
Toutefois, certaines intentions réelles jouent probablement un
rôle inéliminable : les intentions portant sur le statut d'œuvre
d'art d'une œuvre, et le genre d'œuvre qu'elle est supposée
être, par exemple un poème, une sculpture; ces intentions
doivent simplement être établies, pour autant que ce soit
possible. À défaut d'être établies, le projet interprétatif et
appréciatif ne peut pas être mis en œuvre [1].

3) À défaut d'une conception défendable de ce qu'*est*
l'œuvre, l'idée apparemment incontestable que l'on doit « se
préoccuper de l'œuvre elle-même » ne nous mène pourtant
nulle part. Or, comme j'ai essayé de l'indiquer, à cet égard, on
peut démontrer qu'une conception contextualiste, temporelle,
énonciative des œuvres d'art est supérieure à une conception
formaliste ou structuraliste.

4) L'idée que si l'artiste ne sait pas ce que signifie quelque
chose dans son œuvre, alors personne ne le sait, également
l'idée que l'artiste possède un accès privilégié à ses propres
états mentaux, ne sont pas des thèses que, après Wittgenstein,
on puisse sérieusement défendre. Ce qu'un artiste veut dire,
exprime, manifeste peut fort bien être plus clair pour d'autres
que pour lui. (Remarquez que ce que veut dire une œuvre, en
tant qu'énonciation dans un contexte, n'est pas toujours la
même chose que ce que l'artiste veut dire à cette occasion par
cette énonciation). Il reste bien sûr qu'interagir avec l'art est

1. Au sujet de la distinction entre les intentions *sémantiques* et *catégorielles* en art, voir mon article « Intention and Interpretation in Literature », in
The Pleasures of Aesthetics, Ithaca, N.Y, Cornell U.P., 1996. Sur le débat actuel
au sujet de la nature et de la logique de l'interprétation artistique, on peut
consulter M. Krausz (éd.), *Is There a Single Right Interpretation ?*, University
Park, PA, Pennsylvania State U.P., 2002.

une finalité. Quelle que soit notre théorie de l'art, il faut qu'on entre en relation avec ce qui est réellement dans l'œuvre, que cette relation soit établie précisément à travers les formes et les structures (c'est-à-dire, les mots, les couleurs, les sons, les formes) qui sont le cœur et l'âme de l'œuvre, et dont toutes les autres qualités et significations dépendent. Vouloir faire l'expérience d'une œuvre d'art et chercher à la comprendre en tant que telle, plutôt que de « se projeter » sur elle, cela n'est en rien incompatible avec l'exigence de voir les formes et les structures d'une œuvre, non pas comme sorties du néant ou tombées du ciel, mais comme le choix d'un individu parti-culier, situé dans l'histoire et dans la culture, travaillant dans un médium spécifique, en fonction des conventions et horizons dont il hérite. L'approche « aveugle » d'une œuvre, c'est-à-dire sans aucune perspective contextuelle ou cognitive, peut parfois être amusante ou procurer une riche expérience, mais l'œuvre n'est pas alors approchée *en tant qu'œuvre d'art*, comme résultant d'une activité expressive, communication-nelle et symbolique.

Je laisse ici de côté certains aspects du contextualisme, ceux qu'il n'est pas utile d'expliquer. J'admets qu'il puisse exister un désaccord sur le degré de contextualisme conve-nable à l'explication de l'art, mais dans une certaine mesure celui qui travaille sérieusement sur des exemples ne peut manquer d'en reconnaître la nécessité[1]. Le contextualisme n'a

1. Voir notamment, « Pierre Ménard, auteur du Quichotte » et « La bibliothèque de Babel » de Borges, in *Fictions, op. cit.* ; E. Gombrich, « Expres-sion et communication », in *Méditations sur un cheval de bois*, Mâcon, Éditions W, 1986 ; K. Walton, « Catégories de l'art », *in* G. Genette (dir.), *Esthétique et poétique*, Paris, Seuil, 1992 ; M. Sagoff, « On Restoring and Reproducing Art », *Journal of Philosophy*, 1978 ; D. Dutton, « Artistic Crimes : The Problem of Forgery in the Arts », *British Journal of Aesthetics*, 1979 ; J. Levinson, « Qu'est-ce qu'une œuvre musicale ? », in *L'art, la musique et l'histoire, op. cit.* ; R. Wollheim, *L'art et ses objets, op. cit.* ; A. Danto, *La transfiguration du banal*, Paris, Seuil, 1989 ; M. Baxandall, *Formes de l'intention*, Nîmes, J. Chambon, 1991 ; G. Currie, *An Ontology of Art*, London, Macmillan, 1989.

pourtant pas été secrètement présupposé, telle une prémisse cachée dans la défense que j'en ai faite. Il apparaît comme la meilleure théorie ou la meilleure explication de nos pratiques habituelles quand nous faisons l'expérience des œuvres d'art, les décrivons, les critiquons, les évaluons et y réfléchissons. Les structures ou les formes *per se*, détachées de leur place dans des traditions, des styles, des problématiques, des œuvres, des moments historiques ne peuvent simplement pas véhiculer les significations, sens et résonances spécifiques qu'une critique ou une réponse informées des œuvres d'art régulièrement leur attribuent.

ART ET SCIENCE

Examinons maintenant la relation entre art et science. Art et science sont en fait des activités connexes : toutes les deux supposent créativité, imagination et, peut-être, la recherche de la vérité, mais ce ne sont pas des activité identiques, elles ne sont pas gouvernées par les même critères d'évaluation ou de sens. En tant que tels, les théorèmes sur les nombres de Ramanujan et la théorie de l'espace-temps d'Einstein n'ont rien à voir avec la communication ou l'expression artistiques ; ce ne sont pas non plus des énonciations liées à des contextes. En général, s'agissant de science, ce qui nous intéresse est seulement le contenu et non ce qui le transmet ou sa transmission. Pour l'art, il en va autrement. En fait, l'intérêt esthétique consiste à mettre l'accent sur le contenu tel qu'il est transmis par une forme particulière dans des circonstances données [1].

Un arbre rouge, une svastika, une ligne incurvée, un accord de septième diminuée, un juron, signifient, transmettent ou expriment quelque chose dans un contexte, par exemple, les

1. Voir J. Levinson, « What Is Aesthetic Pleasure ? », in *The Pleasures of Aesthetics, op. cit.*

paysages expressionnistes de Mondrian, les films de propagande nazie de Leni Riefenstahl, les portraits d'odalisques de Ingres, les symphonies de Mozart, les nouvelles de D.H. Lawrence. Ils transmettent ou expriment quelque chose d'autre dans un autre contexte, disons, les intérieurs décoratifs de Matisse, l'art des Indiens d'Amérique, les abstractions de Kandinsky, les opéras de Wagner, les pièces de théâtre de David Mamet. Pensez aussi à tout ce qu'on trouve si souvent dans les arts : allusions, citations, parodies, satires, adaptations, variations, rejets, hommages. Dans une théorie non contextualiste des œuvres d'art, ces phénomènes artistiques fort communs sont inexplicables. Par exemple, quelles que soient la signification, la réussite ou la valeur du film de Woody Allen, *Stardust Memories*, qui date de 1980, il n'est simplement pas séparable de ses références évidentes à *8½* de Fellini, qui date de 1963, et du « modèle » que ce dernier constitue pour le premier.

Dispositions à répondre

Finalement, se pose la question du « degré d'intellectualité » de la réponse appropriée à l'art. L'expérience correcte de l'œuvre et son appréciation esthétique ne supposent pas la capacité de *se représenter* le contexte culturel, l'arrière-plan ou l'orientation cognitifs. On doit pourtant *posséder* cette capacité afin de saisir l'œuvre comme l'énonciation ou l'offre historiquement située qu'elle est. De manière générale, c'est par osmose avec une culture et une large expérience de la forme d'art en question qu'on acquiert ce qui, à cet égard, nous est nécessaire. Ce que Wollheim appelle le « stock cognitif » ou Meyer « les normes intériorisées – ils les considèrent comme essentiels pour l'appréciation adéquate de la peinture (Wollheim) et de la musique (Meyer) – peut être acquis de

façon tacite. Ce n'est d'ailleurs peut-être pas aisément acces-
sible de façon discursive. Ce dont nous avons besoin, ce sont
fondamentalement des dispositions (habitudes, propensions) à
répondre relatives au style et à la période appropriés [1].

Quand il est question d'art, ce qui bien sûr importe le plus
est l'expérience que nous en faisons. L'impact de l'art – il faut
le reconnaître – est sa première *raison d'être*, au moins du
point de vue du spectateur. Mais cela ne signifie pas qu'une
telle expérience et un tel impact ne supposent pas, inévitablement, une médiation culturelle et une information historique
appropriées. Dire le contraire, je souhaite le redire, ce serait
courir le risque de ramener notre implication dans l'art à une
simple relation à des modèles abstraits, aussi stimulants et
beaux puissent-ils être. L'art est beaucoup plus qu'un
ensemble de formes. Dans toute sa variété, presque infinie,
c'est toute l'âme humaine qu'il peut contenir [2].

Traduit par Roger Pouivet

1. Voir J. Levinson, « Musical Literacy », in *The Pleasures of Aesthetics, op. cit.*
2. Pour d'autres ouvrages qui défendent ou montrent l'influence du contextualisme esthétique, plus récents que ceux notés ci-dessus, voir : G. Currie, « Work and Text », *Mind*, 1991 ; J. Fisher, « Discovery, Creation, and Musical Works », *Journal of Aesthetics and Art Criticism*, 1991 ; L. Goehr, *The Imaginary Museum of Musical Works*, Oxford, Oxford U.P., 1992 ; R. Stecker, *ArtWorks : Definition, Meaning, Value, op. cit.* ; J. Morizot, *Sur le problème de Borges*, Paris, Kimé, 1999 ; R. Pouivet, *L'Ontologie de l'œuvre d'art*, Nîmes, J. Chambon, 1999 ; S. Davies, *Musical Works and Performances*, Oxford, Oxford U.P., 2001 ; R. Howell, « Types, Indicated and Initiated », *British Journal of Aesthetics*, 2002 et « Ontology and the Nature of the Literary Work », *Journal of Aesthetics and Art Criticism*, 2002 ; G. Rohrbaugh, « Artworks as Historical Individuals », *European Journal of Philosophy*, 2003 ; D. Davies, *Art as Performance*, Oxford, Blackwell, 2004.

BIBLIOGRAPHIE*

ALDRICH V., *Philosophy of Art*, Prentice Hall, Englewood Cliffs, 1963.

ALSTON W. P., *Philosophy of Language*, Prentice Hall, Englewood Cliffs, 1964.

ASCHENBRENNER K., *The Concepts of Cricism*, Dordrecht, Reidel, 1974.

AUSTIN J. L., *How to Do Things with Words*, Oxford, Oxford University Press, 1962; trad. fr. *Quand dire c'est faire*, Paris, Seuil, 1991.

BEARDSLEY M. C., « The Definitions of the Arts », *Journal of Aesthetics and Art Criticism (JAAC)*, 20, 1961.

– « Intentions and Interpretations : A Fallacy Revived », *The Aesthetic Point of View*, Ithaca, Cornell Press, 1981.

– « Is Art Essentially Institutional ? », *in* L. Aagaard-Mogensen (éd.), *Culture and Art*, Atlantic Highlands, Humanities Press, 1976.

– « The Philosophy of Literature », *in* G. Dickie and R. J. Sclafani (eds.), *Aesthetics : A Critical Anthology*, New York, St Martin's Press, 1977.

– « Redefining Art », in *The Aesthetic Point of View*, D. Callen and M. Wreen (eds.), Ithaca, Cornell University Press, 1981.

– « The Descriptivist Account of Aesthetic Attributions », *Revue Internationale de Philosophie*, 28, 1974.

– « On the Relevance of Art History to Art Crioticism », *in* T. F. Rugh and E. R. Silva (eds.), *History as a Tool in Critical Interpretation*, Provo, Brigham Young University Press, 1978.

* Cette bibliographie correspond aux livres et articles cités par Monroe Beardsley dans le texte de ce volume.

– « What is an Aesthetic Quality ? », *Theoria*, 39, 1973.
– « Aesthetic Intentions and Fictive Illocutions », *in* P. Hernadi (éd.), *What is Literature ?*, Bloomington, Indiana University Press, 1978.
– « Metaphor and Falsity », *JAAC*, 35, 1977.
– « Metaphorical Senses », *Noûs*, 12, 1978.
– « The Metaphorical Twist », *Philosophy and Phenomenological Research*, 22, 1962.
– *The Possibility of Criticism*, Detroit, Wayne State University Press, 1970.
– « Verbal Style and Illocutionary Action », *in* B. Lang (éd.), *The Concept of Style*, Philadelphia, University of Pennsylvania Press, 1979.
– « Languages of Art and Art Criticism », and reply by N. Goodman, *Erkenntnis*, 12, 1978.
– « Semiotic Aesthetics and Aesthetic Education », *JAAC*, 9, 1975.
– « Understanding Music », *in* K. Price (éd.), *On Criticizing Music : Five Philosophical Perspectives*, Baltimore, The Johns Hopkins University Press, 1981.
– « The Concept of Literature », *in* F. Brady (éd.), *Literary Theory and Structure : Essays in Honor of William K. Wimsatt*, New Haven, Yale University Press, 1973.
– « Fiction as Representation », *Synthèse*, n° 46, 1981.
– « Some Problems of Critical Interpretation : A Commentary », *JAAC*, 36, 1978.
– « The Classification of Critical reasons, *JAAC*, 2, 1968.
– « In Defense of Aesthetic Value », *Proceedings and Addresses of The American Philosophical Association*, 52, août 1979.
– « The name and Nature of Criticism », *in* P. Hernadi (éd.), *What is Criticism ?*, *in* P. Hernadi (éd.), *What is Literature ?*, Bloomington, Indiana University Press, 1978.
– « On the Generality of Critical reasons », *JAAC*, 59, 1962.
– *The Possibility of Criticism*, Detroit, Wayne State University Press, 1970.
– « Aesthetic Experience Regained », *JAAC*, 28, 1969.
– « The Aesthetic Point of View », *Metaphilosophy*, 1, 1970.

– *The Aesthetic Point of View*, D. Callen and M. Wreen (eds.), Ithaca, Cornell University Press, 1981.

– « Aesthetic Theorie and Educational Theory », *in* R. Smith (éd.), *Aesthetic Concepts and Education*, Urbana, University of Illinois Press, 1970.

– « Beauty and Aesthetic value », *JAAC*, 59, 1962.

– « The Dicrimination of Aesthetic Enjoyment », *BJA*, 3, 1963.

BLACK M., « How Do Pictures Represent ? », *in* M. Mandelbaum (éd.), *Art, Perception, and Reality*, Baltimore, The Johns Hopkins University Press, 1970.

BLINKLEY T., « Deciding About Art », *in* L. Aagaard-Mogensen (éd.), *Culture and Art*, Atlantic Highlands, Humanities Press, 1976.

– « Piece : Contra Aesthetics », *JAAC*, 35, 1977.

– « On the Truth and Probity of Metaphor », *JAAC*, 22, 1974.

BIRO J., « Intentionalism in the Theory of Meanning », *The Monist*, 62, 1979.

BOND E. J., « The Essential Nature of Art », *American Philosophical Quarterly*, 12, 1975.

BRENTLINGER A. F., « Exemplification and Predicates », *Noûs*, 4, 1970.

COHEN T., « Aesthetic/Non-aesthetic and the Concept of Taste : a Critique of Sibley's Position », *Theoria*, 39, 1973.

– « Notes on metaphor », *JAAC*, 34, 1979.

CRAWFORD D. W., « Causes, Reasons, and Aesthetic Objectivity », *American Philosophical Quarterly*, 8, 1971.

CRITTENDEN B. S., « From Description to Evaluation in Aesthetic Judgements », *Journal of Aesthetic Education*, 2, 1968.

CULLER J., *Structuralist Poetics : Structuralism, Linguistics, and the Study of Literature*, Ithaca, Cornell University Press, 1975.

DANTO A., « The Artworld », *Journal of Philosophy*, 63, 1964 ; trad. fr. *in* D. Lories (dir.), *Philosophie analytique et esthétique*, Paris, Klincksieck, 1988.

– « Artworks and Real Things », *Theoria*, 39, 1973.

– « The Transfiguration of the Commonplace », *JAAC*, 33, 1974.

DAVIDSON D., « What Metaphors Mean », *Critical Inquiry*, 5, 1978.

DAVIS W. A., *The Act of Interpretation : A Critique of Literary Reason*, Chicago, Chicago University Press, 1978.

DICKIE G., *Art and the Aesthetic: An Instututional Analysis*, Ithaca, Cornell University Press, 1974.

– « Beardsley's Phantom Aesthetic Experience », *JAAC*, 62, 1965.

DUTTON D., « Plausibility and Aesthetic Interpretation », *Canadian Journal of Philosophy*, 7, 1977.

EATON M., « Art, Artifacts, and Intentions », *American Philosophical Quarterly*, 6, 1969.

– « Liars, ranters, and Dramatic Speakers », *in* B. R. Tilghman (éd.), *Language and Aesthetics*, Lawrence, University of Kansas, 1973.

EICHNER H., « The Meaning of "Good" in Aesthetic Judgements », *BJA*, 3, 1963.

ELLIOTT R. K., « Aesthetic Theory and the Experience of Art », *Proceedings of the Aristotelian Society*, 1967.

ELLIS J. A., « Critical Interpretation, Stylistic Analysis, and the Logic of Inquiry », *JAAC*, 36, 1978.

GLICKMAN J., « Creativity in the Arts », *in* L. Aagaard-Mogensen (éd.), *Culture and Art*, Atlantic Highlands, Humanities Press, 1976.

GOMBRICH E. H., *Art and Illusion: A Study in the Psychology of Pictorial Representation*, Princeton, Princeton University Press, 2ᵉ éd., 1961 ; trad. fr. *L'art et l'illusion*, Paris, Gallimard, 1971.

– *Meditations on a Hobby Horse*, London and New York, Phaedon, 2ᵉ éd., 1971.

GOODMAN N., *Languages of Art*, Indianapolis, Hacvkett Publishing Comapny, 2ᵉ éd. 1976; trad. fr. J. Morizot, Nîmes, J. Chambon, 1990.

– « Metaphor as Moonlighting », *Critical Inquiry*, 6, 1979.

– *Ways of Worlkdmaking*, Indianapolis, Hackett, 1978; trad. fr. M.-D. Popelard, Nîmes, J. Chambon, 1993.

GRICE H. P., « Utterer's Meaning and Intentions », *The Philosophical Review*, 78, 1969.

HANCHER M., « Poems *versus* Trees : The Aesthetics of Monroe Beardsley », *JAAC*, 31, 1972.

– « The Science of Interpretation and the Art of Interpretation », *Modern Language Notes*, 85, 1970.

HARARI J. V. (éd), *Textual Strategies: Perspectives in Post-Structuralist Criticism*, Ithaca, Cornell University Press, 1979.

HARTMAN G. (éd), *Deconstruction and Criticism*, New York, Seabury Press, 1979.

HERMEREN G., « Aesthetic Qualities, Value and Emotive Meaning », *Theoria*, 39, 1973.

– « Depiction : Some Formal and Conceptual Problems », *JAAC*, 37, 1978.

– *Representation and Meaning in the Visual Arts : A Study in the Methodolgy of Iconography and Iconology*, Lund, Berlingska, 1969.

HIRSCH E. D. Jr, *The Aims of Interpretation*, Chicago, Chicago University Press, 1976.

– *Validity in Interpretation*, New Haven, Yale University Press, 1967.

HOLLAND N. N., « Literary Interpretation and the Three Phases of Psychoanalysis », *Critical Inquiry*, 3, 1976.

HOSPERS J., « Professoir Sircello on Expression », *The Personalist*, 56, 1975.

HOWARD V., « On Musical Expression », *BJA*, 11, 1971.

HOWELL R., « The Logical Structure of Pictorial Representation », *Theoria*, 40, 1974.

– « Ordinary Pictures, Mental Representations, and Logical Forms », *Synthese*, 33, 1976.

– « Fictional Objects : How They Are and How They Aren't », *Poetics*, 8, 1979.

HUNGERLAND I., « Once Again, Aesthetic and non-Aesthetic », *JAAC*, 26, 1968.

JENSEN H., « Exemplification in Nelson Goodman's Aesthetic Theory », *JAAC*, 32, 1973.

JUHL P. J., « The Appeal to the Text : What Are We Appealing To ? », *JAAC*, 36, 1978.

KHATCHADOURIAN H., « Art, News Methods, News Kriteria », *JAAC*, 8, 1974.

– *The Concept of Art*, New York, New York University Press, 1971.

– « The Expression Theory of Art : A Critical Examplification », *JAAC*, 23, 1965.

KIVY P., « Aesthetic Concepts : Some Fresh Considerations », *JAAC*, 37, 1979.

– « Aesthetic and Rationality », *JAAC*, 34, 1975.

KUPPERMAN J. J., « Reasons in Support of Evaluations of Works of Art », *The Monist*, 50, 1966.

– « Aesthetic value », *American Philosophical Quarterly*, 9, 1972.

LEVINSON J., « Defining Art Historically », *British Journal of Aesthetics (BJA)*, 19, 1979; trad. fr. J.-P. Cometti et R. Pouivet, in *L'art, la musique et l'histoire*, Paris, L'Éclat, 1999.

– « What a Mucical Work Is », *Journal of Philosophy*, 77, 1980.

LEWIS D., « Truth in Fiction », *American Philosophical Quarterly*, 15, 1978.

LIND R. W., « Must the Critic be Correct », *JAAC*, 35, 1977.

LYAS C., « Danto and Dickie on Art », *in* L. Aagaard-Mogensen (éd.), *Culture and Art*, Atlantic Highlands, Humanities Press, 1976.

MANDELBAULM M., « Family Resemblances and Generalization Concerning the Arts », *American Philosophical Quarterly*, 2, 1965.

MARGOLIS J. , « The Ontological Peculiarity of Works of Art », *JAAC*, 36, 1977.

– « Works of Art as Phisically Embodied and Culturally Emergent Entities », *BJA*, 14, 1974.

– « Robust Relativism », *JAAC*, 35, 1976.

– « The Prospects of an Objective Morality », *Social Research*, 46, 1979.

MATHERS R. & DICKIE G., « The Definition of "Regional Qualitie" », *Journal of Philosophy*, 60, 1963.

MATTHEWS R. J., « Describing and Interpreting a Work of Art », *JAAC*, 36, 1977.

MEILAND J. W., « Interpretation as a Cognitive Discipline », *Philosophy and Literature*, 2, 1978.

MILLER J. H. , « On Edge : The Cossways of Contemporary Criticism », *Bulletin of the American Academy of Art and Sciences*, 32, janvier 1979.

MOOIJ J. J. A., *A Study of Metaphor*, Amsterdam, North Holland, 1976.

MORTON B., « Beardsley's Conception of the Aesthetic Object », *JAAC*, 32, 1974.

NORDIN S., *Interpretation and Method : Studies in Explication of Literature*, Lund, University of Lund, 1978.

NOVITZ D., « Conventions and the Growth of Pictorial Style », *BJA*, 16, 1976.

OHMANN R., « Speech Acts and the Definition of Literature », *Philosophy and Rhetoric*, 4, 1971.

– « Speech, Literature, and the Space Between », *New Literary History*, 4, 1972.

OLSEN S. H., « Interpretation and Intention », *BJA*, 17, 1977.

OLEN J., « Theories, Interpretations, and Aesthetic Qualities », *JAAC*, 35, 1977.

OSGOOD Ch. E. et *alii*, *The Measurement of Meaning*, Urbana, University of Illinois Press, 1957.

PARSONS T., « A Meinongian Analysis of Ficrional Objects », *Grazer Philosophische Studien*, 1, 1975.

PRATT M.-L., *Toward a Speech-Act Theory of Literary Discourse*, Bloomington, Indiana University Press, 1969.

PRICE K., « What Makes an Experience Aesthetic ? », *BJA*, 19, 1979.

RADFORD C. and MINOGUE S., « The Complexity of Criticism : Its Logic and Rhetoric », *JAAC*, 34, 1976.

REICHERT J., *Making Sense of Literature*, Chicago, Chicago University Press, 1977.

RICŒUR P., *The Rule of Metaphor : Multi-disciplinary Studies of the Creation of Meaning in Language*, Toronto, University of Toronto Press, 1977.

ROBINSON J., « Some Remarks on Goodman's language Theory of Pictures », *BJA*, 19, 1979.

– « Two Theories of Representation », *Erkenntnis*, 12, 1978.

– « The Eliminability of Artistic Acts », *JAAC*, 36, 1977.

SAVILE A., « Nelson Goodman's "Languages of Art" : A Study », *BJA*, 11, 1971.

SCHAEFFLER I., *Beyond the Letter : A Philosophical Inquiry into Ambiguity, Vagueness and Metaphor in Language*, London, Routledge and Kegan Paul, 1979.

SCHLESINGER G., « Aesthetic Experience and the Definition of Art », *BJA*, 9, 1979.

SCLAFANI R. J., « Artworks, Art Theory, and the Artworld », *Theoria*, 39, 1973.

– « The Logical Primitiveness of the Concept of a Work of Art », *BJA*, 15, 1975.

SEARLE J., *Speech Acts*, Cambridge, Cambridge University Press, 1970; trad. fr. Paris, Hermann, 1972.

– « The Logical Status of Fictional Discourse », *New Literary History*, 6, 1975; trad. fr. J. Proust, Paris, Minuit, 1982.

SIBLEY F., « Aesthetic Concepts », *Philosophical Review*, 68, 1959; trad. fr. *in* D. Lories (dir.), *Philosophie analytique et esthétique*, Paris, Klincksieck, 1988.

– « Aesthetic and Non-Aesthetic », *Philosophical Review*, 74, 1965.

– « Objectivity and Aesthetics », *Proceedings of the Aristotelian Society*, supp. vol. 42, 1968.

SMITH B. H., *On the Margins of Discourse : The Relation of Literature to language*, Chicago, Chicago University Press, 1978.

SILVERS A., « The Artworld Discarded », *JAAC*, 34, 1976.

SIRCELLO G., « Mind and Art : An Essay on the Varieties of Expression », Princeton, Princeton University Press, 1971.

– *A New Theorie of Beauty*, Princeton, Princeton University Press, 1975.

– « Subjectivity and Justification in Aesthetic Judgements », *JAAC*, 27, 1968.

SLOTE M. A., « The Rationality of Aesthetic Value Judgements », *Journal of Philosophy*, 68, 1971.

SPARSHOTT F. E., « Goodman on Expression », *The Monist*, 58, 1974.

STERN L., « Fictional Characters, Places, and Events », *Philosophical and Phenomenological Research*, 26, 1965.

STEIG M., « The Intentional Phallus : Determining Verbal Meaning in Literature », *JAAC*, 36, 1977.

STOLNIZ J., *Aesthetics and Philosophy of Art Criticism*, Boston, Houghton Mifflin, 1960.

– « The Artistic Values in Aesthetic Experience », *JAAC*, 32, 1973.

TALMOR S., « The Aesthetic Judgement and its Criteria of Value », *Mind*, 78, 1969.

TOLHURST W. E., « On What a Text is and How it Means », *BJA*, 19, 1979.

TORMEY A., « Critical Judgements », *Theoria*, 39, 1973.

URMSON J. O., « Fiction », *American Philosophical Quarterly*, 13, 1976.

VAN INWAGEN P., « Creatures of Fiction », *American Philosophical Quarterly*, 14, 1977.

VERMAZEN B., « Comparing Evaluations of Works of Art », *JAAC*, 34, 1975.

VISION G., « Refering to What Does Not Exist », *Canadian Journal of Philosophy*, 75, 1978.

WALTON K. L., « The Presentation and Portrayal of Sound Patterns », *Theory Only : Journal of the Michigan Music Theory Society*, 2, 1977.

– « Categories of Art », *Philosophical Review*, 79, 1970.

– « Are Representations Symbols ? », *The Monist*, 58, 1974.

– « Points of View in Narrative and Depictive Representation », *Noûs*, 10, 1976.

– « Pictures and Make Believe », *Philosophical Review*, 82, 1973.

– « Fiaring Fictions », *Journal of Philosophy*, 75, 1978.

– « How Remote are Fictional Worlds from the Real World ? », *JAAC*, 37, 1978.

WOLLHEIM R., *Art and its Objects*, New York, Harper and Row, 1968.

WOLTERSTORFF N., « Toward an Ontology of Art Works », *Noûs*, 9, 1975.

– « World of Works of Art », *JAAC*, 35, 1976.

– *Art and Action : Toward a Christian Aesthetic*, Grand Rapids, William B. Eerdmans, 1980.

ZEMACH E. M., « Description and Depiction », *Mind*, 84, 1975.

ZENZEN M. J. « A Ground for Aesthetic Experience », *JAAC*, 34, 1976.

INDEX NOMINUM *

* Cet index ne reprend que les noms des philosophes cités dans le volume et non des nombreux artistes dont les œuvres sont mentionnées.

PRÉSENTATION DES AUTEURS

Monroe C. BEARDSLEY a été Professeur dans différentes universités américaines, dont Temple University. L'article « Le sophisme intentionnaliste » (avec W.K. Wimsatt), publié en 1954, eut une influence considérable dans le domaine de la théorie de la littérature. Son *Aesthetics : Problems in the Philosophy of Criticism* (2ᵉ éd., Hackett Publishing Company, 1981) est l'un des textes fondamentaux de l'esthétique anglo-américaine contemporaine.

Noël CARROLL est Professeur à Temple University. Il a été Président de l'American Society for Aesthetics. Auteur de très nombreux articles et livres en esthétique, philosophie du cinéma, mais aussi sur la danse ou sur l'art de masse, son dernier ouvrage est *Beyond Aesthetics : Philosophical Essays* (Cambridge UP, 2001).

Jean-Pierre COMETTI est Professeur à l'Université de Provence (Aix-Marseille I). Il a traduit de nombreux ouvrages, publié plusieurs livres sur Robert Musil dont il a édité la nouvelle édition française de *L'homme sans qualités*. Il est notamment l'auteur de *L'Art sans qualités* (Farrago, 1999) et *Ludwig Wittgenstein et la philosophie de la psychologie* (PUF, 2004), ainsi que de *Questions d'esthétique* (avec J. Morizot et R. Pouivet, PUF, 2000).

Nelson GOODMAN était Professeur à l'Université Harvard. Il est l'auteur de deux livres parmi les plus importants dans la philosophie de la deuxième moitié du XXᵉ siècle, *La structure de l'apparence* (1951, trad. fr. de la 3ᵉ éd. de 1977, Vrin, 2004) et *Langages de l'art* (1968, trad. fr. Chambon, 1990).

John HYMAN est Fellow et Praelector en philosophie au Queen's College de l'Université d'Oxford. Il a notamment publié *The Imitation of Nature* (Oxford UP, 1989).

Peter LAMARQUE est Professeur à l'Université d'York et Editor du British Journal of Aesthetics. Il est notamment l'auteur, avec Stein Haugom Olsen, de *Truth, Fiction, and Literature* (Oxford UP, 1994).

Jerrold LEVINSON est Professeur à l'Université du Maryland et ancien Président de l'American Society for Aesthetics. Parmi ses publications : *The Pleasures of Aesthetics* (Cornell UP, 1996), *L'art, la musique et l'histoire* (L'Éclat, 1998), *La musique de film : fiction et narration* (Publications de l'Université de Pau, 1999).

Dominic MCIVER LOPES est Professeur à l'Université de Colombie Britannique (Vancouver). Il a notamment publié *Understanding Pictures* (Oxford UP, 1996) et *Sight and Sensibility : Evaluating Pictures* (Oxford UP, 2005).

Joseph MARGOLIS est Professeur à Temple University. Depuis *The Language of Art and Art Criticism : Analytic Questions in Aesthetics* (Wayne State PP, 1965), il est l'une des figures marquantes de la philosophie américaine actuelle, particulièrement de l'esthétique et de la philosophie de l'art. Parmi ses très nombreux livres, on citera *Interpretation Radical But Not Unruly : The New Puzzle of the Arts and History* (University of California Press, 1995) et *What, After All, Is a Work of Art ?* (Pennsylvania State UP, 1999).

Jacque MORIZOT est Professeur d'esthétique à l'Université Paris VIII. Il a notamment publié *La philosophie de l'art de Nelson Goodman* (Chambon, 1996) et *Interfaces : texte et image* (Presses Universitaires de Rennes, 2004), ainsi que *Questions d'esthétique* (avec J.-P. Cometti et R. Pouivet, PUF, 2000).

Alex NEILL est Professeur à l'Université de Southampton. Il est l'auteur de nombreux articles en esthétique et en philosophie de l'art.

David NOVITZ était Professeur à l'Université de Canterbury à Christchurch (Nouvelle-Zélande) et l'un des plus importants philosophes de son pays. Auteur de nombreux articles, surtout en esthétique, il a notamment publié *The Boundaries of Art : A Philosophical Inquiry into the Place of Art in Everyday Life* (Revised and Enlarged ed., Cybereditions, 2001).

Roger POUIVET est Professeur de philosophie à l'Université Nancy 2 et membre du Laboratoire de Philosophie et d'Histoire des Sciences-Archives Poincaré (CNRS). Il est notamment l'auteur de *Questions d'esthétique* (avec J.-P. Cometti et J. Morizot, PUF, 2000), de *L'Ontologie de l'œuvre d'art* (Chambon, 2000) et publiera prochainement *Le réalisme esthétique* (PUF, 2006).

Colin RADFORD était Professeur à l'Université du Kent à Canterbury. Il est l'auteur de nombreux articles en esthétique et philosophie de l'art, et de *Driving to California, An Unconventional Introduction to Philosophy* (Columbia UP, 1996).

Jenefer ROBINSON est Professeur à l'Université de Cincinnati. Outre de nombreux articles en esthétique, elle a publié *Deeper than Reason : Emotion and its Role in Literature, Music and Art* (Oxford UP, 2005).

Richard WOLLHEIM a été professeur dans plusieurs grandes universités britanniques et américaines. Il a publié plusieurs livres influents en esthétique, notamment *Painting as an Art* (Thames and Hudson, 1987) et *L'Art et ses objets* (1980, trad. fr. 2ᵉ éd., Aubier, 1994).

TABLE DES MATIÈRES

Achevé d'imprimer par Corlet, Imprimeur, S.A. - 14110 Condé-sur-Noireau
N° d'Imprimeur : 87533 - Dépôt légal : octobre 2005 - *Imprimé en France*